문화와 사회로

# 발칸유럽

들여다보기

개정판

# 문화와 사회로 발칸유럽 들여다보기

김철민

Balkan

HUEBOOKs

# 머리말

발칸유럽의 문화적 양상과 현상들을 고려해 볼 때, 발칸유럽 지역을 대표하는 한 마디는 '종교와 문화의 모자이크'란 표현일 것이다. 발칸유럽이 이렇게 불리게 된 배경에는 로마의 지배와 크리스트교의 보급, 동·서로마 분리 이후 서로마 교회(로마 교회)와 동로마 교회(콘스탄티노플 교회)의 분열에 따른 '가톨릭'과 '정교'의 성립, 그리고 14세기말 이슬람 제국인 오토만 터키의 발칸유럽 진출과 함께 확대된 '이슬람교' 도입에서 기인한다고 볼 수 있다.

발칸유럽은 실제 종교, 문화적으로 매우 복잡한 분포를 보이고 있다. 발칸유럽의 문화권을 분류해 본다면, 우선 대표적인 가톨릭 문화권으로 슬로베니아, 크로아티아를, 정교 문화권으로 세르비아, 몬테네그로, 루마니아, 불가리아를, 이슬람 문화권으로 알바니아를, 정교와 이슬람 혼재 문화권으로 마케도니아를 그리고 발칸유럽의 대표적 3대 종교인 가톨릭, 정교, 이슬람이 서로 복잡하게 혼재되어 있는 문화권으로 보스니아-헤르체고비나를 들 수가 있다.

이러한 문화권역상의 특징과 더불어 발칸유럽의 지정학적 중요성은 이 지역을 통상 '유럽의 관문'으로 지칭하게 하는 배경을 형성케 했다. 발칸유럽은 오래 전부터 유럽과 아시아 대륙을 연결하는 주요 통로에 위치해 있으면서 그 지정학적 중요성이 인정되어 왔었다. 또한 발칸유럽은 고대 이래로 여러 민족들의 전략적 요충지로서 유럽, 러시아, 소아시아 등 열강들의 각축장이 되어왔었다. 역사적으로도 이 지역은 고대 그리스와 페르시아간 각축전을 시작으로, 동·서로마간, 동로마(비잔틴 제국)와 이슬람 제국간, 합스부르그 제국과 터키간, 그리고 러시아와 터키간, 오스트리아-헝가리 이중제국과 러시아간 충돌과 이해 다툼이 첨예하게 전개되어 왔던 지역이기도 하다. 또한 이 지역은 이러한 주변 열강들의 세력 각축장 외에도 발칸 토착세력들간의 영토 경쟁이 치열하게 이어져 온 곳이기도 하다. 20세기 말에 들어와서는 발칸유럽 내 복잡한 문화적, 종교적 혼재와 사회주의 이념 쇠퇴에 따른 민족주의 성향 증대로 인해 세르비아니즘을 비롯한 소패권주의 성향의 확대를 낳기도 했다. 이후 이러한 소패권주의는 미국 등 강대국들의 이해관계와 맞물려 유고 분쟁, 보스니아 분쟁 그리고 코소보 전쟁 등 대규모 유혈 분쟁을 일으키는 단초를 제공하게 된다.

오랫동안 우리에게 유럽이라면, 단순히 유럽을 대표한다고 말하여지는, 서유럽의 사회와 문화에 대한 이해가 그 대부분을 차지하였다. 하지만 유럽에는 서유럽 외에도 스칸디나비아 반도 국가들을 중심으로 한 북유럽과 스페인을 비롯한 남부유럽 그리고 사회주의 붕괴 이후 형성된 중부유럽(통상 체코, 슬로바키아, 폴란드, 헝가리를 칭함)과 본 수업에서 다루게 될 발칸유럽의 국가들(슬로베니아, 크로아티아, 보스니아-헤르체고비나, 세르비아, 몬테네그로, 마케도니아, 불가리아, 루마니아, 알바니아)도 유럽의 한 일원이라 할 수 있다. 이런 점에서 발칸유럽은 '또 하나의 유럽'으로 불려질 수 있을 것이다. 또 하나의 유럽인 발칸유럽은 다른 유럽 지역들과 달리 '가톨릭, 정교, 이슬람이 서로 혼재된 독특한 문화권', 유럽의 역사와 문화에 가장 중요한 영향을 미쳤던 '동·서로마의 분기점에 위치하였다는 역사적 배경' 그리고 '아시아와 유럽을 잇는 관문'에 위치한다는 지정학적 이유 등으로 다른 유럽지역들과는 달리 매우 독특한 종교, 문화적 양상을 보여 왔으며, 이러한 차별성이 바로 발칸유럽을 흥미롭게 바라보게 하는 매력이 되고 있다.

이 책은 과거 출판된 <발칸유럽 사회와 문화>를 새로운 시각과 내용에 맞추어 개정, 증보한 것으로, 글의 내용과 구성은 크게 두 부분으로 이루어져 있다. 우선 제 1장부터 3장까지에는 발칸유럽 사회와 문화의 전반적인 이해와 개념 정리가 이루어질 것이다. 그리고 제 4장부터 12장까지는 발칸유럽의 각 국가별로 들어가 해당 국가들의 사회와 문화를 보다 깊이 있게 살펴보게 될 것이다. 각 국가별 사회와 문화부분에선 <생각하기>란 항목을 통해 우리에게 친숙하거나 혹은 이해하기 어려운 주제들을 선별해 보다 쉽게 설명하거나 정리해줌으로써, 발칸유럽의 사회와 문화를 공부하는 초보자들에게 보다 많은 흥미를 유도할 수 있을 것으로 기대된다. 이와 함께 <부록>에선 우리들 귀에 익숙하게 들렸지만 복잡하게 느껴지기만 했던 '20세기말 발칸유럽의 분쟁들' 중 보스니아 내전(1992~1995)과 코소보 전쟁(1999)을 사례로 들어 현지 지역 전문가의 관점에서 자세한 해석과 설명을 해줌으로써 민족문제와 국제 분쟁에 대해 관심이 있는 학생들과 독자들의 욕구를 충족시키고자 노력했다. 또한 중요 사건별로 '역사 연대표'를 구성해 발칸유럽 각 국가들의 고대부터 현대까지의 역사를 한 눈에 살펴볼 수 있도록 정리해 보았다.

끝으로 중·동부유럽 지역을 매개체로 다양한 학문적 배를 동행하고 있는 학과 및 단과대 여러 교수님들에게 감사의 인사를 드린다. 또한 인문학 저서의 불투명한 사업성에도 불구하고, 좋은 책이 될 수 있도록 정성을 쏟아준 한국외국어대학교 지식출판원에게도 감사를 드린다. 무엇보다도 책의 완성도를 높인다는 핑계로, 방중 여러 날을 공부방에 틀어 앉아 버린 가장을 위해 진한 커피를 제공해 준 아내, 이제는 그 키만큼 마음 속 따뜻함이 커져버린 기연이와 정민이, 그리고 사랑스런 늦둥이 유진이에게 고마움과 미안함을 함께 전한다.

자 지금부터, 미지의 세계인 또 하나의 유럽, 발칸유럽의 매력과 신비로움 속으로 즐거운 여행을 떠나보도록 하자.

2013년 1월 29일

왕산에 핀 눈꽃의 고운 자태를 뒤로하고

저자

# 차 례

머리말 • v

## I 제1장_ 유럽의 관문, 발칸반도

1. 발칸반도는 유럽의 관문? • 3
2. 발칸 유럽 내 국가들은 어떤 지정학적 특징을 지니고 있을까? • 5

## II 제2장_ 종교와 문화의 모자이크, 발칸유럽

1. 발칸유럽은 왜 종교와 문화의 모자이크 지역이라 불릴까 • 13
2. 크리스트교의 역사와 발칸유럽으로의 전파 • 14

## III 제3장_ 발칸유럽의 역사 개관

1. 7세기 이전: 로마의 지배와 동 · 서로마의 분리 • 31
2. 7세기~14세기: 슬라브족의 이주와 발칸유럽의 새로운 주인으로 등장한 남슬라브족 • 32
3. 15세기~19세기: 외세 지배 하의 발칸유럽과 민족주의 시대 • 33
4. 20세기(I): 제1, 2차 세계대전과 발칸유럽 • 35
5. 20세기(II): 사회주의 하에서의 발칸유럽 • 36
6. 20세기(III): 민주화 시기의 발칸유럽 • 40

## IV 제4장_ 발칸유럽의 알프스, 슬로베니아

1. 일반개요 • 46
2. 역사 • 50
3. 정치 • 54
4. 한국-슬로베니아 관계 • 56
5. 경제 • 57
6. 문화 • 59
7. 주요 지역 • 61

## V 제5장_ 아드리아해의 보고, 크로아티아

1. 일반개요 • 78
2. 역사 • 84
3. 정치 • 89
4. 한국-크로아티아 관계 • 91
5. 경제 • 92
6. 문화 • 93
7. 주요지역 • 100

## VI 제6장_ 발칸유럽의 축소판, 보스니아-헤르체고비나


1. 일반개요 • 142
2. 역사 • 146
3. 정치 • 154
4. 한국-보스니아 관계 • 156
5. 경제 • 156
6. 문화 • 157
7. 주요 지역 • 159


## VII 제7장_ 발칸반도의 숨겨진 보석, 세르비아


1. 일반개요 • 178
2. 역사 • 182
3. 정치 • 189
4. 한국-세르비아 관계 • 190
5. 경제 • 190
6. 문화 • 190
7. 주요 지역 • 196


## VIII 제8장_ 신비로운 매력과 검은 산의 나라, 몬테네그로


1. 일반개요 • 218
2. 역사 • 223

3. 정치 • 229
4. 한국-몬테네그로 관계 • 230
5. 경제 • 230
6. 문화 • 232
7. 주요지역 • 233

IX 제9장_ 알렉산더와 정교 문화의 고향, 마케도니아
1. 일반개요 • 252
2. 역사 • 254
3. 정치 • 262
4. 한국-마케도니아 관계 • 264
5. 경제 • 265
6. 문화 • 265
7. 주요 지역 • 268

X 제10장_ 유산균과 장미의 나라, 불가리아
1. 일반개요 • 286
2. 역사 • 289
3. 정치 • 297
4. 한국-불가리아 관계 • 298
5. 경제 • 298
6. 문화 • 300
7. 주요 지역 • 304

## XI 제11장_ 드라큘라의 전설이 숨쉬는 곳, 루마니아

1. 일반개요 • 322
2. 역사 • 326
3. 정치 • 333
4. 한국-루마니아 관계 • 334
5. 경제 • 335
6. 문화 • 335
7. 주요지역 • 340

## XII 제12장_ 유럽의 섬, 알바니아

1. 일반개요 • 362
2. 역사 • 366
3. 정치 • 376
4. 한국-알바니아 관계 • 377
5. 경제 • 378
6. 문화 • 379
7. 주요 지역 • 382

**부록 1** • 395
**부록 2** • 415
**참고문헌** • 432
**찾아보기** • 441

# I

# 유럽의 관문, 발칸반도

# 제1장_유럽의 관문, 발칸반도

## 1. 발칸반도는 유럽의 관문?

'발칸(Balkan)'이란 지명은 발칸반도 북동부에 있는 '발칸산맥'이란 이름에서 유래한 것으로, 실제 뜻은 중세 터키어로 '산맥'이라는 뜻에 속한다고 볼 수 있다. 발칸유럽의 주된 산맥인 발칸산맥의 북쪽은 완만한 경사로 다뉴브(Danube, 독일어로는 Donau, 슬라브어로 Dunav) 강의 저지대에 이어져 있으나, 남쪽은 복잡한 모양을 이루는 여러 개의 산줄기가 그리스까지 뻗어 이어져 있다. 반면 발칸반도의 북서부는 율리안 알프스 산맥의 연장선으로, 아드리아 해를 따라 그 산맥의 지류가 펼쳐지면서 험한 지세로 인해 해안지방과 내륙지방을 분리하면서 멀리 남쪽의 크레타 섬까지 이어지고 있다.

발칸반도의 총 길이는 통상 동서로 1,300km, 남북으로 1,000km에 뻗어있으며, 북쪽으로는 다뉴브 강 하류와 사바 강, 동쪽으로는 흑해, 남동쪽으로는 에게 해, 남쪽으로는 지중해, 남서쪽으로는 이오니아 해, 서쪽으로는 아드리아 해와 경계를 이루고 있다. 발칸반도에 거주하고 있는 민족을 의미하는 '발칸인(The balkans)'이라는 개념 외에도 최근에 들어와서 EU에서 명명한 '남동부 유럽(Southeastern Europe)'이란 용어가 주고 쓰이고 있으며, 발칸반도 내 비(非)EU국가들을 지칭하는 용어로 '서부 발칸(Western Balkan)'이란 용어가 쓰이기도 한다. 발칸유럽의 구성국으로 본 책에서 다룰 국가들은 슬로베니아, 크로아티아, 보스

(출처 : http://www.encyclopedia.com)

니아-헤르체고비나, 세르비아, 몬테네그로, 마케도니아, 루마니아, 불가리아 그리고 알바니아로 총 9개국이 중심이며, 이들 면적은 총 633,046㎢, 인구는 2013년 현재 5,700여만 명에 이르고 있다.

기후는 지역에 따라 해안(아드리아 해, 흑해)을 중심으로 지중해성 기후가 나타나기도 하나, 대체로 산악지대가 많은 이유로 대부분 지역이 대륙성 기후에 속한다. 기후적 특징으로는 내륙지방은 겨울에 시베리아 기단(氣團)의 영향을 받아 매우 추우며, 아드리아 해안에선 내륙에서 산맥을 넘어 불어오는 보라(bora / 슬로베니아어로 burja, 크로아티아어, 보스니아어로 bura)라는 강한 바람으로 인해 화재가 자주 나는 편이다.

발칸반도는 유럽과 아시아 대륙을 연결하는 중요한 통로라는 지정학적 특징을 지니고 있다. 따라서 이 지역은 고대 이래로 여러 민족들의 전략적 요충지로서 유럽, 러시아, 소아시아 등 열강들의 각축장이 되어왔다. 역사적으로도 이 지역은 고대 그리스와 페르시아 간 각축전을 시작으로, 로마시대 이후로 동로마(비잔틴 제국)와 이슬람 제국 간, 합스부르크 제국과 터키 간, 러시아와 터키 간, 오스트리아-헝가리 제국과 러시아간, 이외에도 발칸 토착세력들 간의 영토 경쟁이 치열하게 이어져 왔었다.

이후 20세기 초에 들어와서도 발칸유럽의 영향력 확보를 둘러싼 발칸유럽 내 국가들 간의 전쟁(1912, 1913년 제1, 2차 발칸전쟁)과 서구 열강들(오스트리아와 러시아)간의 치열한 각축전이 계속해서 전개되어 왔으며, 이러한 지역 패권 장악 의도는 1914년 6월 보스니아 사라예보에서 세르비아 민족주의 청년에 의해 오스트리아 황태자 부처가 암살되는 사건을 계기로 제1차 세계대전의 배경을 형성해 주었다.

20세기 말, 해결되지 않은 발칸유럽 내 복잡한 문화적, 종교적 혼재와 사회주의 이념 쇠퇴에 따른 민족주의 성향 증대는 세르비아를 중심으로 한 소패권주의를 낳았다. 하지만 이러한 세르비아 민족주의의 성향 증대와 발칸유럽 내에서 러시아의 지원에 따른 소패권주의적 영향력 확대 의도는, 오히려 20세기 새로운 강대국으로 등장해 있던 미국의 개입을 낳았고, 이후 미국의 발칸유럽에서의 영향력 확대를 불러오게 하였다.

## 2. 발칸 유럽 내 국가들은 어떤 지정학적 특징을 지니고 있을까?

### 1) 슬로베니아(Slovenia)

▶면적: 20,273㎢ ▶인구: 약 205만 명(2013) ▶수도: 류블랴나(Ljubljana)

북쪽으론 오스트리아, 동쪽으론 헝가리와 크로아티아, 서쪽으론 이탈리아와 국경을 접하고 있으며 국경선의 일부는 아드리아해에 면하고 있다. 면적은 한반도의 약 1/11이다. 경지는 15%, 초원은 24%이며 국토의 대부분이 산지이다. 북부 오스트리아와의 국경은 알프스 산맥의 동단에 해당하며 최고봉으로 트리글라브(Triglav)봉(2,864m)이 있다. 이 산에서 발원하는 사바 강이 북서에서 남동쪽으로 흐르고 있다. 남부에는 석회암 대지가 침식되어 형성된 카르스트 지형이며, 특히 석회동굴로서는 세계에서 두 번째로 긴 길이(19.5km)의 거대한 포스토이나 석회동굴은 세계적으로 유명하다. 지하자원은 석탄, 갈탄, 납, 아연, 석유와 천연가스 등이 매장되어 있다.

기후는 해안은 지중해성 기후를 띠며, 북부와 동부의 고원과 골짜기는 대륙성 기후가 나타난다.

### 2) 크로아티아(Croatia)

▶면적: 56,594㎢(육지) ▶인구: 약 428만 명(2013) ▶수도: 자그레브(Zagreb)

아드리아 해의 북동 해안에 위치하며, 북으로는 슬로베니아와 헝가리, 동으로는 보스니아-헤르체고비나와 국경을 접하며 남쪽으로는 길게 아드리아해에 면한다. 상당지역이 산지인 크로아티아는 지리적인 특징에 따라 크게 달마티아 해안지대, 디나르 알프스 산맥지대, 동부의 다뉴브 평원지대 등 세 지역으로 구분할 수 있다. 달마티아 해안지대는 침강해안으로 익곡(溺谷)이 매우 발달되어 있으며, 연안에는 1,185개의 섬이 열도를 이루고 있어 경관이 빼어난 관광지로 유명하다. 헝가리 평야의 일부인 동부 지역의 다뉴브 평원은 다뉴브 강의 지류인 사바강과 드라바(Drava)강 유역의 비옥한 충적평야로 농업이 발달해 있다. 지하자원으로는 석탄, 갈탄, 석유, 천연가스, 보크사이트, 철광석 등이 매장되어 있다.

아드리아해 연안은 지중해성 기후로 겨울은 따뜻하며 여름에는 햇볕이 많아 덥고 건조한 편이다. 내륙지방은 대륙성 기후로 사계절이 뚜렷하며 여름은 덥고 겨울은 춥다.

### 3) 보스니아-헤르체고비나(Bosnia-Herzegovina)

▶면적: 51,197㎢ ▶인구: 384만 명(2013) ▶수도: 사라예보(Sarajevo)

국명은 북부의 보스니아 지방과 남부의 헤르체고비나 지방명의 합성어에서 유래했다. 북으로는 크로아티아, 동으로는 세르비아와 국경을 접하며, 남으로는 몬테네그로와 국경을 맞대고 있다. 서쪽으로는 아드리아해와 면해 있으나 해안선의 길이는 21.2km에 지나지 않아 내륙국에 가깝다. 크로아티아와 국경선을 이루는 사바 강과 그 지류인 보스나 강과 비바스 강 하류의 북부 평야지대와 남부의 네레트바(Neretva) 강 유역평야를 제외하고는 평균 해발고도가 1,000~1,600m의 디나르 고원이 위치한 산악국이며 전체가 강한 지진대에 속한다. 남부에는 디나르 알프스 산맥이 뻗어 있으며, 카르스트 지형이 발달되어 있다.

기후는 보스니아와 헤르체고비나 지방이 서로 대조적이다. 보스니아 지방은 온난한 편이나 겨울철 추위는 혹독하다. 반면에 해안가와 가까운 헤르체고비나 지방은 지중해성 기후로 여름철에는 매우 기온이 높고 건조하나, 겨울철에는 온난하고 비가 많다. 계절풍에서도 헤르체고비나는 남서계절풍인 시로코의 영향을 받는 반면, 보스니아는 북동풍인 보라의 영향을 받고 있다.

### 4) 세르비아(Serbia)

▶면적: 88,361㎢ ▶인구: 712만 명(2013, 코소보 제외)
▶수도: 베오그라드(Belgrade/ Beograd)

세르비아 공화국은 북부는 다뉴브 강이 흐르는 평야지대로 매우 비옥한 토지로 이루어져 있으나, 남부는 알프스 산맥과 발칸산맥으로 둘러싸인 석회암 지대로 구성되어 있다. 사회주의 유고슬라비아 연방이 붕괴된 이후 세르비아 공화국은 몬테네그로 공화국과 함께 1992년 4월 신 유고슬라비아 연방을 결성하게 된다. 이후 몬테네그로 공화국의 독립 요구를 무마하기 위해 세르비아 공화국은 2003년 3월 이후로 국명을 개칭해 몬테네그로 공화국과 함께 '세르비아-몬테네그로 연합 공화국'을 형성하게 된다. 하지만 2006년 6월 몬테네그로가 독립하고, 2008년 2월 세르비아의 한 자치주인 코소보 또한 독립선언하게 되어, 현재는 보이보디나(Vojvodina) 주와 함께 공화국을 구성하고 있는 상태이다.

세르비아 국경의 길이는 총 2,397km이며, 동쪽으로는 불가리아, 북동쪽으로는 루마니아, 북쪽으로는 헝가리, 서쪽은 크로아티아와 보스니아-헤르체고비나 그리고 남쪽으로는 알바니아, 마케도니아와 접해있다. 보이보디나를 비롯해 북부 세르비아는 주로 파노니아(Pannonia) 평야에서 비롯된 평원지역이다. 반면에 중부와 남부 세르비아는 높은 고지대와 산으로 이루어져 있다. 평지는 대부분 보이보디나 지역(파노니아 평지와 그 가장자리)이고, 세르비아 지역의 55%는 경작지로, 그리고 27%는 산림지역으로 활용되고 있다. 산지의 대부분은 석회암지대로, 이들 석회암은 카르스트 대지(臺地)를 형성하고 있다. 하천들이 석회암지역을 관류하기 때문에 하천수가 지하로 스며든 후 다시 지표로 용출하는 불연속 하천이 많다. 지하자원으로는 석탄, 아연, 납, 보크사이트, 석유, 천연가스 등이 매장되어 있다.

기후는 지형에 따라 다양한 형태를 보이고 있는데 북부는 대륙성 기후로 겨울에는 춥고 여름에는 소나기를 동반한 덥고 습한 날씨의 특징을 보이고 있다.

### 5) 몬테네그로(Montenegro)

▶면적: 13,812㎢ ▶인구: 약 62만 명(2013) ▶수도: 포드고리짜(Podgorica)

몬테네그로는 발칸유럽 동남 지역에 위치한 유럽 내에서도 작은 국가이다. 현재 몬테네그로 공화국은 2006년 6월 이후 세르비아 공화국으로부터 떨어져 나와 독립공화국을 구성하고 있다. 발칸반도의 동남쪽에 위치한 몬테네그로는 서, 북, 동쪽으로 각각 크로아티아, 보스니아-헤르체고비나, 세르비아, 코소보 그리고 남쪽으로는 알바니아와 접해있으며, 약 295㎞ 아드리아 해안선을 차지하고 있는 해안 국가이다. 그중 코토르 만(Boka Kotorska)은 지중해에서 가장 아름다운 해변 중의 하나로 알려져 있다. 국가의 대부분은 넓은 고지대의 산악 지괴(地塊)로 형성되어 있고 수많은 깊은 골짜기와 계곡들이 교차한다. 해안선 근처의 남부 지방에서는 저지대를 볼 수 있다.

몬테네그로는 내륙지방은 대륙성 기후를 띠나, 해안지대는 지중해성 기후를 띠고 있다.

### 6) 마케도니아(Macedonia)

▶면적: 25,713㎢ ▶인구: 약 206만 명(2013) ▶수도: 스코프예(Skopje)

해안선과 접하지 않는 내륙국으로 영토의 대부분이 디나르 알프스 산맥과 핀두스 산맥을 중심으로 한 해발고도 2,500m에 이르는 산지와 해발고도 600~900m의 고원지대로 이루어진 산악 국가이다. 서쪽으론 알바니아, 동쪽으론 불가리아, 남쪽엔 그리스, 북쪽은 세르비아와 국경을 접해 유럽, 아시아, 아프리카를 연결하는 교차점에 위치하고 있어 지정학적으로 매우 중요한 위치를 차지하고 있다. 국토의 중앙부에는 바르다르(Vardar)강이 북서쪽에서 남동쪽으로 관류하면서, 그리스를 지나 에게 해로 유입되고 있다. 알바니아와의 국경선을 따라 카르스트 침식에 의해 형성된 오흐리드 호수와 프레스파 호수 등이 유명하다. 지하자원으로는 크롬, 철광석, 망간 등이 있다.

기후는 지중해성 기후와 대륙성 기후의 중간 정도이며, 여름에는 매우 덥고 겨울에는 매우 춥다.

### 7) 불가리아(Bulgaria)

▶면적: 110,994㎢ ▶인구: 약 736만 명(2013) ▶수도: 소피아(Sofia)

북쪽은 다뉴브 강을 국경으로 루마니아와 접하고, 동쪽은 흑해, 남쪽은 터키와 그리스, 서쪽은 세르비아, 마케도니아와 국경을 접한다. 발칸반도의 심장부로 유럽과 아시아의 교차로에 위치하고 있으며 국토의 중앙을 가로지르는 다뉴브 고원, 서에서 동으로 뻗어 있는 발칸산맥, 남부의 트라스 평원 그리고 남서부의 산악 지대로 구성되어 있으며 풍부한 삼림지대를 이룬다. 국토의 38%는 산림, 14%는 초원이며 지하자원이 풍부하여 석탄, 석유, 철, 망간, 납, 아연 등이 다량으로 매장되어 있다.

기후는 바다와 가까움에도 불구하고 사계절이 뚜렷한 대륙성 기후를 보이고 있다. 겨울은 춥고 습기가 많은 반면, 여름은 덥고 건조하다. 겨울과 봄은 우기이고 여름과 가을은 건기이다. 흑해 연안은 내륙지방에 비해 온화한 겨울과 서늘한 여름 날씨를 보이나 연중 많은 바람이 부는 게 특징이다.

### 8) 루마니아(Romania)

▶면적: 238,391㎢ ▶인구: 약 1,900만 명(2013)
▶수도: 부쿠레쉬티(Bucharest/București)

발칸반도 북동부에 위치한 루마니아는 발칸유럽에서는 유일한 라틴계 국가이며 산과 고원 그리고 평야가 각각 국토의 1/3을 차지하고 있다. 북쪽으로는 우크라이나와 몰도바, 동쪽으로는 몰도바, 서쪽으로는 헝가리, 남서쪽 및 남쪽은 다뉴브 강을 경계로 세르비아, 불가리아와 각각 국경을 접하며 남동쪽은 흑해에 면한다.

기후는 지역별로 해양성 기후 또는 지중해성 기후의 영향을 받아 온대 기후와 대륙성 기후의 중간기후대에 놓여 있다.

### 9) 알바니아(Albania)

▶면적: 28,748㎢ ▶인구: 약 283만 명(2013) ▶수도: 티라나(Tirana)

알바니아는 북쪽은 몬테그로와 북동부는 세르비아와 동쪽은 마케도니아, 남쪽은 그리스, 서쪽은 아드리아 해를 끼고 있으며 전국이 12개 행정 지구로 나누어져 있다. 남북 간 길이가 362km로 형성되어 있으며, 해안을 따라 뻗어있는 폭 15~35km의 좁은 평야 지대를 제외하면 대부분이 산지이다.

해안평야와 낮은 골짜기 분지는 지중해성 기후로 온난하며 연간 강수량은 600~800mm이다. 여름에는 따듯, 건조하며 겨울에는 비가 많이 내려 연중 강수량의 40%를 차지한다. 내륙은 중부유럽과 비슷하며, 겨울에는 산지가 눈에 덮이고 연간 강수량이 1,000mm를 넘는다.

# Ⅱ

# 종교와 문화의 모자이크, 발칸유럽

# 제2장_종교와 문화의 모자이크, 발칸유럽

## 1. 발칸유럽은 왜 종교와 문화의 모자이크 지역이라 불릴까

선사시대 이래로 발칸반도에는 수많은 여러 부족 민족들(일리리안, 다키안, 트라키안…)이 자신들의 부족 국가들을 형성하며 거주하여 왔었다. AD 1세기를 전후로 로마 제국의 지배 하에 들어간 발칸유럽의 원주민들은 로마의 영향력 하에서 로마 문화에 융화되어 갔다.

하지만 발칸반도는 395년 로마제국이 동과 서로 분리된 이후 15세기 전까지 약 천년의 세월 동안 문화적으로는 동양과 서양문화 그리고 종교적으로는 가톨릭(서로마 교회, 로마 교회)과 정교(동로마 교회, 콘스탄티노플 교회)가 서로 복잡하게 혼재되는 특징을 보여 왔다(1054년 크리스트교 종교 대분열).

러시아, 터키 서구 열강들이 한데 모여 발칸유럽의 운명을 결정하는 베를린 조약(1878년 6월) 장면

이후 15세기를 전후로 소아시아로부터 유럽으로 진출하기 시작한 오스만 터키의 발칸 지배가 본격화되기 시작하였다. 오스만 터키의 발칸 지배는 1877년 러·터 전쟁 이후 맺어진 1878년 산 스테파노(San Stefano) 조약(3월)

과 베를린(Berlin) 조약(6월)에 의해 이 지역 민족들이 독립하기 이전까지 지속되게 된다. 이 기간 동안 발칸유럽은 터키에 의해 동양적 문화 요소가 급속도로 확산되게 되었고, 종교적으론 기존의 크리스트교(가톨릭과 정교) 외에도 이슬람교가 유입되어 현(現) 발칸유럽 지역에 가톨릭, 정교 그리고 이슬람교가 서로 혼재되어 나타나는 배경을 형성하게 된다.

종교를 기준으로 한 발칸유럽의 문화권 분류

**종교를 기준으로 한 발칸유럽의 문화권 분류**

(주요 종교가 50% 이상을 기준으로 함)

① 가톨릭 문화권 - 슬로베니아, 크로아티아
② 정교 문화권 - 세르비아, 몬테네그로, 루마니아, 불가리아
③ 이슬람 문화권 - 알바니아
④ 정교와 이슬람 혼재 문화권 - 마케도니아
⑤ 가톨릭, 정교, 이슬람 혼재 문화권 - 보스니아 - 헤르체고비나

## 2. 크리스트교의 역사와 발칸유럽으로의 전파

### 1) 예수의 활동 당시 세계는?

예수에 대한 정확한 출생 년도와 사망 년도 기록이 없음에도 불구하고, 크리스트교가 예수의 탄생과 함께하고 있다는 점에 대해선 모두들 동의하고 있다. 예수가 활동할 당시 예루살렘을 둘러싼 국제적 상황은 로마의 최대 전성기로 삼두 정치에서 승리한 옥타비아누스의 지배력 아래 로마 공화정에서 제정 로마시대로 넘어가던 시기였다. 로마 공화정 말기 로마의 영토를 확대하고 그 지배권을 세계 전

아우구스투스(존엄자) 칭호를 얻은 옥타비아누스 동상

역으로 확장시켰던 율리어스 카이사르(Gaius Julius Caesar, BC 100~BC 44)가 공화정을 짓밟는다는 이유로 암살된 이후, 로마는 카이사르의 양자인 옥타비아누스(Imperator Gaius Julius Caesar Octavianus Divi Filius Augustus, BC 63~AD 14, 재위 BC 27~AD 14), 카이사르의 심복이었던 안토니우스, 그리고 지방의 호족 레피두스를 중심으로 삼두 정치가 시작된다. 카이사르의 유언에 따라 양자가 된 옥타비아누스는 그 칭호를 '가이우스 율리우스 카이사르 옥타비아누스' 로 개칭한 후, BC 33년 레피두스를 격파한 후 이집트 군과 연합한 안토니우스와 대립하게 된다. 이어 BC 31년 악티움 해전에서 옥타비아누스는 안토니우스와 클레오파트라 연합군을 격파한 후, 다음해엔 마침내 이집트를 정복하는데 성공하였다. 이러한 공로를 인정받은 옥타비아누스는 BC 28년 원로원으로부터 '아우구스투스(Augustus, 존엄자)'란 칭호를 받았고, 곧 이어 로마 제정시대가 시작된다. 예수가 탄생할 당시 아우구스투스는 세수를 확보하고 권력을 확고히 하기 위해 자신의 지배 지역에 호구조사 칙령을 발표하였고(기원전 6~7년으로 추측), 점차 아우구스투스의 지배하에 있던 이스라엘은 헤롯(Herod, BC 73~BC 4, 재위 BC 37~BC 4)왕의 통치가 끝나고 로마 총독에 의한 직접통치 하에 놓이게 된다.

크리스트교의 믿음에 따른 여러 기적과 놀라운 행적에도 불구하고 예수는 기존 유대교의 전통과 질서를 벗어난 언행으로 유대교 지도자들의 반감을 샀었고, 마침내 체포되게 된다. 로마 지배 하에서 사형 집행권을 지니고 있지 않던 유대교 지도자들은 로마의 빌라도(Pontius Pilate, 다섯 번째 유대 총독, 재위 AD 26~36) 총독에게 예수를 반(反)로마운동의 지도자로 소송해 사형을 요청하였고, 이어 예수는 골고다(Golgotha, 라틴어로는 '갈보리(Calvary)'/ '해골산'이란 뜻) 언덕에서 사망하게 된다(30년 4월 7일로 추정).

### 2) 로마 제국의 초기 크리스트교 박해 이유는?

예수의 사망 이후에도 크리스트교는 사도 바울과 베드로 등 예수 제자들의 활발한 선교 활동으로 인해 로마 전역으로 확산되어 갔다. 하지만, 크리스트교 신자들은 크리스트교의 핵심 교리인 유일신 사상과 메시아니즘 등이 로마의 사회질서와 체제에 부합되지 않았다는 이유로 계속된 로마의 박해를 받아야만 했다. 그중 가장 많은 박해로 역사 속에 기록된 시기는 로마 제5대 황제인 네로 황제(Nero, 37~68, 재위 54~68) 시기이다. 네로는 64년 7월 로마에 대형 화재가 발생해 6일 동안 로마시의 1/3이 사라지게 되자, 시민들의 불만을 해소하고 민란의 조짐을 잠재우고자, 대형 화재의 원인을 크리스트교 교도들의 소행으로 간주한 후 수차례의 박해를 통해 사도 베드로와 바울을 비롯한 수많은 초기 크리스트교 신도들을 사형에 처하였다. (당시 박해에 관련한 자료로는 AD 14~96년까지 5명의 로마 황제 일대기를 기록한 타키투스(Tacitus)의 연대기에 잘 나타나 있다).

### 3) 크리스트교가 세계 종교가 될 수 있었던 배경은?

로마는 군인황제시대(235~284)가 도래하자 커다란 사회적 혼란과 어려움에 처하게 된다. 이후 달마티아 출신인 디오클레티아누스(Diocletianus, 244~311, 재위 285~305)가 286년 로마를 4개의 행정 권역으로 나누어 정제와 부제를 통해 통치하였다. 이런 가운데 세르비아의 니쉬 출신이었던 콘스탄티누스(Constantinus, 272~337, 재위 306~337)는 당시 로마에 근거지를 둔 막센티우스와의 싸움에서 승리하여 황제로 즉위(재위, 부제 306~310, 정제 310~337)하게 된다. 황제가 된 콘스탄티누스는 313년 밀라노 칙령을 통해 크리스도교 박해에 대한 금지를 선포하고 로마 내 사회적 혼란을 수습하고자 노력하였다. 이어 콘스탄티누스는 급변해가던 경제적 흐름을 따라 로마의 제2도시로 아시아와 유럽을 잇는 콘스탄티노플(Constantinople, 현재 터키의 이스탄불)을 새로 건설하였다. 그는 뒤 이어 330년 크리스트교 의식에 따라 콘스탄티노플을 로마의 새로운 수도로 천명하게 된다(크리스트교는 392년 테오도시우스(Flavius Theodosius), 347~395, 재위 379~395 시절 국교화 됨). 로마 시와 대등한 위치로 격상된 콘스탄티노플에는 로마 신전의 건축이 불허되었고, 오직 크리스트교 교회 설립만이 인정됨에 따라, 이때 이후 크리스트교는 로마 전역에 급속한 확산과 발전을 이루게 된다.

#### 4) 크리스트교의 분열은?

313년 콘스탄티누스의 밀라노 칙령에 따라 크리스트교가 공인된 이후 초기 크리스트교는 로마 제국의 보호와 여러 혜택으로 비약적인 발전을 이루게 된다. 325년 니케아 공의회에서 크리스트교 사제들은 여러 교회들 중 크리스트교의 3대 교회로 로마, 알렉산드리아, 안디옥 교회를 확정짓고, 예루살렘 교회에게 3대 교회에 버금가는 권위를 부여하는 결정을 내리게 된다. 이어 381년 콘스탄티노플 공의회에선 로마의 새로운 수도로 건설된 콘스탄티노플 내 콘스탄티노플 교회를 로마 교회 다음 서열로 한다는 내용을 발표하였다. 이러한 결정은 로마 교회와 알렉산드리아 교회의 강력한 반대를 낳았는데, 그러한 배경은 새로운 로마로서 성장하고 있는 콘스탄티노플에 대한 로마 교회의 경계와 제2교회로서의 지위를 뺏기게 된 알렉산드리아 교회의 불만이 함께하고 있었다. 이러한 다른 교회들의 반대에도 불구하고, 451년 열린 칼케돈 공의회에선 5개의 대주교 관구(로마, 콘스탄티노플, 알렉산드리아, 안디옥 그리고 예루살렘)를 그 순서에 따라 권위

콘스탄티노플의 소피아 성당을 봉헌하는 유스티니아누스 황제

를 부여한다는 교회령이 확정되게 된다. 콘스탄티노플 교회의 성장은 동 · 서로마 분리 이후 서로마의 멸망(476년)과 뒤 이은 로마 교회의 침체, 그리고 무엇보다도 유일한 로마 제국으로 남겨진 동로마 제국(비잔틴 제국으로도 불림)의 영향력이 커진 데에 기인한다고 볼 수 있다.

초기 크리스트교의 여러 문제는 각 대주교 관구의 사제들이 모여서 진행한 여러 공의회 등을 통해 해결하여 갔다. 여러 논쟁들 중 현대 크리스트교에까지 그 영향을 미치고 있는 주요 논쟁들은 4세기의 '성삼위 일체 논쟁', 5세기 중엽에 일어난 '양성론과 단성론 논쟁', 그리고 '성상 사용 문제'를 둘러싼 8세기 말과 9세기 초사이의 교회 논쟁들을 들 수 있다. 이러한 교회 교리를 둘러싼 주요 논쟁들은 주로 각 대교구간의 주도권 싸움에서 기인하게 된다.

동·서로마의 분리는 크리스트교의 분열에도 중대한 영향을 미쳤으며, 실제, 동·서 교회의 분열은 정치적 분열과 더불어 진행되게 된다. 희랍어와 라틴어가 서로 통용되는 등, 양대 지역(동·서로마)에 대한 선교 활동이 자유로웠던 초기 크리스트교 시기와는 달리 동·서로마 분리 이후 서로마 멸망은 양 지역 교회 간 교류의 단절을 낳게 된다. 이후 비잔틴 제국의 황제이자, 교회의 수장이었던 유스티니아누스 1세 황제(Flavius Justinianus I, 483~565, 재위 527~565)는 정치, 종교적으로 다시 한 번 로마 제국을 부활시키고자 서로마 일부 지역을 탈환하고 그 자리에 콘스탄티노플 교회의 영향력을 확장하는데 주력하였다. 반면 서로마 지역에선 교회의 포교를 위해선 무엇보다도 세속 국가의 비호에 대한 필요성을 절실히 느끼고 있었던 로마 교황인 레오 3세(St. Pope Leo III, 재위 795~816)에 의해 당시 서유럽의 새로운 패권 국가로 등장한 프랑크 왕국의 샤를마뉴 대제(Charlemagne, 카롤루스 혹은 카를 대제라고도 불림, 재위 768~814)가 800년 12월 신성로마 제국의 황제라는 칭호를 얻게 된다. 비잔틴 제국은 한동안 이를 인정하지 않았지만

콘스탄티노플을 공격한 제 4차 십자군(1204)의 상상도

(812년에서야 승인), 서로마 멸망 이후 콘스탄티노플 교회의 영향권 하에 눌려 지냈던 로마 교회는 이때 이후 본격적인 독자 행보를 할 수 있게 되었다. 프랑크 제국의 지원을 바탕으로 로마 교회는 그동안 콘스탄티노플 교회의 영향 하에 있던 여러 지역으로 교세를 확장해 나갔으며, 이러한 프랑크 제국의 영토 확장과 로마 교회의 강력한 교세 확장은 곧 이어 비잔틴 제국과 콘스탄티노플 교회와의 심각한 갈등을 불러오게 하였다. 실제 당시 양대 교회는 양 제국의 정치적 단절에 따라 서로마 지역에서는 희랍어 그리고 동로마 지역에선 라틴어 사용자가 드물게 되었고, 이러한 상황은 초기 크리스트교를 중심으로 한 문화적 일치성을 상당 부분 상실 시켰으며, 또한 종교적 분열에도 커다란 영향을 미치게 된다.

역사적으로 보았을 때 크리스트교의 분열은 500년 간격으로 크게 3차례에 걸쳐 이루어졌다. 첫 분열은 5~6세기에 일어났는데, 당시 동·서로마의 분리 이후 서로마 제국이 멸망함에 따라 교회 주도권을 둘러싼 양대 지역(동·서 로마) 교회 간, 즉 로마 교회와 콘스탄티노플 교회간의 갈등이 심화되었다. 두 번째 분열은 비잔

라틴제국(1204~1261)의 수립과 주변 발칸반도의 정세

틴 제국의 쇠락 속에 기울어져 가던 콘스탄티노플 교회(훗날, '정교'로 발전)와 프랑크 제국의 비호 아래 영향력을 확대하고 있던 로마 교회(훗날, '가톨릭'으로 발전)가 교회 주도권 다툼 속에 서로 파문을 하면서 일어난 1054년 교회 대분열을 들 수 있다. 마지막으로 세 번째 분열은 서유럽에서 로마 교회를 모태로 발전한 가톨릭이 중세 유럽의 모든 세계를 장악하고 있던 시기, 면죄부 사건을 계기로 16세기 종교개혁(Protestant Reformation)이 일어남으로써 발생한 신교와 구교로의 분열을 들 수 있다.

1054년 교회 대분열이 선언된 이후, 638년 이슬람 세력에 의해 넘어간 예루살렘 성지를 회복한다는 이유를 들어 로마 교황은 로마 교회의 권위를 앞세워 십자군 원정을 추진하게 된다. 하지만, 1204년에 일어난 제4차 십자군 원정은 더 이상 양대 교회가 화합할 수 없는 상황으로까지 사태를 이끌어가게 된다. 제4차 십자군 원정 당시 십자군들은 로마 교황의 묵인 속에 이슬람 군대와 싸우는 대신에 비잔틴 제국의 수도이자 콘스탄티노플 교회가 세워져 있던 콘스탄티노플을 함락하고 약탈하여, 라틴 제국(Latin Empire, 1204~1261)을 건설하였다. 이 사건은 결과적으로 크리스트교의 한 축을 형성하였던 비잔틴 제국의 급격한 쇠퇴 그리고 양대 교회 간 불신과 분열의 골을 더욱 깊게 만들었다.

### 5) 크리스트교는 발칸유럽에 어떻게 전파되었을까?

로마 교회와 콘스탄티노플 교회간의 교세 확장 경쟁은 주로 당시 동·서로마의 분기점이자 양대 교회의 접합지역에 해당하였던 발칸유럽을 주무대로 이루어지게 된다. 동·서로마의 분리선은 현재 발칸유럽의 보스니아를 중심으로 사바(Sava)-

다뉴브(Danube)-우나(Una) 강을 경계로 동·서로 나뉘어졌다. 따라서 6~7세기 무렵 발칸유럽으로 이주해 들어온 후로 남슬라브족은 이러한 양대 교회의 갈등 속에서 크리스트교를 받아들여야만 했다.

제자들에게 슬라브 문자와 종교를 전파하고 있는 키릴과 메토디우스 상상화

크리스트교가 남슬라브족들에게 전파되기 이전, 발칸 지역의 남슬라브족들은 원시 종교와 신앙적 특성 그리고 지리적 위치에 따라 여러 형태의 종교적 특징을 지니고 발전해 있었다. 그 대표적 형태로는 가족 신으로서 조상을 숭배하는 것, 농경민족의 특징에 따라 농업과 관련한 수호신, 즉 태양, 대지, 천둥을 숭배하는 것, 그리고 자연 정령인 숲 또는 물을 숭상하는 것이었다.

발칸유럽 내 남슬라브족들 특히 정교 지역의 여러 슬라브족들에게 크리스트교가 전파된 계기는 863년 비잔틴 황제의 명을 받아 모라비아 공국 내 크리스트교 포교와 행정 체계 수립을 위해 떠났던 솔룬(Solun, 오늘날 그리스의 테살로니끼) 출신의 콘스탄틴 키릴(Cyril, 826~869)과 메토디우스(Methodius, 815~885)형제 그리고 그 제자들에 의해서였다. 중세 가장 뛰어난 문법 학자중 하나인 키릴과 행정, 정치, 외교 분야에 능했던 메토디우스는 자신들이 고안한 슬라브 문자와 언어를 기초로 4대 복음서(마테, 마가, 누가, 요한)를 제작해 크리스트교 가르침을 전파하였고, 비잔틴 제국의 행정 체계를 신생 공국에 도입하고자 노력하였다. 하지만 그들의 이러한 노력은 모라비아에서 일어난 권력내분의 결과 실패로 돌아갔다. 모라비아 공국은 공국 내 권력 투쟁과 동프랑크의 공격으로 쇠락하다가 907년 헝가리에 의해 멸망하였고, 뒤 이어 등장한 체코 지역의 보헤미아, 헝가리, 폴란드 등은 10세기에 걸쳐 로마 교회의 영향력 아래 크리스트교로 개종하게 된다.

모라비아 공국의 내분과 프랑크 성직자들의 압력을 피해 886년 발칸유럽으로 피신해 온 클리멘트(St. Clement, 840~916)와 나움(St. Naum, 830~910) 등 키릴과 메토디우스의 제자들은 제1 불가리아 제국(681~1018)의 보리스 1세(Boris I, ?~907, 재위 852~889)의 요청을 받아들여 마케도니아 오흐리드(Ohrid)에 교회를 설립하게 된다. 이후 이들은 발칸유럽 지역에 슬라브 문자(키릴의 업적을 기려 이후 '키릴 문자'로 불림)와 언어를 보급하고 남슬라브인들을 대상으로 한 크리스트교 포교 활동에 주력하였다. 이에 따라, 주변 불가리아, 세르비아와 여타 발칸 지역으로 확대되어 이들 민족들은 크리스트교로의 개종, 즉 콘스탄티노플 교회의 교리에 바탕을 둔 정교를 신봉하게 된다. 훗날 콘스탄티노플 교회의 권위에 따른 발칸유럽으로의 크리스트교 전파는 10세기 말(988) 러시아의 키예프 공국에까지 전파됨으로써 오늘날 발칸유럽을 비롯한 러시아와 그 주변 국가들이 강력한 정교 국가가 되는 배경을 형성하였다.

반면 발칸유럽 내 국가들 중 로마 교회의 신봉자였던 프랑크 왕국에 속한 크로아티아와 슬로베니아는 8세기, 9세기를 거치며 로마 교회의 영향 하에서 가톨릭으로 개종하게 된다. 또한 지리적 험준함으로 인한 주변 지역과의 고립 그리고 양대 교회의 접합 점에 위치해 있어 잦은 교회 세력권 다툼으로 인해 상대적으로 신앙심이 약하였던 보스니아내 남슬라브인들은 12세기 말 이후 양대 교회(로마 교회, 콘스탄티노플 교회)의 특징을 지닌 '보스니아 교회'를 설립해 신봉하였다. 이후 보스니아 교회는 주변 가톨릭과 정교 국가들로부터 보고밀(Bogumil)교, 파타네리교(Patareni) 등 이단교로 취급되어 어려움을 겪기도 하였다.

발칸유럽 내 여러 민족들 특히 남슬라브족들에게 크리스트교가 전파된 이후 크리스트교는 기존의 남슬라브족 토착 신앙과 융화하여 발전하였고, 이 지역에서 이후 남슬라브족 중세 국가들이 출현한 이후에도 국가 내 민중들을 단합시키고 왕국의 발전을 이루는데 주요 매개체로서 크리스트교가 장려되게 된다. 크리스트교와 남슬라브족 토착신앙과의 융화는 남슬라브족 내 민족의 영웅들이나 성인들이 크리스트교 성인과 서로 혼재되어 나타나는 독특한 특징을 보이거나, 크리스트교 방식에 따라 조상신을 모시는 특이한 양식으로 발전해 오늘날까지 이르고 있다.

### 6) 로마교회(가톨릭)는 무슨 이유로 분열되었나?

발칸으로 이주해 부족국가를 수립한 남슬라브족들의 계속된 세력 확대로 어려움을 겪고 있던 비잔틴 제국은 1453년 오스만 터키의 콘스탄티노플 점령에 따라 마침내 붕괴되게 된다. 오스만 터키에 의한 비잔틴 제국의 붕괴 그리고 뒤 이은 발칸유럽 정교 신봉 국가들의 몰락은 로마 교회와 더불어 크리스트교의 양대 축으로 인정되어 왔던 콘스탄티노플 교회의 몰락을 가져왔다. 이후 비잔틴 제국과 콘스탄티노플 교회의 권위는 정교 국가로 강력히 무장한 러시아의 모스크바 교회로 넘어가게 된다. 이러한 역사적 배경에 따라 종교 문화적인 입장에서 로마를 제1 로마, 콘스탄티노플을 제2의 로마라 칭한다면, 발칸유럽의 정교 국가들이 이슬람 터키 제국의 지배 하에 있었던 500여년 가까이 정교의 정통성을 이어 왔던 모스크바를 제3의 로마라 부르고 있는 이유이기도 하다.

발칸유럽에서 콘스탄티노플 교회가 어려움에 직면해 있을 즈음, 로마 교회는 중세 유럽에서 최대의 권위와 전성기를 구가하고 있었다. 하지만 로마 교회의 이러한 전성기는 그리 오래가지 못하였다. 로마 교회는 계속된 십자군 원정의 실패로 인한 교황권 추락과 절대 왕권의 도전에 의해 위기에 봉착하였고, 뒤 이어 면죄부 사건에서 비롯된 루터(Martin Luther, 1483~1546)의 종교개혁 운동에 의해 교회 분열의 길로 들어서게 된다.

베스트팔렌 조약(1648) 체결을 위해 모인 서유럽 군주들

11세기 말에서 13세기 말까지 총 8회 이상 진행된 십자군 원정은 성지인 예루살렘 탈환을 목적으로 교황의 요청에 따라 이루어졌다. 하지만 교황의 권위를 높이고자 출전했던 십자군 원정은 계속된 실

패 속에, 초기 정신조차 변질되어 교황권의 급격한 추락을 가져오게 된다. 교황권의 계속된 추락 속에 영국의 헨리 8세(Henry VIII, 1491~1547, 재위 1509~1547)를 비롯한 유럽의 절대 왕권 국가들은 왕권을 강화시킴과 동시에 교황 권에 대한 도전을 확대해 나갔다. 로마 교회의 분열을 가져 온 최대 계기는 독일에서의 면죄부 판매 사건에서 비롯되었다. 16세기 당시 독일은 절대 왕권을 중심으로 강력한 중앙 집권 국가를 구성하고 있던 주변 유럽 국가들과는 달리, 여러 소규모 도시 국가로 흩어져 서로 경쟁하고 있었던 관계로 교황청의 수탈을 막아 줄 방어막이 부재하였다. 당시 교황청은 로마 바티칸 궁전의 신축 자금 마련에 고심하고 있었고, 이를 위해 독일 내에서 대규모로 면죄부를 팔아 자금을 충당하는 것을 허락하게 된다. 하지만 이러한 면죄부 판매 사건은 루터 등 뜻있는 성직자들과 지식인 그리고 교황청의 수탈에 시달려 왔던 여러 도시들에서 커다란 반발을 불러일으키게 된다. 1517년 루터는 독일에서 판매되는 면죄부에 대한 95개조 반박문을 게시하였고, 이 반박문은 당시 발달된 인쇄기술에 힘입어 곧 이어 독일과 유럽 전역으로 퍼져 종교개혁 운동의 발단이 되게 되었다. 루터는 하나님으로부터의 구원은 교황이나 주교에 의해서가 아니라 자신의 믿음과 성경에 의해 구원 받을 수 있다는 이념을 확산시켜 나갔다. 이후 수차례의 종교 전쟁이 일어났고, 30년 종교 전쟁이후 '베스트팔렌 조약(Peace of Westfalen, 1648)'을 끝으로 로마 교회는 마침내 신교(오늘날 '개신교')와 구교(가톨릭)로 분리되어 오늘날에 이르게 되었다.

### 7) 발칸유럽에 이슬람교는 어떻게 들어오게 되었나?

14세기 중엽 비잔틴 제국은 스테판 두샨 왕 시절에 들어와 날로 강력해져 가던 세르비아의 공격으로 국가 존립의 위기에 처해 있었다. 결국, 비잔틴 제국은 소아시아의 새로운 패권 국가로 등장하고 있던 오스만 터키에게 비잔틴 제국을 도와 세르비아 군대를 격퇴시켜 줄 것을 요청하였고, 오스만 터키는 이를 계기로 1345년 보스포루스(Bosporus) 해협을 넘어 본격적인 유럽 진출을 이루게 된다. 유럽으로 들어온 터키는 발칸유럽 전역을 돌아다니며 자신의 세력권을 확장시켜 갔다. 특히 오스만 터키군대는 세르비아군을 중심으로 한 발칸유럽의 크리스트교

티무르에 의해 감금된 오스만 터키의 지배자를 그린 상상도

10만 연합군을 1389년 6월 코소보(Kosovo)에서 대패시킴으로써, 발칸유럽의 실질적인 패권 국가로 부상하게 되었다.

1396년 헝가리군을 주축으로 한 서유럽 연합군이 오스만 터키군에 의해 대패하고, 뒤 이어 오스만 터키군은 헝가리의 전 지역을 유린하였다. 하지만, 오스만 터키는 술탄 자리를 둘러싼 내전 도중 1402년 몽고 제국을 계승한다는 중앙아시아 티무르 제국(1370~1526)을 세운 티무르(Emir Timur, 1336~1405, 재위 1370~1405)와의 앙카라(Ankara, 현재 터키 수도) 전투에서 대패하였고, 이후 한동안 발칸유럽에 대한 진출을 참아야 했다. 이후 티무르는 원 제국(쿠빌라이 칸에 의한 중국내 1271~1368)이후 중국을 장악한 명 제국(1368~1644)을 공격하러 가던 원정 도중 사망하였고, 이후 오스만 터키는 티무르 제국의 그늘에서 벗어나 1413년에서야 다시 재건하는데 성공하게 된다. 1444년 로마 교황의 주도하에 헝가리와 발칸유럽 내 국가들을 중심으로 구성된 대규모 십자군(일명 바르나(Varna) 십자군으로 불림)이 비잔틴에 집결, 오스만 터키 군과 일전을 겨루었으나 역시 대패하고 만다. 1448년 제2차 코소보 전투를 승리한 오스만 터키는 이후 1453년 비잔틴 제국의 수도인 콘스탄티노플을 점령하였고, 뒤 이어 1463년 보스니아를 침공해 들어갔다. 강력한 저항에도 불구하고 보스니아는 오스만 터키 군에게 점령당하였고, 보스니아 내 세르비아인들과 크로아티아인들의 상당수는 당시 사바 강 북쪽의 합스부르크 제국의 영토로 도망쳐 들어가야만 했다.

콘스탄티노플이 오스만 터키에게 점령당하는 모습을 그린 프레스코화

오스만 터키의 발칸유럽 지배는 이후 러 · 터 전쟁의 결과 맺어진 1878년 산 스테파노와 베를린 조약 때까지 이어지게 되며, 이 기간 동안 특히 보스니아와 알바니아 지역엔 상당수의 무슬림화가 진행되게 된다. 오늘날 보스니아와 알바니아 무슬림이 형성된 배경은 이러한 역사적 배경에서 기인한다고 하겠다.

### 8) 정리하며…

동 · 서로마의 분기점, 동 · 서교회의 접합 점에 위치해 있었던 발칸유럽은 중세를 거치게 되면서 발칸유럽 내 새로운 이슬람 패권 국가로 등장한 오스만 터키의 종교, 문화적 영향 하에 놓이게 된다. 발칸유럽을 경계로 이루어진 크리스트교의 분열, 이슬람 국가인 오스만 터키의 약 500여 년간의 지배는 오늘날 발칸유럽을 '종교와 문화의 모자이크 지역'으로 불리게 만들었다. 즉 이러한 모자이크는 어느 한 순간의 역사적 사건에 의해 만들어진 것이 아닌, 2000여 년의 역사 속에 발칸유럽 내 민중들의 생활 속에 파고들어 자연스럽게 형성된 것이다.

생각하기

## 가톨릭과 정교의 차이점은 무엇일까요?

크리스트교 역사를 통해 확인할 수 있지만, 로마 제국 시절 크리스트교의 초대 5대 대교구관구 중 로마 교회(제1교회)와 콘스탄티노플 교회(제2교회)가 수차례의 종교 갈등을 거친 후 1054년 교회 대분열 선언을 통해 현재의 가톨릭과 정교의 모태가 되었다.

가톨릭은 로마 교황을 중심으로 피라미드식 행정 구조를 지니고 있다면, 정교회는 대략 그 규모에 따라 10개의 대표적인 독립 정교회를 중심으로 각각의 총대주교가 평등한 관계를 유지하고 있다는 특징을 지니고 있다. 비록 예수의 가르침을 따르는 같은 종교에서 출발했음에도 불구하고 교회 예배 형식과 세례 등 여러 의식 그리고 성경 해석에 있어서 현재 양 교회는 매우 상이한 차이점을 보이고 있다.

참고로 독립 정교회들을 살펴보자면, 우선 1453년 제2로마로 불렸던 콘스탄티노플이 오스만 터키에 의해 점령당한 이후, 1589년 크리스트교의 정신적 상속권을 이어받아 제3의 로마 혹은 정교의 대부로써 인식되고 있는 모스크바의 러시아 정교회를 들 수 있다. 두 번째로는 오스만 터키 하에서도 콘스탄티노플 교회를 대리해 발칸유럽의 여러 정교회를 총괄 관할하였던 그리스 정교회를 들 수 있다. 다음으로는 성 키릴과 메토디우스 형제 그리고 그 제자들에 의해 크리스트교를 받아들여 강력한 정교 국가로 성장한 후 14세기 이래 오스만 터키의 오랜 지배와 탄압에도 불구하고 발칸유럽의 정교 국가로 발전하게 된 세르비아, 불가리아 그리고 루마니아 정교회를 들 수 있다. 또한 북부는 비록 가톨릭 영향권 하에 있었지만 남부는 정교 권에 속하면서, 오스만 터키 지배 당시 다른 알바니아인들의 대규모 이슬람 개종에도 불구하고 아직까지도 그 명맥을 계속 유지하고 있는 알바니아 정교회가 있다. 이외에도 그루지아(조지아) 정교회, 키프러스(사이프러스) 정교회, 폴란드 정교회, 체코와 슬로바키아 정교회 등이 정교로써 그 역할을 다하고 있다.

# 발칸유럽 들여다보기

# III

# 발칸유럽의 역사개관

# 제3장_발칸유럽의 역사 개관

## 1. 7세기 이전: 로마의 지배와 동 · 서로마의 분리

고대 발칸 지역은 한 때 마케도니아 알렉산더 대왕의 지배를 받기도 했으나, BC 3세기 이후 로마의 진출이 본격화되면서 부터는 로마의 영향력 하에 놓이게 된다. 특히 크로아티아 북부지역부터 알바니아 북부까지 아드리아 해를 따라 해상 무역의 주도권을 장악하고 있었던 일리리아(Illyria, BC 400~BC 167) 부족과의 싸움에서 승리한 로마는 BC 168년에는 일리리안 왕국과 마케도니아를 정복하였고, AD 14년부터 대부분의 발칸 지역을 직접 통치하게 되면서 실질적인 지배자로 등장하게 된다. 3세기 말 이후 기울어져 가던 로마를 다시 일으켜 세우고자 했던 발칸유럽 출신의 로마 황제인 콘스탄티누스는 330년 유럽과 아시아의 새로운 경제적 중심지로 변모한 발칸유럽에 새로운 수도를 건설하게 된다. 이 수도는 이후 그의 이름을 기려 콘스탄티노플(오늘날 터키의 이스탄불)로 불려 한동안 로마의 중흥을 꾀하게 되나, 테오도시우스 황제 사후 395년 로마는 마침내 동·서로마로 분할되게 된다. 그리고 이러한 분리선은 발칸유럽의 주요 강인 사바, 다뉴브, 우나 강을 경계로 현재의 보스니아 지역을 통과하게 된다.

역사적으로 볼 때 동·서로마의 분리는 실질적으로 유럽의 종교, 문화적인 분할을 낳았고, 더 나아가 정치, 경제적 분열을 낳는 주요 배경을 형성하였다. 서로마 지역에 속하면서 발칸유럽의 서북부 지역인 슬로베니아와 크로아티아는 9세기 이후 신성로마제국의 지배로 인해 서유럽과 같은 가톨릭 문화권을 형성하게 되었다. 반면 서로마 멸망 이후에도 천년의 세월을 더 지속하였던 비잔틴 제국은 과거 로마 제국의 영광을 되찾고자 노력했던 유스티니아누스 1세의 죽음 이후 계속적으로 세력이 약화되었으며, 이것은 7세기 이후 들어와 급속도로 확대된 북방민족 침략과 슬라브인들의 발칸 진출을 낳게 하였다.

## 2. 7세기~14세기: 슬라브족의 이주와 발칸유럽의 새로운 주인으로 등장한 남슬라브족

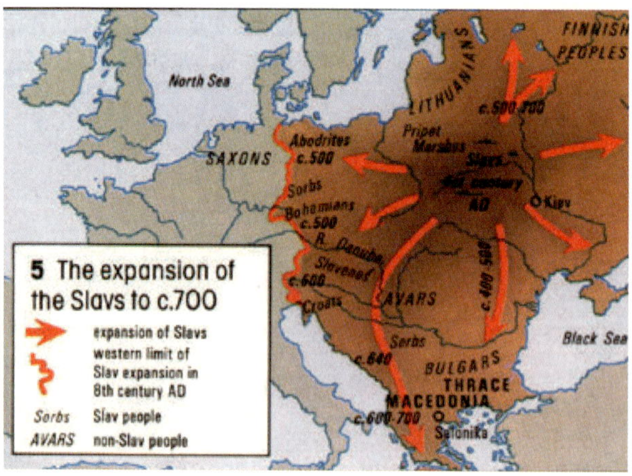

슬라브족의 이동로

6세기말과 7세기, 발칸유럽 지역에는 북쪽으로부터 대규모 슬라브족 이주가 시작되었다. 일반적으로 이 당시 게르만족의 공백을 틈타 원 거주지인 러시아 시베리아 지역에서부터 서쪽으로 이주해 현재의 폴란드, 체코, 슬로바키아 민족을 구성하게 된 슬라브족들을 서슬라브족이라 칭한다면, 발칸유럽으로 이주해 내려 왔던 슬라브족들을 남슬라브족이라 칭하고 있다.

이주 초기 남슬라브족들은 당시 이 지역의 지배 국가였던 동로마 제국(비잔틴 제국)의 영향력 하에서 크리스트교와 여러 선진 문화를 받아들였고, 이를 기초로 경제, 사회적 발전과 안정을 이루게 된다. 하지만 계속된 북방 민족들의 침입과 비잔틴 제국의 쇠퇴는 이들 남슬라브족들이 발칸유럽의 새로운 주도 세력으로 등장하게 하는 계기를 마련해 주었다.

발칸반도에서 가장 먼저 강력한 중세 왕국을 건설한 슬라브 민족은 불가리아인으로 681~1018년 제1불가리아 제국, 1185~1396년(또는 1422로 추정) 제2불가리아 제국을 건설해 비잔틴 제국을 위협하면서 한때 발칸유럽의 새로운 패권 국가로 등장하였으나, 14세기 말 이후 확대된 오스만 터키의 공격으로 사라지게 된다. 세르비아는 이러한 불가리아와 비잔틴 제국의 영향력에서 벗어나 두샨 황제(Stefan Uroš Dušan, 1308~1355, 재위 왕 1331~1346, 황제 1346~1355) 시기 최대의 전성기를 맞이하였지만, 그의 사후 1389년 오스만 터키와의 코소보 전투에서 패배함으로서 쇠락의 길을 가게 된다. 이후 보스니아 왕국과 루마니아의 여러 공국들도 오스만 터키의 발칸유럽 진출과 더불어 터키의 속국이나 직접적인 지배하에 놓이게 되었다. 이후 발칸유럽에 대한 오스만 터키의 지배는 1878년까지 이어지게 된다.

반면 서로마 제국의 영향력 하에 있었던 남슬라브족인 슬로베니아인과 크로아티아인은 8세기 말 이후로 프랑크 왕국 하에서 크리스트교(가톨릭)로 개종하였고, 이후 중세 서유럽의 패권 국가였던 신성로마 제국과 합스부르크 제국의 지배를 받게 된다.

## 3. 15세기~19세기: 외세 지배 하의 발칸유럽과 민족주의 시대

1453년 비잔틴 제국의 멸망 이후 오스만 터키는 계속해서 유럽으로 세력권을 확장해 갔으나, 1683년 제2차 비엔나 전투에서 패배함에 따라, 1699년 합스부르크 제국과 카를로브찌(Karlovci) 조약을 맺게 된다. 이 조약에 따라 현재의 슬로베니아, 크로아티아, 세르비아의 보이보디나 지방은 가톨릭 문화권인 합스부르크 제국의 영향력 하에 놓이게 되었고, 반면 여타 나머지 발칸유럽 지역은 오스만 터키의 지배 하에 놓이게 되었다.

이후 합스부르크 지배 지역인 슬로베니아와 크로아티아에선 서유럽 식 경제, 사회, 문화의 영향력이 계속해서 확대되어 갔고, 반면 오스만 터키 지배 지역에선

제 2차 비엔나 전투(1683) 당시, 비엔나를 공격하고 있는 오스만 터키군

동양적인 터키 풍 경제, 사회, 문화 요소들이 유입되게 된다. 특히 오스만 터키 지배 지역은 터키의 지배 이후 여러 가지 사회, 경제적 혜택에 따라 이슬람교가 급속도로 확대되었는데, 이전까지 크리스트교를 믿었던 남슬라브인들 중 특히 양대 크리스트교 교회의 접합 점에 위치해 있어, 상대적으로 신앙심이 약했던 보스니아-헤르체고비나 지역의 남슬라브 크리스트교인들과 알바니아 크리스트교인들의 대규모 이슬람 개종이 이루어지게 된다.

19세기 민족주의 시대가 들어서면서 발칸유럽은 새로운 혼란의 시기를 맞이하게 된다. 즉, 서유럽에서 도입된 민족주의는 당시 외세의 지배 하에 있던 발칸유럽의 남슬라브인들에게 외세의 지배를 벗어나 자신들만의 새로운 민족-국가(Nation-State) 건설에 대한 의욕을 낳게 하였다. 따라서 이들 남슬라브인들은 자신들을 공통적으로 묶을 수 있고 대중들의 감정에 호소할 수 있는 언어, 종교 등 문화적 요소를 중심으로 민족주의 운동을 펼쳐나갔다. 이 결과 발칸유럽은 민족주의 운동을 저지해 제국을 계속 유지하려는 지배 열강들과 이러한 민족주의를 이용해 자신들의 영향력을 발칸유럽에 확대하려는 외부 다른 열강들 간의 치열한 각축장이 되게 된다.

1877년 러시아와 터키 간 전쟁에서 비롯된 러·터 전쟁의 결과 맺어진 산 스테파노 조약(1878. 3.)에 의해 발칸유럽 대부분 국가들은 독립을 하게 된다. 하지만 이 지역에 많은 관심을 가지고 있던 오스트리아는 발칸유럽 내에서 러시아의 영향력이 확대되는 것을 막고자 1878년 6월 주변 서유럽 열강들과 함께 베를린 조약을 다시 맺게 하였다. 그 결과 불가리아의 마케도니아에 대한 영토권이 다시 터키에게 넘어갔고, 그 대가로 오스트리아는 터키로부터 보스니아의 행정권을 이양받게 된다. 그러나 민족주의의 확산과 발칸유럽을 둘러싼 열강들 간의 세력 각축은 결과적으로 제1차 세계대전의 빌미를 제공하게 되었다.

## 4. 20세기(I): 제1, 2차 세계대전과 발칸유럽

페르디난드 황태자 부처 저격사건이후 체포되어가는 프린찌프

1914년 6월 보스니아의 사라예보에 순시 차 온 오스트리아의 페르디난드(Franz Ferdinand, 1863~1914) 황태자 부처가 대(大)세르비아주의를 부르짖으며 보스니아를 이웃 세르비아로 통합시킬 것을 주장한 가브릴로 프린찌프(Gavrilo Princip, 1894~1918)라는 세르비아 민족주의 청년에 의해 암살됨으로써 제1차 세계대전이 발발하게 되었다. 오스트리아는 이를 빌미로 발칸유럽을 본격적으로 장악하려고 했고, 슬라브 민족주의를 내세우며 발칸유럽에 진출하고자 했던 러시아는 세르비아와 연합해 오스트리아의 이러한 야심에 대항하게 된다. 곧 이어 전쟁은 전 세계로 확대되었고, 발칸유럽은 제1차 세계대전의 주요 각축장으로 전락하게 되었다.

제1차 세계대전은 1918년 연합국 측의 승리로 끝을 맺게 된다. 제1차 세계대전이 발칸유럽의 남슬라브인들에게 가져다 준 커다란 의미는 최초의 남슬라브족 왕국이 등장하게 되었다는 점이다. 세르비아인을 중심으로 세르비아 민족국가를 건설하고자 했던 세르비아는 연합국내 열강들의 강력한 요구에 의해 슬로베니아와 크로아티아를 통합해 '세르비아-크로아티아-슬로베니아 왕국(이 왕국 내에는 몬테네그로와 현재 마케도니아 상당 지역이 편입되게 됨/ 1929년 이후 '유고슬라비아 왕국'으로 개칭됨)'을 형성하게 된다. 반면 구축군편에 가담하였던 불가리아는 패전국으로 기존 영토의 상당 부분을 상실해야만 했고, 연합국 편에 섰던 루마니아는 구축 군이었던 헝가리로부터 트란실바니아(Transylvania) 지역을 얻는 등 최대 수혜국이 되었다.

양차 대전 사이 발칸유럽의 각 국가들은 새로운 민주주의 이념을 도입해 이를 실현하고자 했다. 하지만 1929년 경제 대공황과 이후 확대된 인종적 민족주의인 파시즘, 나치즘의 등장 그리고 무엇보다도 국내 여러 민족 간 갈등과 충돌로 인해 다시 이전의 강력한 독재 왕국 시대로 회귀하였고, 이런 상황 속에서 제2차 세계대전을 맞이하게 된다. 제2차 세계대전은 그동안 문화적 민족주의에 젖어 있던 발칸유럽 내 민족들에게 사회주의라는 새로운 이념을 도입하게 하는 계기를 마련해 주었다.

## 5. 20세기(II): 사회주의 하에서의 발칸유럽

제2차 세계대전을 통해 소련은 중부유럽(통상 체코, 슬로바키아, 폴란드, 헝가리를 칭함)을 비롯한 발칸 지역을 장악하였고, 이들 점령 지역에는 소련의 주도하에 공산화가 진행되게 된다. 하지만, 유고슬라비아의 티토는 문화, 종교, 역사적 차이점으로 갈라져 있던 유고슬라비아 내 민족들에게 민족 간 '형제애와 단결(Brotherhood and Unity)'이라는 당 강령을 강조하면서 자력으로 공산화를 이루는데 성공하게 된다. 알바니아의 경우에 있어서도 티토의 지원을 통한 공산화가 이루어지는데, 이 과정에서 알바니아의 공산당 지도자 엔베르 호자는 알바니아 공산화의 대가로 알바니아인이 다수 거주하고 있던 코소보 지역을 유고슬라비아에 양보하였고, 이후 코소보 지역은 발칸유럽의 주요 분쟁지역으로 부각되게 된다.

사회주의 시대, 발칸유럽에 있어 의미 있는 사건들로는 우선 1948년 티토와 스탈린 간 발칸유럽 주도권을 둘러싸고 일어난 '코민포름 분쟁(Cominform Conflict)'과 1956년 후르시쵸프의 '사회주의 국제 분업(Socialist International Division of Labor)' 구상을 둘러싸고 소련과 갈등을 빚어 자주노선을 채택한 루마니아를 들 수 있다.

티토와 그 지도부는 동유럽 내에서 유일하게 독자 공산화를 성공했다는 강한 자부심을 지니고 있었으며, 이를 기초로 발칸유럽 내에서 영향력을 확대해가고자 했다. 하지만 스탈린은 이러한 티토의 독자 행보에 대한 반발로 1948년 소련 및 동유럽 국가들의 정치적 연합 단체였던 코민포름(Cominform)으로부터 유고슬라비아를 강제 축출하였고, 동유럽 내에서 반소련주의자들을 티토주의자로 몰아 숙청해 나가게 된다. 이후 계속된 외교, 경제적 고립과 소련 및 주변 동유럽 국가들의 군사적 위협 하에서, 유고슬라비아는 미국을 비롯한 서유럽 국가들과의 외교, 경제 관계 구축을 통한 새로운 활로를 모색해야만 했다. 결과적으로 1950년 6월에 발생한 '한국전쟁'을 계기로 유고슬라비아는 미국을 비롯한 서유럽의 대규모 경제, 군사 지원을 얻어내는데 성공하게 된다. 이후 유고슬라비아는 코민포름 분쟁과 한국전쟁의 경험을 기초로 당시 첨예한 냉전 체제하에서 어느 블록에도 속하지 않고 자국의 안전과 발전을 유지시키기 위한 방책으로 새로운 외교 노선인 '비동맹주의'를 창설하게 되었다.

생각하기

### 한국전쟁이 유고슬라비아에 끼친 영향과 그 의미는?

1950년 6월에 일어난 한국전쟁은 제2차 세계대전 이후 심각한 갈등 양상으로 확대되고 있던 미·소양 진영 간의 관계를 급속히 냉각시키게 된다. 이와 더불어 1948년 코민포름 분쟁 이후 소련의 계속된 정치, 경제 그리고 군사적 압력을 받고 있던 유고슬라비아에게 있어서도 한국전쟁은 특별한 의미로 다가왔다. 당시 유고슬라비아는 한국전쟁을 스탈린이 유고슬라비아 및 유럽을 침공하기 위한 예비전쟁으로 인식하고 있었다. 따라서 당시 한국전쟁은 유고슬라비아에게 직접적인 전쟁 위협과 위기감으로 다가오게 된다.

실제 한국전쟁을 국제사적 시각에서 분석하고자 했던 윌리엄 스툭(Willism Stueck)은 한국전쟁과 유고슬라비아의 상관관계에 대해 다음과 같이 설명하고 있다: "한국전쟁은 NATO의 결속과 강화를 가져왔다. (...) 비록 NATO에 가입하지 않았음에도 불구하고 유고슬라비아는 (한국전쟁을 계기로) 미국, 영국 그리고 프랑스 등 서구 국가들로부터 분명한 지원과 원조를 약속 받았고, 미국과 그리스, 터키의 군사회의에 참여했으며 무엇보다도 그리스 및 터키와 방위조약을 맺게 되었다. 다른 어떤 요건보다도 한국전쟁에 대한 서방 국가들의 이러한 대응은 소련이나 그 위성국가들이 유고슬라비아를 침공하려 했던 뜻을 꺾어놓았다." 또한 이러한 견해는 실제 냉전시대 유고슬라비아의 대내외적 정치·외교적 상황과 한국전쟁을 전후한 유고슬라비아의 한반도 문제에 대한 입장을 다룬 다르코 베키치(Darko Bekić)의 광대한 저서 『냉전 하에서의 유고슬라비아: 1949~1955년 사이 강대국들과의 관계(Jugoslavija u Hladnom Ratu: Odnosi sa velikim silama 1949~1955)』에서도 잘 보여지고 있다. 그는 이 저서에서 한국전쟁에 대한 평가에 대해 '발칸에서의 전쟁 대신에 한국에서(Korejski, umjesto Balkanskog rata!)'란 소제목을 제시함으로써 당시 소련의 군사적 위협 속에서 유고슬라비아가 한국전쟁을 어떠한 시각으로 바라보았는지를 함축적으로 잘 설명해 주고 있다.

특히 1950년 10월에 발생한 중공군의 한국전쟁 개입은 유고슬라비아 지도부에게 제3차 세계대전에 대한 두려움을 안겨주기에 충분했다. 당시 유고슬라비아는 소련이 중공을 사주해 한국전쟁에 개입하게 함으로써, 소련 자신은 유고슬라비아를 비롯한 유럽에서의 전쟁에 전념하려 한다고 분석하고 있었다. 1950년 1월 이후 UN 안보리 비상임이사국 회원국으로서 그리고 중공군의 한국전 개입 당시 안보리 의장국으로서 유고슬라비아는 한반도 문제와 한국전쟁에 대한 UN에서의 여러 발언과 결의 주도에 중요한 영향력을 행사하게 된다. 또한 이러한 경험을 바탕으로 유고슬라비아는 한국전쟁을 계기로 비슷한 외교노선을 견지하고 있음을 확인하게 된 인도, 이집트 등 제3세계 국가들과의 외교적 연대를 통해 양대 어느 블록에도 편입되지 않는 독자적 외교 노선인 '비동맹 외교정책'의 기틀을 수립할 수 있게 된다.

하지만 1980년 5월 티토의 사망 이후 유고슬라비아는 대내외로 여러 어려움에 직면해 있었다. 우선 대내적으로 문화적 민족주의에 기초한 여러 민족들의 권리 확대 요구와 시위가 계속해서 일어나고 있었고, 도입 초기 사회 경제적 발전의 초석이 되었던 자주관리제도의 여러 문제점들이 노출되면서 민족 간 지역 간 갈등이 확대되고 있었다. 대외적으로 회원 수의 증대와 회원국 간 노선 갈등 그리고 국제 환경의 변화로 인해 비동맹 외교의 한계점이 드러나는 가운데, 비동맹노선에 막강한 영향력을 행사하고 있었던 티토의 사망은 유고슬라비아에게 대외적인 위기감을 증폭시키게 된다.

한편 루마니아는 소련식 사회주의 그늘에서 벗어나 자주노선을 채택하기 위해 노력하였다. 루마니아가 자주노선을 선택하게 된 계기는 스탈린 사후 1956년 새로운 소련의 실권자로 등장한 후르시쵸프의 '사회주의 국제 분업(Socialist International Division of Labor)'구상에 있었다고 볼 수 있다. 서유럽은 미국의 '마샬 플랜'을 통해 제2차 세계대전의 피해를 극복하고 경제 발전을 지속해 나가고 있었으며, 1952년에는 오늘날 EU의 시발점인 '구주석탄철강공동체(ECSC, European Coal and Steel Community)'를 창설하였고, 이어 1957년에는 로마조약을 통해 유럽경제공동체(EEC, European Economic Community)를 결성하는 등 서유럽 경제통합을 향해 박차를 가하고 있었다. 이에 자극을 받았던 후르시쵸프는 그동안 코메콘(COMECON, 상호경제원조회의 CMEA, Council for Mutual Economic Assistance)을 통해 사회주의 국가들 간의 경제 교류를 확산해 가던 방식을 벗어나, 사회주의 국가 간 다자간 협력 조정기능을 본격화하는 분업 안을 통해 효율적 경제 협의체 구성에 대한 구상을 발표하게 된다. 소련이 주도한 '사회주의 국제 분업' 구상은 동유럽 국가의 경제여건에 따라 특화 산업부문을 배정하는 것이 주 골자였는데, 이에 따르자면 동유럽의 다른 공업 국가들에 비해 공업화 수준이 낮았던 루마니아는 농업 국가로 소련 및 다른 동유럽 국가들에게 원료 생산 기지로서의 역할을 수행해야만 했다. 루마니아는 이러한 소련의 제안을 거절하였고, 이때 이후 루마니아는 소련의 영향력에서 벗어나 특히 외교 분야에 있어서 자주 노선을 수립해 나가게 된다.

## 6. 20세기(III): 민주화 시기의 발칸유럽

사회주의 체제의 견고성으로 상징되던 베를린 장벽 붕괴 장면

1989년 베를린 장벽 붕괴로 상징되는 사회주의 체제의 몰락과 공산당 일당 독재의 폐지 그리고 뒤이은 다당제 선거는 유고슬라비아 각 공화국내 연방 탈퇴를 전제로 한 민족주의 정치 지도자들과 민족주의 성향의 확대를 낳았다. 이런 상황 가운데 1991년 6월 사회주의 유고슬라비아 연방의 구성 공화국이었던 슬로베니아와 크로아티아가 독립을 선언하였고, 뒤 이어 독립을 저지하고자 했던 세르비아와의 충돌로 유고내전이 발생하게 된다.

유고내전은 곧 바로 1992년 보스니아 독립 선언과 함께 발생한 보스니아 내전으로 확대되었다. 보스니아 무슬림, 가톨릭 크로아티아계, 정교 세르비아계로 구성된 보스니아에서는 1990년 이후 치러진 다당제 선거 결과 가장 많은 인구수를 지니고 있던 보스니아 무슬림 출신인 알리야 이제트베고비치(Alija Izetbegović, 1825~2003, 재임 1990~1996)가 대통령으로 당선되었고, 그는 곧 이어 보스니아의 연방 탈퇴를 정부 공약으로 선언하였다. 세르비아계의 불참 속에 치러진 1992년 3월 국민투표 결과 보스니아의 연방 탈퇴가 확정되자, 세르비아계는 곧 이어 보스니아 무슬림 계와 크로아티아계를 공격하였고, 3년 8개월간의 보스니아 내전이 시작되게 된다. 연방으로부터 보스니아의 분리가 확실해지자 세르비아 공화국은 1992년 4월 몬테네그로 공화국과 연합해 '유고슬라비아 연방 공화국(2003년 3월 '세르비아-몬테네그로 연합'으로 국명 변경)'을 수립하게 된다. 20만 명의 사상자, 110만 명의 난민 그리고 약 400억 달러의 경제 손실을 안겨준 보스니아 내전은 1995년 11월 데이턴 합의안(Dayton Conference)에 따라 종결되게 된다. 이 안에 따라 보스니아는 1국가 안에 정교도 세르비아계의 '스르프스카 공화국(Republika Srpska, 영토의 49%)'과 보스니아 무슬림과 가톨릭 크로아티아계가 차지한 '보스니아-헤르체고비나 연방(Federation of Bosnia and Herzegovina, 영토의 51%)'이라는 2체제의 정치 형태로서 등장하게 된다.

크로아티아가 EU의 28번째 회원국으로 가입이 확정되는 장면

이처럼 민주화 시기 가장 역동적인 변화를 보여준 발칸유럽 지역은 유고슬라비아 지역이라 볼 수 있다. 여러 차례의 내전 결과 사회주의 유고슬라비아는 2006년 6월 독립을 선언한 몬테네그로와 더불어 모두 6개의 개별 공화국(슬로베니아, 크로아티아, 보스니아-헤르체고비나, 세르비아, 몬테네그로, 마케도니아)으로 분리되었고, 1999년 3월 코소보 전쟁과 함께 21세기 현재까지도 마케도니아 내전(2001), 코소보 독립문제(2008. 2), 보스니아 민족문제 등으로 여러 가지 갈등과 내전의 후유증을 겪기도 했다. 하지만, 2004년 5월 슬로베니아가 EU에 가입한 후, 동유럽 가입국들 중 가장 안정되고 발전된 국가로 인정받아 2007년 1월 가장 먼저 유로 존(Eurozone)에 가입하였고, 2007년 1월 불가리아, 루마니아, 2013년 7월엔 크로아티아가 EU에 가입하는 데 성공하게 된다. 이와 함께 세르비아, 마케도니아 등 다른 발칸유럽 국가들 또한 과거 민족갈등의 상처를 치유하고 경제발전을 기초로 한 EU가입을 서두르고 있는 등, 발칸유럽의 여러 국가들은 향후 유럽 내 신흥발전국가로 나아가기 위한 노력을 계속하고 있다.

## 발칸유럽 들여다보기

# Ⅳ

## 발칸유럽의 알프스,
## 슬로베니아

# 제4장_발칸유럽의 알프스, 슬로베니아

(출처: http://www.encyclopedia.com)

| | |
|---|---|
| 정식 국명 | 슬로베니아 공화국(Republic of Slovenia) |
| 수도 | 류블랴나(Ljubljana, 약 28만 명, 2013) |
| 인구 | 약 205만 명(2013) |
| 언어 | 슬로베니아어(영어와 독일어를 제2외국어로) |
| 국경일 | 1991.6.25(사회주의 유고슬라비아 연방으로부터 분리 독립일) |
| 화폐 단위 | 2007년 1월 이후 유로화 사용 |
| 의무 교육 | 9년(6~15세) |
| 종교 | 가톨릭(60%), 이슬람교(2.5%), 개신교(1%)··· |
| 민족 | 슬로베니아인(83%), 세르비아인(2%), 크로아티아인(1.8%)... |
| 주요 공휴일 | 1월 1일(신년), 5월 1~2일(노동절), 6월 25일(독립일), 12월 25일(성탄절)··· |

# 1. 일반개요

## 1) 국가 개요

슬로베니아(Slovenia/ Slovenija)는 발칸유럽 북단에 위치한 국가로, 현재 약 205만 명의 인구를 지니며, 면적은 20,273㎢로 유럽 내에서도 소규모의 국가에 해당한다. 슬로베니아 공화국은 제2차 세계대전 이후부터 1991년 6월 독립을 선언하기 이전까지 티토 하 사회주의 유고슬라비아 연방의 6개 공화국중 하나로 발전을 이루어 왔다. 수도는 류블랴나(Ljubljana)로 현재 약 28만여 명이 거주하고 있다. 슬로베니아 공화국은 헌법에 따라 공화국 영토 내에 거주하는 모든 국민들에게 민주적 권리를 부여하는 민주 국가를 표방하고 있다.

슬로베니아 공화국의 인구 구성은 2013년 기준 총 인구 205만 명 중 주민의 83%가 슬로베니아인으로 민족 구성에 있어 유럽 내에서 상대적으로 높은 민족 구성의 집중률을 보이고 있다. 인구 밀도는 2013년 현재 1㎢당 101명을 차지하고 있으며, 소수 토착민족들로는 세르비아계가 2%, 크로아티아계가 1.8%, 보스니아인이 1.1%, 헝가리계가 0.42%, 이탈리아계가 0.15%를 차지하고 있다. 그 외 소수민족들로는 마케도니아계와 몬테네그로계 그리고 알바니아계가 뒤를 잇고 있다. 특히 이들 중 비(非)남슬라브족으로 분류되는 헝가리계 및 이탈리아계는 현행 헌법에 의거 행정 관청, 법원, 학교 등에서 고유 언어를 사용할 수 있는 권리를 보장 받고 있으며, 국회 및 지방 의회에서 의석을 가질 수 있다. 또한 이들을 위해 국회 내에서는 소수민족위원회, 정부에서는 소수민족사무소가 설치되 활동 중에 있다. 현재 재외 슬로베니아인은 약 25만 명에서 40만 명으로 추산되며, 이들 중 상당수는 이웃하고 있는 이탈리아나 오스트리아 그리고 헝가리 등 EU권역에 주로 거주하고 있는 것으로 추정되고 있다. 주목할 점은 2013년 현재 슬로베니아는 EU 가입 이후 EU로의 이민자가 점차 증대되고 있는 국가로, 이에 따른 고급두뇌 유출에 대한 우려가 점차 확대되고 있는 실정이다.

슬로베니아의 언어는 슬로베니아어로 주로 이 지역에는 영어와 독일어가 통용되고 있으며, 그 외 이탈리아어와 불어 구사자도 많다. 슬로베니아어는 과거 사회주의 유고슬라비아 연방의 세르비아어, 크로아티아어와 유사하여, 현지인들은 의사 소통 및 자료 해독에 별다른 어려움을 느끼지 못하나, 외국인들에게 있어선 일련의 학습과정이 필요하다.

제2차 세계대전 이전 슬로베니아는 약 97%가 가톨릭을 신봉하였지만, 사회주의 시절 종교 억압정책에 따라 점차 낮아졌으며, 1991년에는 약 72%까지 신도수가 떨어지기도 했다. 무신론자들의 계속된 확대 속에 현재 슬로베니아 공화국의 종교 분포는 가톨릭이 약 60%를 차지하고 있으며, 이슬람교가 2.5%, 정교가 2.2%, 개신교가 1% 그리고 일부 불교 신자, 유태교 신자들이 존재하고 있다. 과거 한때 1991년부터 발생한 유고슬라비아 내전과 1992년부터 일어난 보스니아 내전의 영향으로 인해 상당 수 보스니아 난민이 슬로베니아로 넘어와 거주하여 이슬람교도 수가 많아지기도 했으나, 현재는 상당 수 본국으로 돌아가고 감소 추세에 있다. 이외에도 슬로베니아에는 약 30여개의 종교집단이 자유로이 선교활동을 하고 있다. 현재 슬로베니아는 EU 국가들 중 가장 빠른 속도로 이민자 수가 늘어나고 있는 국가이며, 이에 대한 대책 등이 논의되고 있는 중이다.

슬로베니아 국기의 산 모양은 슬로베니아 최고봉인 트리글라브 산을 상징하며, 산 밑의 두개의 물줄기는 슬로베니아의 강들과 바다를 상징하고 있다. 그리고 위 6개의 포인트로 이루어진 3개의 별은 14세기 말~15세기 초 사이 슬로베니아 왕조의 원조로 간주되는 쩰례(Celje) 지방 영주의 군대 휘장에서 따온 문장이다.

슬로베니아 공화국의 공식 화폐는 톨라르(Tolar)였으나, 2004년 5월 EU로 편입된 이후, 2007년 1월 신규가입국 10개국 중 가장 먼저 유로 존에 들어가 유로화를 사용하고 있다. 슬로베니아는 무엇보다도 서비스 산업의 성장 잠재력이 무척 큰 나라로 평가 받고 있으며, 무역 및 운송 산업 발전을 위한 기간 시설이 뛰어나다. 실제로도 발칸반도와 유럽대륙을 잇는 국제무역항인 코퍼(Koper) 항구를 보유하면서 중개무역을 통한 활발한 교역활동을 벌이고 있다. 이러한 경제적 조건들과 함께 슬로베니아는 알프스 남단의 다양한 주변 경관과 양호한 자연환경 보존으로 인해 관광산업 또한 무척 발달되어 있다.

## 2) 자연과 지리

발칸유럽과 서유럽을 잇는 중요한 거점 지역에 위치하고 있는 슬로베니아는 서쪽으로는 이탈리아와 202km, 북쪽으로는 오스트리아와 342km, 헝가리와는 88km, 그리고 동쪽으로는 크로아티아와 546km, 남쪽으로는 46.6km의 아드리아 해안에 접해 있다. 영토의 크기는 스위스의 절반 정도에 해당하며, 수도인 류블랴나에서 자동차로 두 시간이면 이탈리아의 베네치아에 그리고 비행기로 두 시간이면 영국의 런던에 도착할 수 있는 지리적 이점을 안고 있다.

슬로베니아는 율리안 알프스 산맥지역에 속해 있고 이에 따라 국토의 50% 이상이 산지로 구성되어 있다. 영토의 평균 해발고도는 600m이고, 가장 높은 산은 율리안 알프스의 최고봉이자 세 개의 봉우리로 이루어져 있는 트리글라브(Triglav, 2,864m)산으로 1981년 국립공원으로 지정되었고 슬로베니아 국가를 상징하는 중요한 상징물이기 하다. 또한 슬로베니아의 북서부 지역에는 길이 1km가 넘는 3개의 동굴을 포함해 6,000여개의 카르스트 동굴이 존재하는데, 그중에는 1986년 UNESCO에 등록된 스코츠얀스키 동굴이 있고, 또 작은 기차로 동굴 관광을 해야 하는 것으로 세계적으로도 널리 알려진 포스토이나 동굴 등이 있다. 그 밖에 율리안 알프스 산맥 하류에 빙하호수로서 휴양 관광지로 유명한 블레드(Bled)호수와 동계스포츠 지역으로 유명한 보힌(Bohinj) 그리고 세계적인 명마

슬로베니아인들의 성산, 트리글라브

생산지인 리피짜(Lipica), 아름다운 아드리아 해안 도시인 포르토르즈(Portorz)와 피란(Piran) 등이 관광객들의 시선을 끌고 있다. 슬로베니아는 또한 드라바 강과 사바 강이 알프스 산맥을 원류로 해서 공화국의 남도 평원지대를 관통해 흐르고 있다.

발칸반도 내에서 오래 전부터 슬로베니아 인들이 거주하였던 곳은 지정학적으로 작은 영역이었지만, 이 지역은 기후, 토질 그리고 농업 면에서 매우 다양한 특징을 지니고 있는 곳이기도 하다. 노바 고리짜(Nova Gorica)와 그 내륙지방은 완만한 언덕과 송어로 유명한 소차(Soča) 강 주변을 따라 풍부한 과일 등이 생산되고 있다. 북부 이스트라(Istra)에 있는 내륙지방은 엄청난 세기로 위협하는 보라 바람이 계속해서 불고 있으며, 험난한 기후와 석회암식 카르스트 깊은 동굴들로 구성되어 있다. 이러한 카르스트 동굴 지대는 학계의 남다른 관심을 받고 있는 휴먼 피쉬의 고향이기도 하다. 반면, 이스트라의 해안 도시들은 전형적으로 지중해 연안 특징들을 지니고 있으며, 오랜 전 부터 소금 지대로써도 그 명성을 이어오고 있기도 하다.

슬로베니아 내륙 깊숙한 지역에는 카르스트 석회 동굴들과 함께, 완만한 언덕과 비옥한 계곡이라는 특징을 지니고 있기도 하다. 슬로베니아의 수도인 류블랴나 남부는 벨라 크라이나(Bela Krajina)와 돌렌스카(Dolenjska)라는 비옥한 언덕지대를 형성하고 있다. 인근 도시인 프뚜이(Ptuj)의 남쪽 언덕들에선 포도 재배가 발달해 있으며, 헝가리 쪽으로는 파노니아 평원 지대를 형성하고 있다. 류블랴나의 북쪽은 알프스 산악지대와 마을 특징들을 지니고 있으며, 이들 지역은 일 년 중 상당 기간을 눈으로 뒤덮여 있는 지역이기도 하다.

내륙은 알프스 기후 지역에 대륙성 기후로 평야 지대에서는 보리, 밀, 감자, 포도 등이 산출되고 있다. 1월의 평균기온은 산간지역이 섭씨 0도 이하, 내륙은 0~2도, 해안은 2~4도이고, 7월의 평균기온은 내륙이 20~22도, 해안이 22~24도이다. 연평균 강수량은 동부가 800m이고, 북서부 지역은 3,000m이다.

## 2. 역사

### 1) 외세 지배 하의 슬로베니아

19세기초 일리리안 속주

슬로베니아인은 6세기 후반 게르만 족의 일파인 롬바르드(Lombard) 족이 떠나간 자리인 다뉴브 강 분지의 계곡과 동부 알프스 산지에 아시아 유목 민족인 아바르(Avar) 족의 영향력 하에서 정착하기 시작했다. 이후, 프랑크 상인 출신이었던 사모(Samo, ?~658) 왕과 연합하여 아바르족과 치룬 전투(623~626)를 통해 아바르족의 영향력으로부터 벗어날 수 있었다. 745년 프랑크 왕국 통치 하에 들어가게 되는데, 당시 카롤링거(Carolingian) 왕조 하에서 카를 대제 때 로마 가톨릭을 받아들이게 된다. 그 후 9세기 무렵 신성로마 제국의 지배 하로 편입되었고, 이후 14세기 무렵에는 오스트리아 밑에서 합스부르크 제국의 지배를 받아 서유럽 문화권에 편입되었다.

16세기 초에는 유럽을 휩쓸었던 종교개혁의 영향을 받았는데, 당시 슬로베니아 교회의 대부분은 이 지역 지배 군주인 게르만 인들의 영향에 따라 '신교'로 전향하게 된다. 하지만 당시 슬로베니아의 일반 민중들 사이에는 게르만 어를 선호하는 지배 계급들과는 달리 독자적인 슬로베니아어 사용이 활발해지기 시작하였다. 이러한 영향으로 슬로베니아어로 된 신약성경이 출판되었고, 이후 슬로베니아어 문법을 위한 소책자가 작성되기도 했다. 그러나 일반 슬로베니아 민중들과 지식인들을 중심으로 일어난 반(反)종교개혁 운동은 실패로 돌아갔고, 슬로베니아인들은 이전보다 더 심한 게르만 영향권 하에서 계속적으로 피지배 상태로 처하게 되었다.

슬로베니아인의 민족의식이 성장하게 된 계기는 1809년에서 나폴레옹이 세운 일리리아 속주(Illyrian province, 1809~1816)로 편입된 이후부터이다. 당시 나폴레옹은 합스부르크 제국을 아드리아 지역으로부터 고립시키고자 슬로베니아와 달마티아 그리고 크로아티아 일부 지역을 포함한 일리리아 속주를 건설하고 현재 슬로베니아의 수도인 류블랴나를 속주의 수도로 삼았다. 나폴레옹 통치 하에서 비록 짧은 기간이었지만, 슬로베니아는 교육, 행정, 법률체계 등을 서유럽 체제로 발전시킬 수 있는 기틀을 마련하였고, 무엇보다도 슬로베니아어가 공용어로 채택됨으로써 민족의식의 발전을 위한 기반을 다지게 된다. 특히 나폴레옹 군대가 물러가고 난 후 다시 합스부르크 제국의 지배(1866년 합스부르크 제국과 프로이센과의 싸움에서 합스부르크 제국이 패배한 이후 오스트리아-헝가리 이중제국의 지배 하로 편입) 하로 들어갔으나, 1830년 프랑스 7월 혁명과 1848년 파리 2월 혁명의 영향이 슬로베니아에도 파급되면서 슬로베니아 인들은 자치를 요구하는 수차례의 시위를 조직해갔고 정치 및 민족의식을 확대시켜갔다.

### 2) 양차 세계대전 사이의 슬로베니아

슬로베니아인들의 민족의식이 다시 일어난 시기는 제1차 세계대전 이후 자신을 지배하고 있던 오스트리아-헝가리 이중제국이 해체되고 이어 세르비아-크로아티아-슬로베니아 왕국(1929년 이후 유고슬라비아 왕국으로 개칭)이 건설된 이후부터이다. 양차 대전 사이 슬로베니아는 세르비아의 주도 하에 있던 최초의 남슬라브 왕국에서 나름대로 자치권을 가지며 민족의식을 발전시켜 나가게 된다. 제2차 세계대전 중 슬로베니아의 상당 지역은 독일에 의해 합병되었으며, 일부 지역은 이웃하고 있는 이탈리아와 오스트리아의 지배 하로 들어가게 된다. 제2차 세계대전 당시 티토의 파르티잔과 함께 슬로베니아 대독 저항운동은 활발히 전개되었는데, 이 결과 제2차 세계대전이 독일을 비롯한 구축군의 패배로 돌아간 후 1945년 티토 하 사회주의 유고슬라비아 연방 하에서 6개 공화국 중 하나를 형성하게 된다.

### 3) 사회주의 유고슬라비아 연방 하에서의 슬로베니아

사회주의 유고슬라비아 연방 하에서 슬로베니아는 구성 공화국 중 하나로 나름대로의 발전을 이루었다. 하지만 1980년 5월 티토가 사망하고 난 후 유고슬라비아 구성 공화국들 사이에선 민족주의를 기초로 한 문화적, 경제적 그리고 정치적 갈등들이 발생하였고, 이에 따라 일련의 어려움을 겪어야 했다. 특히 1987년 코소보 내 세르비아인과 알바니아인들 사이의 소요사태를 조사차 내려갔던 세르비아의 슬로보단 밀로쉐비치가 강한 민족주의 발언을 통해 세르비아의 새로운 정치 세력으로 급부상하고 코소보에 대한 자치권 폐지와 더불어 연방 내에서 세르비아 공화국의 정치 주도권을 가시화하려 하자, 슬로베니아의 불안감은 더욱 증대되게 된다. 이러한 불안 심리는 슬로베니아가 1980년 티토 사망 이후 계속적으로 추진해 온 연방 탈퇴 의지와 서유럽으로의 접근 전략을 더욱더 강화시키는 결과를 초래하였다.

### 4) 독립 공화국으로의 슬로베니아

1989년 베를린 장벽 붕괴로 상징되는 사회주의 체제의 몰락과 함께, 유고슬라비아 연방 내에서도 다당제 선거가 실시되게 된다. 1990년에 있었던 다당제 선거와 국민 총선을 통해 슬로베니아는 유고슬라비아 연방으로부터의 탈퇴와 사회주의 청산의 기틀을 마련하게 된다. 이어 슬로베니아의 초대 대통령이었던 밀란

1991년 독립을 선언하던 밀란 쿠찬 대통령과 현재 모습

쿠찬(Milan Kučan, 1941~, 재임 1991~2002) 대통령은 1991년 6월 25일 공식적으로 슬로베니아의 연방탈퇴를 선언하였다. 독립선언 직후 슬로베니아에선 슬로베니아 시민군과 유고슬라비아 연방군(JNA) 간에 10일 간의 내전이 발생하게 된다. 슬로베니아 내 영토적 요구와 세르비아 소수 민족문제등과 관련한 요구조건이 미흡하였던 세르비아 주도의 유고슬라비아 연방군(당시 유고슬라비아 연방군 장교 중 세르비아 출신이 약 70%를 차지)은 당시 EC의 중재 하에 슬로베니아로부터 연방군의 퇴각을 비롯한 휴전 협정 안에 동의하게 된다. 이어 슬로베니아는 독립 공화국을 위한 새로운 헌법 제정에 착수하였고, 1992년 1월에는 EU 공동체로부터, 이어 1992년 5월에는 UN 가입을 통해 국제사회에 주권국가로서 인정을 받게 된다. 이어 슬로베니아는 1993년에 IMF와 세계은행에 그리고 1994년에는 WTO와 GATT에 가입함으로서 국제 경제에 있어서도 주권 국가로서의 위상을 높여 나갔다. 2004년 3월에는 NATO 가입이 결정되었고, 2002년 12월 덴마크 코펜하겐에서 열린 EU 정상회담에서 내린 결정에 따라 2004년 5월 EU의 정회원국으로 확정되게 되었다.

생각하기

### NATO(북대서양 조약기구)와 슬로베니아

2004년 3월 26일 슬로베니아를 비롯해 7개국(루마니아, 불가리아, 슬로바키아, 에스토니아, 라트비아, 리투아니아)이 NATO에 새로이 가입하였다. 이에 따라 1949년 서방 12개국으로 출발한 이래, 과거 소련 및 동유럽 국가들의 바르샤바 조약기구의 대응 개념으로써 발전되어 온 NATO는 1999년 헝가리, 폴란드, 체코를 가입시킨 데 이어, 2004년 3월 새로이 7개국 그리고 2009년 4월 크로아티아, 알바니아가 가입함에 따라 모두 28개국으로 늘어남과 동시에 과거 소련의 영향력 하에 있던 동유럽 국가들을 미국의 영향력 하로 편입시키는 데 성공하게 된다. 또한 마케도니아 등도 새로이 NATO 가입을 희망하고 있어 그 수는 계속 늘어날 전망이다.

슬로베니아의 NATO 가입에 대해, 이를 반대하는 슬로베니아 인들은 NATO의 경쟁상대였던 바르샤바 조약기구가 해체된 마당에 NATO의 우산 속으로 들어가는 것은 미국이 치루고 있는 혹은 치르게 될 여러 국제분쟁 개입과 전쟁들의 뒷수습 역할에 이용될 뿐이라고 강력히 반대하였다. 또한 NATO의 전략개념이 지난 1999년 코소보 전쟁 이후로 이전 방위 전략개념에서 분쟁 지역에 대한 공격적 전략개념으로 바뀐 관계로 앞으로 발생하게 될 미국 주도의 여러 분쟁에 슬로베니아인들의 희생이 불가피하게 될 것이라 주장하고 있다.

반면 NATO 가입을 지지하는 슬로베니아 인들은 슬로베니아가 아직도 여전히 주변 강대국들 틈바구니 속에 끼여 있는 약소국으로서 자체 방위 능력을 구축한다는 것은 여러 현실적 어려움이 뒤따르며, 무엇보다도 NATO의 우산 속에 들어감으로써 향후 발생하게 될지도 모를 유럽 내 분쟁과 전쟁에서 확실한 방어막을 구축하게 될 거라는 점을 강조하고 있다. 이와 함께 슬로베니아 방위 예산의 대폭 감축과 이러한 예산의 경제발전 활용이라는 측면에서 보더라도 슬로베니아의 NATO 가입은 여러 실리를 챙길 수 있다는 판단을 내리고 있다.

## 3. 정치

슬로베니아는 1991년 12월 23일 신헌법을 채택하였다. 동 헌법은 법치 사회국가, 삼권분립, 국민주권, 의회민주제, 시장경제 등을 원칙으로 하고 있으며 정부형태는 의원내각제이나 대통령이 상당한 권한을 보유하고 있다. 슬로베니아 법은 구사회주의 유고슬라비아 연방법에 우선하며, 헌법 개정은 하원의원 2/3의 찬성에 의해 가능하다.

슬로베니아의 국가형태는 공화국, 그리고 정부형태는 독일형 의원내각제를 채택하고 있으며, 이에 따라 국가 원수인 대통령 아래 총리가 정부를 이끌어가고 있다. 슬로베니아 대통령은 5년마다 한 번씩 선출되며, 최대 두 번까지 선출될 수 있다. 행정부의 수자인 수상과 각료들은 국회에서 선출하고 있다. 의회는 양원제를 채택하고 있으며, 국가 위원회(National Council)로 불리는 상원은 5년 임기로 사회, 경제, 전문 및 지역 이해 집단을 대변하는 직능대표(18석)와 지역대표(22석)로 구성되어 입법 재심 권을 행사할 수 있는 권한을 지니고 있다. 반면 의원수가

90명이 배정되는 하원에는 헝가리와 이탈리아 소수 민족을 대변하는 의원 2명, 그리고 지 정당별 득표율에 따라 의석이 배분되는 88명의 의원들이 있으며, 임기는 4년이다. 선거권은 18세 이상의 성인 남녀에게 주어지며 선거 유세는 대규모 관중동원보다는 주로 인쇄물을 통한 선거 전략에 치중하고 있다. 슬로베니아의 외교노선은 적극적인 평화노선을 추구하고 있으며, 이를 위해 주변 국가들인 독일, 오스트리아 등과 밀접하게 외교 관계를 구축해가고 있다.

슬로베니아의 현 정책 과제는 EU기준에 맞춘 국내 개혁이며, 주요 외교정책으로는 적극적인 평화공존 노선을 견지하며, EU 회원국으로서 대(對) 서구 경제협력증진 등 관계강화, NATO 가입(2004), WEU와의 협력협정 체결 및 OSCE(2010)를 통한 자국안보 확보 노력 그리고 CEFI(중부유럽 자유무역협정, 1996), SECI(남동유럽 협력 조약, 1997) 등을 통한 과거 동구권 및 구유고 구성 공화국과의 협력 강화에 초점을 맞추고 있다.

생각하기

### EU(유럽연합)와 슬로베니아

북서부에 위치한 슬로베니아는 발칸반도에서 가장 먼저 서유럽식 자본주의 시스템이 정착된 지역으로 구(舊) 사회주의 유고슬라비아 연방의 6개 구성 공화국 중 가장 부유하고 공업화된 지역이다. 슬로베니아는 안정된 자본주의식 경제 전환을 통해 1인당 국민소득도 중, 동유럽 국가들에 비해 매우 높은 수준을 유지하고 있다. 1991년 6월 유고슬라비아 연방으로부터 독립을 선언한 이후 슬로베니아는 경제성장을 위한 다방면의 노력을 기울여 왔고, 2004년 5월 EU에 가입, 그리고 2007년 1월 유로존 가입 이후 지속적인 정치, 경제 발전을 이끌어 가고 있다.

슬로베니아가 EU에 가입한 이후 나타난 파급효과로는 우선, 구(舊) 유고 연방으로부터 독립한 이후 풀지 못해왔던 주변 국가들과의 여러 외교적 현안 해결에 있어 일련의 반사 이익을 얻었다는 점이다. 일련의 예로 아드리아해 피란만 영유권을 둘러싼 크로아티아와의 갈등과 이탈리아의 국경문제 등을 들 수 있다. 둘째, 슬로베니아 기업의 해외 시장 확대와 더불어 일부 품목에 있어 선진 기업들의 슬로베니아 시장

잠식이 진행되고 있다는 점이다. 셋째, EU 선진 지역들로부터의 신규 기술 도입과 서비스 개발, 기업 활동의 투명성 확대 그리고 자본유입의 활발한 진행으로 슬로베니아 시장 경쟁력 강화가 이루어지고 있다. 마지막으로 EU가입에 따른 가장 확실하고도 직접적인 수익기대는 유로존 가입(2007) 이후 외환거래 비용의 감소를 들 수 있다. 특히, EU에 대한 경제 의존도가 높은 슬로베니아의 경우 단일 통화의 사용으로 얻을 수 있는 기회비용의 이득과 더불어, EU 경제권 및 유로존의 경제 위기에 따른 직접적인 연관성은 다른 가입 회원국들에 비해 상대적으로 크다고 할 수 있다.

## 4. 한국–슬로베니아 관계

1988년 6월 KOTRA 사무소가 수도 류블랴나에 개설된 이후, 지속적인 상호 협력 관계가 이루어져 왔다. 정치적으론 1992년 4월 한국은 슬로베니아의 독립을 승인하였고, 1992년 11월에는 양국 간 정식 외교 관계가 수립되었다(북한과는 1992년 9월 수교).

양국 간에는 현재 비자 면제 협정을 맺고 있지는 않지만, 일정 기간 동안 무비

슬로베니아의 국제 무역항, 코퍼 항구

자 입국을 허용하고 있다. 슬로베니아와 한국 양국은 90일까지의 무비자 체류를 허용하고 있으며, 단기간의 여행을 원할 경우에는 비자 없이 입출국이 가능하다. 하지만 현재 국내에 슬로베니아 상주대사관이 없는 관계로 장기 체류 비자는 원칙적으론 일본의 동경 주재 슬로베니아 대사관에 신청해야 한다. 하지만 기술적인 어려움으로 인해 일단 비자 없이 입국하여, 입국과 동시에 구비 서류를 갖추어 슬로베니아 이민국에 신청하는 방법도 있다. 또한 2013년 현재 주 슬로베니아 한국 대사관은 없으며, 이와 관련된 업무 및 정보는 주오스트리아 한국대사관에서 겸임하고 있다.

한국의 대(對)슬로베니아 주요 수출 품목은 승용차, 기계류, 자동차 부품, 가전제품 등이며, 한국에 있어 슬로베니아는 서유럽 시장 개척을 위한 주요 교두보로서 그 중요성을 인정받고 있다.

한국과 슬로베니아 사이에는 현재 직항로가 개통되어 있지 않으나, 유럽의 주요 도시들(프랑크푸르트, 런던, 파리, 취리히, 모스크바 등)과 매일 1~2회씩 연결되어 있다. 양국 간 선박 편은 아직 정기항로가 개설되어 있지 않으나, 슬로베니아의 국제 무역항인 코퍼(Koper) 항구와 한국의 주요 항구들 사이의 무역선들은 상시 운송이 가능하며, 운항일수는 대략 25일 정도 소요된다.

## 5. 경제

슬로베니아의 경제 특징은 우선, 발칸반도에서 가장 먼저 서유럽 식 자본주의 시스템이 정착된 지역이라는 점과 내수시장의 협소로 우리나라와 유사한 수출주도형 경제 체제 특징을 보인다는 점을 들 수 있다. 다만, 독일, 이탈리아 등 EU 국가들과의 교역 비중이 너무 큰 탓에(수입의 80%, 수출의 70%가 EU에 집중) 유럽 경제의 부침과 중요한 상관관계를 맺고 있다 하겠다. 이와 함께 IT산업의 발달과 더불어 서비스 산업 성장잠재력이 매우 크며, 매우 높은 경제 수준을 보유하고 있다(예: 2011년 기준, 1인당 GDP 약 24,580달러, 우리나라 22,490달러).

슬로베니아의 일부 가전제품은 국내에서 생산되고 있으나, 대다수 공산품 및 생필품 등의 소비재는 수입에 의존하고 있다. 슬로베니아는 또한 과거 역사적 배경으로 인해 구(舊) 유고 지역 국가들과의 경제적 연결 고리가 잘 형성되어 있어, 국내 기업들의 발칸 지역 진출에 있어 주요 교두보가 되고 있다. 슬로베니아는 지리적으로 율리안 알프스 남단에 위치해, 산악지대가 많고 국토가 협소하며, 지하자원이 부족해 우리나라와 같은 가공 산업이 발달되어 있다. 주력 상품으로는 전기전자, 의약품, 기계류, 철강제품, 종이 및 플라스틱 제품을 들 수 있는데, 특히 의약품은 중, 동유럽 국가들 중 가장 발달되어 있다고 평가받고 있다. 또한 중소기업이 전체 기업 중 99.7%를 차지하고 있으며, 전체 근로자 수 또한 66%를 차지할 정도로 중소기업의 산업 경쟁력이 높은 국가로 분류되고 있다. 이외에도 슬로베니아는 무역 및 운송 산업 발전을 위한 지리적 이점과 기간 시설이 뛰어나, 발칸반도와 유럽대륙을 잇는 관문인 코퍼 항구를 통해 중개무역이 활발하며, 알프스 남단의 다양한 주변경관과 상대적으로 안전한 치안으로 관광산업이 매우 발달해 있다.

생각하기

### 슬로베니아 경제성장의 요인은 무엇일까?

사회주의에서 자본주의 경제 체제로 전환한 국가들 중 대표적 성공 국가로 평가받고 있는 슬로베니아의 경제성장과 발전이 가능하였던 주요 요인들은 다음과 같다. 첫째, 슬로베니아는 유럽 내 민족구성에 있어 높은 단일성을 유지하고 있어 경제성장의 주요 장애 요인이 될 수 있는 민족 간 갈등과 분쟁을 겪지 않았다. 둘째, 슬로베니아는 지리적으로 서유럽과 발칸유럽을 잇는 중요 중간 교역로에 위치해 있고, 따라서 주변 선진 유럽 국가들과의 계속된 교류와 무역 활성화를 통해 산업 경쟁력 강화와 선진 기업운영방식을 조기에 도입할 수 있었다. 특히 아드리아해의 코퍼 항은 우리나라를 비롯한 아시아와 아프리카 상품의 유럽진출을 위한 전초기지이자 대표적인 무역항으로써 발전하고 있다. 셋째, 선진화 된 교육 시스템과 더불어 우수한 고급 인력 양상(2013년 현재, 고급 과학 기술자 1만 여명) 그리고 사회 간접 자본시설 발달과 IT 산업 등 첨단 산업 소재 개발을 들 수 있다. 마지막으로는 국내 정치의 안정과 꾸준한 경제 성장에 따라 선진국에 버금가는 높은 국가 신용도 유지를 들 수 있다.

## 6. 문화

슬로베니아의 전통 음식, 포티차

슬로베니아의 음식은 전통 음식과 더불어 피자, 파스타 등 국제적인 음식 그리고 동양적인 음식이 서로 혼재된다는 특징을 지니고 있다. 슬로베니아 전통 음식 중 가족 행사 때마다 나오는 포티차(Potica)는 롤 케이크와 비슷하며, 각 가정마다 고유한 조리법을 지니고 있다. 또한 카르스트 지형이 많은 슬로베니아인들의 특별 음식인 '크라스키 프르수트(Kraski prsut)'가 있는데, 이것은 다양한 해물과 가정에서 만든 치즈 그리고 올리브와 와인을 재료로 카르스트 동굴 안에서 건조해 만든 햄이다.

슬로베니아는 역사적으로 로마, 슬라브, 게르만 문화가 서로 혼재된 지역으로 문학에 있어서도 이러한 특징들이 그대로 투영되어 나타난다. 슬로베니아 문학 활동은 16세기 종교개혁 운동 이후 활발히 전개되었으며, 대표 작가로는 19세기 초 낭민 시인인 프란체 프레쉐렌(France Prešeren, 1800~1849)를 들 수 있다. 민족주의 태동기인 19세기 초 당시 낭만주의의 영향을 크게 받은 그의 시인 '축배(Zdravlica)'는 현재 슬로베니아 국가로서도 활용되고 있다(매년 2월 8일 기념일).

카르스트 동굴 지대에 보관하고 있는 크라스키 프르수트

프레쉐렌 광장에 자리한 프란체 프레쉐렌 청동상

슬로베니아 음악은 8세기 이후 크리스트교화 과정에서 등

호라스토블레 '성 삼위 일체' 교회와 '죽음의 무도' 프레스코화

장한 종교음악이 매우 발달되어 있다. 반면, 슬로베니아 미술은 교회 건축물의 조각 및 회화로 유명하며, 특히 15세기 말에서 16세기 초에 건설된 흐라스토블레(Hrastovlje)내 '성 삼위일체 교회'에 있는 약 7m 길이의 프레스코 벽화 '죽음의 무도(Dance of Death/ Dance Macabre: 죽음의 신이 사람을 무덤으로 인도하는 그림으로 중세시대 유행했던 화풍의 일종)'는 중세 걸작으로 손꼽히고 있다. 현재까지 밝혀진 슬로베니아어의 최초 문자는 9세기 무렵에 쓰여진 '브리쥔스키(Brizinski) 필사본'으로 이때부터 슬로베니아 문학과 문화사가 기록되어 왔다. 21세기 최고 정신분석 사상가 중 하나로 평가받고 있는 인물로는 마르크스의 잉여 쾌락이론과 라캉의 실재계, 사상계 이론을 접촉시킨 지젝(Slavoj Žižek, 1949~ )을 들 수 있으며, 슬로베니아 현대적 축제로는 슬로베니아 북동부 프투이 시의 꾸렌트(Kurent) 전설에 따른 프뚜이 꾸렌트(Ptuj Kurent) 축제를 들 수 있다.

슬로베니아의 교육열과 교육 환경은 세계적으로도 우수한 평가를 받고 있는 게 사실이다. 초등과정을 마친 98%가 중등 과정을 이수하고 있으며, 평균적으로 교사 1인당 한 교실에서 12~20명 내외의 아이들을 가르치는 등 우수한 교

꾸렌트 박물관과 프투이 꾸렌트 가면 축제

육 환경 또한 지니고 있다. 슬로베니아에는 수도인 류블랴나, 제2 도시 마리보르(Maribor) 그리고 프리모르스카(Primorska) 지역 등에 3개의 공립대학이 있으며, 노바 고리짜(Nova Gorica)에는 사립대학, 그리고 Euro-지중해 국제대학 등에서 여러 우수한 인재들을 양성해 내고 있다.

## 7. 주요 지역

슬로베니아는 공화국 내 관할구역 조직법과 지방 자치법에 의거해 지방 자치단체와 도시를 중심으로 구역이 설정되어 있다. 슬로베니아를 지리적 특징에 따라 분류를 할 경우 수도인 류블랴나를 비롯해, 슬로베니아의 제2의 도시인 마리보르를 중심으로 파노니아 평원지대를 이루는 북부 슬로베니아, 율리안 알프스 산맥의 최고봉인 트리글라브 산을 비롯해 여러 산악지대로 구성된 알프스 산악지대, 그리고 아드리아해와 접해 있으면서 카르스트 지형으로 특이한 지역적 특색을 보유하고 있는 카르스트 해안지대 등으로 나누어 볼 수 있다.

류블랴니차 강을 따라 형성된 류블랴나 건축물들과 카페촌

### 1) 류블랴나(Ljubljana)

슬로베니아의 수도로 약 28만여 명이 거주하고 있는 류블랴나는 국가의 주요 기관이 있는 도시라기보다는 유럽의 청결하고도 자그마한 소도시를 연상하게 만든다. 로마 시절부터 발달되기 시작한 이 도시(로마 시절엔 에모나 Emona로 불림)는 현재까지도 도시 곳곳에 로마 시대 때의 여러 유물들을 그대로 보존하고 있다. 최초로 류블랴나가 문헌에 소개되어진 것은 1144년이고 이후 13세기 무렵 역사가들에 의해 류블랴나는 카르리올라(Carniola)의 수도로 알려져 왔다. 합스부르크 왕가의 지배 하에서 자그마한 소도시로만 알려졌던 류블랴나가 슬로베니아의 주요 도시로 등장하게 된 배경은 1809년부터 시작된 나폴레옹의 통치 하에서 일리리아 속주의 수도로 정해지면서 부터이다(1809~1813).

특히 류블랴나가 슬로베니아의 수도로서 발전하게 된 계기는 제 1차 세계대전이 종결되고 슬로베니아를 지배하고 있던 오스트리아-헝가리 이중제국이 붕괴됨에 따라, 1918년 최초의 남슬라브족 통합 국가였던 세르비아-크로아티아-슬로베니아 왕국에 편입되면서 부터이다. 1919년에 류블랴나 대학이 건립되었고, 1938년에는 '슬로베니아 과학-예술 아카데미'가 건립되었으며, 1926년에는 라디오 방송국이 그리고 1957년에는 텔레비전 방송국이 이곳에 건립됨으로서 류블랴나는 슬로베니아인들의 정신적, 문화적 중심지로서 부각되게 되었다. 이때 이후로 류블랴나는 슬로베니아인들의 주요 정치적, 행정적 그리고 문화, 교육, 경제적 중심지로서 발전하게 되었으며, 현재에 이르고 있다. 현재 류블랴나 대학에서는 약 6만여 명의 대학생과 대학원생들이 학업에 전념하고 있다.

오랜 기간 동안 합스부르크 제국과 오스트리아의 지배를 받았음에도 불구하고 류블랴나 도시 곳곳에는 여전히 슬라브 적인 요소와 분위기를 느낄 수 있다. 류블랴나는 도시 가운데를 가로지르는 조그마한 강둑을 따라 여러 볼거리가 제공되고 있다. 우선 시립박물관과 국립박물관, 국립미술관이 강둑을 따라 인근에 위치해 있으며, 현대 미술관과 류블랴나의 대표적인 공원인 티볼리(Tivoli) 공원 그리고 류블랴나 고성이 자리 잡고 있다. 특히 류블랴나 전경을 모두 즐길 수 있는 류블랴나 고성과 그 탑은 12세기에 건축되어 17세기에 재건축된 것으로, 80여m 높이의 언덕에 위치해 있으면서 16세기의 가옥들이 펼쳐져 있는 류블랴나의 구시가지와 아름다운 주변 공원들 외에도, 북서쪽에 위치하고 있는 카라반 알프스 산맥과 북쪽에 위치한 트리글라브 산을 비롯한 율리안 알프스 산맥들의 놀라운 전경들을 만끽할 수 있다.

고성이 있는 언덕과 류블랴니차(Ljubljanica)강 너머 '프레쉐렌 광장'의 여러 바로크 양식 건물들의 아름다움으로 인해 발길을 멈추게 될 것이다. 특히 류블랴니차 강을 잇는 세 개의 아름다운 트로모스토브에(Tri Bridge/ Tromostovje) 다리는 요제 플레츠니크(Jože Plečnik, 1872~1957)에 의해 건축된 것으로 가운데 다리는 자동차가, 양쪽 다리는 보행자 전용으로 오랫동안 류블랴나 구 시가지들을 잇는 주요한 다리로서의 역할을 하고 있다.

류블랴나인들의 가장 큰 사랑을 받는 성당으로는 바로 1461년 이래로 류블랴나 대성당이 되어있는 '성 니콜라에 대성당(Saint Nicholas' Church / cerkev svetega Nikolaja, šenklavška cerkev)'이라 할 수 있다. '키릴과 메토디우스 광장'에 자리한 '성 니콜라에 대성당'은 초기 고딕 양식의 건축물로 지어졌으나, 이후 18세기 초 바로크 양식으로 개조되었으며, 푸른 비중과 쌍둥이 첨탑으로 류블랴나

화려한 대리석과 프레스코화로 꾸며진 류블랴나 상징 건물인 성 니콜라에 대성당 내부

시의 상징 건물로 자리 매겨져 있는 곳이기도 하다. 15세기 중엽 오스만 터키의 공격이 강화됨에 따라 화재로 사라지기도 했으나, 1701년부터 1706년 사이 바로크 양식으로 재건축이 시도되었고, 여러 우여곡절 끝에 오늘날과 같은 모습으로 완성되게 된다. 뎀샤르(Tone Demšar)에 의해 칠해진 성당의 정문은 통상 '슬로베니아의 문'으로 불리고 있으며, 베기치(Mirsad Begič)에 의해 디자인 된 성당의 옆문은 '류블랴나의 문'으로 불리고 있다. 특히, 성당 안에 자리한 18~19세기 당시 당대 유명 화가들에 의해 그려진 화려하고도 아름다운 프레스코화들은 관람객들의 마음을 한 눈에 사로잡고 있다 하겠다.

성당을 빠져 나오면 주변에 중앙 시장이 자리하고 있는 '보드니크 광장(Vodnik square/ vodnikov trg)'에 자리하게 된다. 광장의 이름은 계몽주의 시절 시인이자 신부였던 발레틴 보드니크(Valetin Vodnik, 1758~1819)의 이름을 딴 것으로, 이곳에 자리한 류블랴나 중앙 시장에선 오전이면 현지 주민들의 다양한 삶의 모습들을 생생히 확인할 수 있는 묘미를 지닌 곳이기도 하다. 시장 인근에 자리한 '즈마이스키 모스트(Zmajski most 일명, '용의 다리(Dragon Bridge)')'는 류브라니차 강을 가로지르며 구시자기와 신시가지를 이어주고 있다. 이 다리는 20세기 초

구시가지와 신시가지를 잇는 용의 다리 (즈마이스키 모스트)

슬로베니아가 오스트리아-헝가리 이중 제국 지배하에 있을 때 당시 황제였던 '프란쯔 요세프 1세(Franz Josef I, 1830~1916, 재위 1848~1916)'의 이름을 따 건축되었지만, 1919년 제국이 제 1차 세계대전에서 패전하고 슬로베니아가 최초의 남슬라브족 통합 국가인 '세르비아-크로아티아-슬로베니아 왕국' 하로 재편되면서 오늘날과 같은 다리 명칭으로 불리게 된다. 용의 꼬리를 만지면 행운을 가져다준다는 속설이 있어 이곳을 찾는 관광객들에게 재미를 더해주고 있는 곳이기도 하다.

18세기 바로크 양식으로 재건축된 류블랴나 시청사

고성이 있는 언덕을 따라 내려와 류블랴나의 구시가지로 들어서게 되면 '메스트니 광장(Mestni trg)'에선 1751년 베네치아 출신인 프란체스코 로바(Francesco Robba)가 건축한 바로크 양식의 분수와 르네상스에 지어진 다양한 바로크 양식의 여러 기념 건축물들을 맞이하게 된다. 특히 '류블랴나 시청사(Ljubljana Town Hall/ Ljubljanska mestna hiša, Ljubljanski rotovž 또는 간단하게 Rotovž 혹은 Magistrat 로도 불림)'는 처음엔 1484년 고딕 양식으로 지어졌으나, 1717년부터 1719년 사이 베네치아 예술가들에 의해 바로크 양식으로 재건축되었다.

시청사 입구에는 남슬라브족 통합 왕국의 최초 왕이었던 페타르 카라조르제비치(Petar I Karađorđevič, 1844~1921, 재위 세르비아 왕 1903~1918, 세르비아-크로아티아-슬로베니아 왕 1918~1921)의 기념비가 오늘날 류블랴나의 주요 건축물을 만들어 낸 요제 플레츠니크 디자인에 따라 역시 세워져 있던 곳이기도 하다. 하지만 페타르 카라조르제비치가 세르비아인을 비롯해 크로아티아인, 슬로베니아인 등 남슬라브족들의 동등한 권리에 따른 왕국을 건설하고자 시도하였다면, 그의 뒤를 이은 알렉산다르 카라조르제비치(Aleksandar I Karađorđevič, 1988~1934, 재위 세르비아-크로아티아-슬로베니아 왕국 왕 1921~1929, 유고슬라비아 왕국 왕 1929~1934)는 1929년 왕국의 명칭을 유고슬라비아 왕국으로 바꾸고 세르비아 민족 중심의 전제 정치를 시도하다 결국 크로아티아 분리주의파인 우스타샤 요원에 의해 암살되게 된다. 그리고 제 2차 세계대전 기간 동안 슬로베니아가 이탈리아, 오스트리아, 헝가리 등으로 분할되고 난후 이 기념비는 이탈리아 파시스트들에 의해 파괴된 기억을 지니고 있다. 무엇보다도 이러한 아픔과 기억은 다민족 다문화 국가의 유지와 발전이 얼마나 힘들고 어려운 지에 대한 역사적 의미를 깨닫게 해준다 하겠다.

## 2) 북부 슬로베니아

### (1) 마리보르(Maribor)

드라바 강을 따라 형성된 슬로베니아의 제2의 도시인 마리보르는 약 9만 5천여 명의 인구를 지니고 있으며, 북부 슬로베니아의 경제, 문화의 중심지 역할을 담당하고 있다. 드라바 강을 중심으로 북부와 남부 도시로 형성된 마리보르는 드라바 강을 따라 형성된 주요 교통로를 통해 중부와 남동유럽을 잇고 있으며, 서쪽에서부터 이어진 중부유럽의 파노니아 평원에 자리하고 있다.

마리보르는 오스트리아 국경으로부터 10여 마일 밖에 떨어져 있지 않으나, 18

마리보르 시를 소개하는 지도 앞의 필자와 구시가지 모습

마리보르 시에 자리한 400년 된 포도나무

세기 중엽까지 이곳은 그리 중요한 도시로서 알려져 있지 않았다. 하지만 19세기 중반기 산업혁명과 산업화시기를 거치면서, 비엔나와 가까운 이 지역에 수많은 상인들과 장인들 그리고 여러 길드 조직들이 새로이 수립되었고, 도시의 중요성이 증대됨에 따라 정규군의 주둔이 확대되고 여러 귀족 집단들이 이주해 정착해 살기 시작하게 되면서, 매우 활력 있는 도시로 변모해 가기 시작하였다.

산업화를 거치면서 여러 공장들이 건립됨과 동시에 마리보르 인근에는 대규모 포도 재배와 포도주 생산을 위한 공장들이 건립되게 되는데, 이러한 대규모 포도 재배로 인해 마리보르는 현재까지도 슬로베니아의 대표적인 포도주 생산지로서 명성을 얻고 있다. 실제, 마리보르의 오래된 와인 하우스에는 약 400여년 된 포도나무가 관광객들의 관심을 끌고 있기도 하다. 또한 산악지대인 슬로베니아에서 평원과 구릉지에 위치한 혜택으로 여러 다양한 농산물과 작물들이 수확되고 있으며, 이에 따라 이곳에선 여러 슬로베니아의 전통 음식과 음료들을 즐길 수가 있다.

세계 대학 순위에서 상위 5% 안에 들어가 있는 마리보르 대학에는 약 만 2천여 명의 대학생들이 학업에 전념하고 있으며, 약 60여개의 학술 연구소가 존재하고 있다. 수많은 예술 갤러리들과 박물관, 극장들은 마리보르 시민들의 문화적 욕구를 충족시켜 주고 있으며, 마리보르 시 주변의 아름다운 자연 환경은 시민들에게 편안한 휴식처를 제공하고 있다.

케이블카 위에서 내려다 본 보힌 호수

### 3) 알프스 산악지대와 블레드(Bled) 호수

슬로베니아는 국토의 50% 이상이 산지로 구성되어 있으며, 영토의 평균 해발고도가 600m에 이르는 산악지대라는 특징을 지니고 있다. 슬로베니아를 대표하는 산악지대인 율리안 알프스 산맥과 카라반 산악지대, 그리고 카미니쉬코-사비니스키(Kamnisko-Savinjske) 알프스 산맥지대, 포호르예(Pohorje) 산악지대와 여타 높은 산들을 들 수 있다. 슬로베니아인들의 전설에 따르자면 슬로베니아의 최고봉이자 율리안 알프스 산맥의 최고봉인 트리글라브(Triglav, 2,864m) 산은 지상과 하늘 그리고 지하세계를 감시하는 3명의 신을 뜻하는 세 개의 봉우리로 이루어져 있다고 알려져 있다. 이에 따라 이 산은 슬로베니아 국기의 상징물이자, 아직까지도 슬로베니아인들의 많은 사랑을 받고 있다.

트리글라브 국립공원은 총 면적이 84,805ha이며 유럽에서 가장 큰 자연 공원들 중 하나를 차지하고 있다. 트리글라브 산은 발칸유럽을 가로지르며 흐르고 있는 사바 강과 아름다운 청정지역으로 슬로베니아인들의 사랑을 받고 있는 소차 강의 원류로 알려져 있으며, 산 아래 7개의 아름다운 호수와 계곡들의 원류로 알려져 있다. 이 산에는 아직까지도 여러 야생동물들이 서식하고 있으며, 슬로베니아의 가장 큰 호수인 보힌 호수가 트리글라브 산 아래로 아름답게 그 자태를 뽐내고 있다. 류블랴나에서 약 87km 정도 떨어져 있는 보힌은 슬로베니아에서 가장 큰 해발 475m의 호수로 주변이 알프스 산맥으로 둘러싸여 있으며, 트리글라브 산을 가장 가까이서 관광할 수 있는 호수로, 겨울 스포츠를 위한 여러 자연 조건을 고루 갖추고 있다.

공원의 한쪽에는 과거 티토의 별장이 있었으며, 유럽에도 유명한 관광지로 널리 알려져 있는 '블레드 호수(lake Bled/ Blejsko jezero)'가 자리하고 있다. 블레드 호수는 류블랴나에서 약 55km, 공항에선 35km 정도 떨어진 해발 501m에 위치하고 있으며, 유럽에서도 정평이 나있는 율리안 알프스 산지의 아름다운 자연환경을 지니고 있다. 이곳은 또한 관광지로서 개발된 지 100년이 넘는 역사를 지니고 있으며, 온화한 기후, 맑은 공기, 화창한 날씨, 수정같이 맑은 호수 그리고 온천수, 카지노 등의 관광 조건을 잘 갖추고 있다. 근처의 알프스 계곡을 통해선 카약, 카누, 뗏목 등의 스포츠를 만끽할 수 있으며, 블레드 입구에는 알프스 산맥을 배경으로 하는 18홀의 골프장, 테니스장, 승마장, 트래킹 코스 등이 존재하고 있다. 또한 이곳에서는 경비행기 시승을 위한 코스가 개발되어 있으며, 특히 겨울에는 율리안 알프스 산맥을 따라 형성된 스키장 등 겨울 스포츠를 즐기기 위해 많은 수의 관광객들이 이곳을 찾고 있다. 호수 북쪽에는 약 100m 정도 높이의 절벽에 세워

블레드 호수 위 성모승천교회와 블레드 성에서 본 전경

져 있는 르네상스와 로마네스크 양식의 '블레드 성(Bled Castle/ Blejski grad)'이 자리하고 있는 데, 이 성은 1011년 5월 당시, 훗날 신성로마제국의 황제가 된 헨리 2세(Henry II, 973~1024, 재위 1014~1024)의 영지였다는 기록이 최초로 남아 있다. 아래서 바라보는 성의 풍경뿐만 아니라 성 위에서 내려다보는 블레드 호수의 경관 또한 사계절 내내 각각의 특색을 보이는 아름다움을 지니고 있으며, 특히 어두운 저녁에 조명을 통해 바위 위에 비춰지는 성을 바라보는 광경은 매우 장관이라 할 수 있다.

호수 한가운데 '블레드 섬(Bled island/ Blejski otok)'에는 17세기 말에 지어진 가톨릭교회인 '성모승천교회(Assumption of Mary/ Cerkev Marijinega vnebovzetja)'가 있는데, 바로크 양식의 교회 건물과 내부의 15세기 고딕 프레스코화의 아름다운 자태가 마음을 끌고 있는 곳이기도 하다. 52미터 높이의 교회 탑과 호숫가에서 이어지는 98개의 돌계단은 이제 막 사랑을 나누게 된 연인들의 건강미와 사랑의 정도를 뽐내는 장소로 알려져 있기도 하다. 실제, 슬로베니아인들은 전통적으로 결혼을 막 치룬 신랑이 신부를 안고 이 계단을 올라간 후 교회 안에 들어가 '소원의 종'을 치면 신랑 신부에게 행운을 가져다준다는 속설을 믿고 있다. 이에 따라 자신의 소원이 이루어진다는 믿음을 지닌 많은 관광객들이, 이곳을 찾아 소원의 종을 울리고 있는 등 여행의 한 즐거움을 선사해주고 있는 곳이기도 하다.

슬로베니아 산악지대의 또 다른 특징은 겨울 스포츠를 위한 우수한 수준의 스키 리조트들이 크라이스카 산악지대(Krajska Gora)를 중심으로 개발되어 있다는 점이다. 특히 세계 최초로 100~200m 스키 점프대를 설치해 관광객들의 사랑을 받고 있는 플라니짜(Planica) 산과 겨울 스키와 여름 산악 여행으로 유명한 카닌(Kanin) 산이 많이 알려져 있다. 특히 카닌 산 아래로 그림같이 펼쳐져 있는 소차 강 계곡을 따라 펼쳐지는 세계 최고 수준의 카약과 카누 경기들은 슬로베니아 관광의 매력을 한껏 느끼게 해준다고 볼 수 있다. 소차 강 계곡은 류블랴나에서 약 140km 정도 떨어져, 해발 483m에 위치하고 있는데, 아직까지도 자연적인 청정함을 계속 유지하고 있는 곳으로 유명하며, 겨울 스포츠를 위한 여러 놀이시설들과 산악 경기를 위한 조건들을 고루 갖추고 있어 관광객들의 발길이 계속해서 이어지고 있다.

### 4) 카르스트 해안지대

아드리아해 연안의 도시들을 따라 슬로베니아는 카르스트 지대를 형성하고 있으며, 이곳에서는 다량의 올리브 나무들과 포도나무들, 복숭아나무들, 체리 나무들이 재배되고 있다. 슬로베니아의 카르스트 지대를 따라 약 6,000여개의 카르스트형 석회암 동굴들이 존재하고 있으며, 이들 중 약 10여개의 동굴들이 관광객들을 위해 개방되어 있다.

슬로베니아는 아드리아해로 약 46.6km의 해안선만을 보유하고 있지만 해안을 따라 펼쳐진 광경은 매우 웅장해 관광객들의 감탄을 자아내게 한다. 특히 아드리아 해를 따라 펼쳐진, 세계에서 유일한 것으로 알려진 모래 석과 약 80m의 높이로 바다와 지상을 가르고 있는 스투르얀(Strunjan) 절벽은 아드리아 해안 중 가장 높은 해안지대를 형성하고 있다. 여기에는 12세기 초 최초로 언급되어지고 14세기부터 합스부르크 제국 하에서 소금 채석이 시작되었다는 세초블레(Sečovlje) 소금 작업장이 있으며, 이곳은 이스트라 반도를 중심으로 크로아티아와 국경을 이루고 있는 국경 지경이기도 하다. 이 외 주요 해안 도시로는 중세 여러 유적물들이 보존되어 있는 피란, 이졸라(Izola) 그리고 코퍼 등이 있다. 이들 해안에서 그

포스토이나 동굴 관광의 역사를 보여주는 낙서와 미니 기차

좌 : 웅장한 스코츠얀스키 동굴, 우 : 슬로베니아 카르스트 동굴에만 살고 있는 휴먼 피쉬

리 멀지 않은 곳에 슬로베니아 이스트라 반도의 아름다운 해안 마을들이 형성되어 있어 여러 관광객들의 시선을 끌고 있다. 이들 마을들 중 흐라스토블레에는 중세 고딕 양식의 형태를 띠는 여러 프레스코 벽화가 보존되어 있는 '성 삼위일체 교회'가 매우 유명하며, 여기에는 '죽음의 무도'로 알려진 프레스코 벽화가 유명하다.

슬로베니아 해안 너머로는 카르스트 지형이 펼쳐져 있다. 이 지역 특산물중 하나는 '크라스키 프르수트'가 유명한데, 이 특별 식은 이 지역에서 제조한 포도주를 다양한 해물과 가정에서 만든 치즈 그리고 올리브를 섞어 이 지역의 지형적 특성을 이용해 만든 카르스트 석조 동굴 안에 넣어 숙성시켜 만든 햄으로 슬로베니아 카르스트 해안 지대에서만 맛볼 수 있는 별식 중 하나이다.

슬로베니아에서 유명한 카르스트 동굴로는 현재 5.2km만 공개하고 있는 세계에서 두 번째로 가장 긴 카르스트 동굴(19.5km)로 알려져 있는 포스토이나 동굴(Postojnska jama)을 들 수 있다(세계에서 가장 긴 동굴은 미국의 매머드 동굴(580km) 이며, 가장 긴 카르스트 동굴은 중국 장가계의 용왕굴(31km)로 알려지고 있음). 이 동굴은 1213년 문헌에 최초로 언급되어지고 있으며, 유럽 내에서 관광객들이 가장 많이 찾는 동굴지이기도 하다. 여기에는 아직까지도 원시시대의 크고 작은 종유석들이 여러 형태로 잘 보존되어 오고 있으며, 동굴의 크기와 깊이

만큼 이곳을 여행하기 위해서는 미니 기차를 타야만 하는 것으로 유명하다. 이러한 기차 개발의 시초는 1872년 합스부르크 제국이 최초로 동굴 관광을 활성화시기 위해 동굴을 탐험하는 미니 기차를 개발하면서부터 비롯된 것이라 할 수 있다.

반면 스코츠얀스키 동굴(Škocjanska jama)은 규모면에 있어서는 포스토이나 동굴보다는 작지만, UNESCO 지정지로서 거대한 지하세계를 만끽할 수 있다는 매력을 가지고 있다. 총 길이 1.4km의 길이를 따라 여러 신비한 석회암석들을 만나 볼 수 있으며, 특히 굴이 끝날 무렵 나타나는 거대한 지하 동굴 세계 속에 150m 밑으로 계곡을 따라 흐르는 거대한 강물의 물줄기와 웅장한 물소리가 이 동굴의 매력이다. 이외에도 크리쥐나 동굴(Križna jama) 또한 유명한데, 이 동굴은 동굴 내 커다란 호수가 형성되어 있어 보트를 타고 동굴을 구경하는 것으로 잘 알려져 있다. 이러한 슬로베니아의 동굴 지대에는 세계 학계의 비상한 관심을 받고 있는 온몸이 투명한 빛깔을 띠는 '휴먼 피쉬(Human fish 또는 Proteus anguinus)'라는 생물이 살고 있는 데, 이 생물은 슬로베니아 카르스트 동굴에서만 생존하고 있는 것으로도 유명하다.

발칸유럽 들여다보기

# V

## 아드리아해의 보고,
## 크로아티아

# 제5장_아드리아해의 보고, 크로아티아

(출처: http://www.encyclopedia.com)

| | |
|---|---|
| 정식 국명 | 크로아티아 공화국(The Republic of Croatia) |
| 수도 | 자그레브(Zagreb, 약 79만 명, 2013) |
| 인구 | 약 428만 명(2013) |
| 언어 | 크로아티아어 96%(라틴문자 사용), 소수민족은 소수 민족어 사용. |
| 국경일 | 1991. 6. 25(사회주의 유고슬라비아 연방으로부터 분리 독립일) |
| 화폐단위 | 쿠나(Kuna) |
| 종교 | 가톨릭(86.3%), 정교(4.4%), 이슬람(1.5%), 기타 |
| 민족 | 크로아티아인(90.4%), 세르비아인(4.4%), 기타(5.2%)/ 내전 이전(1991년)에는 크로아티아인(78%), 세르비아인(12%), 무슬림(7%) 이었음. |
| 주요 공휴일 | 1월1일 (신년휴일), 4월 첫 주(부활주일), 5월 1일(노동절). 5월 30일(공화국 기념일), 6월 25일(독립일), 8월 15일(성모 승천일), 12월 24~26일(성탄절)··· |

# 1. 일반개요

## 1) 국가 개요

크로아티아(Croatia/ Hrvatska)는 파노니아 지역과 아드리아 해뿐만 아니라 중앙 유럽과 지중해 지역에 걸쳐 위치한 중간 크기의 유럽 국가이다. 크로아티아의 국가 건설과정은 중세 공국(AD 791~924)과 왕국(AD 925~1102)의 시대와 이후 1991년 6월 25일 선언된 크로아티아 공화국으로 구분 지을 수 있다. 헌법에 따르자면, 크로아티아는 현대 유럽 국가의 규범을 따라 민주주의 국가를 표방하고 있다.

크로아티아 공화국의 국기는 빨간색-흰색-파란색의 삼색과 체크무늬의 문장(25개의 빨간색, 흰색 바탕)과 각 지방의 문장(두브로브니크 공국, 크로아티아, 달마티아, 이스트라, 슬라보니아)이 새겨있는 다섯 개의 작은 방패로 고안된 왕관으로 구성되어 있다. 크로아티아 국기에 나오는 방패 모양의 빨강-흰색 체크무늬 문장은 중세 이후 지금까지 계속해서 크로아티아 국가 지위의 상징이 되어 왔다. 문장의 바탕은 빨강색과 흰색의 5대 5, 평범한 패턴의 사각형이 다섯 개의 가로, 세로줄을 형성하고 있다. 이러한 문장의 기원은 11세기 크르크 섬의 자다르(Zadar) 공국 시기로 까지 거슬러 올라간다. 현대 크로아티아 문장에 관한 결정은 1990년 12월 21일, 크로아티아 공화국 의회(Sabor)에서 승인되어 현재에 이르고 있다.

크로아티아의 국가, "아름다운 우리 조국(Our Beautiful Homeland/ Lijepa naša domovino)"은 1835년에 미하노비치(Antun Mihanović, 1796~1861)가 쓴 시를 기초로 1846년 루냐닌(Josip Runjanin, 1821~1878)에 의해 작곡되었다. 애국가로서의 지위는 1974년 지방자치정부의 권한을 강화했던 신헌법 개정에 따라 인정받았고, 그 이후 이 노래는 크로아티아의 민족주의와 민족 부활을 의미하는 민족 정체성의 상징이 되었다.

크로아티아는 19세기 초부터 1914년까지 급속한 인구증가율을 보였으며, 이후 출생률은 해마다 지속적으로 증가하였다. 하지만 독립을 위해 치러야 했던 1991~1995년 사이의 내전은 해외 이주의 증가와 더불어, 급속한 인구 감소를 야기했다. 내전 이전인 1991년을 기준으로 보았을 때 크로아티아는 크로아티아인(78%)이 다수를 차지했으며, 세르비아인(12%), 무슬림(7%)으로 구성되었다면, 세르비아 민족과의 내전을 치룬 이후엔 세르비아인 다수가 이웃 세르비아나 보스니아로 이전함에 따라 인구 분포상의 커다란 변화를 보이게 된다. 그 결과 현재 크로아티아는 크로아티아인이 90.4%로 과거보다 더 높은 민족 구성비를 보이게 되었으며, 세르비아인은 대폭 감소하여 4.4%로 그리고 무슬림을 비롯한 나머지 소수 민족들이 5.2%를 차지하고 있다.

내전 이후로 크로아티아에서 소수민족의 권리에 관한 법은 EU 기준에 근거한 특별 헌법에 의거하고 있다. 오늘날 유럽에서 대표적인 관광 국가로 발돋움하고 있는 크로아티아는 안정되고 높은 단일민족성을 보여주고 있다. 대부분의 크로아티아인은 로마 가톨릭(86.3%)을 믿으며, 그 다음으로 세르비아인을 중심으로 정교(4.4%)를 믿고 있다. 이어 이슬람(1.5%), 무신론자(5.2%)등을 차지한다. 오늘날 크로아티아의 가톨릭교회는 독립적인 대교구인 자그레브(Zagreb), 스플리트(Split) 그리고 리예카(Rijeka) 세 개의 대도시 지역을 중심으로 11개의 대교구로 나뉘어 있다.

생각하기

### 크로아티아 내 세르비아 소수 민족문제

1991년 크로아티아 독립선언을 계기로 촉발되기 시작한 유고내전은 1995년 보스니아 내전을 종결시킨 '데이턴 합의안(Dayton Agreement)'에 따라 종결되게 된다. 내전 이전 크로아티아 내에는 중세 오스만 터키의 침공을 피해 당시 합스부르크 제국의 영토였던 크로아티아로 피신해 온 약 70여만 명 세르비아인들이 거주하고 있었다. 이들은 주로 보스니아와의 경계선을 따라 아드리아 해안지역인 달마티아(Dalmatia/ Dalmacija) 지역과 크라이나(Krajina) 지방 그리고 슬라보니아(Slavonia/ Slavonjia) 동부 지역에 정착해 살고 있었다. 이들이 이 지역에 걸쳐 거주하게 된 배경은 합스부르크 제국이 제국내로 피신한 세르비아인들에게 종교적 자유와 세금 면제 그리고 토지를 주는 조건으로 유럽으로 진출하려던 오스만 터키의 1차 방어선 역할을 부여한데서 기인한다.

유고내전이 크로아티아 정부군 쪽으로 기울어져 가기 시작한 이후로 크로아티아의 극우 민족주의자였던 투주만 대통령은 1994년 크로아티아 내에 거주하고 있던 세르비아인들에게 이웃 보스니아나 세르비아 본토로 이주할 것을 강요하였다. 이에 따라 상당수 세르비아인들은 자신들의 거주 지역을 떠나 보스니아와 세르비아로 강제 축출되어야 했으며, 크로아티아에 계속 잔존하기를 원하는 세르비아인들은 자신의 민족성을 크로아티아인으로 바꾸거나 세르비아인임을 숨기며 거주해야만 했다. 1999년 투주만 대통령의 사망과 뒤 이은 민주 정권의 등장 이후로 세르비아 등 소수 민족에 대한 화해 및 권리 보장을 추진하여 왔으며, 2013년 EU 가입에 따라 정치, 사회 등 여러 분야에서 소수 민족 권리 보장법 등이 적용되고 있다.

아드리아 해안과 축제 모습

크로아티아 공화국 내의 특별한 문화, 예술적 행사로는 두브로브니크(Dubrovnik) 여름 축제, 스플리트 여름 축제, 자그레브의 음악 비엔날레, 풀라(Pula)의 크로아티아 영화 페스티발, 쉬베니크의 국제 아동 축제, 자그레브의 민속 공연 등이 있다. 오늘날 크로아티아에는 20여 개의 유명한 박물관을 비롯한 갤러리, 교회 단체(200개 이상), 도서관(500개 이상)을 비롯하여 매우 많은 기록 보관소들이 있다.

국제 수송의 관점에서 크로아티아는 수송로로서 중요한 역할을 담당한다. 이러한 배경으로는 크로아티아가 중부유럽과 동, 남부유럽 그리고 아시아를 잇는 주요한 교차로에 위치해 있기 때문이다. 현재 알려진 해상 로의 총 길이는 약 27,380km이다. 가장 긴 해상 로는 사바 강 유역, 그리고 자그레브에서 리예카와 스플리트로 이어지는 해상로 등이다. 크로아티아의 철도망은 전체 길이 약 2,700km에 달한다. 현재 자그레브에는 슬로베니아의 일부 지역을 통과하는 이스트라 반도, 그리고 보스니아-헤르체고비나를 지나 자그레브와 스플리트를 연결하는 열차가 있다. 크로아티아에는 또한 몇 개의 작은 공항을 포함하여 국제공항을 보유하고 있다. 그중 수도인 자그레브와 대표적 관광도시인 두브로브니크 공항의 수송량이 가장 많다. 크로아티아 관광 산업이 발전된 중요한 요소 중 하나는 공항들이 해안지역이나 섬에 위치해 있다는 점이다. 1980년대 말, 크로아티아는 관광 개발국 중 세계적으로 그 중간 자리에 위치하였으나, 관광산업으로 인한 외화 유입은 이미 오스트리아와 스위스 다음인 유럽의 세 번째 관광대국이 되어 있었다. 비록 1990년대 일련의 유고 내전 등으로 여러 어려움을 겪기도 했지만, 대표적 관광책자인 론니플래닛(Lonelyplanet)에서 2005년도를 '크로아티아의 해'라고 정할 만큼, 매년 1,000만 명이 넘는 외국 관광객들이 이곳을 방문 중이며, 체류 일수 또한 다른 중동유럽 국가들에 비해 매우 높은 편이다.

### 2) 자연과 지리

크로아티아의 전체 면적은 87,677㎢이며 그중 65%인 56,594㎢가 육지, 35%인 31,139㎢가 해안과 영해를 포함한 지역이다. 크로아티아의 인구는 2013년 통계로 428만 명이며 수도는 자그레브이다.

아드리아 해의 섬들과 에메랄드빛의 바다

크로아티아의 지형학적 특징

크로아티아의 총 국경선 길이는 2,028km이다. 이 국경선들은 북동쪽으로 세르비아(241km), 북쪽으로 헝가리(329km), 북서쪽으로는 슬로베니아(501km)와 국경을 이루며, 초승달 모양으로 굴곡진 부분 전체(932km)가 보스니아-헤르체고비나와의 국경을 이루고, 남쪽 끝으로 몬테네그로(25km), 이탈리아(930km)와는 바다를 두고 국경을 이루고 있다.

크로아티아 공화국은 모든 해안 지역에 대해 국가적 손해가 일어나지 않는 범위 내에서 수송을 허락하는 것으로 영해권을 제한하고 있다. 1,185개(크로아티아에선 1,246개 섬으로 주장)의 아름다운 섬과 빼어난 해변을 지니고 있는 크로아티아 공화국의 해안선은 세계적인 관광지로서 그 명성이 알려져 있는 곳이다.

자연적 특성으로 볼 때, 크로아티아는 사바 강과 드라바 강의 저지대, 카르스트(Karst)산 지역과 해안 지역으로 나눠진다. 사바 강과 드라바 강 사이의 산과 언덕들은 북쪽으로 확산되어 일반적으로 사바-드라바 지역으로 불리고 있다.

크로아티아는 북위 45도 선상에 위치하고 있는데, 이는 북극과 적도의 중간에 위치함을 뜻한다. 크로아티아 내륙은 온화한 대륙성 기후를 보이며 해안은 지중해성 기후를 보인다. 잦은 날씨 변화는 다양한 식물들의 성장과 분포에 도움을 주

크로아티아의 가장 큰 브란스키 호수와 크로아티아인들이 즐겨 찾는 믈예트 호수

고 있다. 크로아티아의 산림은 약 36%로, 북부 내륙 저지대의 오크 숲은 세계적으로도 매우 유명한 수림지역이다. 또한 디나르 산맥의 남부 지역, 즉 아드리아 해변과 섬들에는 지중해성 식물들이 주로 서식하고 있다.

크로아티아의 강 중 62%가 흑해에 근원을 두고 있으며, 38%는 아드리아해에 근원을 두고 있다. 발전된 수로를 지닌 가장 넓고 긴 강들은 흑해로 흐르고 있으며, 그들 중 가장 중요한 강은 사바 강이다. 드라바 강 또한 크로아티아의 505km를 흐르며 중요한 역할을 하고 있다. 크로아티아를 가로 질러 흐르는 다뉴브 강은 총 188km에 이르고 있다.

아드리아 해안 지역에서 가장 큰 자연 호수로는 30.7㎢에 해당하는 비오그라드(Biograd) 인근의 브란스키 호수(Lake Vrana/ Vransko jezero)를 들 수 있으며, 그 뒤로는 쯔레스(Cres) 지역의 브란스키 호수가 5.8㎢ 그리고 바췬스키(Bačinski) 호수가 1.9㎢에 걸쳐 놓여 있다. 이들 중 가장 인기 있는 호수로는 플리트비츠 호수(1.9㎢)와 믈예트(Mljet) 호수(2.01㎢)로, 현재 특별보호 구역(국립공원)이다.

생각하기

### 아드리아 해안에 대해 알아볼까요?

'아드리아'란 이름의 기원은 고대시대로부터 비롯된다. 고대 그리스의 지리학자가 당시 가장 중요한 항구의 역할을 하였던 포(Po)강의 어귀에 자리한 아드리아(Adria)라는 마을의 이름을 따라 짓게 되었다. 사실 아드리아해는 이탈리아 반도로도 불리는 아펜닌 반도(Apennine peninsula)로 인해 완전히 분리된 지중해 중앙의 큰 만이다. 이는 평균 너비 160km로 북서, 남동 방향으로 약 8,670km 뻗어 있다. 아드리아해는 해상교통에 아주 중요한 유럽대륙에서 가장 깊게 돌출된 지중해 만이다. 아드리아해는 그 중요성과 아름다움에 비해선 작고 상대적으로 깊지 않은 바다이다. 전체 면적이 138,000㎢로 전체 지중해 면적의 5%가 채 못 되며, 아드리아해의 약 3/4이 200m 깊이에 도달한다. 그리고 1,185개의 아드리아해 섬 중 약 67개의 섬에 주민들이 살고 있으며, 코르출라(Korčula)섬, 크르크(Krk)섬, 브라츠(Brač)섬, 흐바르(Hvar)섬 등이 가장 많은 인구비율을 보이고 있다.

## 2. 역사

### 1) 중세 이전 크로아티아

7세기 초 크로아티아 지역에는 아바르족과 함께 남슬라브족이 거주하였다. 남슬라브족의 일파인 크로아티아인들은 아바르족 지배에 대항한 싸움에서 승리한 이후 현재의 크로아티아 지역에 거주하게 된다. 이때 이후로 크로아티아인들은 자신들이 거주하고 있는 지역에 따라 다른 다양한 민족들의 지배를 받아들여야만 했다. 9세기 초 해안 지역의 크로아티아인들이 달마티아 군주의 지원을 받는 동안, 내륙지역 파노니아 평원의 크로아티아인들은 프랑크 제국의 지배 하에 놓이게 된다. 반면 당시 이스트라 반도 지역의 크로아티아인들은 베네치아 등 이탈리아의 통치 하에 놓여 있었다.

생각하기

**'크로아티아'란 이름의 기원은?**

'크로아티아'란 이름은 오늘날의 크로아티아인과는 별개로 다른 두 슬라브족의 언어적 기원에서 나온 것으로 보인다. 그중 하나는 폴란드 크라코프(Krakow)에 있는 백(白)크로아티아라는 명칭이고, 다른 하나는 현재 체코 공화국의 동북지역에 거주하던 슬라브족의 명칭에서 유래한 것으로 보인다. '크로아티아인'에 대한 논의는 그 기원과 뜻에 관한 여러 가설이 존재하고 있다. 일부 학자들은 크로아티아인들이 많은 땅을 소유했던 사람들이었을 거라는 가정으로 '소유지'라는 뜻의 그리스어에 근거한 학설을 내세웠고, 또 다른 학설은 크로아티아라는 단어의 기원이 아드리아 해 크르크 섬의 거주자라는 뜻에서 유래했다는 학설을 선보이기도 했다.

## 2) 중세 크로아티아

자그레브 중앙역 앞에 자리한 토미슬라브 동상

중세 크로아티아는 군주 트르피미르 1세(Trpimir I, 815~864, 재위 845~864) 시대에 들어와 눈에 띄는 성장을 하였는데, 이 당시 트르피미르 1세는 크로아티아 내륙과 해안을 위협하던 비잔틴 제국과 제1 불가리아 제국의 불가리아인들에 대항해 싸워서 승리를 거두었고, 이후 852년 스스로를 '크로아티아인의 군주'라 칭하였다. 이후 크로아티아 지역에 관심을 지니고 있던 헝가리인(마자르족)들과의 싸움에서 승리한 닌(Nin)의 족장인 토미슬라브(Tomislav, ?~928, 닌 군주 910~925, 왕 925~928)는 해안지역을 벗어나 내륙인 파노니아 지역의 크로아티아인들도 병합해 나갔다. 이후 로마 가톨릭 교회 세력을 위협해 오고 있던 훈족은 물론 불가리아와의 전투에서도 승리한 토미슬라브는 비잔틴 제국의 약화에 따라 달마티아 지역의 통치권을 획득하게 되었고, 925년 마침내 로마 교황의 인정 아래 크로아티아의 왕위에 오르게 된다. 이후 크레시미르 4세(Petar Krešimir IV, ?~1074/1075, 재위 1058~1074/1075)와 즈보니미르(Demetrius Zvonimir/ Dmitar Zvonimir, ?~1089, 슬라보니아 군주 1064~1075, 왕 1075~1089) 시대에 들어와 크로아티아 왕국은 현 크로아티아 해안과 내륙에 걸친 거대한 왕국을 거느린 강성한 국가가 되었다. 하지만 1091년에 들어와 트르피미르 왕조가 후계자 부재로 인해 그 계승권이 헝가리 계통인 아르파드(Arpad) 왕조로 넘어가게 되었고, 이에 따라 1102년 이 왕조는 현재의 슬라보니아, 크로아티아, 달마티아 그리고 헤르체고비나(Hercegovina) 지역의 네레트바 공국을 자신의 왕국 밑으로 거느리게 된다. 12세기 말 무렵, 여타 유럽 국가들과 마찬가지로 크로아티아에서도 토착 귀족계층이 출현하여 그 당시 국가의 정치적 상황에 막대한 영향력을 행사하기 시작하였고, 주변을 둘러싼 국제적 정치 상황을 이용해 여러 이익을 도모하여 갔다.

### 3) 오스만 터키의 침공 시기

1415년 이후 오스만 터키의 크로아티아에 대한 공격과 뒤 이은 간접지배가 시작되었고, 1463년 크로아티아로의 길목을 차단해 주었던 보스니아 왕조가 오스만 터키에 의해 무너진 이후 그 위협이 심화되자 크로아티아 귀족들은 존립 자체에 대한 위기를 느끼게 된다. 게다가 1526년 모하츠(Mohács)전투에서 크로아티아와 헝가리 연합군이 오스만 터키 군에게 대패한 이후 헝가리 또한 그들의 보호막이 되어 주지 못하였다. 따라서 이때 이후로 크로아티아 귀족들은 그들의 방어를 목적으로 훗날 신성 로마 제국의 황제가 되는 페르디난드 1세(Ferdinand I, 1503~1564, 헝가리, 크로아티아 왕 1526~1564, 황제 1531~1564)에게 자신들의 왕이 되어 줄 것을 강력히 요청하게 된다. 1588년 크로아티아인들은 크로아티아와 슬라보니아의 크로아티아인들을 연합해 통일된 군대를 조직하였고, 그 성과는 오스만 터키 군과의 싸움에서 결정적인 역할을 하게 된다. 이어 1683년 제2차 비엔나 전투에서 오스만 터키 군이 합스부르크 군대에게 패배한 이후 크로아티아에도 평화가 찾아오게 된다.

### 4) 외세 지배 하의 크로아티아

오스만 터키 군이 물러간 이후 크로아티아는 19세기 초 한때 달마티아 지역이 슬로베니아 지역과 더불어 '일리리아주'라는 명칭으로 프랑스 나폴레옹 군대에 의해 지배되었으나, 대부분의 시기 동안은 합스부르크 제국 하에 편입되어 있었다. 하지만 1866년 합스부르크 제국이 자신과 이웃하고 있는 프로이센과의 싸움에서 패배한 이후 제국 내에서 가장 큰 소수 민족이었던 헝가리인들의 봉기가 일어났고, 이에 따라 제국은 헝가리에게 제국의 권한을 대폭 양보한 '오스트리아-헝가리 이중제국'이 탄생하게 된다. 이때 이후 크로아티아에 대한 헝가리의 직접 통치가 시작되었고, 당시 민족주의 열풍에 휩싸여 있던 헝가리의 지나친 마자르화 정책은 헝가리에 대한 크로아티아인들의 강한 저항을 낳게 된다. 이어 이러한 헝가리에 대한 크로아티아인들의 저항은 크로아티아의 귀족들이 중심이 되어 일으킨 크로아티아 언어적 운동에서 출발한 '일리리아 운동'으로 확대되었고, 일리리아 운동은 이후 남슬라브족 통합운동으로 발전되게 된다.

### 5) 양차 대전 사이 크로아티아

히틀러와 함께 하는 안테 파벨리치

일리리아 운동의 결과 크로아티아 의회는 1918년 12월 1일 오스트리아-헝가리 이중제국으로부터의 분리 선언과 더불어, 세르비아 왕조를 중심으로 한 최초의 남슬라브족 통합국가인 '세르비아-크로아티아-슬로베니아 왕국'(1929년 '유고슬라비아 왕국'으로 개칭)에 가담하게 된다. 양차 세계대전 사이 계속해서 주변 독일과 이탈리아 등 파시즘 국가들로부터 분열의 위기를 맞고 있던 유고슬라비아 왕국은 그 위기를 타개하기 위한 일환으로 크로아티아인들을 포용하려는 정책을 구사하였고, 이어 1939년 당시 세르비아의 수상인 쯔베트코비치(Dragiša Cvetković, 1893~1969, 재직 1939~1941)와 크로아티아 농민당 당수였던 마체크(Vladko Maček, 1879~1964) 사이의 협정에 따라 보스니아 일부 지역이 포함된 영토에 자치권이 대폭 확대된 '크로아티아 바노비나(Croatian Banovina/ Hrvatska banovina)'가 형성되게 된다.

제2차 세계대전 동안에는 크로아티아 극단적 민족주의자이자 파시즘 추종자였던 안테 파벨리치(Ante Pavelić, 1889~1959, 재임 1941~1945)를 중심으로 한 우스타샤(Ustaša) 정부의 '크로아티아 독립국가(Croatian Independent State/ NDH, Nezavisna Država Hrvatska)'가 탄생하게 된다. 제2차 세계대전 동안 우스타샤 정부 하에서 수많은 세르비아인들과 유태인들이 가톨릭으로의 종교개종이라는 명목 하에 수용소에 감금되거나 사형에 처해졌고, 이러한 역사적 사실은 이후 세르비아인들과 크로아티아인들 사이에 서로에 대한 공포와 불신의 골을 깊게 만들었다.

### 6) 독립공화국으로의 크로아티아

제2차 세계대전 이후 크로아티아인들은 티토를 중심으로 새로이 등장한 '사회주의 유고슬라비아 연방 공화국'에 편입되게 된다. 하지만 1980년 티토의 사망과 이후 불어 닥친 민족주의 열풍으로 인해, 1990년 봄 자유선거에서 사회주의 유고슬라비아 연방으로부터의 독립과 민족주의를 표방하였던 프란요 투주만(Franjo Tuđman, 1922~1999, 대통령 재임 1990~1999)의 '크로아티아 민주연합(Croatian Democratic Union/ HDZ, Hrvatska demokratska zajednica)'이 승리하게 된다. 1991년 크로아티아는 국민투표에 따라 유고슬라비아 연방으로부터의 독립을 선언하였고, 이어 크로아티아 내 세르비아인들과의 내전에 돌입하게 된다. 크로아티아에서의 내전은 세르비아인이 주축이 되는 유고 연방군이 내전에 가담한 이후 더욱 복잡한 양상으로 치닫게 된다. 또한 이웃한 보스니아에서의 내전과 복잡

크로아티아 내전의 시작과 영토 수복 이후 기뻐하는 투주만

하게 얽히게 되면서 계속된 혼전을 거듭한 끝에 1995년 데이턴 합의안에 따라 보스니아 내전 종식과 더불어 크로아티아 내에서의 내전도 종식되었으며 오늘날에 이르고 있다.

## 3. 정치

크로아티아 대통령은 국민투표로 선출되며 임기는 5년이다. 크로아티아 독립을 이끌었던 독재자 투주만 대통령이 사망한 이후 새로이 민주주의 정치 체제가 수립되면서 정치적 발전을 이루어가고 있다. 크로아티아 정체 체제는 투주만 집권 때까지 대통령의 권한이 다소 높은 준대통령제(Semi-Presidential System)이었으나, 2000년 민주 정부 출범 이후로는 대통령의 권한이 다소 약화 된 의원 내각제(Parliamentary System)를 선택하고 있으며, 행정, 사법, 입법권이 엄격하게 분리되어 있다.

국민 투표에 의해 5년 임기로 선출되는 국가수반인 대통령은 권한에 있어 군 최고 통수권 및 의회의 동의하에 총리를 지명할 수 있으며, 일련의 외교권을 지니고 있다. 내각은 총리가 지명한 후보들을 대통령과 하원이 승인하여 구성되며, 2013년 현재 총 17개 부처의 장관들로 구성되어 있다. 의회(Sabor)는 단원제로 상황에 따라 약 100명~160명 내외로 국민 투표를 통해 4년 임기로 선발된다. 사법부는 크게 대법원과 헌법재판소로 나뉘어 각각 하원에 의해 선발된 판사들로 구성되며, 법 집행에 있어선 1996년 4월 이후로 EU내 유럽안보협력기구(OSCE, Organization for Security and Co-operation in Europe)와의 여러 협조를 기초로 진행되고 있다.

오랫동안 크로아티아 정부의 최우선 정책 과제는 EU 가입이었으며, 이를 위해 2003년 12월 EU와 안정화 협약을 체결하고, 2004년 6월 EU 가입 후보국 지위를 획득한 후 여러 우여곡절을 겪다가 2012년 12월 EU 의회에서 마침내 EU 가입(2013년 7월 가입)을 확정짓게 된다.

생각하기

## 험난했던 크로아티아의 EU 가입 과정과 장애물들

1990년대 사회주의 유고 연방의 붕괴 과정 속에 발생한 수차례의 내전과 민족 간 분쟁, 그 후유증 그리고 오랫동안의 독재 국가로서의 오명은 크로아티아의 EU 가입을 가로 막는 주요 요인이 되어 왔으며, EU 가입을 향한 여정을 다른 어떠한 국가들보다도 힘들고 험난하게 하였다.

동유럽 국가들의 EU 가입 청사진을 제공한 '아젠다 2000' 발표 직후, 동유럽 각 국들이 EU 가입을 신속하게 준비해 갔던 데 반해, 크로아티아는 1999년 독재자였던 투주만이 사망하고 2000년 새로운 민주정부가 들어선 이후에서야 비로소 EU 가입 문제에 관심을 지닐 수 있었다. 2001년 10월 EU와 크로아티아간의 SAA(안정화 협약) 체결 논의가 본격화되고, 이후 2003년 2월에 들어와서야 비로소 크로아티아는 EU에 정식으로 가입신청을 할 수 있었다. 크로아티아 정부의 여러 노력의 결과, 2004년 6월 EU 정상회담은 크로아티아에 대한 EU 가입 후보국 지위를 부여하게 된다. 하지만, 2005년 3월, 유고 내전(1991.6~1995.10)과 보스니아 내전(1992.3~1995.10) 당시 내전의 전범 처리를 둘러싼 크로아티아 정부의 비협조로 EU는 가입 협상의 무기한 연기를 선언하게 된다. 이후 별다른 진전을 보이지 못한 채 2008년 금융 위기와 함께 대두된 EU내 어려움 확대는 크로아티아 여론 악화를 불러왔고, 이것은 또한 크로아티아의 EU 가입을 어렵게 만들었던 게 사실이다.

그동안 크로아티아의 EU 가입을 막는 주요한 장애물로는 다음과 같은 네 가지 요소가 자리해 왔었다. 이중 첫 번째는 크로아티아 시민들의 EU 가입에 대한 부정적 여론을 들 수 있다. 2008년 유로 바로미터(Euro barometer)의 여론 조사에 따르자면 크로아티아 국민 중 단지 30%만이 EU 가입을 지지하였으며, 가입이 크로아티아 국익에 도움이 될 것인지를 묻는 질문엔 단지 44%만이 동의하였음을 확인할 수 있다. 금융위기 이후인 2009년 이후로, 이에 대한 여론 조사 결과는 더욱 더 비관적으로 흘러왔던 게 사실이다. 하지만, EU 가입 외에 미래 발전을 위한 별 다른 대안을 찾을 수 없다는 정부의 설득에 크로아티아 국민들은 결국 66%의 지지로써 이에 응답하였다. 하지만, 이러한 수치는 과거 다른 동유럽 국가들의 EU 가입을 묻는 국민투표의 찬성률(80~90%대)에 비하면 매우 낮은 수치라 할 수 있다. 두 번째 장애물로는 가입을 앞둔 시점, EU 집행위에서도 문제 해결의 필요성을 언급했듯이 사법, 행정 개혁과 부패 척결 문제 해결이 가입을 막는 주요 장애물로 자리해 왔었다. 실제, 국가 부패지수 통계표를 보더라도, 크로아티아는 약 180여개 국가들 중에서 2006년 이후로 계속해서 60위권 중반대를 유지해 왔었다. 이 수치는 비록 같은 발칸유럽 국가인 루마니아나 불가리아(70위권 대 초)에 비하면 나은 수치지만, 슬로베니아(20위권 대 후반) 등 다른 동유럽 국가들에 비하면 매우 높은 수치라 할 수 있다. 세 번째 장애물로는 세르비아인 등 소수 민족 문제라 할 수 있다. 지난 유고 내전과 보스니아 내전 등으로 인해 크로아티아는 세르비아 등 소수 민족의 권리문제를 방치해 왔었고, 이에 대해 EU에서는 소수 민족 권리 보호 및 인정에 대한 분명한 메시지를 전달하고자 하였다. 크로아티아 정부는 이를 약속하였고, 현재 정치, 사회의 상당 분야에 걸쳐 이를 위한 작업이 진행 중에 있다. 마지막으로는 피란만의 영유권 다툼 등 슬로베니아와의 갈등 문제를 들 수 있다. 기존 EU 회원국이자 중개 무역 사업이 주요한 경제적 부의 창출이기도 한 이웃 슬로베니아는 수출입 국제 항구 이용에 필요한 아드리아 해안 통로 확보를 크로아티아가 방해하고 있다는 이유로 인해 크로아티아의 EU 가입을 방해해 왔었다. 현재 이 문제는 크로아티아의 양보와 계속된 협상에 대한 약속으로 인해 일정부분 해결되었고, 슬로베니아의 묵시적 동의 속에 크로아티아의 EU 가입이 확정되게 되게 된다.

## 4. 한국–크로아티아 관계

한국과 크로아티아의 외교 관계는 우선 1992년 4월 신유고연방의 설립이 확실시 된 이후 한국은 크로아티아의 독립을 승인하였고, 1992년 11월에 들어와선 양국 간 대사급 외교관계를 수립(주헝가리 대사 겸임) 하면서 시작되었다. 이후 2005년 12월 수도인 자그레브에 한국대사관이 설치되었고, 현재 크로아티아는 주일본 대사가 주한국 대사를 겸임하고 있다. 이후 양국은 1996년 무역협정을 체결해 경제적 교류를 확대시켜 갔으며, 2001년엔 외교관 및 관용여권 사증면제 협정을 체결함으로서 양국 간 정치적 교류 또한 증대되게 된다. 양국 간의 관계 강화는 2006년 4월 크로아티아의 스트예판 메시치 대통령이 한국을 방문한 이후로 더욱 더 확대되어 왔으며, 한국인들의 크로아티아 방문 관광객 숫자 또한 매년 급속도로 증가 추세에 있다. 현재 양국 간에는 관광 및 사업 목적상 방문 시 1개월간 무비자 입국이 가능하다.

생각하기

### 한국 기업들의 크로아티아 진출 시 주의할 점은?

우선 정서적으로 크로아티아인들은 20세기말 잦은 분쟁 지역으로 국제사회에 각인된 발칸유럽이라는 칭호보다는 중부유럽, 혹은 유럽이라는 칭호를 더 선호하고 있다. 둘째, 아직도 가톨릭 크로아티아인들과 정교도 세르비아인들 간의 갈등이 존재하는 관계로 가급적 종교 이야기나 분쟁 소재는 피하는 게 상책이다. 셋째, 크로아티아인들은 축구 등 각종 스포츠에 대한 관심이 매우 높기 때문에 스포츠 행사에 적극적으로 후원함으로써 광고 효과를 극대화 시키는 것도 좋은 방안이다. 넷째, 비즈니스 계약과 현지 에이전트 선정에 있어 장기적인 신용상태를 반드시 점검하고 계약에 임해야 한다. 다섯째, 크로아티아에 대한 투자방향으로는 EU 가입에 따른 인프라 건설 및 민간기업 투자 수요의 계속 증가에 따라 관광 , 레저 분야 및 설비 부문 수출이 어느 정도 효과를 볼 수 있으며, 무엇보다도 완제품 수출 시에는 양극화된 소비시장에 대한 차별적인 공략이 반드시 필요하다. 참고로 크로아티아인들은 다른 동유럽 민족들에 비해 유명 브랜드에 대한 선호도가 꽤 높은 편이다.

## 5. 경제

크로아티아의 주요산업은 금속, 직물, 목재, 식품, 전기, 관광, 원유, 조선 등이다. 주요 수출 품목은 직물, 화학제품, 식료품, 연료 등이고 주요 수출 대상국은 이탈리아, 독일 등 EU 회원국과 보스니아, 슬로베니아 등 구유고 연방 국가들이 다수를 차지하고 있다. 크로아티아의 주요 수입 품목은 기계류, 수송 및 전자장비, 화학제품, 연료 및 윤활유, 식료품 등을 들 수 있고, 주요 수입대상국은 독일, 이탈리아, 슬로베니아, 러시아, 오스트리아 등을 들 수 있다.

크로아티아의 주요 경제상황을 살펴보자면 1992~95년간 유고내전에 따른 산업시설 파괴(전쟁피해액 약 200억불)와 70여만 명 전쟁난민 유입, 그리고 과도한 국방비 지출 등으로 극심한 경제적 어려움을 겪었었다. 실제 1989년부터 1993

년까지 전체 GDP의 40.5%가 사리지는 등, 내전 당시 경제회생의 기반이었던 수출과 관광산업의 부진으로 국제수지 적자폭이 크게 확대되고 심각한 경제 위기를 맞이하기도 했다. 하지만, 내전이 종료된 1996년 이후로는 조금씩 성장하고 있는 상황이다. 1996년 이래 크로아티아 경제는 GDP 성장률이 1996년 6%, 1997년 6.5%, 1998년 6.9%로 안정된 성장을 보여 왔으나, 1999년도에 들어서선 코소보 사태 등의 여파로 경제성장이 침체(-1.5%)하였고 이에 따라 실업률이 급격히 증가(15%)하였으며, 극심한 무역 수지 적자와 물가급상승(20%) 등 경제상황이 악화되기도 했다. 하지만 2000년 이후 마이너스 성장에서 벗어나 2% 내외의 경제성장을 이루어내면서 점차적으로 경제여건 호전이 전망되고 있다. 2002년 이후로는 5~6% 이상의 성장세를 보이고 있으며, 비록 2009년 이후 불어 닥친 유럽 경제권의 약화로 인해 다소 어려움을 겪고 있지만, 건설 분야와 사회 간접 자본 분야에 대한 투자 노력으로 인해 대체로 안정적 거시 경제 지표를 보이고 있다. 만약 부패 문제가 좀 더 개선되고(부패지수 60위권 중반), 재정 적자 문제(전체 GDP의 약 90%)가 완화된다면 보다 나은 경제적 결실들을 거둘 것으로 예측되고 있다.

크로아티아는 투주만 전 대통령 사망(1999. 12. 10) 이후 총선 및 대선을 통해 친(親)서방 정치세력이 집권하게 되어 미국, EU 등 서방국가와의 관계개선 그리고 서방의 대(對)크로아티아 투자 및 교역 증대를 불러오고 있으며, 크로아티아 국내기업의 해외매각에도 여러 노력을 기울이고 있다. 특히 대표적인 국제무역항인 리예카 항을 비롯한 여러 항만 건설에 우리 기업들의 참여가 활발히 이루어지기도 했다.

## 6. 문화

크로아티아 공화국의 공용어인 크로아티아어는 남슬라브어족에 속하는 언어로서 언어 계통적으로는 세르비아어와 동일한 언어로 취급되고 있으며, 슬로베니아어, 마케도니아어, 불가리아어와 언어적 친족 성을 가지고 있다. 보스니아-헤르체고비나 내 크로아티아인들도 크로아티아어를 공용어로 사용한다. 크로아티아와 보스니아-헤르체고비나에 약 5백 5십만, 그 밖의 해외에 약 1백 5십만에서 2백만 정도의 인구가 크로아티아어를 모국어로 사용하고 있다. 문자에 있어서 세르비아인들은 키릴문자를, 크로아티아인들은 라틴문자를 선호하나, 현재 크로아티아에선 라틴문자만이 통용되고 있다.

크로아티아의 민속유산은 오랫동안 크로아티아 관광산업에서 뗄 수 없는 중요한 문화, 오락적 요소로 이어져왔다. 크로아티아 전역에서 지방, 원시, 민족 민속 문화 행사가 조직되어 그들의 풍습, 춤, 종교, 민속의상 등을 선보이고 있다. 이러한 민속행사 중 가장 특이할만한 점은 1960년대 이후 지속되어온 '자그레브 국제민속축제'의 성공이라 할 수 있다. 여기선 세계 민속 문화와 크로아티아의 민속 문화 그리고 그 전통들이 함께 어우러져 크로아티아 민속 문화를 알리는데 커다란 역할을 하고 있다. 원주민의 특색 있는 문화유산을 공연하는 연중행사로는 브로드스코 꼴로(Brodsko Kolo, 6월), 자코보의 베조비 축제(Đakovački Vezovi, 7월), 빈코바치의 가을 축제(Vinkovačke Jeseni, 9월), 볼로데르의 가을 축제(Voloderske Jeseni, 10월) 등을 들 수 있다.

생각하기

### 크로아티아의 민속 문화와 종교(가톨릭)는 어떠한 연관을 지니고 있을까?

크로아티아인들 사이에서 가장 뿌리 깊게 자리 잡은 민속유산의 특징은 종교(가톨릭)와 생활사(예를 들어 계절별 노동)가 서로 매우 밀접한 관련을 맺고 있다는 점이다. 전통적 민속 풍습은 많은 다른 지방 특징들과 마찬가지로 가톨릭의 주요한 성일(사순절 특히 예수 수난 성지 주일에서 부활절에 이르기까지. 예를 들어, 부활절 이후 첫 번째 일요일)이나 성탄절에 확연하게 드러난다. 이 때 풍습과 의식의 내용은 예수부활의 신비함에 중점을 둔다. 특히 두브로브니크를 중심으로 한 달마티아 지역은 예수 수난 성지 주일에 야자수 혹은 올리브 나무의 가지들을 꽃으로 장식하여 미신과 자연피해로부터 가정을 보호 받기를 기원하는 전통을 지니고 있기도 하다. 무엇보다도 이 날엔 그해 첫 봄꽃과 새싹을 교회에 장식하여 크로아티아 전체의 안녕을 기원한다.

크로아티아 지역은 다양한 종류의 선사시대 문화를 잘 보여주고 있다. 해안을 따라 거주하던 선사시대 인들은 신석기와 청동기 문화를 발전시켰고, 철기 시대 문화의 첫 개척자로 추정된다. 그리고 그 문화는 이 지역에 토착하면서 문화 예술적으로 뚜렷한 특성을 지니고 있던 일리리아인들에게 계승되어진 것으로 보인다. 이후 일리리아인들은 고대 그리스 문화의 영향을 받게 된다. 하지만 로마제국의 영향력이 발칸유럽에 미치기 시작하면서 이들은 로마인들의 계속된 침략에 시달려야 했다. 이 지역이 로마에 의해 지배된 이후 로마인들은 새로이 길을 닦고 군사시설을 강화하였으며 도시를 건설하는 등 그 지역 사회와 문화적 생활 방식에도 큰 영향을 남겼다.

크로아티아의 문화 건축물은 9세기 크리스트교 신앙의 도입에 따라 더욱 더 활발히 발전하였다. 특히 당시 둥그런 아치 형태의 지붕 모양은 9세기~11세기 사이에 유행하였고 매우 정교한 형태로 발전하였다. 또한 이 당시 크로아티아 무덤에서 발견되고 있는 무기류와 귀걸이, 반지 등 장신구들의 모양은 비잔틴 양식에 근거하고 있으며, 11세기 이후 건축 양식에서는 주로 로마네스크 건축양식의 틀을 지니고 발전한 모습을 보이고 있다(자다르 Zadar의 대성당 등). 로마네스크 양식을 보이는 다른 구조물들로는 두브로브니크의 14세기에 지어진 프란체스코 수도원과 드라바 강과 사바 강 북부에 위치한 성당들의 일부 그리고 13세기 초에 지어진 스플리트의 대성당 정문에서도 확인된다.

크로아티아의 비석들은 주로 달마티아 지방에서 발견되고 있으며, 12세기 말에 세워진 것으로 추정되는 이러한 비석들에는 영적인 인물들과 당시 사냥장면, 전쟁에서의 승리 장면 등이 새겨져 있다. 하지만 상당수의 비석들은 터키의 침략과 함께 점차적으로 사라져 현재는 일부만이 남아 있는 상태이다.

중세 크로아티아 문화건축 양식과 그 유물들을 살펴보면 북부는 중부유럽의 영향을, 남부지역은 지중해 지역, 특히 이탈리아 예술의 영향을 받은 것으로 보인다. 이후 15세기에 들어와 베네치아의 아드리아해를 통한 활발한 무역거래로 인한 영향은 곧 바로 크로아티아 해안 도시들에게까지 영향을 미치게 된다. 당시 베네치아의 영향은 크로아티아 해안 도시들, 특히 달마티아 지역의 성당, 시청, 저택, 시계탑 등에 베네치아풍의 고딕 양식을 기초로 한 건축법의 발달을 가져왔다.

또한 이러한 고딕 양식은 두브로브니크의 여러 수도원과 성벽 장식에서도 그대로 보이고 있다. 또한 나무 무늬를 돌에 새기는 장식기법이 매우 발달하였고, 그 대표적인 예로는 브디슬라비치(Budislavić)에 의해 제작된 트로기르(Trogir) 대성당의 성가대석을 들 수 있다. 당시의 성당들 중 이스트라 반도 지역의 여러 성당들에선 역사적 유물로 가치가 있는 여러 프레스코 벽화가 아직도 보존되고 있다. 그리고 15세기에서 16세기로 접어들 무렵에는 르네상스 운동의 영향이 또한 아드리아 해안 지역의 건축과 조각술에도 전해졌다. 이 대표적인 건물로는 쉬베니크(Sibenik) 대성당과 두브로브니크의 성 살바토르(St. Salvator)성당, 자다르의 성 마리아 성당 등을 들 수 있다.

생각하기

### 현대적 넥타이는 어디에서 유래했을까?

크로아티아의 전통 넥타이 크라바타

넥타이의 역사를 살펴보자면 그 기원은 로마 병사들이 자신의 멋을 과시하기 위해 혹은 추위를 이길 목적으로 목에 휘감거나 매었던 천으로 대표되는 고대 로마시대까지 올라간다. 하지만 실제 액세서리로서 현대적 넥타이의 기원은 바로 17세기 프랑스 파리에 왔던 크로아티아 병사들이 맨 크라바타(kravata)란 천으로부터이다. 당시 유럽의 초호화 궁전인 베르사유 궁전 증축과 절대 군주정의 황제로 프랑스의 절대 권력을 수립하였던 루이 14세를 기념하기 위해 크로아티아 병사들은 크라바타란 넓은 장방형 천을 목에 매고 파리에서 시가행진을 하게 된다. 크로아티아 병사들의 목에 매어진 크라바타는 크로아티아의 연인들이 전쟁에 나가는 자신들의 애인 혹은 남편의 안녕을 위해 직접 수공한 상징물에서 유래하였다. 당시 크로아티아 병사들이 맨 크라바타는 실제 매우 아름답고 정교한 수와 함께 다양한 색깔로 병사들의 행진을 더욱 돋보이게 해주었다. 이후 이를 지켜본 프랑스의 귀족들은 이와 유사한 여러 종류의 넥타이를 제작해 왕실 무도회 혹은 중요 행사에 매고 나가게 되었고, 이후 넥타이는 영국 등 유럽 내에서 신사와 귀족들의 점잖은 권위와 패션을 상징하는 유행 상품으로 발전되어 오늘날에 이르게 되었다.

크로아티아 북부지역에서는 르네상스 양식이 좀 더 현대화된 형태로 특정 건축분야에 소개되었다. 17세기 이곳에 소개된 바로크 양식은 성당의 건축이나 내부 장식에 적용되었고 널리 알려졌다. 많은 고딕 양식의 건축물들은 그 당시에 바로크 양식이라 여겨졌으며, 특히 성당 내부 장식, 제단, 설교단이 그러했다. 바로크 양식은 귀족들의 저택이 시내에 건축되던 18세기에 크게 유행했다. 아드리아 해안지역의 가장 대표적인 후기 바로크 양식의 건축물들은 주로 두브로브니크 지역에서 볼 수 있다. 이 지역의 성당 건축물들과 성당 내 천장 벽화는 주로 이탈리아, 오스트리아, 독일 양식의 영향을 받은 것으로 보인다.

이반 메쉬트로비치 기념 우표, '크로아티아의 역사'를 상징하는 청동상과 '시카고 인디언' 청동상

크로아티아 민속 춤, 콜로 공연 장면

20세기 초 크로아티아 지역의 미술은 유럽의 예술 형태를 그대로 반영하고 있다. 그리고 이러한 경향은 단지 소묘 분야 뿐 아니라 조각술, 건축술에도 영향을 주었다. 양차 세계대전 사이의 기간에는 혼란과 대립으로 이 지역 미술 분야의 침체기를 초래했다. 1960년대로 접어들면서, 일부 건축가들은 그들의 초점을 시대와 환경의 요구에 부흥하여 현실적인 형태의 건물을 설계 건축하는 새로운 기법을 도입하게 된다. 그리고 1970년 후반부에는 "새로운 예술작업" 운동이 시작되었고 소위 새로운 화법의 시대라 불리는 방대한 양의 새로운 표현기법이 도입되기도 했다. 1980년대 초반의 크로아티아 지역 조각술은 추상예술의 형태와 새로운 표현기법 등 두개의 대조적인 경향으로 발전했다. 대중미술의 요소들도 소개되기 시작하였으며 이러한 새로운 세력들은 자유로운 형태를 기초로 하여 새로운 도전을 시작하기도 했다. 크로아티아 미술에 있어 조각, 판화기법은 세계적으로도 유명하며, 이 중 대표적 인물로는 세계적 유명 조각가인 이반 메쉬트로비치(Ivan Meštrović, 1883~1962)를 들 수 있다. 크로아티아 민속음악은 여러 양식이 뒤섞여있는 것이 특징이며, 집시풍의 바이올린과 탐부라, 만돌린 등의 반주에 맞추어 춤추는 생동감 있는 콜로(Kolo)가 특징이다. 하지만 해안지역인 달마티아에선 우아한 기타와 아코디언 밴드에 맞추어 노래 부르는 이탈리아 풍의 음악이 주류를 이룬다.

크로아티아의 요리는 각 지역의 독특한 조리법에 따라 다양하게 구성되어 있다. 조리법은 옛 원시 슬라브족의 시기로까지 거슬러 올라가며, 또한 내륙과 해안간 조리법의 차이점이 존재하고 있다. 내륙지역의 조리법이 헝가리, 비엔나, 터키의 접촉과 그 영향으로 인해 독특한 개성을 나타낸 다면, 해안지역의 조리법은 지중해에서 흔히 보이는 이탈리아와 프랑스 혹은 그리스, 로마, 고대 일리리아의 영향을 받은 것으로 보인다. 크로아티아는 또한 다양한 고급와인이 유명하며, 약 700여 가지에 이르는 와인들은 지역별 특성에 따라 잘 보전되어 왔다. 와인 외에도 크로아티아산 브랜디, 과일 주스, 맥주, 광천수 또한 그 이름이 널리 알려져 있다. 이스트라 반도와 크바르네르(Kvarner) 지역의 조리법은 내륙과 해안이 서로 혼합된 독특한 특성을 보여주고 있는데, 이 지역들은 고품질 생선과 해산물로 유명하며, 특히 이스트라 지역에는 좋은 레스토랑들이 많은 것으로 유명하다. 크로아티아인들은 약간의 기름기 있는 음식을 좋아하며, 대표적 음식으로는 고기 또는 치즈가 들어간 파이 형태의 부레크(burek)를 들 수 있다. 자그레브를 비롯한 내륙지방에선 치즈를 넣어 만든 도넛형태의 피로스크(pirosk)란 음식과 콩과 신선한 옥수수를 섞어 만든 스프(manistra od bobića), 유산균을 발효한 연하고 흰 치즈인 스트룩클레(strucle) 등의 특별음식이 유명하다. 반면, 해안지역에선 뛰어난 새우 해물요리인 스참피(scampi)와 조개와 해산물로 어우러진 프르스타치(prstaci), 여러 가지 생선과 쌀을 섞어 만든 달마티안 브로데트(brodet) 등이 유명하다.

생각하기

**크로아티아의 전통 축일과 음식과는 어떠한 연관을 지니고 있을까?**

크로아티아의 전통 축일들은 음식과 매우 밀접하게 연결되어 있으며, 특히 노동(추수, 타작, 세례 때 쓰이는 포도의 수확…)과 종교(주로 가톨릭, 성탄절, 부활절, 성지순례…) 그리고 인간의 삶에 있어 중요한 순간(결혼, 세례, 성탄절, 명명일, 장례식…)에 따라 다양한 요리들이 선을 보이고 있다. 크로아티아의 각 성일마다 고유 음식이 있는데, 성지 순례일엔 돼지고기와 감자를 곁들인 스튜를, 성탄절 이브와 금요일에는 대구를, 새해에는 돼지고기를 준비한다. 또한 크로아티아 전통 도넛은 축제에서 빠질 수 없는 음식(남쪽 지역에서는 이와 같이 튀긴 단 음식을 흐로슈툴레 hroštule라 부름)이기도 하다. 푸른 야채와 햄, 삶은 달걀을 곁들여 부활절을 준비하고 디저트로는 전통 케이크가 제공되며 매운 양념이 가미된 소시지인 쿨렌(kulen)으로 추수 감사절을 기념하곤 한다. 거위 음식은 주로 성 마틴의 날에 준비되며, 사르마와 칠면조 고기 등 가금류는 성탄절을 위해 준비하는 주된 음식들이다. 크로아티아의 전통 결혼식 때엔 갖가지 많은 종류의 쿠키들이 준비되는데, 대중들 사이에 가장 인기 있는 음식으로는 양고기, 돼지꼬치구이, 구운 생선, 오징어 요리, 바비큐, 향신료를 곁들인 햄, 생선스튜 등을 들 수 있다.

## 7. 주요지역

### 1) 자그레브(Zagreb)

크로아티아의 수도인 자그레브는 동서양의 가교로, 국내 최대의 공업도시인 동시에 사바 강의 하항이고 육상과 항공교통의 중심지의 역할을 하고 있다. 또한 자그레브는 크로아티아의 행정, 문화의 중심지이자 수도로 고딕 양식의 자그레브 대성당(Zagreb Cathedral, 혹은 성 스테판 성당 St. Stephen Chapel 으로도 불림)과 과학, 예술 아카데미 그리고 크로아티아 국립대학인 자그레브 대학(1669년 설립)이 자리하고 있다.

고대 문헌에 따른 자그레브 도시의 역사는 고대 로마 시절인 서기 1세기부터로 거슬러 올라간다. 이 시기 자그레브는 '안다우토니아(Andautonia)'로 불렸으며, 발칸반도 내륙의 방어 및 요새 도시로서의 기능을 지니며 출발하였다. 로마 제국 시대 이후로 신대륙 발견에 따른 새로운 해양 루트가 발견되기 이전까지, 발칸반도의 주요 정치, 경제, 사회, 문화 발전의 원동력은 이탈리아의 베네치아로부터

소아시아를 잇는 아드리아 해안의 두브로브니크, 스플리트, 자다르 등 해양 도시 국가들을 중심으로 이루어졌다. 따라서 당시까지도 자그레브 등 내륙 지방은 이들 해양 도시들에 비해 다소 낙후한 지역으로 방치되어 왔었다. 이러한 배경에는 해안과 내륙을 가르는 험준한 디나르 알프스(Dinaric Alps) 산맥의 영향 탓도 있었다.

자그레브의 상징, 자그레브 대성당

단순한 요새 도시의 기능에 불과했던 자그레브가 실질적인 도시로 면모를 갖춘 역사적 시기에는 아이러니하게도 크로아티아 중세 왕국이 몰락하고, 이를 대신해 헝가리의 지배력이 강화되던 시점부터라 할 수 있다. 1134년에 써진 자그레브 대주교 기록물에 따르자면, 자그레브라는 지명이 쓰이게 된 시기는 크로아티아 중세 왕국의 마지막 왕인 즈보니미르가 무리한 십자군 운동으로 귀족들에게 사망한 후, 왕위 계승자의 부재 속에 헝가리의 지배권이 확대되던 1094년부터라 알려지고 있다. 1102년 이후 크로아티아 왕위 계승권을 장악하게 된 중부 유럽의 강력한 가톨릭 국가였던 헝가리는 자그레브를 발칸유럽의 대표적인 가톨릭 도시로 만들고자 하였다. 이에 따라 당시 자그레브 성 동부의 카프톨(Kaptol) 지역에는 성직자들을 위한 숙소와 함께 로마 가톨릭 대주교 관구 및 자그레브 시의 자랑이자 상징물인 자그레브 대성당을 짓게 된다. 이 성당은 네오고딕 양식의 쌍둥이 첨탑이 특징이며, 아직까지도 중세 성당의 일부 잔해가 발견되어지고 있다. 특히 흥미로운 것은 13세기의 프레스코화, 르네상스 시대의 교회 의자, 대리석 제단, 바로크풍의 설교단 등이 아직까지도 그 아름다움을 그대로 간직하고 있다.

하지만, 헝가리 지배 하에서 가톨릭 도시로 발전하여 가던 자그레브는, 14세기 말부터 이어진 오스만 터키의 발칸유럽 원정으로 인해 1453년 비잔틴 제국의 수도였던 콘스탄티노플(Constantinople)이 함락되고, 이어 발칸반도의 정교 국가였던 불가리아, 세르비아는 물론 이웃인 보스니아 중세 왕국마저 오스만 터키의 지

자그레브 시민과 관광객들의 만남의 장소, 옐라취치 광장

배 하로 넘어가자, 터키군의 직접적인 위협에 직면해야만 했다. 이후 과거 통나무 진지와 자연적 협곡에만 의존해 왔던 자그레브 도시의 모습은 1469~1473년에 걸쳐 견고한 성벽과 함께 여러 개의 방어 탑을 세우는 등 오늘날 구시가지 모습의 기틀이 마련되게 된다.

자그레브가 현대적 도시로 발전할 수 있었던 계기는 바로 19세기 당시 헝가리 지배 하에서 크로아티아의 독립을 추진하였던 옐라취치(Josip Jelačić, 재위 1848~1859) 영주에 의해서라 할 수 있다. 1848년 2월 파리혁명 이후 그는 크로아티아를 오스트리아와 헝가리의 지배로부터 벗어나도록 하기 위해 노력하였고, 그러한 작업의 일환으로 1851년 시의 서부인 그라데쯔(Gradec, 그리츠 Grič 로도 불림) 지역과 자그레브 전체 시를 통합하여 새로운 근대적 도시 계획에 따른 자그레브 시 건설을 모색하게 된다. 그의 이러한 노력은 자그레브 시민들에게 오늘날까지 그대로 이어져 중앙 광장에 자신의 동상이 세워지고, 자신의 이름을 딴 광장명이 수립되는 계기가 되었다. 오늘날 옐라취치 광장은 자그레브 시민들의 만남의 장소이자, 자그레브를 찾는 관광객들에겐 새로운 볼거리와 함께 신시가지에서 구시가지로 이어지는 매개체의 역할을 수행하고 있다.

옐라취치 광장을 뒤로 하고 동쪽으로 가다보면 과거 가톨릭 성직자들의 숙소와 자그레브 대성당이 자리하고 있는 카프톨 지구에 다다르게 된다. 여기에서 우리는 자그레브 시의 상징이자, 시민들의 사랑을 듬뿍 받고 있는 자그레브 대성당과 성당의 쌍둥이 첨탑을 볼 수 있다. 1094년 헝가리 왕 라드슬라우스 1세(Ladislaus I, 재위 1077~1095)에 의해 건축되기 시작한 자그레브 대성당은 이후 1242년 몽고군의 침략으로 파괴되었다가 1263년 재건축 되어야 했었다. 하지만 이후로도 15세기 오스만 터키의 위협 속에 어려움을 겪어야 했으며, 특히 19세기 지진으로 파괴되어 1899년 재건축되어 오다가, 다시 사회주의 체제 시절 종교적 억압에 따라 보수되지 못한 채 방치되는 아픔을 겪기도 했었다. 1990년대 이후에 들어와서야 재건축이 또 다시 시작되어 현재까지 작업이 진행 중에 있다. 오늘날 자그레브 대성당 안에는 제2차 세계 대전당시 크로아티아 민족주의를 부르짖었던 스테피나츠(Alojzije Stepinač, 1898~1960) 대주교를 비롯해 크로아티아의 역사적 영웅들의 시신과 동상들이 모셔져 있으며, 따라서 자그레브 시민은 물론 크로아티아인들의 민족적, 역사적 성지로서의 의미를 지니고 있는 곳이라 할 수 있다.

이 외에도 구시가지에 있는 주요 볼거리로는 북서쪽에 있는 시내를 360도 돌아가며 전망할 수 있는 로트르쉬차크(Lotrščak) 탑과 크로아티아 주요 예술품이 전시되는 무제이스키 프로스토르(Muzejski prostor)도 좋은 구경거리이며, 13세기에 건축되었다가, 14세기 후반기에 재건축된 것으로 파악되고 있는 성 마르크(St. Mark) 성당은 화려하게 채색된 타일의 지붕과 이반 메쉬트로비치의 조각들로 유명한 곳이기도 하다. 그 외 예전의

구시가지의 성 마르크 성당

네오-르네상스 스타일의 미로고이 공동 묘지

수도원을 개조한 자연사박물관, 크로아티아 역사박물관, 시립박물관 등도 관광객들의 시선을 끌고 있다.

신시가지에는 여러 현대적 박물관과 미술관, 국립극장이 자리하고 있으며, 현대미술전 건물 외에도 옛날 거장의 회화작품과 크로아티아 고대의 비문이 전시되어 있는 스트로스마에르(Strossmayer) 화랑도 유명하다. 그리고 고고학 박물관에는 선사, 중세 역사적 유물, 이집트 미라, 로마시대 조각품 등이 전시되어 있으며, 무엇보다도 유럽 최고 현대미술 전시관 중의 하나인 미마라(Mimara) 박물관은 네오-르네상스 양식으로 지어진 건물로 미마라(Ante Topić Mimara, 1898~1987)의 개인 소장품을 비롯, 다수의 스페인, 이탈리아, 네덜란드 회화들이 최고의 볼거리를 제공하며, 유리공예품과 동양미술품 등이 소장되어 있는 것으로 유명하다. 이외에도 도시의 북쪽에는 유럽에서 제일 아름다운 공동묘지 중 하나로 방문객들의 찬사를 자아내는 미로고이(Mirogoj) 공동묘지가 있으며, 이곳에서는 19세기 네오-르네상스 스타일의 긴 회랑으로 둘러싸인 중세 유럽풍의 건축 양식들을 볼 수 있는 게 특징이다.

생각하기

### 크로아티아의 수도 자그레브의 역사적 기원과 특징

전설에 따르자면, 자그레브(Zagreb)란 명칭의 기원은 중세 메마른 지역이었던 이곳을 지나가던 영주가 기사들의 목마름을 해결하기 위해 땅을 파내어 우물을 발견해 냈다는 뜻에서 유래한다고 전해지고 있다. 실제, 크로아티아어로 자그레브 지명과 가장 가까운 용어라 할 수 있는 '자그라비티(zagrabiti)'를 해석하자면 '움푹 퍼내다'란 뜻을 지니고 있다. 이처럼 자그레브는 국립공원인 메드베드니짜(Medvednica, 최고 높이 1,035m) 산의 남부자락 아래 다뉴브 강의 지류이자 발칸유럽에서 가장 크고 긴 강인 사바 강을 따라 형성된 고대 도시이다.

자그레브를 특징짓는 말로는 우선 '서유럽 가톨릭 문화권의 지평선'이라는 말로 상징 지을 수 있다. 자그레브는 오랜 시절부터 유럽과 아시아 대륙을 연결하는 주요 통로에 위치함에 따라 통상 유럽의 관문으로 지칭되어 왔고, 이에 따른 지정학적 중요성이 인정되어 왔었다. 따라서 이 지역은 고대 이래로 여러 민족들의 전략적 요충지로서 유럽, 러시아, 소아시아 등 열강들의 각축장이 되어왔었다. 특히, 12세기 초 이후로 헝가리 지배 하에서 가톨릭 도시로 발전하게 된 자그레브가 실질적으로 서유럽 가톨릭 문화권의 수호 도시이자 지평선으로 불리게 된 배경은 바로 15세기 말 이슬람 제국인 오스만 터키의 유럽 침략으로 인해 서유럽의 최종 방어선이 되면서 부터라 할 수 있다.

자그레브는 또한 '또 하나의 유럽 도시'라 부를 수 있을 것이다. 이탈리아와 인접한 서유럽의 가톨릭 도시이면서도, 한편으로는 정교, 이슬람 문화가 팽배한 발칸반도에 자리하고 있는 자그레브는 양쪽 문화 지역과 종교권의 최후 전선에 자리한 까닭에 서유럽, 발칸유럽의 다른 도시들과는 달리 매우 독특한 종교, 사회, 문화적 양상을 보여 왔다. 이러한 지리적, 역사적 배경에 따른 차별성과 독특함이 바로 자그레브를 흥미롭게 바라보게 하는 매력이 되고 있다.

## 2) 이스트라 반도

크로아티아 내 가장 큰 반도라는 가치와 아름다운 자연 환경을 가진 이스트라 반도에는 우츠카(Učka) 산과 브리유니(Brijuni)제도, 그리고 림스키(Limski)만 등 흥미로운 세 지역이 있다. 우츠카 산은 이스트라 반도의 상징 중 하나이며 반도의 동부와 크바르네르 만을 내려다보고 있다. 동부 경사지는 다양한 종류의 나무 숲으로 덮여져 있으며, 해발 1,400m까지 숲이 펼쳐져 있다 서부에 위치한 우츠카 터널의 출구에는 지형적으로 매우 흥미로운 벨라 드라가(Vela Draga)란 협곡이 있다.

브리유니 제도는 14개 섬 들의 집합과 원형경기장 등 고대 로마 유적지가 잘 보전되어 있는 풀라 근처의 작은 섬들로 이루어져 있다. 비록 그 섬들은 작은 구역에 불과하지만, 그 형태는 복잡하고 꾸불꾸불한 해안선이라는 특징을 가지며, 무성한 상록수림으로 이루어져 있다. 특히 이 지역은 로마시대와 비잔틴 시대로부터의 풍부한 유산을 가지고 있다는 특성을 보인다. 20세기 초반에는, 이 지역의 가장 큰 섬인 벨리키 브리윤(Veliki Brijun) 지역이 공원으로 지정되기도 했다. 섬 주위의 해상 생태계는 세계에서도 가장 잘 보호되고 있으며, 해상 지역을 포함한 국립공원의 규모는 36.3㎢에 이른다.

빙하기 동안 이 지역에는 치차리야(Ćićarija)산에서부터 오늘날의 파진(Pazin)을 지나 가파른 석회암 계곡으로 구성된 서부까지 이어지는 강이 있었다. 석회암은 가용석 암석이기 때문에, 물이 계곡의 지하로 쉽게 사라졌다. 따라서 오늘날 시가지 중앙에는 거대한 구덩이가 있는 반면 계곡의 하류 지역은 말라있다. 과거 이러한 빙하기가 지나 얼음이 녹은 후, 해수면의 높이가 높아지자 그 폭이 10km 정도인 이 지역의 계곡 지역은 바다 밑에 잠기게 되었다. 이것이 카르스트 지형의 가장 흥미로운 예 중 하나인 림스키 만이 이곳에 형성된 배경이다. 림스키 만은 다양한 어종의 겨울 서식지와 부화 장소, 그리고 꽃게 양식지로도 유명한데, 그 이유는 신선한 물이 특히 장마 기간에 집중적으로 많은 양분과 함께 이

에메랄드빛의 바다와 즐라트니 라트 해변

지역으로 유입되기 때문이다.

이스트라 반도의 주요 자연 경관 중에서, 미마(Mima)계곡의 모토분(Motovun) 숲은 식물학적으로 매우 중요하게 여겨지고 있다. 모토분 숲은 아드리아 해안 지역에서 마지막 남은 저지대의 오크 숲이며, 캐비어, 푸아그라와 함께 세계 3대 진미로 손꼽히는 송로 버섯의 서식지이기도 하다. 로비니(Rovinj)의 남쪽 끝에 위치에 있는 산림 공원은 그 규모나 다양한 산림 종의 서식으로 볼 때, 해안 지역에서는 보기 드문 수목원이라 할 수 있다.

(1) 포레취(Poreč), 로비니(Rovinj) 그리고 풀라(Pula)

포레취의 유프라시아 바실리카 수도원

포레취의 대표적인 관광지로는 6세기경에 지어진 유프라시아 바실리카(Euphrasius Basilica) 수도원을 들 수 있는데, 3개의 본당으로 구성되어 있는 이 수도원은 지중해 연안에 자리한 초기 비잔틴 문화의 흔적을 확인할 수 있는 최고의 건축물 중 하나로 손꼽히고 있다. 초기 수도원의 흔적은 4세기 후반까지로 거슬러 올라가며, 3세기 후반 포레취가 자리한 이스트라 지역 내 주교 관구의 초대 주교였지만 제국의 박해로 순교했던 성 마우루스(St. Maurus)를 기념하기 위해 세워진 것으로 알려지고 있다. 당시 건설된 경배 장소를 비롯해 로마식 집 구조물들이 잘 보존되어 왔으며, 같은 시기에 로마네스크 양식에 따라 보다 넓게 확장된 형태로 남아 오늘날 많은 관광객들의 찬사를 자아내게 하고 있다.

이스트라 반도에 자리한 로비니

로마의 원형 극장, 풀라 아레나

이스트라 반도에 위치한 로비니는 조약돌이 깔린 거리 풍경이 특징적인 도시이다. 활발한 어항 도시이자 대표적인 여름 휴양 도시인 로비니는 이탈리아와의 지리적 근접성으로 인해 이탈리아 사회, 문화의 영향을 많이 받아왔으며, 이탈리아어 등 로망스어가 여전히 사용되고 있는 지역이기도 하다. 로비니는 과거 일리리안 부족의 정착지였으나, 이후 로마 제국, 그리고 로마 제국 분열 이후엔 동로마 영향권 하에 있다가 8세기 이후로는 프랑크 영향력 하로 들어갔다. 중세에는 베네치아 공국의 영향력 그리고 근대에는 프랑스, 오스트리아 지배를 받는 등 여러 다양한 문화를 경험한 곳이기도 하다. 이곳에서 가장 유명한 건물로는 57m 높이로 바로크 양식의 형태를 띠고 있는 성 유페미아(St. Euphemia) 성당을 들 수 있다.

풀라는 이스트라 반도 남쪽 끝에 위치한 항구도시로 BC 177년 로마 제국의 지배 하로 들어간 이후, 로마인에 의해 풀라 아레나(Pula Arena) 원형 극장이 건설되게 된다. 풀라 아레나는 BC 27년부터 AD 68년까지 오랜 시기를 거치며 증축되었으며, 오늘날까지 세계에서 현존하고 있는 로마 원형 극장 중 6번째의 규모를 자랑하고 있다(최대 관객 2만 3,000명까지 수용). 특히, 풀라 아레나는 여러 원형 극장들 중에서도 매우 잘 보존되어 있어, 당시 로마의 우수한 건축술과 로마인들의 선진화 된 문화상을 확인할 수 있으며, 이곳에서 해마다 여름 축제와 각종 예술행사가 열리고 있다.

### 3) 크바르네르(Kvarner) 지대

지리적으로 이스트라 반도에 위치하고는 있지만, 크바르네르 지역의 북서쪽에 위치한 우츠카 산은 크바르네르 지역의 본체라 여겨지고 있다. 북동부 지역 전경의 특징은 비노돌(Vinodol)이라 불리는 특이한 지질구조의 계곡으로 이루어져 있다. 그림같이 아름다운 바카르(Bakar)만은 실제로 이 계곡의 가장 낮은 지역에 위치해 있다.

우츠카 산은 크바르네르의 북서부 지역과 접하고 있기 때문에, 벨레비트 산의 남부지역은 그 반대인 크바르네르 지역의 남동쪽을 내려다보고 있다. 벨레비트 산의 기슭에는 아드리아 해안의 명소 중 하나인 자브라뜨니짜(Zavratnica)가 있는데, 바다 속에 잠겨있던 계곡인 지라 빙하의 흔적이 없어, 단지 그 형태로만 작은 협만의 형태를 갖추고 있다.

쯔레스-로쉬늬(Cres-Lošinj) 이중 섬(dual island)은 여러 가지로 흥미로운 특징을 지닌다. 좁은 해협에 의해 이 섬은 아직도 그 신비로움이 풀리지 않은 브란스키 호수에 의해 동쪽에 위치한 쯔레스 섬과 서쪽에 위치한 로쉬늬 섬으로 나누어진다. 절벽으로 이루어진 쯔레스 섬의 북동부해안은 흰머리 독수리의 서식지로 잘 알려져 있다. 반면 남부지역의 푸트나 크리자(Punta Križa)는 특히 고산지대의 오크나무 등이 잘 발달된 상록수림이 그 특색이다. 로쉬늬의 수사크(Susak)란 작은 섬은 완전히 모래로만 되어있으며, 최고 높은 지역은 해발 100미터에 이른다.

이 지역의 라브(Rab) 섬 또한 잘 가꾸어진 상록수림으로 유명하다. 섬의 서부에 위치한 둔도(Dundo) 수림 보호 구역은 그 상록수림 중 가장 유명하고 가장 규모가 크다. 또한 라브섬은 라이쉬카(Rajska) 해변 등 아름다운 백사장을 가진 해변으로도 유명하다.

크르크 섬에는 수 킬로미터 길이의 해안이 섬의 남부에 위치해 있고, 파그(Pag)만의 여러 해변들 중에는 북서쪽에 위치한 즈르체(Zrće) 해변이 유명하다. 파그

만은 크로아티아 내 섬에 위치한 만중에서 가장 크다는 점과 호수와 유사한 형태를 하고 있다는 점이 흥미롭다. 또한 파그 섬은 섭금류의 새 보호구역으로 보존 가치가 높은 지역이다.

### 4) 크로아티아 산악지대

크로아티아 산악지대는 리카(Lika)와 고르스키 코타르(Gorski Kotar)라는 두개의 지역학적, 지리학적 지역으로 이루어지며, 그 대부분이 카르스트 지형의 특징을 가지고 있다. 크로아티아 산지 중 벨레비트 산은 가장 중요하며 흥미로운 지역으로, 비록 알프스 산만큼은 높지 않지만, 크로아티아 국민들의 의식 속에 국가의 상징으로 소중히 여기어질 만큼 150km의 아름다운 자연 경관을 가지고 있다. 지형학적으로 희귀한 형태, 다양한 자연 경관, 이색적인 식물군과 동물군은 많은 과학자, 산악인, 그리고 많은 방문객들의 관심을 받고 있다. 1981년 벨레비트 산 인근의 전 지역이 국립공원으로 지정되었으며, UNESCO에서 지정한 자연 보호 보존 구역이 되었다.

리카 평원은 크로아티아의 가장 큰 지하 강이 흐르는 것으로 잘 알려져 있다. 이 지역의 가쯔카(Gacka)강은 아름다운 샘물과 맑은 물이 특징이며 특히 아름다운 낚시터로도 유명하다. 우나 강은 리카 지역에서 발원하여 보스니아-헤르체고비나 지역의 국경을 따라 흐른다. 반면, 고르스키 코타르 지역은 크로아티아에서 가장 숲이 우거진 지역이다. 로크베(Lokve) 주변 지역에서는 매우 아름다운 장소들을 볼 수 있으며 1km에 달하는 로크바르카(Lokvarka) 동굴에는 수많은 종류의 종유석과 석순을 볼 수 있다.

#### (1) 플리트비츠 호수(Piltvičko jezero)

자그레브에서 차로 1시간 반 정도 거리에 위치해 있는 플리트비츠 호수는 크로아티아 중서부 오토차츠 현에 위치한 국립공원(1949년 지정)으로 발칸유럽에서 가장 먼저 그리고 크로아티아에서 가장 큰 국립공원이다. 매년 120만 명 이상이 관람을 올 정도로 유럽에서 가장 아름다운 호수중 하나로 손꼽히고 있는 플리트비츠

원시적 아름다움을 간직한 플리트비츠 호수

호수의 전체 면적은 서울시의 절반 크기인 296.85㎢로 1979년 UNESCO 최초의 자연 유적지 중 하나로 선정되기도 하였다. 가장 낮은 곳에 위치한 호수가 해발 500미터로 중부 내륙의 고지대에 위치하고 있는 플리트비츠 호수는 물속에 포함된 탄산칼슘이 석회 침전물을 만들어내어 자연적으로 댐이 쌓이고 댐들 사이로 물줄기가 뿜어져 내리면서 수많은 폭포수를 만들어내고 있는 특징을 지니고 있다. 현재도 석회 침전물이 계속 쌓이고 있어, 매년 손가락 한마디 정도의 높이가 올라가고 있다고 알려지고 있으며, 크고 작은 다양한 폭포들과 더불어 그의 이름처럼 얕은 호수 지대(크로아티아어로 플리트바크 Plitvak는 얕고 낮은 지대를 의미함)를 형성하고 있다. 특히, 마그네슘과 탄산염의 성분비에 따라 여름엔 터키석 색깔로 겨울엔 암흑색 색깔로 변하는 등 에메랄드의 맑고 청량한 호수 빛이 햇빛의 각도에 따라 색깔을 달리하며 장관을 이루고 있어 관광객들의 탄성을 자아내고 있다.

플리트비츠 호수는 본래 1개의 커다란 호수였다가 오랜 기간 동안 석회석의 침하 작용에 의해 모두 16개의 계단식 호수로 이어지게 되었다고 알려지고 있다. 16개 호수들 중 중간쯤에 자리한 호수가 코즈야크(Kozjak) 호수로 호수들 중 유일하게 전기보트가 운행되고 있다. 여행의 가장 큰 백미는 폭포들 중 바위 속 석회 성분이 다양한 물 색깔을 만들어내며 떨어지는 78미터 높이의 폭포라 할 수 있으며, 이 폭포는 크로아티아에서 가장 큰 폭포로 계단을 타고 층층이 내려오는 듯한 장관을 만들어내고 있다.

### 5) 북부 달마티아 지방

파클레니짜(Paklenica)와 남쪽 벨레비트 산의 남쪽 경사로를 따라가다 보면 이미 달마티아의 지리적 범주 안에 들어와 있음을 확인하게 된다. 벨레비트의 이 지역 구릉지는 즈마냐(Zmanja)강과 크루파(Krupa)라는 지류로 유명하다. 많은 카르스트 자원, 석회석 방벽과 골짜기에 펼쳐진 그림 같은 협곡은 이 강의 주요 특징이다. 즈마냐 강은 노비그라드(Novigrad)해의 계곡을 통해 흐른 후 아드리아해의 관광지중 모든 관광객들이 즐겨 찾는 드릴로(Drilo)협곡에서 멈춘다.

광활하게 펼쳐져 있는 코르나티의 섬들

바다에 접한 비오그라드(Biograd) 인근에는 브란스키 호수가 있다(같은 이름의 다른 호수가 쯔레스 섬에도 존재하고 있다). 이 호수는 크로아티아에서 가장 큰 호수이며(30.7㎢), 제방을 따라 펼쳐진 갈대밭 밑으로 광활한 조류 서식지가 유명하다.

크로아티아에는 이러한 속담이 있다. '코르나티(Kornati)섬 만큼 1년에 여러 날이 존재한다.' 이러한 속담처럼 코르나티 섬은 가장 들쭉날쭉하고 지중해상에서 가장 밀집된 군도를 형성하고 있다. 140여 개의 섬으로 이루어져 있으며, 이들 중

2/3는 현재 국립공원으로 지정되어있다. 코르나티 섬은 바다와 돌들로 이루어진 미로와 같다. 이 지역 방언에 따른다면 '크루네(Krune)'는 '왕관들'이란 뜻이며, 이 말처럼 이 지역의 절벽은 마치 왕관들처럼 거의 100미터 깊이의 수표면 아래로 계속되어지며, 들쭉날쭉한 형태를 취하고 있다.

코르나티 섬의 지리적 기복과 풍경 특징은 이웃한 두리(Duri) 섬 남쪽부분에서 부분적으로 이어진다. 이 지역의 주요 관광지는 텔라(Tela)해변으로 크로아티아 해안에서 가장 크고 아름다운 곳 중의 하나이다. 이 지역은 8㎞길이에 15개의 작은 동굴과 6개의 작은 섬으로 구성되어 있다. 자연공원의 남쪽부분은 미르(Mir)라 불리는 깊이 10m, 폭 900m, 길이 200m의 강이 있으며, 바다로부터 분리되어 있음에도 불구하고 강물이 짜다는 특징을 지니고 있다.

(1) 자다르(Zadar)

스플리트에서 차로 2시간 거리에 있는 인구 약 7만 명(2013)의 자다르는 BC 9세기부터 정착민들이 거주하였으며, BC 1세기 이후로 로마 제국의 지배 하로 들어간 이후로 발전을 거듭해 온 고대 도시이다. 카이사르는 이곳을 점령한 후 요새를 건축하였고, 그 뒤를 이어 로마 제국의 최초의 황제가 된 아우구스투스 황제는 해양 세력으로부터 내륙을 방어하기 위한 이곳의 전략적 중요성을 깨닫고 보다 견고한 성벽을 구축하기도 하였다. 또한 이곳은 로마 제국과 베네치아 공국 당시의 여러 역사적 유물들과 함께, 최근 이곳을 방문하는 관광객들에겐 아름다운 아드리아 해안에 펼쳐진 '바다 오르간(Morske orgulje)'으로도 유명한 곳이다. 역사 속에 비친 자다르는 아드리아해의 다른 도시들과 달리, 6~7세기 사이 아드리아 해안 도시들을 비롯해 로마 전역을 폐허로 만들어가며 휩쓸었던 아바르 유목민족의 피해를 입지 않은 이후 달마티아에서 중요 도시로 급부상하게 되었다. 하지만, 10세기 이후로 들어와 동로마 제국의 쇠락 속에 크로아티아 중세 왕국의 성립으로 그 지배 하로 들어가게 된 자다르는 이후 해상 무역을 둘러싼 베네치아와의 수차례 전쟁을 치러야만 했었다. 실제, 오늘날 자다르를 비롯한 크로아티아의 상당 수 해안 도시들은 고대에는 로마 제국, 동서로마 제국 분할 이후에는 한동안 적어도 10세기 중엽까지는 동로마 제국의 지배 하에서, 그리고 뒤이어 중세에 들어와서는 아시아와 유럽의 무역 상권을 장악하고 있던 베네치아 공국의 영향력 하에 놓여 있어 왔다.

1102년 크로아티아 귀족들이 헝가리 왕국에게 왕위 계승권을 넘긴 이후 자다르를 비롯한 아드리아 해안 지역 도시들은 내륙으로부터 별다른 지원과 관심을 받지 못한 가운데 11세기 중엽부터 14세기 중엽까지 베네치아의 끊임없는 공격에 시달려야만 했었다. 이후 오스만 터키의 발칸반도로의 세력 확대가 진행되는 가운데, 자다르는 베네치아에게 넘어가게 되었으며 이후로 자다르에는 베네치아 영향을 받은 수많은 건축물들이 세워지게 된다. 베네치아와 힘을 합쳐 자다르의 시민들은 오스만 터키의 세력 확장이 가속화되는 가운데 1571년 오스만 터키의 공격을 잘 막아냈으나, 신대륙 발견에 따른 베네치아 공국의 쇠퇴와 함께 오스만 터키의 공격을 막아내어 서유럽의 수호자로 등장한 오스트리아의 지배 하로 편입되게 된다. 실제, 신대륙 발견과 새로운 항로 개척은 아드리아해 해양 도시들의 중요성을 급격히 상실시켰으며, 이후 쇠퇴기를 맞이하게 된다. 근대로 넘어들어오면서 아드리아해의 해양 도시들의 중요성이 다시 한 번 부각되게 되는 데, 그러한 배경에는 400여 년간 발칸반도를 장악해 왔던 오스만 터키의 쇠퇴 속에, 오스트리아와 러시아 그리고 프랑스 등 세계열강들에게 있어 발칸반도의 지정학적 중요성이 보다 확대되고, 수에즈 운하의 개통 등으로 이들 해양 도시들의 군사 기지 및 보급 창고로서의 역할이 보다 확대되었기 때문이다.

이후 제 1차 세계대전이후 최초의 남슬라브족 통합 국가인 세르비아-크로아티아-슬로베니아 왕국과 이탈리아 간에 맺어진 '라팔로 조약(Treaty of Rapallo, 1920)'에 따라 이탈리아로 넘어간 자다르는, 제 2차 세계대전 당시 도시 건물의 75%가 파괴되는 아픔을 겪기도 했으나 이탈리아가 패전함에 따라 다시 사회주의 유고슬라비아 연방 하 6개 공화국 중 하나인 크로아티아 공화국으로 들어오게 되면서, 오늘날 대표적인 관광지로 부상하고 있는 중이다.

1543년 베네치아인들이 르네상스 양식으로 재건축한 동문을 지나 자다르의 구시가지를 따라 올라가다보면 가장 먼저 5개의 우물을 맞이하게 된다. 16세기 베네치아인들에 의해 만들어진 것으로 알려진 이 우물들은, 당시 오스만 터키의 발칸 전역 침공을 비롯한 아드리아 연안 도시들로의 공격에 대비하기 위해 세워진 것으로 알려져 있으며, 19세기 초까지 사용했었다. 베네치아인들이 만든 5개의 우물을 따라 위로 올라오다 보면, 나로드니 트르그(Narodni trg)로 불리는 '민족(인민) 광장'에 들어서게 된다. 자다르 구시가지의 중심지이자 카페촌이 펼쳐진 이곳에서는 제 2차 세계대전 당시 파괴를 겨우 면한 고대 로마 시절 형성된 로마 시민 광장인 포름(Forum)과 16세기 베네치아인들에 의해 지어진 다양한 건축물들을 볼 수 있다. 우선 광장 남부에 자리한 르네상스시기를 대변하는 건축물인 '시티 로지아(City Loggia/ Gradska loža)'를 볼 수 있는 데, 13세기에 지어진 건축물 위에 1565년 베네치아인들이 다시 재건축한 건물이다.

16세기 베네치아인들에 의해 세워진 방어탑 위에 자리한 19세기 시계탑

재건축된 이후로 이 건물은 '시 법원', '시의회 의사당' 그리고 '도서관' 등으로 활용되어져 온 곳으로, 오늘날에는 시에서 열리는 다양한 사진전이나 수준 높은 예술 작품 전시 등을 위한 전시장으로 활용되고 있다. 광장의 북쪽에 1562년 베네치아인들에 의해 지어진 후기 르네상스 스타일의 '도시 방어탑(City Guard/ Gradska straža)'가 자리하고 있다. 이 건축물위에는 19세기에 세워진 돌시계탑이 관광객들의 흥미를 끌고 있으며, 한때 국립 박물관의 다양하고도 귀중한 문화 인류 유물들을 전시했던 곳으로도 유명한 곳이다. 도시 방어탑 근처 성 로브레(St. Lawrence/ Sv. Lovre, 225~258) 카페 뒤로는 11세기에 지어진 로마네스크 이전 양식의 '성 로브레 교회'가 자리하고 있는 데, 비록 작고 단순한 형태를 취하고 있지만, 건축학적으로 매우 높은 평가를 받는 건물이다.

자다르에서 가장 많은 사랑과 관심을 받고 있는 교회 건축물로는 크로아티아에서 가장 큰 초기 로마네스크 이전 양식의 건축물인 '성 도나타(St. Donatus/ Sv. Donata, ?~811) 교회'를 들 수 있다. 당시 주교이자 행정관이었던 성 도나타가 8세기 후반부에 건축을 시작하여 9세기에 완성시켰으며, 초기 이 교회의 교회명은 '성삼위일체(Holy Trinity) 교회'였으나, 15세기에 그의 이름을 새겨 교회의 이름을 개명하게 되었다. 이 건축물의 역사학적 그리고 고고학적인 의미로는 외부의 둥그런 교회 건물 형태는 물론 내부의 건축 양식에 있어서 9세기 당시 비잔틴 제국의 달마티아 지역의 교회에 적용되어 왔던 건축 양식과 함께 당시 쓰이던 제단 및 여러 교회 건축물들을 그대로 확인할 수 있다는 점에서 역사적 가치가 존재한다 하겠다. 베네치아와 오스만 터키 지배 시절에는 무기고로도 사용되는 등 건물 훼손을 거듭해야 했지만, 오늘날에는 매년 열리는 '중세 르네상스 국제 음악 페스티발'을 위한 주요 콘서트 장으로써 대중들의 아낌없는 사랑을 받고 있는 곳이다.

자다르 대성당(Cathedral/ Katedrala)인 '성 아나스타시아(스토쉬아) 대성당(St. Anastasia/ Sv. Stošija 또는 Sv. Anastazija)'은 크로아티아 달마티아 지역에

로마 시민 광장인 포름의 흔적과 성 도나타 교회의 모습

서 가장 큰 교회로 알려져 있는 곳이다. 이 교회는 4~5세기 로마 제국 당시의 교회 터인 바실리카 유적지 위에 12~13세기 새롭게 로마네스크 양식으로 지어졌다. 교회의 명칭이 형성된 유래는 도나타 주교시기에 자다르 교구는 오늘날 스렘스카 미트로비짜 지역인 시르미아(Syrmia) 지방의 성자인 성 아나스타시아의 유해를 비잔틴 제국의 황제(Nikephoros I, 재위 802~811)로부터 받게 되면서 부터인 것으로 알려지고 있다. 이후 성 아나스티시아는 이 교회의 수호성인으로 자리하였으며, 오늘날까지 그의 유해는 교회 안 석관에 모셔져 있다. 역사속에서 성 아나스타시아 교회는 1202년 베네치아인들과 십자군들에 의해 포위가 되었을 때, 원형이 훼손될 정도로 많이 파괴되었으나, 이후 13세기에 걸쳐 재건되기도 했다. 역사적 가치가 큰 만큼 1177년 알렉산더 3세 교황(Alexander III, 1100/1105~1181, 재위 1159~1181)과 2003년 폴란드 출신의 요한 바오르 2세 교황(St, John Paul, 1920~2005, 재위 1978~2005)이 이곳을 방문한 것으로도 유명하다. 교회의 탑에서 바라보는 자다르 시가지와 아드리아해의 아름다운 바다는 관광객들의 많은 사랑을 받고 있다.

'성 시메온(St. Simeon/ Sv. Šimun) 교회'는 구세주를 목 놓아 기다리던 예루살렘의 시메온이 율법에 따라 첫 아들을 성전에 바치고 있던 요셉과 마리아에게서 아기 예수를 본 후 감격한 나머지 예수를 끌어안고 기쁨의 찬송을 부른 것으로 알려진 성 시메온의 손가락이 담긴 유품 보관함(Chest, 1377~1380 사이에 제조)이 있는 곳으로 유명한 곳이다. 삼나무 위에 250kg에 달하는 은과 금도금으로 새겨진 유품 보관함은 그 당시 금과 은 세공 기술을 확인할 수 있는 소중한 보물로 여겨지고 있으며, UNESCO에서 그 가치를 보존 중에 있다. 보관함을 떠받치고 있는 바로크 양식의 천사상은 당시 노획한 터키의 대포들을 가지고 만든 것으로 알려져 있다. 자다르 시민들이 성 시메온을 수호성인으로 여기게 된 배경에는 베네치아인들의 접촉과 함께하고 있다. 처음 성 시메온 유해는 시리아에 안착되었으나, 이후 565년과 568년 사이에 콘스탄티노플로 이전되었고, 이후 베네치아 상선의 도움을 받은 제 4차 십자군들이 콘스탄티노플을 공격하고 있던 1203년 이후론 베네치아인들에 의해 다시 한 번 베네치아로 옮겨져야만 했다. 성 시메온의 손가락 유품이 자다르에 들어오게 된 것에는 보스니아의 영주 스테판 2세

바닷물의 높낮이를 활용해 바다의 소리를 전달해주는 자다르의 명물, 바다오르간

(Stephen II/ Stjepan II, ?~1353, 재위 1322~1353)의 딸인 엘리자베스 여왕(Elizabeth, 1339~1387, 헝가리 여왕 1353~1382, 폴란드 여왕 1370~1382)이 1371년 자다르를 방문했을 때부터라고 알려져 있다. 유품 보관함에는 성 시메온의 행적들과 그녀의 남편이자 헝가리 정복왕 루이스 1세(Louis the Great, 1326~1382, 재위 헝가리와 크로아티아 왕 1342~1382, 폴란드 왕 1370~1382)가 자다르를 방문한 기록들, 그리고 그녀 아버지의 죽음을 지켜보는 그녀와 루이스 왕의 모습 등을 비롯해 당시의 여러 역사적 사건들이 새겨져 있다.

자다르 구시가지를 계속해서 이어가다 보면 아드리아의 에메랄드 바다와 함께 자다르의 명소중 하나인 바다 오르간에 다다르게 된다. 자다르의 바다 오르간의 비밀은 거대한 대리석 계단 아래 숨겨놓은 파이프들을 통해 바다 바람이 불거나 파도가 치면 다양한 음이 들리는 것으로 이곳을 방문하는 관광객들이라면 반드시 한 번씩 들르는 곳으로도 유명하다. 바다 오르간이 만들어지게 된 유래는 제 2차 세계대전이후 파괴된 자다르 도시를 급하게 재건함에 따른 안타까움에서 비롯된 것이었다. 아름다운 해안 산책로가 콘크리트로 덮이게 된 것을 안타까워하던 니콜라 발쉬치(Nikola Balšić, 1946~) 건축가는 새롭게 도시 해안을 디자인하는 책임을 맡게 되었고, 그의 주도 아래 2005년 4월 오늘날과 같은 아름다운 바다 오르간이 대중들에게 공개되었다. 이 바다 오르간은 비록 불규칙하게 밀려오는 바다 바람과 파도에도 불구하고, 일련의 조화로운 화음을 만들어 냄으로써 연인들은 물론 이곳을 방문하는 모든 이들에게 자연을 파괴하지 않으면서도, 자연과 인간 그리고 관광 산업이 어떻게 조화롭게 연결될 수 있는 지에 대해 깨우쳐 주고 있다 하겠다.

생각하기

## <동방견문록>의 마르코 폴로는 크로아티아의 달마티아 출신이랍니다.

우리에게 <동방견문록>이란 책의 저자로 잘 알려져 있는 마르코 폴로(Marko Polo, 1254~1324)는 크로아티아 아드리아해 달마티아 지역의 코르출라(Korčula) 섬에서 태어났다. 그는 어린 시절부터 베네치아의 유명한 무역 상인이었던 그의 아버

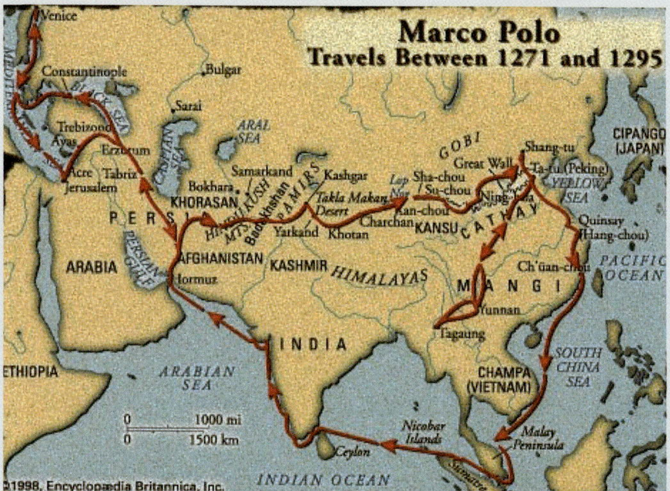

마르코 폴로의 동방 견문로와 그의 고향, 코르출라 섬

지 니콜라(Nikola)를 따라 세계 여러 지역에 대한 견문을 넓히곤 했다. 1271년 마침내 마르코 폴로는 17세의 나이로 그의 아버지와 함께 더 넓은 세계를 경험하기 위해 아시아 원정에 나서게 되었고, 힘든 여정 끝에 마침내 1275년 중국에 도착, 당시 몽고의 뒤를 잇는 원제국의 황제 쿠빌라이 칸(Kublai Khan, 1215~1294, 재위 1260~1294 )을 만나게 된다.

그곳에서 중국의 문화와 새로운 세계를 경험한 마르코 폴로는 1292년 고향으로 돌아 왔다. 하지만 그는 한때 베네치아와 더불어 동방 무역을 경쟁하였던 이탈리아 북부의 제노바(Genoa) 공국과의 코르출라 섬 인근 해전에서 포로로 잡히어, 1298년부터 약 1년간 감옥에 투옥되게 된다. 포로 생활 동안 그는, 여행 도중 중국과 아시아에서 겪었던 여러 모험과 처음 접하였던 신기한 문화상들을 정리할 수 있었고, 그의 경험담은 소설가 루스티겔로(Rustichello da Pisa)에 의해 <세계의 서술, Description of the World/ Divisament dou monde>이란 제목으로 세상에 알려졌다. 초기 라틴어로 써진 이 작품은 훗날 <밀리언, The Million/ Milione> 외에 여러 제목으로 그리고 유럽 내 다양한 언어들로 출간되게 된다.

출간 초기 비웃음을 받아야 했던 그의 책들은 이후 16세기 이후로 유럽이 신대륙 발견과 아시아로의 동방원정을 떠나는 데 있어 주요한 동기를 제공해 주게 된다. 이후 이 책들은 국내에 <동방견문록>이란 이름으로 우리에게 소개되었고, 유럽에 아시아를 최초로 소개한 책으로 그 역사적 의미를 지니게 되었다.

### 6) 중부 달마티아 지방

중부 달마티아를 대표하는 강인 크르크 강은 총 길이 72km 중에서 2/3는, 100~200m 높이의 수직적이거나 완만한 비탈을 가진 깊은 협곡으로 구성 되어있다. 크르크 강은 플리트비츠 호수의 장벽과 같은 방법으로 형성된 7개의 들쭉날쭉한 석회석 장벽을 따라 넘쳐흐른다. 대부분의 장벽은, 자연 저장 호수라는 특징을 지니고 있으며, 마지막 두 장벽, 스카다른스키와 로쉬키(Roški) 폭포 사이에는 여러 개의 작은 섬, 비소바쯔(Visovac) 고대 수도원 그리고 작은 초록 진주 같은 13km의 긴 호수가 유명하다.

생각하기

## 달마시안의 고향이 바로 이곳?

진도 개는 대한민국의 진도가 고향이듯 영화 '101마리의 달마시안'에서 주인공으로 나오는 점박이 개의 고향은 바로 이곳 크로아티아의 달마티아 지방이다. 달마티아(현지어로는 달마찌야 Dalmacija) 지방은 아드리아해를 따라 크로아티아의 해안선을 길게 형성하고 있으며, 해안지대와 내륙지대 사이를 가르는 험준한 산악지대로 인해 근대 시대 이전까지만 해도 양 지역 간 교류가 그리 활발하지 못하였었다. 따라서 해안지대는 베네치아 공국 등 이탈리아의 영향력 하에서 그 문화적 영향을 받았고, 내륙지역은 남슬라브, 게르만, 헝가리 그리고 터키의 문화와 영향력 하에 오랫동안 놓여있었다. 특히 스플리트를 비롯한 중부 달마티아 지방이 고향인 달마시안은 근대 이후로 그 독특한 생김새와 우아함으로 인해 유럽인들의 사랑을 독차지하게 되었으며, 특히 영국과 프랑스 등 귀족 사회의 주요 애완견으로 자리를 잡게 된다. 현재 크로아티아에선 달마시안의 순수 혈통을 보존하기 위해 매년 달마시안 경연대회를 개최하고 있으며, 우수 달마시안을 뽑는 이 대회를 통해 순수 달마시안임을 입증하는 혈통보증서를 나누어주고 있다.

협곡을 따라 남쪽으로 내려가다 보면 해안에 넓게 펼쳐져 있는 벨레비트 산을 만나게 된다. 벨레비트 산의 가장 아름다운 장관은 마카르스카 해안 지역으로 이 해안 지역에선 수직적인 바위로 이루어진 내륙지방이 파도에 의해 조금씩 깎여나가는 장관을 볼 수가 있다.

중부 달마티아의 거의 모든 섬들은 아름다운 경치 뿐 아니라 신비로운 자연현상도 지니고 있다. 브라츠(Brač) 섬에서는, '황금빛 전쟁'이라는 의미의 즐라트니 라트(Zlatni rat) 해변이 있고, 이 해변의 이름처럼 바람과 조류에 따라 움직이는 모래의 움직임과 반짝임이 매우 유명하다. 흐바르(Hvar) 항은 숲이 우거진 파클레니(Pakleni) 섬에 보호되고 있다. 또한 비스(Vis) 섬의 남부해안에는 이웃한 섬인 비세보(Biševo)섬이 모드라(Modra) 동굴의 빛과 색상의 현란한 조화로 유명한 반면, 스티비나(Stivina)라는 로맨틱한 해안 절벽이 있다. 좀 더 대양으로 나가면, 화산활동에 의한 두 개의 작은 섬을 볼 수 있는데, 브루스니크(Brusnik) 섬과 야부카(Jabuka)섬이 그것이다. 그 밖의 다른 섬들은 퇴적암, 석회암, 백운암 등으로 되어있다.

(1) 스플리트(Split)

달마티아 중심부에 위치한 스플리트는 크로아티아 아드리아 해안 도시 가운데 가장 큰 도시이자 크로아티아의 두 번째 도시로, 4세기 경 로마황제 디오클레티아누스(Diocletian, 245~311, 재위 284~305)가 자신의 병 치료와 은퇴를 위해 궁전을 건축한 이후로 번성한 곳이다. 오랜 질병으로 고생하였던 디오클레티아누스는 본래 로마 제국 당시 달마티아 지방의 행정수도이자 자신의 고향이기도 했던 살로나(Salona, Salon, 오늘날 Solin으로 추측)에서 5km 떨어진 이곳 스플리트에 새로운 궁전을 지을 것을 계획하게 된다. 이후 그는 사후에 황제 권을 넘겨주었던 다른 로마 황제들과 달리, 305년 5월 황제를 스스로 사임한 후 311년 사망할 때 까지 스플리트의 '디오클레티아누스 궁전(Diocletian's Palace/ Dioklecijanova palača)'에 들어가 여생을 마감하였다.

마르얀 언덕에서 내려다 본 스플리트 시의 전경

스플리트의 디오클레티아누스 궁전

이 도시에는 17세기에 지어진 해양 박물관이 유명하며, 이곳에는 많은 지도, 사진, 조형물, 축소된 모형 등이 전시되어 있다. 이외에도 세계적으로 유명한 이반 메스트로비치 미술관에는 크로아티아 최고의 현대 조각가 작품들이 잘 전시되어 있다. 하지만 무엇보다도 스플리트를 세계적 관광 도시로 인정하게 해준 것은 세계에서 가장 유명한 로마 유적 중 하나이자 UNESCO 지정지(1979년 지정)인 '디오클레티아누스의 궁전'이라 할 수 있다. 로마 제국의 붕괴와 슬라브족의 침략 당시 피난민들의 피난처로 활용된 후로 중세와 근대시기까지 한동안 폐허로 남아

디오클레티아누스 궁전의 상상 조감도

있었던 이 궁전은 18세기에 들어와 프랑스 등 서유럽 역사학자, 건축학자, 그리고 고고학자들에 의해 관심이 집중되다가 20세기 이후로 세계적으로도 현존하고 있는 유명 로마 건축물중 하나로 높은 찬사를 받게 되었다. 오늘날 가장 잘 보존되어 있는 로마 궁궐이라는 찬사와 함께, 아름다운 아드리아 해안에 자리 잡은 위치 탓에 수많은 관광객들의 사랑을 받고 있는 곳이기도 하다. 또한 당시 로마 제국의 대규모 건축술을 보여주는 대표적인 사례라 할 수 있는 이 궁전 내부에는 성의 현관, 성내 열주 기둥이 있는 광장, 주피터 궁전, 디오클레티아누스의 묘, 여러 성당 등이 이곳에 잔존해 있어 관광객들의 눈길을 끌고 있다.

인근 브라츠 섬 등에서 가져 온 것으로 추정되는 질 좋은 대리석과 하얀 석회암으로 지어진 디오클레티아누스 궁전은 295년 건축이 시작되어 305년 디오클레티아누스가 황제에서 물러날 때를 맞추어 완공되었으며, 그 당시 약 9,000여명의 사람들이 성내에 거주하였던 것으로 추측되고 있다. 전해지는 자료들에 의하자면, 건설 초기 궁전 성벽의 한쪽은 약 215m, 다른 한쪽은 180m로 거의 직사각형 모양의 형태를 띠었으며(오늘날 190m×160m), 4개의 성문과 16개의 탑이 있었지만, 현재는 3개의 탑만이 보존되어 남아 있다. 궁전의 벽 중 한 면은 바다를 향하도록 되어 있었고, 바닷가와 접한 성문 밖에는 작은 항구들이 만들어져 수시로 여러 선박들이 정박할 수 있도록 설계되어 있었다. 따라서 파도와 폭풍을 고려해 바닷가 쪽 벽의 두께는 2미터, 높이는 22미터로 내륙 지역의 두께와 높이보다 다소 높게 설계되었던 것으로 보인다. 현재는 여러 차례의 보수와 산책로 개발에 따라 궁전 성벽까지 파도가 밀려오지는 않고 있다. 고대 로마 시대의 궁전 건축물 중 가장 크고 가장 잘 보존된 것으로 평가받고 있는 디오클레티아누스 궁전은 건축 양식에 있어서도 그리스 양식과 비잔틴 양식이 반씩 섞인 당시 건축술에 있어서 다소 과도기적인 양식을 대표하는 건축물이라 할 수 있다. 궁전 안에는 이집트 파라오(Thutmose III, BC 1481~BC 1425, 재위 BC 1479~BC 1425)의 궁전에서 가져 온 3,500년 된 스핑크스들이 자리하고 있는 데, 수 많은 스핑크스 중에 오늘날에는 단지 3개만이 남아, 그 중 하나는 열주로 둘러싸인 궁전 안마당(Peristyle)에, 머리가 없는 다른 하나는 주피터 신전(Temple of Jupiter) 앞에, 또 다른 하나는 도시 박물관에 자리해 있다. 정사각형에 가깝게 설계된 궁전 안에는 각 성문에서부터 이어진 4개의 길이 정 중앙에서 만나도록 설계되어 있으며, 중앙까지 오는 길마다 거대한 성 기둥들이 웅장한 자태로 늘어서 있다. 성은 남북으로 이어진 로마 도로(Cardo)를 따라 두 개의 파트로 나누어져 있는 데, 북쪽 성벽 끝에는 당시 노예와 하인 그리고 성 수비대를 위한 숙소들이 있었던 것으로 추정되며, 남쪽 성벽 끝에는 웅장한 아치형태의 황실 거처와 여러 집무실들이 자리했던 것으로 보인다.

궁전의 여러 유적 중 현재까지 남아 있는 가장 대표적인 것들로는 653년 대성당으로 탈바꿈한 디오클레티아누스의 묘를 들 수 있는 데, 성당 안에는 당대와 이후를 대표할 만한 다양한 프레스코 벽화들과 함께, 대리석 설교단 그리고 로마네스크 양식의 다양한 조각물들이 자리하고 있다. 로마 제국에서 크리스트교를 박해했던 마지막 황제인 디오클레티아누스는 전통적인 로마 신전 건축에도 많은 관심을 보였고, 그의 궁전 안에 주피터 신전을 세우기도 하였다. 하지만, 뒤를 이은 콘스탄티누스에 의해 크리스트교가 공인되고, 이후 제국 말기에 국교로 인정되게 되자, 주피터 신전은 이후 크리스트교 신자들의 세례 장소로 변경되었으며, 14세기 이후로는 로마네스크 양식의 종탑이 추가로 건설되게 된다.

(2) 쉬베니크(Šibenik)

아드리아해의 달마티아 연안 지역들은 고대 그리스와 일리리아인, 로마 제국의 영향력 하에 있었던 지역으로 거의 대부분의 해양 도시들의 이들 민족들에 의해 지어진 것이다. 이중에서 크르크(Krk) 강이 아드리아해로 이어지는 곳에 자리한 쉬베니크는 거의 유일하게 크로아티아인들에 의해 지어진 해양도시라 할 수 있다. 여러 역사적 유물에 따라 6~7세기 크로아티아인들이 이곳에 정착하기 이전 이미 여러 고대인들이 거주해 있었던 흔적들을 확인할 수 있으며, 이 도시가 실질적으로 발전하게 된 배경은 1066년 크로아티아의 왕이자 가장 큰 영토를 차지하였던 페타르 크레쉬미르 4세(Petar Krešimir IV, ?~1074/5, 재위 1059~1074/5) 시기부터라 할 수 있다. 이러한 이유로 통상 쉬베니크는 '크레쉬미르 도시'로 알려지고도 있다. 중세 시기 자다르는 비잔틴 제국의 지배에 이어 베네치아, 헝가리, 보스니아 왕국 등 주변의 여러 나라들에 의해 지배를 받게 된다. 오랫동안 이곳을 지배해 왔던 베네치아 공국은 1797년 이 도시를 합스부르크 제국에게 양도

쉬베니크에 자리한 성 야고보 대성당 전경과 성당 건축에 공헌한 유라이 달마티나쯔 조각

해야만 했었고, 이후 제 1차 세계대전 이후에는 라팔로 협약에 따라 1921년 이탈리아로 넘어가게 된다. 이후 제 2차 세계대전을 거치면서 사회주의 유고슬라비아 연방 하로 편입되었고, 크로아티아 공화국의 독립에 맞추어 크로아티아 영토 중 하나로 남게 되었다.

이음새가 없는 천정공법으로 1298년 계획되어 1402년에 완공되는 등 약 100년에 걸쳐 지은 것으로 유명한 '성 야고보(St. James/ Sv. Jakovo) 대성당'은 르네상스 양식의 대표적인 건축물로 자다르 대성당(Cathedral/ Katedrala)이자 UNESCO 지정지(2000)이기도 하다. 1431년에 들어와서는 아드리아해의 대리석 원산지로 유명한 브라츠(Brač)섬에서 가져 온 아름다운 대리석으로 르네상스 양식에 맞추어 새롭게 리모델링하여 완성시키게 된다. 인간들의 삶이 고스란히 담긴 조각상 88개로 유명하며 고딕 양식과 르네상스 양식이 조화로움을 지니고 이어져 있음. 성당 안에는 베네치아의 지배하에 있던 자다르 출생의 세계적으로 유명한 조각가인 유라이 달마티나쯔(Juraj Dalmatinac, 1410~1475/ Giorgio da Sebenico)에 의해 15세기 중엽 만들어진 '성수대'가 그 아름다운 조각과 함께 중요 볼거리 중 하나를 제공하고 있다. 이 외에도 교회 안에는 15세기 중엽 유라이 출리노비취(Juraj

Čulinovič/ Giorgio Schiavone)가 제작한 성 십자가 제단을 비롯해 수많은 역사적 유물들이 관람객들의 탄성을 자아내게 하고 있다.

쉬베니크 항구 입구에 자리한 '성 니콜라 요새(St. Nicholas Fortress/ Tvrđava Sv. Nokole)'는 동부 아드리아해 연안에 자리한 크로아티아에서 가장 오래된 요새중 하나로, 건축 당시 32개의 포문이 자리한 것으로 알려진 이 요새는 터키의 공격에 대비하기 위하여 1540~1547년 사이에 건축된 것으로 알려져 있다.

(3) 트로기르(Trogir)

스플리트에서 서쪽으로 약 40분, 27km에 자리한 트로기르(옛 지명 Trau)는 육지와 치오보(Čiovo) 섬 사이를 돌다리로 잇는 작은 섬마을로, 약 2,300년에 걸쳐 형성된 고대 그리스, 로마 제국 그리고 베네치아 공국의 문화와 유물을 한 곳에 모아둔 역사적 보고로 알려진 곳이다. 발칸의 작은 베네치아로 불리는 트로기르는 주변 시권역 인구를 다 합쳐도 인구 1만 3천여 명(2013)에 불과한 작은 도시지만, 1997년 도시 전체가 UNESCO 지정지가 될 정도로 골목 곳곳에 여전히 사람의 숨결이 살아 숨 쉬는 곳이자 중세의 모든 추억을 그대로 담아내고 있는 곳이기도 하다. 도시명의 기원이 그리스어로 숫염소를 뜻하는 'Tragos'에서 유래했듯이, BC 3세기, 그리스인들에 의해 건설된 이 도시는 건설 초기 고대 그리스의 격자 계획(Hippodamian)에 따른 도시내 도로들을 통해 고대 헬레니즘 시대의 역사적 흔적을 확인할 수 있으며, 로마 시대 당시의 무덤들 및 여러 유물들이 발굴된 곳이기도 하다. 실제, 트로기르는 UNESCO 보고서에서 밝히고 있는 것처럼 그 장기간의 역사성과 함께 건축 양식에 있어서도 로마네스크 교회와 르네상스, 고딕, 바로크 양식 등이 아드리아해는 물론 중부유럽 전역을 걸쳐서 가장 잘 절묘하게 조화를 이루고 있는 도시로도 유명한 곳이다.

BC 3세기, 인근 비스(Vis)섬에 정착한 그리스인들에 의해 최초로 도시 건설이 이루어진 트로기르는 로마 제국 당시에는 주요 항구로 발전하게 되면서 지정학적 중요성이 부각되기도 했다. 6~7세기, 남슬라브족의 침략이 확대되는 상황 속에서 도시 인근의 오늘날 현존하지 않은 고대 도시인 살로나(Salona)가 남슬라브족 일파인 크로아티아인들에게 파괴당하고 이 지역의 피난민들이 이곳으로 몰려들어오게 되면서 아드리아 해안 지역에서의 트로기르의 상대적 중요성은 보다 커지게 되었다. 트로기르는 1123년 이슬람의 사라센 제국에 의해 철저히 파괴되었지만, 이후 12~13세기에 걸쳐 해양 무역의 요충지로서 번영을 회복한 후 다시 재건되었고, 13~14세기에 들어와서는 중세 크로아티아 12개 귀족 가문들 중 하나였던 슈비치(Šubić) 가문의 통치하에서 다시 번영을 구가하기도 했다. 14세기말 제노아 공국과 베네치아 공국은 콘스탄티노플로부터 유럽으로 이어지는 해상 무역권을 둘러싸고 기나긴 전투(1378~1381)를 치르게 되는데, 이 전투에서 베네치아가 승리함에 따라, 트로기르는 베네치아의 영향력 하로 편입되게 된다. 이후 1420년부터 1797년까지 트로기르는 베네치아의 기나긴 통치 하에서 베네치아의 다양한 문화적 영향 아래 성장할 수 있었다. 합스부르크 제국은 1797년 베네치아 공국의 쇠퇴를 틈타 트로기르를 제국의 영토 하로 편입시켰고, 이때 이후로 제1차 세계 대전이 종결되는 1918년까지 오스트리아와 헝가리의 문화권의 영향을 받기도 했다.

17세기에 건축된 작지만 세월의 흔적이 묻은 도시의 북문(City Gate)과 그 위에 자리한 트로기르 수호성인인 성 이반 오르시니(St. Ivan Orsini) 안으로 들어오면 시계탑과 민족 광장(인민 광장 Narodni trg, 이바나 파블로 광장)의 카페촌들이 우리를 반겨주고 있다. 1111년 트로기르의 주교였던 이반 오르시니는 트로기를 지배하고 있던 크로아티아 중세 왕국이 후계자 부재로 무너지자, 1102년 이후로 크로아티아 전역을 통치하게 된 헝가리 아르파드 왕조의 칼만(Kálmán/ Koloman, 1074~1116, 재위 1095~1116) 왕에게 도시를 열어 투항할 것을 권고함으로써 헝가리의 침략을 지혜롭게 막아낸 것으로 알려진 인물이다.

트로기르의 성 로브렌 대성당 안의 경건한 모습

시계탑 맞은편에는 트로기르 대성당인

'성 로브레(St. Lawrence/ Sv. Lovre) 대성당'이 자리하고 있는데, 이 성당은 13세기 이후로 약 400년간에 걸쳐 지어짐에 따라 다양한 건축 양식들이 돋보이는 곳으로도 유명한 곳이다. 성 로브레 대성당 종탑에서 전체 자다르의 풍경을 보는 것은 또 다른 재미를 제공하고 있는데, 이 종탑은 4각형 모양의 3층 종탑으로 고딕 양식과 17세기 르네상스 양식 등 다양한 양식에 따라 만들어졌다. 대성당의 서쪽 입구에는 1240년 달마치아 예술가인 라도반(Radovan)에 의해 완성된 아름답고도 섬세한 조각들과 함께, 베네치아 공국의 상징물인 사자상 위에 귀엽게 조각된 아담과 이브의 나체상이 관광객들의 눈길을 끌고 있다. 광장 안에는 시청사 건물과 13세기 당시 이 도시의 귀족 저택들이 자리하고 있는데, 광장 사이로 뻗은 좁은 중세 골목길을 따라 걸어가다 보면 어느 도시들과 달리 때 묻지 않는 순수함이 느낄 수 있으며, 좁은 골목길 위로 숨겨진 하늘의 구름을 따라 잔잔한 미소를 띠게 해주는 곳이라 할 수 있다. 골목길을 지나 바다로 뻗은 시게이트(Sea Gate)를 지나 나오면 아드리아해의 아름다운 바다 냄새와 함께 건너편 치오보 섬이 눈에 들어온다.

이어 해안가 야자수 나무들을 따라 '카메를렌고 요새(Gradina Kamerlengo)'를 향해 걸어가다 보면, '성 도미니코(St. Dominic) 성당'을 뒤로 하고 소박하고 검소해 보

카메를렌고 요새로 향하는 야자수 해안길과 카페촌의 모습

이는 요새를 만나게 된다. 요새의 어원은 중세 베네치아의 행정 관료를 의미하는 'Camerlengo(Chamberlain)'란 뜻에서 유래하였다. 14세기 중엽에 세워진 방어탑을 확장하여 15세기 중엽에 베네치아인들에 의해 건설된 카메를렌고 요새는 현재 트로기르의 야외 예술 축제장과 극장의 역할을 하고 있으며, 요새 위에서 도시와 이를 감싸는 해안가의 노을을 감상하는 것도 마음의 편안함을 선사하고 있다.

### 7) 남부 달마티아 지방

달마티아 지역의 강중에서, 네레트바 강은 크로아티아 내륙 지역을 지나고 있다. 달마티아의 여러 강들과는 대조적으로 네레트바 강은 퇴적작용이 빙하기 이후의 해수면 상승보다 빨리 일어났다는 특징을 지니고 있으며, 이러한 현상에 따라 희귀한 충적토의 경관과, 꼭대기가 석회암으로 이루어진 늪지대, 그리고 작은 섬 모양의 형태를 한 잔여물들을 보여주고 있다. 이 지역의 동물 중 특히 조류에게 있어 네레트바의 저지대는 크로아티아의 해안에 있는 여러 강들 중 가장 중요한 서식지를 제공하고 있다. 또한 말로스톤스키(Malostonski)만에서는 네레트바 강의 계속된 간만의 차 때문에 그 풍부하고 특별한 바다 생물이 서식하고 있다. 따라서 그 경치와 생물학적 가치로 인해 이 지역은 국립공원으로 지정되어 있다.

특히, 두브로브니크로 향하는 북쪽 방향의 수목원은 그 형태가 1502년에서 유래한 크로아티아 건축 조경의 가장 오래된 예를 제공하고 있다. 수목의 그 다양한 종류 때문에 많은 전문가들뿐만 아니라 관광객들의 이 지역에 대한 관심이 매우 높으며, 상징적으로 이 수목원의 입구에는 두 그루의 거대한 나무가 있는데, 그중 큰 나무의 둘레는 12m나 됨으로써 관광객들의 눈길을 끌고 있다.

(1) 두브로브니크(Dubrovnik)

발칸반도에 있는 크리스트교 전통의 중세 도시인 두브로브니크(약 4만 3천명 인구 상주)는 천혜의 아름다운 관광지인 아드리아해를 끼고 있으며, '아드리아해의 진주'란 별명을 지니고 있다. 중세 도시의 특징을 고스란히 간직하고 있는 두브로브니크의 매력은 대리석이 깔린 광장, 경사가 가파른 골목길, 중세 수도원과

아드리아해의 진주, 두브로브니크

교회 외에도 잘 보존된 성 내외부와 쾌적한 기후 그리고 푸른 숲이 한데 어우러져 아름다운 장관을 만들어내고 있다는 점이다. 또한 참나무숲을 의미하는 '두브라바(Dubrava)'에서 유래한 두브로브니크는 구시가지 전체가 UNESCO에 지정(1979년 지정/ 1994년 범위 확장)된 역사의 보물 창고라 할 수 있다. 유럽에서 가장 먼저 노예제도를 폐지했던 두브로브니크는 내전 당시 유럽의 지식인들이 모여 인간 방어벽을 설치한 곳으로도 유명한 곳이다. 주요 문으로는 서문인 필레 게이트(Pile Gate, 고대 그리스어로 Pile는 Gate란 뜻을 지님), 플로차(Ploča) 게이트(동문), 부쟈(Buža, '구멍'이란 뜻) 게이트(북문) 등이 있으며, 세로 11개, 가로 14개의 골목길들이 중세의 멋스러움을 안겨주고 있다. 이중 300미터의 길이로 성내를 가로지르는 주요 도로인 플라차(Placa) 거리(거리란 뜻의 스트라둔 Stradun으로도 불림)는 원래 해협이었으나, 17세기에 돌로 메워서 길을 만든 곳으로, 당시 이 길을 만들기 위해 도시 통행세를 대리석 돌로 받았던 것으로 알려져 있다.

시인 바이런이 '아드리아해의 진주'라 칭송했던 이곳은 중세 고성과 그 형태를 가장 잘 유지하고 있는 유명한 관광지로 세계에 알려져 있으며, 따라서 연일 세계의 주요 관광객들이 이곳을 찾고 있다. 더불어, 아드리아 해안에 자리한 크리스트교 전통의 중세 도시인 두브로브니크는 아일랜드의 극작가이자 소설가로 1925년 노벨 문학상을 수여받은 버나드 쇼(George Bernard Shaw, 1856~1950)가 1929년 이곳을 방문한 후 그 아름다움에 감탄해 "만약 지상의 낙원을 보고 싶다면 두브로브니크로 오라!("If you want to see heaven on earth, come to Dubrovnik!")"고 극찬했을 정도로 세계적인 관광지이자 역사적 유산이라 할 수 있다.

아직까지도 성내에 거주민들이 생활하면서 중세 도시의 특징을 고스란히 간직하고 있는 두브로브니크는 1979년 도시 전체가 UNESCO에 의해 세계 문화유산으로 지정되면서 세계인의 많은 관심을 받게 된다. 중세 시절 '라구사(Ragusa) 공국'으로 불렸던 두브로브니크는 아시아와 유럽을 잇는 중요한 도시로써 급성장하였으며, 당시 거두어들인 부를 활용해 주변 지역들로의 계속된 영토 확장을 추진하여, 15~16세기에는 베네치아와 어깨를 견줄 수 있는 '해양 무역 공국(Maritime Republic)'으로 발전할 수 있었다.

역사 기록에 따르자면, 아드리아 해의 작은 돌섬에 불과하였던 두브로브니크는 7세기 슬라브족의 침공을 피해 달아난 로마 시민들의 피난처로 처음 알려졌고, 도시 내 성벽 일부 등 여러 유물과 역사적 흔적에 따라, 8세기 이후로 한동안 동로마 제국의 영향 하에서 초기 문화와 도시의 발전을 진행해 갔음을 확인할 수 있다. 최근 연구에 따르자면 이 도시의 역사는 더 거슬러 올라가, 몬테네그로의 부드바(Budva) 그리고 마르코 폴로의 고향인 크로아티아의 코르출라와 함께 고대 그리스인들의 해양 도시였음이 주장되고 있다.

십자군 전쟁이후 1205년부터 1358년까지 베네치아 공국의 영토 하로 편입된 두브로브니크는 이후 한동안 헝가리 영향력 하로 들어갔다가, 15세기 이후로는 베네치아 공국 등 이탈리아의 다른 해양 공국들과 견줄 만큼 그 세력이 확대되게 된다. 이후로도 한동안 서유럽 국가들과 오스만 터키 사이에서 아시아와 유럽을 잇는 중개 무역을 통해 부를 축적해 나갔지만, 16세기 이후로 확대된 신대륙 발견과 새로운 항로 개발, 특히 1667년 대규모 지진으로 인해 인구의 1/5이 사망하고 도시 대부분이 파괴되면서 무역 도시로써의 명성이 점차 쇠퇴하게 되었다. 이후, 20세기 중

두브로브니크 성의 안과 밖의 전경

반에 들어와 유럽의 대표적 관광지 중 하나로 부상하게 된 두브로브니크는 아름다운 자연과 함께 중세의 웅장한 건축물들을 보존한 채 점차 그 명성을 다시 한 번 확대시켜 갈 수 있었다. 하지만, 1991년 사회주의 유고슬라비아 연방의 붕괴 과정 속에서 발생한 약 7개월 간의 세르비아군 포위와 포격으로 인해 도시 건물의 약 56%가 피해를 입는 아픈 역사를 지니고 있기도 하다. 이후 UNESCO와 여러 국제적 기관들의 지원에 따라 2005년 거의 모든 파괴의 흔적들이 완전히 치유되었으며, 오늘날 두브로브니크는 세계적인 여러 관광 협회들에서 모두 인정하는 21세기 세계 최고 관광지 중 하나로 다시 한번 급부상하고 있다.

무엇보다도 두브로브니크의 매력은 중세의 여러 유적물들이 자연과 함께 그대로 살아 숨쉬고 있다는 점이다. 우윳빛 대리석이 깔린 광장과 중앙 도로, 경사가 가파른 골목길, 중세 수도원과 교회 외에도 잘 보존된 중세 고성의 내외부와 지중해의 쾌적한 기후 그리고 푸른 숲이 한데 어우러져 아름다운 장관을 만들어내고 있다. 이와 함께 1949년 이래로 매년 여름 45일간(7월 10일~8월 25일)에 걸쳐 열리고 있는 '두브로브니크 여름 축제(Dubrovnik Summer Festival/ Dubrovačke ljetne igre)'에선 세계적 수준의 클래식 연주회, 다양한 연극과 오페라 그리고 크로아티아 전통 민속 무용 등이 아름다운 에메랄드빛의 자연 환경과 중세 건축물

루자 광장에 자리한 스폰자 궁전과 두브로브니크의 랜드 마크인 시의 종탑

과 잘 어울리며 관광객들에게 즐거움과 함께 두브로브니크의 매력을 보다 느끼게 하고 있다.

두브로브니크 성 내부의 대표적인 역사 관광지로는 '성 블라이세 교회(St. Blaise Church/ Crkva Svetoga Vlaha)'와 여러 중세 수도원, 중세 시대의 약국 및 도시를 감싸고 있는 웅장한 성벽을 들 수 있다. 특히, 성 블라이세(St. Blaise/ Sveti Vlaho, ?~316)를 수호성인으로 하고 있는 두브로브니크 성의 '루자 광장(Luza Square/ Trg Luže)'에는 18세기 아름다운 이탈리아 바로크 풍의 '성 블라이세 교회'가 자리하고 있다. 루자 광장에는 또한 1418년 조각된 '기사 올란도 기둥(Orlando Column/ Orlandov stup, 프랑스어로 롤랑(Roland))'이 세워져 있는 데, 두브로브니크가 자유 도시를 선포한 이후 도시의 수호 기사로 유명해진 곳이기도 하다. 기사의 오른쪽 팔꿈치의 길이는 당시 라구사 공국의 기준 척도이자 길이 단위인 1엘(El, 51.1cm)과 동일하였다고 알려진다. 그래서인지 사람들은 이 팔뚝을 '두브로브니크의 팔뚝'이라 부르기도 한다. 성 블라이세 교회 맞은편에 자리한 '스폰자 궁전(Sponza Palace/ Palača Sponza)'은 1516년에서 1522년 사이에 건축된 것으로, 용어의 기원은 과거 이 궁전 자리가 빗물이 모아지던 장소를 의미한 라틴어(Spongja/'스펀지'란 뜻을 지님)에서 유래하였다. 처음 지어진 이후로 세관, 보세 창고, 병기고, 재무국, 조폐국, 은행 그리고 학교 등 공공 기관의 다양한 용도로 사용되어져 왔던 이 건물은 16세기 공국 시절엔 문학 아카데미로써 공국의 문화 센터와 같은 역할도 수행했으며, 오늘날에는 전시장을 겸한 '역사기록보관소

(Sponza Historic Archives/ Sponza povijesni arhiv)' 역할을 수행하고 있다. 그리고 윗부분이 왕관 모양으로 되어 있고, 그 밑 아치형 안으로 종이 놓여 있는 기다란 '시의 종탑(City's Bell Tower/ Gradski zvonik)'은 두브로브니크 구 시가지를 대표하는 랜드 마크라 할 수 있다.

또한 이곳을 찾는 이들의 많은 사랑을 받는 건물로는 '프란체스코 수도원(Franjevački samostan muzej)'을 들 수 있는데, '큰 오노프리우스 분수(Velika Onofrijeva fontana)' 맞은편에 자리하고 있다. 이곳엔 1317년 설립된 유럽에서 세 번째로 오래된 약국이 자리하고 있으며, 오래된 약국들 중에서 오늘날까지 운영 중인 유일한 약국으로도 유명하다. 현재까지도 허브와 여러 다양한 약초들을 이용한 전통방식의 약들이 제조되고 있으며, 수도원 내부에는 60개의 기둥이 건축물의 아름다움을 더욱 높이고 있다. 그 옆으로는 1528년에 완공된 후 1667년 두브로브니크 대지진에도 무너지지 않고 그대로 보존되어 문화적 가치가 매우 높은 '성 세이비어 교회(St Saviour Church/ Crkva Svetog Spasa)'와 더불어 고딕 양식과 로마네스크 그리고 르네상스 양식 등이 절묘하게 결합 된 다양한 중세 건축물들이 관광객들의 시선을 끌고 있기도 하다. 또한 1440년 완공된 '큰 오노프리우스 분수'는 해발 106m 높이에 자리한 상수원의 고도를 이용하여, 약 11.7km에 걸친 상수도관을 통해 신선한 물을 공급해줌으로써 성안 사람들의 보다 풍족한 삶의 질을 유지할 수 있게 해준 곳으로 유명하다. 이 우물은 중앙에 커다란 돔 모양의 석조물 아래 16면에 다양한 인물상이 담긴 장식들이 존재하였지만, 17세기 대지진으로 현재 일부 인물상들만이 남아있고, 현재까지도 식수로 사용 중에 있다. 이곳은 성 서편의 주요한 만남의 장소 역할을 하고 있는 곳이기도 하다.

이와 함께 두브로브니크의 웅장한 성벽 또한 즐거운 볼거리를 제공하고 있는데, 비잔틴 제국에 의해 기초가 세워졌던 두브로브니크 성벽은 13세기에서 16세기 사이에 건설되었으며 아직도 원상 그대로 보존 되어 있어 관광객들의 찬사를 받고 있는 곳이기 하다. 일부 논쟁의 여지는 있지만 중세 때 지어져 오늘날까지 보존된 유럽 최고의 성벽중 하나로 평가받고 있다. 성벽의 길이는 약 1,940m에 달하고 있는 데, 15세기 오스만 터키의 침략에 대비하여 기존 성곽의 두께와 높이가 보강된 결과 오늘날 성벽은 높이 25m, 벽의 두께는 육지 쪽이 최고 6m, 해안 쪽이 1.5~3m에 달하는 거대 구조물로 변모하게 된다. 성의 내벽은 총 3개의 둥그런 요새와 14개의 사각형 타워, 5개의 보루가 자리하고 있으며, 120개의 포문이 설치되어 성을 보호해 주고 있었다. 특히 도시 내부 쪽 가장 높은 전망 탑에서 바라보는 아드리아해와 성 내외부의 전망은 매우 아름다우며, 성벽을 따라 걷는 것은 두브로브니크 방문 최고의 추억이 될 것이다.

### 8) 동부 크로아티아 지역

동부 크로아티아는 파노니아 평원의 국경 지대에 해당한다. 이곳의 주요 특징은 참나무 숲의 저지대이며 풍부한 동물 군을 따라 사바, 드라바 그리고 다뉴브 강, 하천의 늪지대가 있다는 점이다. 고생대 조산 운동의 잔여물인 슬라보니아 언덕은 동부 슬라보니아의 그림과 같은 풍경을 더해주고 있다.

관광지로 유명한 코바츠키 리트(Kopački rit)는 다뉴브 강과 드라바 강 사이에 위치하고 있으며, 홍수가 잦은 저지대 지역이다. 이 지역은 야생이 풍부하여 유럽 중에서도 그 으뜸으로 손꼽힐 정도이다. 자연 공원은 전체 면적 중에서 그 반 정도가 동물학상의 그 보호구역인 코바체브 호수로 이루어져 있다. 이러한 동물 보호 구역 내에선 사슴, 야생 멧돼지, 여우, 야생 고양이 및 담비와 같은 많은 종류의 포유동물이 살고 있다. 이 지역은 여기를 찾는 관광객들에게 눈을 즐겁게 해 주고 있으며, 각종 사진 촬영을 위한 장소와 상상력을 위한 자극의 장을 제공하고 있다.

슬라보니아의 언덕들은 지질학적으로 매우 복잡한 구성으로 이루어져 있다. 일반적으로 화산암과 변성암이 그 주류를 이루지만, 석회암도 발견된다. 유명한 관광지인 얀코바츠 지역은 서로 다른 내성을 지닌 암석들이 만나며, 이에 따라 여기에는 폭포와 카르스트 지형이 발달해 있다. 삼림학자들에게 이 지역의 최고 해발 점에 서식하는 너도밤나무와 전나무는 감탄을 자아내게 한다. 슬라보니아의 상징물인 일반 오크나무의 저지대 서식림들 중 관광객들의 시선을 집중시키는 것은 단연 400년이나 된 오크나무이다. 그 나무는 높이가 35m 이상이며, 둘레가 1.2m에 해당한다. 수려한 경치라는 특징과 더불어 이 지역은 중세 귀족들의 성, 그리고 그 건축술로도 유명하다.

생각하기

### 크로아티아 관광 자원은 어떠한 특징을 지니고 있을까?

크로아티아의 관광 산업 특히 아드리아해를 중심으로 한 관광산업은 자연보호를 전제로 인간에 의해 창조된 '환경 친화적 관광산업'이 서로 상호 존립할 수 있으며, 훌륭한 경제적 가치를 창출해 낼 수 있다는 것을 보여주는 대표적인 사례로 손꼽히고 있다. 현재 크로아티아 관광사업의 핵심은 고유한 천연자원으로 오랫동안 이어져 내려온 그 값어치들을 소중히 보존하고, 이를 바탕으로 무한한 관광자원을 자연 친화적으로 잘 개발해 나가자는 게 주 내용을 이루고 있다. 또한 유럽의 대표적인 휴양지중 하나인 크로아티아 아드리아해 지역의 다양한 관광산업의 발달은 기괴한 석회암과 백운석으로 이루어진 해안 월 함 등의 여러 자연적 요인들로 많은 혜택을 얻고 있다. 또한 수많은 만, 반도, 곶 갑 등은 서로 다양한 대조를 이루고 있으며, 실제로 이러한 천혜의 자연적 요소들이 다각적인 관광 투자를 가능하게 하고 있다.

# 발칸유럽 들여다보기

# Ⅵ

## 발칸유럽의 축소판,

# 보스니아 –헤르체고비나

# 제6장_발칸유럽의 축소판, 보스니아-헤르체고비나

(출처: http://www.encyclopedia.com)

| | |
|---|---|
| 정식 국명 | 보스니아-헤르체고비나 공화국(The Republic of Bosnia and Herzegovina) |
| 수도 | 사라예보(Sarajevo, 42만 명, 2013) |
| 정치 형태 | 1국가2체제(보스니아-헤르체고비나 연방, 스르프스카 공화국) |
| 인구 | 384만 명(2013) (내전 전, 1991년에는 439만 명) |
| 언어 | 각 민족에 따라 각자 보스니아어, 세르비아어, 크로아티아어를 사용함(언어적 유사성이 강함) |
| 국경일 | 사회주의 유고슬라비아 연방으로부터의 독립일(3월 1일) |
| 화폐단위 | 보스니아마르크(BAM) (태환마르크/Convertible Mark: KM) |
| 종교 | 이슬람(45%), 세르비아 정교(36%), 가톨릭(15%), 개신교(1%), 기타(3%)... |
| 민족 | 보스니아 무슬림계(44%), 세르비아계(31%), 크로아티아계(17%), 유고슬라비아인(5.5%), 기타(2.5%) (1991), 보스니아 무슬림계(48%), 세르비아계(37%), 크로아티아계(14.3%) (2013) |
| 주요 공휴일 | 공화국의 날(연방: 11월 25일, 스르프스카 공화국: 1월 9일), 5월 1일(노동절), 각 종교 기념일… |

# 1. 일반개요

## 1) 국가 개요

보스니아-헤르체고비나(Bosnia and Herzegovina/ Bosna i Hercegovina, 이후 보스니아로 약칭함)는 아드리아해 동쪽에 위치하고 있으며, 북쪽과 남쪽 그리고 서쪽으로는 크로아티아와 동쪽으로는 세르비아 그리고 동남쪽으로는 몬테네그로와 접하면서 남쪽 아드리아해안으로 총 21.2km의 좁은 해안선을 가지고 있다는 특징을 보이고 있다. 보스니아란 명칭은 보스니아 내륙을 북에서 남으로 가로지르는 보스나(Bosna) 강에서 유래하였으며, 헤르체고비나는 15세기 오스만 터키 지배 전까지 네레트바 강 유역에 위치한 모스타르(Mostar)를 중심으로 남쪽 일대를 점령했던 헤르체그(Herceg) 대공 가문의 이름에서 유래한 것이라 전해지고 있다.

보스니아 인구는 보스니아 내전 전 1991년 통계에 따르자면 439만 명에 해당하였으나, 2013년 현재 통계 자료에 따르자면 384만 명으로 감소하였다. 기록에 따르자면 1992년에서 1995년 사이 보스니아 내전으로 인해 보스니아 무슬림은 이전 인구수 중 7.4%가, 그리고 세르비아인들은 7.1%가 살해되거나 실종된 것으로 알려져 있다. 보스니아 인구는 약 42%의 인구가 보스니아 내 도시들에 거주하고 있으며, 가장 큰 도시는 사라예보(42만 명, 2013)로 보스니아 공화국의 수도이자 보스니아-헤르체고비나 연방의 수도로써 중요한 문화, 사회 그리고 정치, 경제의 중심지 역할을 하고 있다.

보스니아의 공식화폐는 보스니아 마르크(BAM)라 불리는 태환 마르크(KM, Convertible Mark)이다. 태환 권은 일종의 신용화폐로 경제와 물가가 불안정한 보스니아 사정에 따라 중앙은행의 통제 하에 통용되고 있다. 하지만 각 공화국들에선 자신들과 정서가 비슷하고 경제 교류가 활발한 이웃 공화국들의 화폐도 자주 통용되고 있다. 예를 들어 세르비아계가 차지하고 있는 스르프스카(Srpska) 공화국에선 이웃하고 있는 세르비아 공화국의 공식 화폐인 디나르(Dinar)화가 자연스럽게 통용되고 있으며, 보스니아-헤르체고비나 연방에선 크로아티아계를 중심으로 이웃한 크로아티아 공화국의 쿠나(Kuna)화가 보편적으로 통용되고 있는

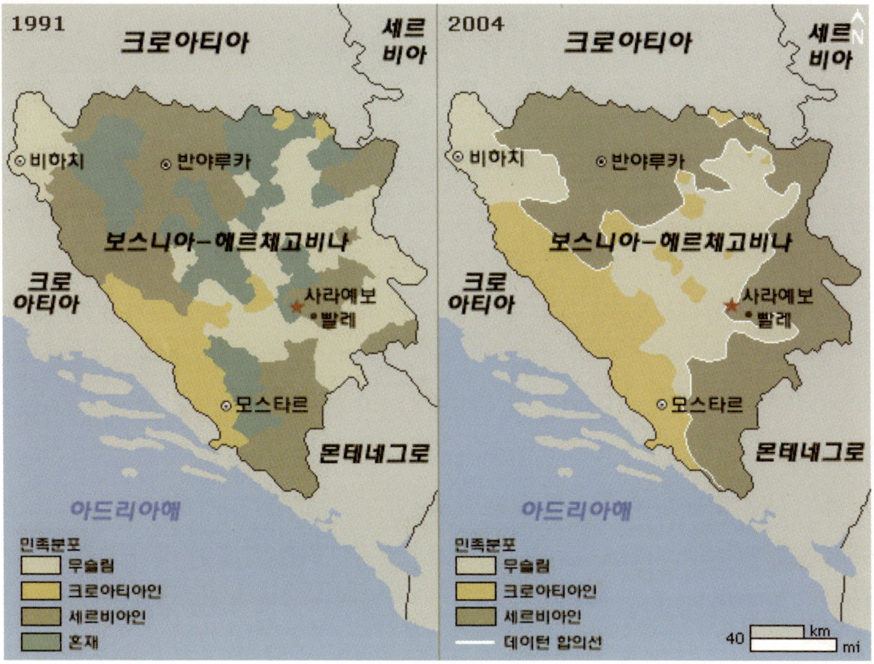


보스니아 민족분포도: 내전 전(왼쪽), 내전 이후(오른쪽)

실정이다.

공용어는 세르비아어 혹은 크로아티아어로, 문자는 세르비아인들은 키릴문자를, 보스니아 무슬림과 크로아티아인들은 라틴문자를 주로 사용하고 있다. 보스니아어는 약간의 방언상 차이점이 있으나, 동일 언어를 사용하고 있으며, 구(舊) 유고연방 시절의 세르보-크로아트어에 기초하고 있으나, 보스니아 무슬림들은 보스니아어로, 크로아티아인들은 크로아티아어로 그리고 스르프스카 공화국의 세르비아인들은 세르비아어로 부르고 있다.

보스니아의 민족구성은 보스니아 내전 전 치러진 1991년 인구 조사에 따르자면 보스니아 무슬림계가 44%, 세르비아계가 31%, 크로아티아계가 17% 그리고 티토 정권 시절 시행된 민족 간 혼혈 결혼정책에 따른 유고슬라비아인이 5.5%, 기타 2.5% 등으로 나누어 볼 수 있다. 하지만 2013년 통계에 따르자면 무슬림인은 48%로, 세르비아인들은 37% 그리고 크로아티아인들은 14.3%로 기록되고 있다. 관심을 가질 만한 특징들로는 보스니아 내전을 거치면서 보스니아 내 무슬림인들과 크로아티아인들이 대거 이웃 나라나 서방으로 이주하였고, 반면 크로아티아 내전을 거치면서 크로아티아에서 쫓겨온 20여만 명의 세르비아인들이 보스니아로 새로 이주해 들어왔다는 점 그리고 이전까지 민족 간 혼혈로 인해 형성된 유고슬라비아인들이 민족 분포도에서 사라졌다는 점을 들 수가 있다. 종교 분포는 전통적으로 보스니아 무슬림들은 이슬람교를, 세르비아인들은 세르비아 정교를 그리고 크로아티아인들은 가톨릭을 신봉하고 있다.

보스니아의 국가 체제는 1995년 11월 보스니아 내전을 종결짓기 위해 맺어진 데이턴 합의안에 따라 지리적 행정구역이 크게 보스니아 무슬림과 크로아티아계가 차지하고 있는 보스니아-헤르체고비나 연방(Federation pf Bosnia and Herzegovina/ Federacija Bosna i Hercegovina, 보스니아 영토의 51%, 수도는 보스니아 연방 수도와 같은 사라예보 Sarajevo)과 세르비아계가 차지하고 있는 스르프스카 공화국(Republika Srpska, 보스니아 영토의 49%, 수도는 반야 루카 Banja Luka)으로 1국가 2체제의 형태를 띠고 있다.

### 2) 자연과 지리

보스니아의 면적은 총 51,197㎢로 그 크기는 체코에서 분리해서 나온 슬로바키아 보다 약간 크며, 화살촉과 같은 모양을 하고 있다는 특징을 지니고 있다. 지중해, 발칸유럽 그리고 중부유럽의 3가지 생태계 특징이 만나는 지점인 디나르 알프스 산맥지역에 위치한 보스니아는 북부의 평원지대와 남부의 산악지대의 특징을 지니고 있다. 크로아티아와 경계를 이루고 있는 보스니아의 서부지역에서부터 시작된 디나르 알프스 산맥은 보스니아의 서부와 남부지역에까지 보스니아를 가로지르며 뻗어 나와 있다. 보스니아의 북부지역은 주로 사바 강에 접해있으며, 대체로 평원과 울창한 산림이 우거진 고원지대라는 특징을 지니고 있다. 보스니아에서 가장 높은 산은 아드리아 해안 인근 헤르체고비나 지방에 있는 마글리치(Maglić) 산으로 2,386m에 해당하고 있다. 보스니아의 해안은 남부 크로아티아를 아주 얇게 관통해 가까스로 아드리아해와 접하며 총 21.2km(약 12마일)의 짧은 해안선을 가지고 있다. 해안 도시로는 언어학적으로 'New'라는 뜻을 지닌 네

보스니아에 있는 네레트바 강에서 래프팅을 즐기는 모습

움(Neum)이라는 도시가 있다.

산악지대가 많은 보스니아는 또한 다양한 천연자원을 다량으로 보유하고 있는 국가이기도 하다. 풍부한 산림자원 외에도 경제적 가치가 매우 높은 지하자원인 망간, 은, 아연, 동, 철광석, 크롬 그리고 석탄 등이 다량으로 매장되어 있다. 하지만, 오랜 기간 동안의 내전을 거치면서 건설되어 있던 여러 산업시설들과 제조공장들 그리고 인프라가 파괴됨으로써 현재는 그러한 자원 활용을 위한 시설 복구에 주력하고 있는 실정이다.

보스니아를 대표하는 강들로는 북부지역을 관통해 흐르는 보스나 강과 사바 강, 그리고 사바 강의 지류로서 우나 강, 드리나(Drina)강, 브르바스(Vrbas)강 등이 있는데, 북부지역의 강 계곡들은 대체로 비옥한 평원지대와 구릉지 대를 형성하고 있다. 이외에도 남부 헤르체고비나 지방을 대표하는 네레트바 강이 이 지방의 주요 도시 중 하나인 모스타르를 지나 관통해 흐르고 있다.

기후는 남부지역은 지중해성 기후 특징에 따라 더운 여름과 대체로 온화하고 비가 많은 겨울의 특징을 보이고 있으며, 반면 북부 내륙지방은 온화한 여름과 혹한의 긴 겨울이라는 기후 특징을 지니고 있다. 사라예보의 평균 기온은 1월에 -1도이고 7월에는 20도의 기온을 보이고 있다. 보스니아의 지리적 또 하나의 특징으로는 이 지역이 강한 지진대에 속한 관계로 잦은 지진이 일어난다는 특징을 지니고 있다.

## 2. 역사

### 1) 중세 보스니아 왕국 수립 이전 보스니아의 역사

남슬라브의 여타 민족들과 더불어 보스니아에 슬라브인이 정착한 시기는 6세기 말과 7세기 초이며, 초기에 이들 민족들은 작은 부족단위로 정착하였다. 7세기 당시 지역분할은 확실하지 않으나 현 보스니아에 일정 기간 세르비아인과 크로아티아인의 지배가 이루어진 것으로 보인다. 이후 비록 1180년 이전까지 보스니아가 주변 국가들의 지배를 받았음에도 불구하고 보스니아는 지역적 험준함을 통해 그들 자신들만의 독특한 삶과 문화를 지니고 있었다.

보스니아 내 슬라브인들은 이웃하고 있는 다른 슬라브족들에 비해 오랜 기간 동안 일정한 형태의 국가적 모습을 갖추기 보다는 쥬파(župa)라 불리는 작은 국가단위체들을 지닌 연합체 성격을 지니고 있었다. 그 이유는 10세기부터 12세기까지 대부분 기간 동안 보스니아가 주변의 외세지배 하에 있었기 때문이다. 보스니아는 또한 트브르트코 1세(Tvrtko I, 1338~1391, 영주 재위 1353~1377, 왕 재위 1377~1391)가 즉위하여 독립국가로서의 위상을 높이기 전까지 단지 지리적 개념으로서만 인식되어 왔었다.

실제, 10세기 초 보스니아는 세르비아 중세 공국의 일부가 되어 있었으며, 이어 968년에는 크레시미르 2세(Krešimir II, ?~969, 재위 949~969)가 통치하던 크로아티아 왕국 하로 합병되었다. 곧 이어 997년에는 불가리아의 침입에 따라 제1 불가리아 제국의 복속국가가 되었으며, 1018년 이후에는 비잔틴의 세력 하에 놓이게 된다. 11세기 후반 잠시 보스니아의 일부 영토가 크로아티아 지배 하에 들어갔고 이후 1137년에 들어와선 헝가리 지배를 받았다. 이러한 외세의 지배를 벗어나 보스니아가 독립한 시기는 주변 국가들보다 매우 늦은 13세기 초 쿨린(Kulin, 1163~1204, 영주 재위 1180~1204)을 통해서이다.

## 2) 중세 보스니아의 종교와 그 특징

9세기 이후 로마교회(후에 가톨릭으로 발전)와 콘스탄티노플로 교회(후에 정교로 발전)로부터 크리스트교 선교사들이 발칸지역에 들어오게 된다. 당시 로마교회의 세력은 크로아티아와 달마티아 대부분의 지역에 펴져있었고, 콘스탄티노플 교회의 세력은 불가리아와 세르비아 지역에 그 세력을 유지하고 있었다. 보스니아는 이러한 동서 교회의 접합점에 위치하고 있었다. 중세 보스니아의 종교 분포는 북부와 중부 보스니아를 중심으로 헝가리의 종주권 하에서 가톨릭이, 현재 헤르체고비나 지역인 훔(Hum) 지역은 1168년부터 1326년까지 정교 국가인 세르비아의 네마니치(Nemanjić) 왕조 지배 하에 놓여있었다. 이후 1219년 세르비아 정교회가 독립교구로 인정됨과 동시에 훔 교구는 세르비아의 대교구 밑에 종속되게 된다. 13세기에 들어와 헝가리는 보스니아 내에 자신들의 영향력을 더욱 확고히 하고자 달마티아 해안의 두브로브니크 교구 하에 있던 보스니아 가톨릭교회를 자신의 교구 하에 종속 시키려 했다. 그러나 보스니아는 이를 거부하였고, 헝가리는 교황을 설득, 십자군을 구성하여 보스니아를 침입하게 된다(1235~1241). 헝가리의 의도대로 보스니아 가톨릭 교구는 헝가리 영향권 하로 편입되게 되나, 이러한 의도는 오히려 보스니아 내에서 로마 가톨릭과 헝가리에 대한 저항의식을 낳게 하였다.

생각하기

### 중세 보스니아 교회 논쟁

보스니아로의 최초 크리스트교 전파는 9세기 이후로 알려져 있다. 당시 서로마 교회(로마 교회, 후에 가톨릭으로 발전)와 동로마 교회(콘스탄티노플 교회, 후에 정교로 발전)에서 온 여러 사제들과 선교사들은 보스니아를 경계로 양대 교회 간 교세 확장에 열중하고 있었다. 11세기 중엽까지 이어지는 양대 교회의 관할권 논쟁에도 불구하고, 중세 보스니아에는 이들 양대 교회의 특징과 의식을 인정한 연합교회가 존재하였다. 통상적으로 당시 보스니아의 연합교회를 '보스니아 교회'라 칭하고 있다. 역사적 배경과 지리적 위치에 따라 어느 한 쪽의 종교적 특징을 지니지 못하였던 보스니아 교회는 당시 가톨릭과 정교 양대 크리스트교 교회로부터 이단으로 박해를 받아야 했으며, 이후 오스만 터키가 이 지역으로 진출 시 교회 신도들 상당수가 이슬람교로 전향했다는 측면에서 여러 논쟁과 관심을 지닌다.

### 3) 중세 보스니아 왕국 시기

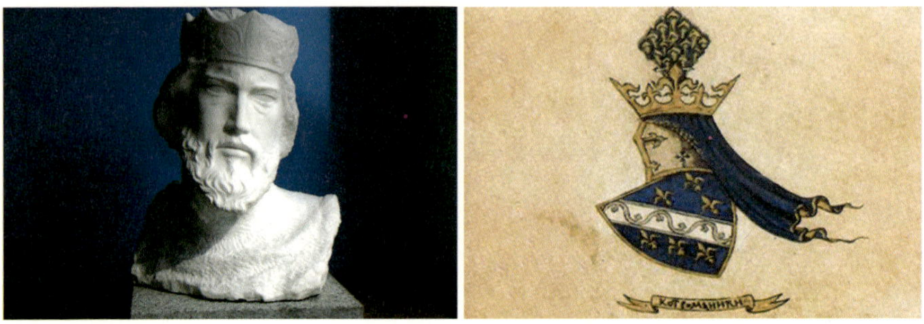

보스니아 중세 왕국의 시조, 트브르트코 1세 조각상과 왕국의 상징

1318년 새로운 지배자로 등장한 코트로마니치 2세(Stjepan II Kotromanić, ?~1353, 영주 재위 1322~1353) 하에서 보스니아는 헝가리와의 관계개선을 통해 나라를 안정시키고 본격적인 영토 확장을 전개하게 된다. 이에 힘입어 보스니아는 크로아티아 일부 영토와 당시 세르비아 세력 하에 있던 훔 지역을 다시 차지하였다. 이후 1353년 트브르트코 1세 시대에 들어와 보스니아는 이전보다 더 활발히 영토 확장을 추진하였고, 또한 1371년 오스만 터키와의 제2차 마리짜(Marica, 불가리아에 위치) 강 전투에서 세르비아가 대패하고 이후 세르비아 네마니치 왕조가 단절된 틈을 타, 1374년 세르비아의 일부 영토를 획득하는데 성공하게 된다. 이어 여러 달마티아 도시들을 포함한 크로아티아 영토의 일부를 차지하였고, 이때 이후로 보스니아 지배자에겐 봉신의 의미를 지니고 있던 반(Ban)이라는 칭호가 사라지고 대신에 왕을 의미하는 크랄뤼이(Kralji) 라는 칭호가 붙게 되었다.

### 4) 오스만 터키 지배 하의 보스니아

15세기에 들어와 오스만 터키 제국의 영토 확장에 따른 충돌과 세르비아의 영토회복 움직임으로 인하여 보스니아의 국경은 계속해서 긴장상태에 놓이게 된다. 1430년대 이후 터키 제국의 빈번한 세르비아 침략으로 세르비아 피난민들이 보스니아에 몰려들었고, 이에 따라 보스니아 내에 정교회 신자들의 숫자가 급증하게 되었다. 15세기 초 몽고로부터의 지배를 벗어난 터키 제국은 발칸유럽으로의 진출을 더욱 더 가속화 하여, 1451년 보스니아 동부지역을 침입, 사라예보를 비롯한 많은 도시들을 자신의 지배 하로 복속시켰다. 이어 터키 제국은 1453년 비잔틴 제국을 정복하고, 1459년 세르비아를 완전히 정복한데 이어 1465년에는 1527년까지 저항한 야이쩨(Jajce)를 제외하곤 보스니아 영토의 대부분을 차지하게 된다. 오스만 제국의 보스니아 지배는 크리스트교 양대 교회의 접합 점에 위치해 신앙심이 상대적으로 약하였던 보스니아 내 슬라브인들의 대규모 무슬림으로의 개종을 낳게 하였다. 이러한 보스니아의 무슬림들은 오스만 터키 제국의 지배 기간 동안 제국의 중앙과 지방에서 충실한 공무원으로 그리고 독실한 이슬람 신봉자로 성장하게 된다.

사라예보 인근에 자리한 이슬람 마을과 이슬람 사원

생각하기

## 보스니아인들의 이슬람교로의 개종은 어떻게?

오스만 터키의 보스니아 지배는 무엇보다도 이 지역의 종교 분포에 일대 변화를 가져다주었다. 당시 보스니아 내 종교는 로마 가톨릭(보스니아 서부와 북부), 정교(남부와 동부지역), 보스니아 교회(중부와 헤르체고비나 지역) 등 3대 종교가 지리적 험준함과 이웃 국가들과의 영향에 따라 각자의 영역을 차지하면서 자리하고 있었다. 하지만 오스만 터키의 보스니아 지배 이후 오스만의 적극적인 이슬람 개종 정책과 동 · 서 양대 교회로부터의 박해는 보스니아 교회 교도들의 이슬람교로의 대규모 개종을 낳게 된다. 오스만 터키는 보스니아 중세 왕국의 귀족들에겐 이슬람교로 개종 시 세금혜택, 기존 기득권 인정 그리고 관리 임용과 더불어 여러 사회적 특혜를 약속하였다. 또한 평민 계급에 해당하였던 상당수 보스니아인들겐 사회적 신분 상승과 토지 소유를 약속해 줌으로써 오늘날 보스니아 무슬림들의 기원을 형성하게 된다.

## 오스만 터키의 독특한 제도, 데브쉬르메(Devşirme)

비쉐그라드에서 드리나 강의 다리를 세운 소콜로비치

오스만 터키의 지배 기간 동안 보스니아 무슬림들은 오스만 제국의 중앙과 지방에서 충실한 공무원 또는 제국의 영토를 지키고 확대하는 역할을 수행하게 된다. 보스니아인들의 무슬림화를 가속화 시킨 제도적 방법으로는 데브쉬르메 제도를 들 수 있다. 이 제도는 8세에서 12세 사이의 똑똑한 크리스트교 남자 아이들을 오스만 터키 제국의 본토로 강제로 데려가 이슬람교로 개종 시킨 뒤 능력에 따라 제국 내 하급 공무원(카페탄, Kapetan)과 술탄의 직속 예하부대(야니차르, Janjičar)로 편입시킨 제도이다. 데브쉬르메 제도를 통해 형성된 이들은 점차 세력을 키워가면서, 오스만 제국에 중요한 영향력을 행사하는 자리에까지 오르게 된다. 이러한 대표적인 인물로는 메흐메드 파샤 소콜로비치(Mehmed-paša Sokolović, 1506~1579, 벨리키 베지르 재위 1565~1579)를 들 수 있는데, 보스니아의 비쉐그라드(Višegrad) 출신인 그는 데브쉬르메 제도에 따라 끌려가, 여러 전공을 세운 뒤로 술탄의 바로 아래 직급인 벨리키 베지르(Veliki Vezir, 오늘날 총리에 해당)에까지 오른 인물이다. 그는 자신의 고향에 흐르는 드리나 강 위에 아름다운 아치형 석조 다리를 건설하였고, 이 다리는 훗날 노벨 문학상을 받은 이보 안드리치(Ivo Andrić, 1892~1975) 문학 작품의 주 소재가 되기도 했다.

### 오스만 터키의 보스니아 지배가 남긴 의미는?

오스만 터키의 보스니아 지배는 종교적, 민족적, 정치적 분리 외에도 문화, 경제적 분리를 낳았다. 오스만 터키가 보스니아를 지배한 이후 보스니아는 서유럽과 발칸유럽 사이의 문화, 경제 교류를 가로 막는 주요 지역으로 전락하게 된다. 양 지역 간 문화, 경제 교류의 차단은 특히 서유럽에서 발생한 르네상스와 산업혁명의 영향이 발칸유럽으로 전파되는 것을 차단시키는 결과를 가져왔고, 훗날 오스만 터키 지배지역이 서구 선진 지역에 비해 경제적 후진 지역으로 전락하게 하는데 일조하게 하였다.

## 5) 오스트리아-헝가리 지배 하의 보스니아

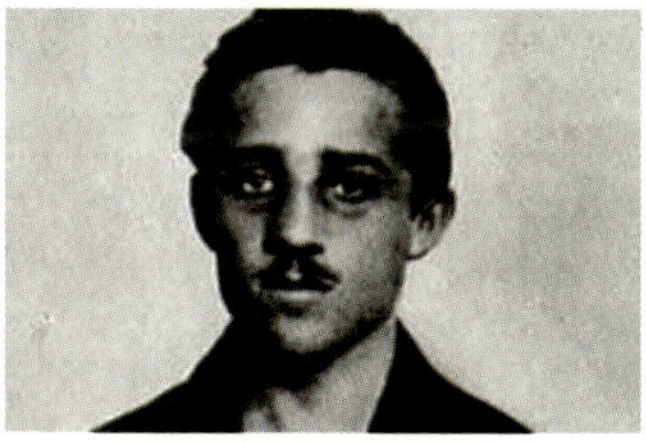
체포 된 직후의 가브릴로 프린찌프

오스만 터키의 보스니아 지배는 1877년 러-터(러시아-터키)전쟁의 결과 맺어진 1878년 산 스테파노 조약(3월)과 베를린 조약(6월)을 통해 그 끝을 맺게 된다. 하지만 베를린 조약의 결과 보스니아에 대한 행정권이 당시 오-헝(오스트리아-헝가리) 이중제국 지배 하로 넘어가게 되었고, 이어 1908년에는 오-헝 제국 하로 완전히 병합되게 되었다. 이후 1866년 프로이센과의 싸움에서 패한 이후 추진하고 있던 오-헝 제국의 동진정책으로 인해 발칸유럽에는 새로운 위기감이 조성되게 된다. 19세기 이후 발칸유럽으로 급속히 확대되고 있던 민족주의는 보스니아 내 세르비아인들을 자극해 이웃하고 있는 세

사라예보 총격 사건이 발생한 라틴교

르비아 근대 왕국을 중심으로 대(大)세르비아 국가를 건설하고자 하는 열정에 영향을 미치고 있었다. 이러한 세르비아 민족주의의 열망은 곧 이어 1914년 6월 사라예보에 순시 차 온 이중제국의 페르디난드 황태자 부처가 세르비아 청년인 가브릴로 프린찌프에게 암살 당하는 사건의 배경을 제공하였고, 이 사건은 곧 이어 제1차 세계대전으로 이어지게 된다.

### 6) 사회주의 유고슬라비아 연방하의 보스니아

제1차 세계대전 이후 보스니아는 최초의 남슬라브족 국가인 '세르비아-크로아티아-슬로베니아 왕국' 하에 편입되었으며, 제2차 세계대전 이후 티토의 사회주의 유고슬라비아 연방 하에서 6개 구성 공화국 중 하나인 보스니아-헤르체고비나 공화국으로 등장하게 된다. 티토는 다민족, 다문화 그리고 다종교로 이루어진 사회주의 유고연방의 존속과 발전을 위해 보스니아 무슬림과 정교도 세르비아인 그리고 가톨릭 크로아티아인이 서로 혼재해 있는 보스니아 공화국을 다민족 국가의 새로운 모델로 제시하고자 했으며, 이를 위해 각 민족 간의 혼혈정책을 장려하는 등 새로운 민족으로서 유고슬라비아인(Yugoslav)과 그 이론으로서 유고슬라비즘(Yugoslavism/ Jugoslavizam)을 창출하고자 노력하였다.

생각하기

### 사회주의 유고슬라비아 연방 하에서 보스니아 무슬림은?

사회주의 유고슬라비아 연방 하에서 보스니아 무슬림들의 민족 지위에 영향을 미쳤던 중요한 사건은 바로 1961년에 열린 베오그라드 제1차 비동맹 회의라 볼 수 있으며, 그러한 이유 중 하나는 당시 비동맹 국가들의 상당수가 이슬람 국가였던 배경에서 비롯된 것이라 볼 수 있다. 이후 1968년에는 보스니아 무슬림의 지위가 이전의 단순한 인종집단(ethnic group)에서 하나의 독립된 민족(nationality)로 격상되었고, 1971년 인구조사부터는 보스니아 무슬림들은 유고 연방 내 하나의 분리된 민족(nation)으로서 자신을 등록할 수 있게 되었다. 이후 사회주의 유고슬라비아 연방 내에서 보스니아 무슬림들은 무슬림들의 민족 지위 향상에 대한 세르비아 민족주의자들의 강력한 반대에도 불구하고, 무슬림 문화협회를 중심으로 독자적인 무슬림 문화 발전과 정치 활동을 지속하여 갔다.

## 7) 보스니아 내전과 독립시기

데이턴 합의안에 서명하는 장면

1980년 5월 보스니아의 중요성을 그토록 강조하였던 티토가 사망하였다. 이후 1991년 유고슬라비아 연방의 붕괴는 민족 간의 심각한 갈등과 대립을 야기하였고, 이어 슬로베니아와 크로아티아에서의 내전을 낳게 된다. 특히 이웃하고 있던 크로아티아에서의 내전은 보스니아 내 크로아티아인들과 무슬림들의 연방으로부터의 독립을 자극하였고, 이들과 보스니아의 독립을 선호하는 유고슬

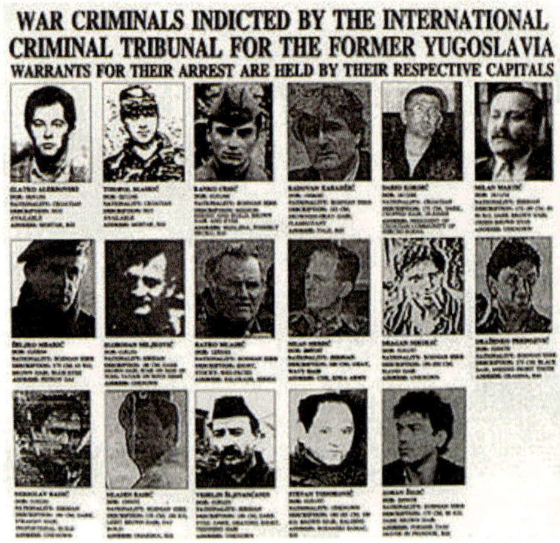

보스니아 전범 포스터와 내전 당시 임시 묘지 모습

라비아인을 중심으로 1992년 3월 독립을 선언하게 된다. 하지만 이러한 독립 선언은 곧 바로 3년 8개월간의 보스니아 내전을 낳게 된다. EU와 UN이 여러 차례 제시한 평화안 시도가 불발로 끝나고, 마침내 현실주의적 힘(power)를 중심으로 보스니아 내전에 개입한 미국의 중재로 1995년 11월 데이턴 합의안이 발효되었으며, 이를 통해 보스니아 내전은 종결되었다. 보스니아는 이 합의안에 따라 현재 세르비아인을 중심으로 한 스르프스카 공화국(영토의 49%)과 보스니아 무슬림과 크로아티아인으로 이루어진 보스니아-헤르체고비나 연방(영토의 51%)으로 구성된 1국가 2체제 형태의 국가로 남아있는 상황이다.

## 3. 정치

보스니아 공화국의 국가 형태는 2개의 체제(보스니아-헤르체고비나 연방/ 스르프스카 공화국)와 중간 회랑지대(브르츠코)로 구성된 연방제이며, 정치 형태는 연방제와 대통령제가 혼합된 형태를 띠고 있다. 또한 행정부에선 3인의 민족계파 대통령이 연방 대통령으로 4년 임기 동안 8개월에 한 번씩 대통령 의장직을 수행하고 있으며, 연방 대통령이 각료들을 임명하면 하원에서 승인 절차를 진행하고 있다. 연방 대통령은 외교정책 지휘, 통신, 교통 등에 관한 결정권을 지니고 있다. 반면에 국방, 경찰, 조세에 대한 결정권은 각각의 공화국 체제 정부에 맡겨지고 있다. 보스니아 공화국의 입법부는 4년 임기의 상원과 하원으로 나뉘어져 있으며, 각 민족 계파별로 5명씩 해서 상원은 15명, 그리고 하원은 42명으로 2/3(28명)는 보스니아-헤르체고비나 연방에서, 1/3(14명)은 스르프스카 공화국에서 선발된다. 사법부의 최고 재판소는 총 9명으로 구성되며, 이중 4명은 보스니아-헤르체고비나 연방의 하원에 의해, 2명은 스르프스카 공화국 의회에 의해, 그리고 유럽 인권 재판소(European Court of Human Rights)에서 3명을 추천해 연방 대통령들이 추인하는 것으로 되어 있다. 보스니아 내 주요 정당들의 특색은 각 민족 계파별 구분에 따라 크게 보스니아 무슬림계, 세르비아계 그리고 크로아티아계 민족주의 정당들로 나뉜다.

보스니아는 1992년 3월 1일 구(舊)유고 연방으로부터 독립한 날을 국가 기념일로 선포하고 있으며, 연방정부 내에는 대통령위원회, 각료협의회, 의회(양원제)가 존재하고 있다. 반면 각 공화국 중 세르비아계가 장악하고 있는 스르프스카 공화국의 정치 형태는 대통령제를 채택하고 있는데 의회는 단원제(83석)이며 국민투표를 통해 의원을 선출하고 있다. 그리고 행정 구역은 63개의 소규모 행정 구역(opština)로 구성되어 있다. 또 하나의 구성 체제인 보스니아-헤르체고비나 연방은 보스니아 내 무슬림계와 크로아티아계가 서로 연합해 형성한 국가로 보스니아 영토의 51%를 차지하고 있다. 여기의 정치 형태는 역시 대통령제를 채택하고 있는데, 의회는 양원제로 상원 58석(각 민족 계파별 17석, 기타 7석), 하원 98석은 국민 투표에 의해 선출하고 있다. 그리고 행정구역은 10개의 켄턴(canton, 도시를 중심으로 하는 작은 지방의 주(州) 개념)으로 구성되어 있다. 또한 스르프스카 공화국과 보스니아-헤르체고비나 연방 등 양 체제의 회랑지대에 해당하는 브르츠코 지역(Brčko district, 약 3만 9천명 거주)은 1995년 이후로 진행된 양측 간의 지루한 협상 끝에 2000년 이후 공식적으론 양 체제 지역의 공동 구역으로 해당되어 있다. 하지만, 실질적으론 어느 체제로부터도 지배를 받지 않는 독자적 행정 체제를 구축하고 있으며, 다민족 지역으로 다른 체제 내 지역들에 비해 높은 경제 상황과 사회적 안정을 보이고 있다.

스르프스카 공화국과 보스니아-헤르체고비나 연방의 국기 및 문장

보스니아의 주요 정치 현안은 내전이 끝난 현재까지도 대내 민족 간 갈등의 소지가 여전히 남아 있어, 민족 간, 계파 간 그리고 종교간 긴장이 계속되고 있다는 점이다. 또한 각 민족 계파간의 불신으로 중앙정부의 권한 및 관할권이 미미해 독립주권국가로써의 어려움이 다소 상존하고 있다 하겠다. 한편 현재 보스니아 정부는 경제 재건과 국제사회의 요구에 따른 난민 및 전범 처리 문제 해결 그리고 EU회원국 가입에 주력하고 있다.

## 4. 한국-보스니아 관계

우리나라와의 관계에 있어선 1995년 12월 15일 대사급 외교 관계가 수립되었고(북한은 1996년 수교) 한동안 주헝가리 대사가 이 지역 대사를 겸임하여 왔으나, 2011년 9월 이후로는 주크로아티아 대사가 겸임을 맡고 있다. 반면 일본 주재 보스니아 대사가 주 한국대사로 겸임 중이다. 우리나라는 보스니아의 내전 복구를 위해 1997년부터 1999년까지 총 300만$ 규모의 보스니아 원조를 제공하였으며, 현재도 식료 의류품을 중심으로 비정부 기관들의 보스니아 원조가 진행 중이다.

비자 문제에 있어 우리나라와는 2003년 4월부터 한 달간 비자면제 협정을 맺어 놓은 상태이며, 양국간 경제 교류는 아직 초보적인 단계에만 이르고 있다.

## 5. 경제

보스니아는 과거 사회주의 유고슬라비아 연방정부에서 마케도니아 공화국 다음으로 가장 가난한 국가로 농업에 크게 의존해 왔었다. 내전 직후 보스니아는 인플레이션, 고실업, 사회기반 시설 파손으로 경제가 거의 마비되었으나, (피해액 200~400억 달러, 20만 명의 사상자, 110만 명의 난민 유발) 현재는 어느 정도 안정을 되찾은 상태이다.

보스니아는 경제 재건을 위한 여러 프로그램을 추진 중인데 우선 국제사회의 보스니아 평화 정책과 경제재건 지원과 원조를 바탕으로 경제 안정과 물가안정에 주력하면서, 공공분야 예산 감축과 재정적자 축소에 노력하고 있다. 또한 높은 실업률 축소와 난민정착을 위한 다양한 계획을 추진 중이며, 현재 산업기반 인프라 재건 사업에 난민들을 적극적으로 활용하고 있다. 이외에도 보스니아 정부는 민족 간 갈등을 약화시키기 위해 민족 간 차별정책 폐지 및 모든 민족에 대한 동등한 권리보장을 골자로 한 헌법을 개정하였으며, 민영화, 금융, 세제 개혁 그리고 경제 기반 조성에 적극적으로 나서고 있다.

## 6. 문화

보스니아의 음식문화는 터키의 오랜 지배로 인해 터키와 동양식 요리에 많은 영향을 받았다. 보스니아를 대표하는 음식들로는 잘게다진 소고기 요리로 양배추 등 여러 야채와 함께 요리되어 우리나라의 김치찌개와 유사한 '보산스키 로나쯔(Bosanski lonac)', 층을 이룬 치즈 또는 고기파이인 '부레크(Burek)', 대중적 디

터키에서 영향을 받은 보스니아 대중 음식, 보산스키 로나쯔와 바클라바

이보 안드리치와 드리나 강의 다리

저트 음식인 '바클라바(Baklava)' 등을 들 수 있다.

보스니아를 대표하는 문학가로는 1892년 보스니아의 트라브니크(Travnik)에서 출생한 이보 안드리치를 들 수 있다. 그는 크로아티아의 수도인 자그레브, 그리고 이후엔 오스트리아의 비엔나와 폴란드의 크라코프 대학에서 철학과 역사학을 전공하였다. 1918년 이후 한때 외교관으로 활동하기도 했던 그는 1939년 그의 대표작이자 1961년 노벨 문학상의 영광을 안겨준『드리나 강의 다리(Na Drini ćuprija)』란 작품을 발표하게 된다. 그의 노벨문학상 수상은 제2차 세계대전 이후 동유럽 작가들 중 최초 수상자였다는 의미를 지니고 있다. 이후 1975년 83세의 나이로 사망할 때까지 그는 보스니아를 배경으로 한『트라브니크 연대기(Travnička hronika)』,『아가씨(Gospođica)』 등 수 많은 명작들을 발표하였다.

생각하기

### 역사 속에 비친 <드리나 강의 다리>

이보 안드리치의 작품,『드리나 강의 다리』는 보스니아의 다양한 종교와 문화의 공간 속에서 인간의 삶과 사람들과의 관계를 '다리'에 빗댄 대작이다. 작품의 시대배경은 15세기 오스만 터키가 보스니아를 지배해 드리나 강에 다리를 세운 이후 제1차 세계대전이 일어날 때까지(1914)로, 약 400여년의 역사를 다리를 통해 그리고 있다. 이 작품에서 이보 안드리치는 다리를 경계로 서로 다른 종교와 문화 속에 거주하던 보스니아 민중들의 삶과 관계를 드리나 강에 있는 다리의 상징성을 통해 묘사하고자 했다. 드리나 강의 다리는 16세기 중엽 데브쉬르메 제도에 의해 이슬람으로 전향해 술탄 바로 밑의 벨리키 베지르의 직위에 까지 오른 메호메드 파샤 소콜로비치에 의해 보스니아와 세르비아의 경계선에 위치한 비쉐그라드란 마을에 세워졌다.

## 7. 주요 지역

### 1) 여행 정보

보스니아 내에는 현재 사라예보를 비롯해 반야루카, 모스타르, 투즐라 등 4개의 공항이 있다. 보스니아로 들어가기 위해선 사라예보 공항으로 들어가는 방법이 가장 확실하지만, 이곳에 들어가는 항공편의 가격은 위험부담금 증대로 인해 타 지역에 비해 조금 비싼 편이다. 따라서 육로로의 교통편을 많이 활용하고있다.

비록 완벽한 서비스망이 재구축되지는 않았지만 보스니아의 주요 도시들과 외부와 연결되는 철로들은 대부분 복구되었으며, 보스니아-헤르체고비나 연방(보스니아 무슬림계와 크로아티아계)과 스르프스카 공화국(세르비아계) 간 예전의 철로와 도로망 또한 다시 재개통되었다. 현재는 사라예보와 반야루카를 중심으로 서유럽과 중부유럽 그리고 구(舊)유고연방 구성 국가들과 연결되는 버스 편이 많이 활성화 되어 있는 상태이다. 보스니아의 전체 도로 길이는 21,677km이며, 이중 고속도로는 3,722km, 그리고 국도는 4,104km이며, 나머지 13,851km는 작은 지방도를 형성하고 있다.

철로망은 보스니아 내전 이후 거의 모든 체계가 파괴되었지만, 현재 상당 부분이 재개통되었으며, 총 철로 길이는 대략 1,031km 에 해당한다.

### 2) 사라예보(Sarajevo)

사라예보 시의 전경 모습

오늘날 보스니아의 수도인 사라예보(주민 수 약 37만 명, 2013)는 1461년 오스만 터키가 도시를 건설한 이래로 발칸유럽의 중요 전략적 상업 도시이자 유럽 내 대표적인 이슬람 도시로써 발전하여 왔다. 과거 역사 속에서 보스니아는 동유럽은 물론 유럽 내에서도 대표적인 '종교와 문화의 모자이크 중 모자이크 지역'으로 불려 왔으며, 사라예보는 이슬람을 믿는 보스니아 무슬림 외에도 정교를 믿는 세르비아인, 가톨릭을 믿는 크로아티아인 그리고 그 외 유대인 등이 서로 복잡하게 혼재되어 거주하면서 '유럽의 예루살렘'이란 별칭을 얻기도 하였다. 과거 오랜 역사 속에서 보스니아의 주요 행정 도시로서 그리고 사회주의 유고연방시절에는 6개 구성 공화국 중 하나인 보스니아-헤르체고비나 공화국의 수도로서 발전하여 왔던 사라예보는 보스니아 내 여러 민족들의 사랑을 받아왔다. 하지만, 20세기 말 유럽 최대의 민족 분쟁이라 일컬어지는 보스니아 내전을 거치면서 보스니아는 1국가 2체제, 즉 '보스니아-헤르체고비나 공화국' 안에 세르비아계가 장악하고 있는 '스르프스카 공화국(RS: Republika Srpska),(영토의 49%)' 그리고 보스니아 무슬림과 크로아티아계가 차지하고 있는 사라예보를 비롯한 영토 51%의 '보스니아-헤르체고비나 연방(Federacija Bosne i Hercegovine)'으로 나뉘어 졌으며, 사라예보는 오늘날 전형적인 이슬람 도시로 변모해 가고 있는 중이다.

보스나 강의 지류인 밀랴쯔카(Miljacka) 강 연변에 위치한 사라예보는 보스니아 내전 이전에는 수많은 이슬람 사원과, 정교, 가톨릭 사원 외에도 다양한 볼거리를 제공하는 재래시장 등 아름답고도 풍요로운 문화유산을 간직하던 곳이었다. 또한 남유럽의 동양적 도시들 중 대표 도시로 손꼽히며, 오스만 터키 모스크와 아치형 다리, 이슬람식 궁전 외에도 동양 음식점, 카페, 전통 보스니아 음식 촌 등이 밀집해 있던 매혹적인 도시로 동양의 정취를 만끽하고 싶어 하는 관광객들이 즐겨 찾던 곳이었다. 15세기 중엽 보스니아 중세 왕국이 오스만 터키제국에 의해 사라진 이후 사라예보는 오스만 터키의 주요 도시로 성장하였으며, 이후 수백년 동안 이슬람교로 개종한 슬라브인들(보스니아 무슬림)과 세르비아 정교도인 그리고 크로아티아 가톨릭교도들은 서로의 종교를 인정해주며 조화롭게 살아왔었다. 하지만 1991년부터 시작된 크로아티아 내전과 1992년부터 시작된 보스니아 내전은 이러한 관용과 조화로운 도시의 모습을 빼앗아 가버리게 된다.

오늘날 크로아티아 내전과 보스니아 내전에 있어 주요 역할을 했던 크로아티아와 보스니아 지역의 세르비아인들은 1699년 오스만 터키의 제 2차 비엔나 전투가 실패로 돌아간 이후 합스부르크 제국과 맺은 카를로브찌(Karlocvi) 조약 이후 거주하게 된다. 오스만 터키의 세르비아 왕국에 대한 공격과 이슬람으로의 집단 개종을 피해 합스부르크 제국 하 발칸유럽의 여러 지역으로 도망쳤던 세르비아인들은 카를로브찌 조약 이후 오스만 터키의 공격에 대한 합스부르크 제국의 실질적 방어막이 되어 현재의 크로아티아와 보스니아 경계지역에 대규모로 거주

사라예보 구시가지의 무슬림 거리

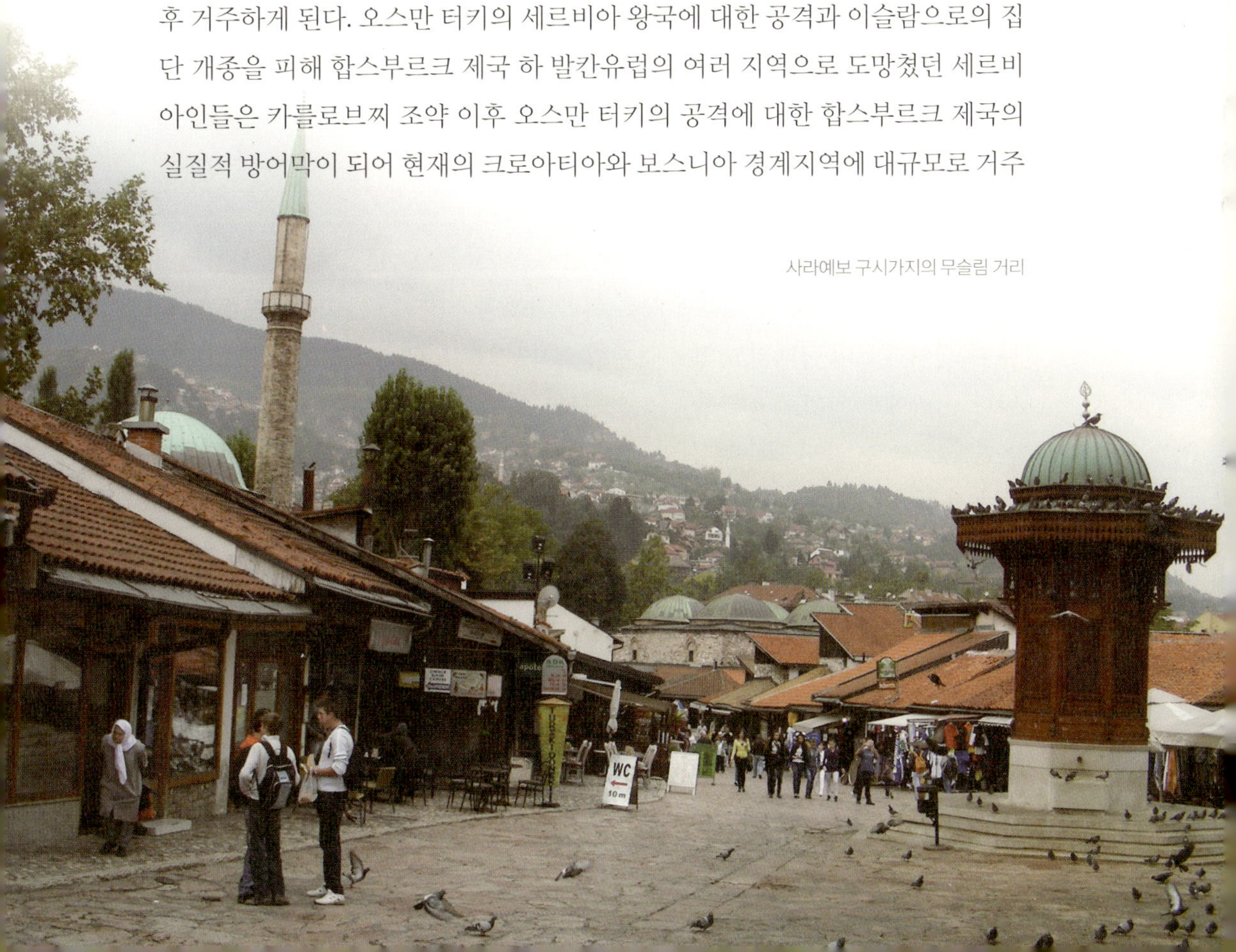

사라예보의 꺼지지 않는 불꽃

하였다. 당시 오스만 터키의 주적인 합스부르크 제국과의 경계선에 위치해 있었던 사라예보는 그 지리적, 전략적 중요성만큼 오스만 중앙정부로부터의 다양한 세제 혜택과 자치권을 구가할 수 있었다. 이에 따라 1878년 베를린 조약(이때 이후 보스니아는 제 1차 세계대전이 끝날 때까지 오스트리아의 실질적 지배 하로 넘어감) 때까지 이어진 오랜 기간 동안의 오스만 터키 지배로 인해 사라예보는 유럽에서 매우 독특하고도 다양한 이슬람 사원과 문화를 보존할 수 있게 된 것이다. 15세기 중엽 이후 오스만 터키의 사라예보 지배가 오늘날 여러 예술 작품들과 건축물들의 흔적을 남겼다면, 비록 짧은 기간 동안의 지배였지만 1878년 이후부터 시작된 오스트리아의 지배는 서유럽의 놀랄만한 문화, 역사 그리고 건축학적 유산들을 사라예보에 남기게 하였다. 이때 당시 세워진 국립 박물관과 국립 도서관 그리고 비엔나식 건축물들과 선진 교통 체계가 오늘날까지도 여러 흔적과 그 영향을 미치고 있다.

사라예보는 예전부터 산이 많고 물이 풍부한 지역으로 근교에서는 선사시대의 유적물들이 발견되고 있으며, 서부 지역 사라예보 평원에는 2세기 경 로마 시대 때 세워진 로마 군대의 병영 주둔지와 로마식 목욕탕의 흔적들이 남아 있기도 하다. 사라예보 교외로 조금만 더 나가 보면, 놀랄만한 보스니아 자연의 신비로움을 만끽할 수 있게 되는데, 산악 하이킹과 스키 그리고 산악자전거를 즐길 수 있는 울창한 떡갈나무와 참나무 산림지대가 이곳을 찾아오는 관광객들을 맞이하고 있다. 이외에도 벨라쉬니차(Belasnica) 산을 따라 걸어가다 보면 루코미르(Lukomir)와 우모리야니(Umoljani) 등 중세 유적의 흔적이 가득한 마을들을 만나게 될 것이다. 무엇보다도 관객들의 관심을 끄는 지역 중 하나는 1984년 사라예보 동계 올림픽을 치렀던 올림픽 스타디움이며, 여기서는 보스니아 내전 전까지도 상당수의 스키 마니아들이 모여 올림픽의 감동과 기쁨을 재현하고는 했다.

사라예보 도시가 세계 역사 속에 그 이름을 알리게 된 계기는 무엇보다도 1914년 6월 세르비아 민족주의 청년인 가블릴로 프린찌프(Gavrilo Princip, 1894~1918)가 오늘날 사라예보 '라틴교(Latin Bridge/Latinska ćuprija, 사회주의 시절엔 프린찌프 다리(Principov most)로 불렸음)'에서 오스트리아 제국의 페르디난드 황태자 부처를 암살한 사건을 통해서라 할 수 있다. 암살 사건은 이후 제 1차 세계대전의 단초를 제공하게 되었고, 그 결과 사라예보는 '제 1차 세계대전의 진원지'란 이름으로 역사 속에 기록되게 된다. 라틴교는 본래 목조 다리였으나, 오스만 터키 지배 시절인 1565년 석조 다리로 만들어졌고, 이후 1791년 대홍수로 파괴된 다리를 1798년부터 1799년 사이에 재건한 후 오늘날과 같은 모양을 이루고 있는 다리이다. 과거 사회주의 시절에는 프린찌프가 서있던 자리 표시와 함께 치릴 문자로 이루어진 그의 업적과 세르비아의 민족 영웅으로서의 칭송 글이 적어져 있었으나, 1992년 독립을 추진하던 보스니아 정부는 그의 발자국을 지우고, 치릴 문자로 이루어진 석판을 대신해 라틴 문자로 써진 비교적 객관적인 역사적 사실들을 기록한 비석이 자리를 대신하고 있는 중이다.

제 1차 세계대전 발발이전, 당시 보스니아와 발칸유럽을 둘러싼 국제 정세는 러시아와 오스트리아 등 강대국들의 영향력 확보 다툼과 함께 영토 확대를 위한 발칸유럽 내 국가들 간의 잦은 전쟁 등으로 매우 복잡하고 혼미한 상태였다. 당시 이 지역에서 보인 국제적 양상은 우선, 오스트리아의 발칸유럽으로의 '동진(東進) 정책'을 들 수 있을 것이다. 당시 국제적 흐름은 식민지 확대 경쟁 그리고 이를 통한 원활한 원자재 공급 및 생산품의 수출 시장 확보가 대세를 이루고 있었다. 과거 합스부르크 제국의 후신인 오스트리아 제국은 1866년 프로이센과의 전쟁에서 패한 이후 오랫동

제 1차 세계대전의 단초가 된 저격사건의 객관적 사실만을 기록하고 있는 비석

안 자신의 영향력 하에 있었던 독일 지역 등 서부의 기득권을 포기해야 했으며, 북으로는 러시아, 남으로는 이탈리아 등으로 인해 식민지 및 영토 확장을 꾀할 수 있는 지역이 용이치 않은 상황에서, 남은 지역은 오스만 터키가 지배하고 있었던 동부인 발칸반도 밖에 없었다. 따라서 당시 오스트리아는 국가 운명의 사활을 걸고 발칸유럽으로의 진출과 영향력 확대를 추진해 나가야만 했었다.

두 번째, 러시아의 발칸유럽으로의 '남진(南進) 정책'과 '부동항(不凍港) 획득 정책'을 들 수 있다. 표토르 1세(Пётр I Алексеевич/ Peter the Great, 1672~1725, 재위 1682~1725)이후로 러시아는 과거 후진적 사회를 벗어나기 위한 서구주의 정책과 계몽주의 그리고 산업혁명 도입을 통해 제국으로서의 면모를 갖추어 나가기 시작하였다. 아시아와 유럽에 걸친 광활한 지역을 아우르고 있는 러시아는 제국으로의 발전을 위해서라도 계절적 요인에 따른 얼지 않은 부동항의 획득과 함께 전략적 함대기지 구축이 절실히 요구되고 있었다. 따라서 러시아에게 있어서, 크리미아(Crimea) 반도 및 흑해(Black Sea) 연안을 둘러싸고 있는 발칸유럽의 이해 영역(Interest Sphere) 설정과 영향력 확보는 제국 발전을 위한 필수적인 요소이기도 했다.

마지막 주요 양상 중 하나는 발칸유럽 국가들 간의 치열한 영토 확보 전쟁이라 할 수 있다. 과거 발칸반도는 14세기 이래로 오랫동안 오스만 터키의 지배하에 놓여 있었으나, 19세기 민족주의 시대 이후로 특히 1877년 러시아와 터키간의 전쟁 이후 대부분 독립 국가를 이루게 된다. 이때 독립한 이들 발칸유럽 국가들과 이제는 유럽의 종이호랑이로 쇠락해 버린 터키는 서로 간의 치열한 영토 확보 노력과 세력 확대 경쟁을 치러야만 했고, 이것은 제 1, 2차 발칸 전쟁(1912~1913)을 낳게 하였다.

실제로, 19세기 중엽 민족주의에 고무된 발칸 유럽의 여러 민족들은 터키의 폭정에 저항하는 독립 운동을 전개하였고, 이에 대해 터키는 무자비한 진압으로 견제하려 하였다. 이에 대해 러시아는 같은 슬라브 민족이자 정교도인 발칸유럽의 민족들을 이슬람 제국으로부터 구원해 낸다는 미명 아래, 1877년 터키에 전쟁을 선포하게 된다. 이후 터키의 항복 속에 1878년 러시아는 불가리아의 영토를 크게 확대시켜 주는 등 발칸유럽의 상당 민족들을 독립시켜줌으로써 자신의 영향력을 공고히 하고자 하였다(1878년 3월 산스테파노 조약). 하지만, 발칸유럽으로의 동진정책을 주요 국가 전략으로 추진하고 있었던 오스트리아는, 발칸유럽에서 터키의 급격한 약화가 러시아의 세력 확대는 물론 유럽의 안정에도 심각한 치명상을 입힐 수 있다며 유럽의 강대국들을 설득하였고, 마침내 러시아와 터키를 베를린으로 불러들여 새로운 조약을 맺는데 성공하게 된다(1878년 6월 베를린 조약). 이를 통해 오스트리아는 친(親)러시아 성향의 불가리아의 상당 영토를 터키에게 다시 돌려주었으며, 이에 대한 대가로 터키로부터 보스니아의 행정권을 넘겨받을 수 있게 되었다. 이 결과 보스니아는 약 400년 동안 자신을 지배하였던 오스만 터키의 지배를 벗어나, 이제는 오스트리아라는 또 다른 지배 제국 하로 편입되는 운명에 처하게 된 것이다.

이후 보스니아를 발칸유럽을 향한 동진 정책의 전초 기지로 활용하고자 했던 오스트리아는 이 지역에 대한 확실한 지배권을 구축하고자 했으며, 이에 따라 1908년 보스니아를 합방시키게 된다. 이것은 당시 보스니아 내 세르비아 민족주의를 크게 자극하였으며, 세르비아인들을 중심으로 새로운 독립 운동의 단초를 제공하는 계기를 형성케 하였다. 이후 보스니아에는 '젊은 보스니아(Mlada Bosna)'를 비롯한 여러 비밀 결사단체 등이 수립되었으며, 이들은 세르비아인이 다수 거주하고 있던 보스니아를 이웃 세르비아 왕국으로 편입시킬 것을 주장하면서, 오스트리아 관료 암살 및 폭탄 테러 등의 임무를 수행하게 된다. 1914년 6월 페르디난드 황태자 부처를 암살한 프린찌프 또한 '젊은 보스니아'의 비밀 단원이었다.

1914년 6월 28일, 페르디난드 황태자 부처는 근위대 열병식에 참관 차 사라예보를 방문하게 된다. 이 날은 세르비아의 성령 축일(비도브단, Vidov dan/ St. Vitus' day)이자 과거 1389년 오스만 터키와의 코소보 전투 패배로 세르비아 중세 왕국의 실질적 몰락을 가져온, 세르비아인에게 있어선 잊을 수 없는 역사적 아픔이 담긴 날이기도 했다. 페르디난드 황태자 부처가 암살되자, 오스트리아 제국은 사건의 배후에 당시 러시아와 밀접한 관계를 지니고 있던 이웃 세르비아가 존재하고 있다고 판단하였다. 따라서 독일의 빌헬름 2세(Wihelm II, 1859~1941, 재위 1888~1918)에게 군사 협조를 요청해 수락을 받은 오스트리아는 7월 23일 세르비아에게 책임자 처벌과 반(反)오스트리아 단체 해산, 그리고 오스트리아 관료들의 세르비아 직접 방문 조사 등이 담긴 요구서를 보내게 된다. 오스트리아는 48시간 이내에 답을 줄 것을 요청했지만, 심각한 주권 침해를 의미하는 이러한 요구서에 세르비아는 응할 수가 없었다. 이에 따라 7월 28일 오스트리아는 세르비아에 선전포고를 단행하게 된다. 세르비아 지원을 약속했던 러시아에 7월 29일 총동원령이 내려졌고, 8월 1일엔 독일이 러시아에 선전포고를, 뒤 이어 여러 군사 협약으로 맺어져 있던 프랑스 등 유럽 국가들이 전쟁에 참여하게 되면서 제 1차 세계대전이 발발하게 된다. 이처럼 발칸유럽의 작은 도시 사라예보에서 발생한 총격 사건은 전 세계를 전쟁의 화염과 비극 속으로 몰아넣게 되었다고 할 수 있다.

여러 역사적 아픔을 간직한 사라예보의 구 시가지는 또 다른 재미있는 볼거리들을 제공하고 있는 데, 그 중 사라예보가 중세 오스만 터키 시절 서유럽과의 터키 최전선이었던 만큼 수많은 이슬람 사원들을 볼 수 있다. 이중 구시가지 중앙에 자리한 '가지 후스레브-베이 모스크(Gazi Husrev-bey Mosque/ Gazi Husrev-begova Džamija)'는 세계에 존재하는 여러 이슬람 사원들 중 가장 섬세한 건축미와 함께 중요하고도 아름다운 사원으로 칭송받고 있는 곳이며, 이슬람 신자들에게 있어 가장 인기 있는 예배 장소이기도 하다. 본 사원은 셀림 1세(Selim I, 1465/1466/1470~1520, 재위 1512~1520) 시기 당대 가장 유명한 터키 건축가(Acem Esir Ali "Alaüddin")에 의해 지어졌는데, 1531년 바예지드 2세(Bayezid II, 1447~1512, 재위 1481~1512)의 손자였던 가지 후르세브-베이(Gazi Husrev-bey)의 지원 아래 지어졌다 해서 오늘날과 같은 이름을 얻게 되었다. 사원 내부에는 매우 값비싼 양탄자들과 함께 51개의 작은 창문들에서 스며드는 햇빛으로 인해 성스러운 분위기가 형성되고 있다. 또 하나 재미있는 에피소드로는 1898년 오스트리아-헝가리 이중 제국 지배 하에서 이슬람 사원들 중에선 가장 먼저 전기를 받아들였던 사원으로도 알려져 있는 곳이기도 하다. 보스니아 내전 동안 정교도를 신봉하는 세르비아 민병대들에 의해 일부 파괴되었으나, 1996년 복원이 시작되어 2000년에 외부 칠과 완전한 재건이 이루어지게 된다.

가지 후스레브-베이 모스크와 더불어, 관광객들이 가장 많이 찾는 곳은 '바쉬차르쉬아(Baščaršija) 중앙 시장'이라 할 수 있다. 1462년 당시 보스니아 통치자였던 이사-베그 이사코비치(Isa-Beg Ishaković)에 의해 세워진 이 시장은 사라예보에서 가장 오래된 시장이자, 사라예보 구시가지의 문화와 역사를 온전히 담고 있는 곳이기도 하다. 이 시장의 본래 뜻을 살펴보자면, 터키어로 '바쉬(baš/ 터키어로 baş)'와 '차르쉬야(čaršija/ 터키어로 çarşı)'의 합성어로 '큰 시장' 혹은 '중앙 시장'이란 뜻을 지니고 있다. 중세에는 약 12,000명의 장인 가게들과 상점들이 자리할 정도로 거대한 시장 규모를 자랑했지만, 17세기의 지진과 수 차례의 화재 그리고 19세기 대화재로 인해 그 규모가 절반으로 줄어들었고, 1914년 사라예보 사건 당시에는 이슬람교도들에 의한 반(反)세르비아 폭동이 발생하여, 시장내 세르비아 상인들이 집단 학살되는 아픔을 겪기도 했지만, 오늘날 세계적으로 유명한 관광지가 되면서 이곳을 차는 관광객들에게 쇼핑과 맛난 보스니아 음식을 만끽하는 기쁨을 안겨주고 있다.

사라예보 바쉬차르쉬야 중앙시장에 자리한 이슬람 전통 시장

오늘날 사라예보는 유럽의 어느 도시들보다도 가장 많은 변화를 겪고 있다. 특히, 민족 간 불신과 증오를 낳았던 보스니아 내전 및 과거의 상처를 치유하기 위한 여러 복구의 움직임이 사라예보를 중심으로 현재까지도 계속 이어지고 있으며, 이러한 복구 노력으로 오늘날 사라예보는 예전의 다양한 문화의 아름다움과 종교적 관용 도시로 점차 탈바꿈해 가고 있다.

### 3) 스르프스카 공화국(Republic of Serbia in Bosnia)

세르비아계를 중심으로 한 스르프스카 공화국은 주요 도시를 중심으로 한 64개의 행정 구역으로 나뉘어져 있으며, 보스니아 영토의 49%를 차지하고 있다. 지리적으로 스르프스카 공화국은 폭이 약 5km에 해당하는 좁은 브르츠코 회랑지대를 따라 북부지역은 서-동부 방향으로, 동부지역은 북-남부로 지형이 뻗어있는 등 양 지

스르프스카 공화국 선거 포스터

역으로 나누어져 있다. 스르프스카 공화국의 전체 국경선 길이는 2,170km이며, 보스니아-헤르체고비나 연방(보스니아 무슬림계와 크로아티아계 연합)과의 국경선은 1,080km에 해당한다.

다민족 사회인 보스니아 내에서 거주하는 세르비아인들의 주요 관심은 세르비아인들의 민족 정체성 유지와 이를 위한 민족구성원의 증대라 할 수 있을 것이다. 하지만 민족 구성원 증대에 대한 대다수 세르비아인들의 희망과는 달리 보스니아 내 세르비아인들의 수적 감소는 계속되어 왔다. 1865년 보스니아 내 인구조사에 따르자면 당시 46.3%를 차지하고 있던 정교도 세르비아인(무슬림 30.7%, 가톨릭 크로아티아계 22.7%)들은 보스니아의 오스트리아 지배가 있던 1910년 인구조사에서 43.5%(무슬림 23.2%, 가톨릭인 23.2%)로 감소 추세를 보였다. 제1, 2차 세계대전을 거치면서 이러한 민족 구성 분포는 급격하게 변화해, 1971년 실시한 인구조사에서 정교도 세르비아인은 37.2%로 제1 주요 민족의 자리를 39.6%를 차지한 무슬림들에게 내주게 되었다(당시 가톨릭인 20.6%). 이후부터 현재까지 세르비아계는 보스니아 내 제2 주요 민족으로 자리하고 있다.

스르프스카 공화국의 90% 이상은 세르비아인이나 이외에도 보스니아인(민족 간 혼혈인 혹은 무슬림인), 크로아티아인, 체코인, 우크라이나인 등이 함께 거주하고 있다. 공화국의 공식 언어는 세르비아어이며, 문자는 키릴 문자를 주로 쓰고 있다.

제2차 세계대전 이후 일어난 산업화와 근대화 과정을 통해 보스니아는 놀랄만한 도시화를 이루었으며, 도시들은 주로 주변 인근의 마을들과 함께 연계된 경제와 문화 시스템으로 구축되어 현재에 이르고 있다. 높은 인구 집중률을 보이고 있는 스르프스카의 파노니아 평원지대 거주민들은 주로 지역적 특성을 활용한 농장과 목축업에 전념하고 있다. 스르프스카의 산림 자원은 내전 이전까진 매우 풍부했으나, 현재는 많은 산림 자원이 파괴된 상태이다. 산악지대와 저지대 구릉 지대에서는 주로 목초지가 매우 활성화되어 있어 여러 가축들을 양목하고 있다. 특히 이 지역에서 생산되는 보스니아산 고랭지 채소에 대한 평은 매우 우수하다.

스르프스카의 자연적 특징들은 그 지도만큼 매우 다양하고도 복잡하게 나타나고 있다. 북부는 파노니아 평원지대로 대체로 낮은 구릉과 언덕들이 산재해 있으며, 동부지역은 대체로 코자라(Kozara) 산 등 높은 고원지대와 험준한 산악을 형성하고 있다.

(1) 반야 루카(Banja Luka)

반야 루카는 보스니아의 제2 도시로 브르바스(Vrbas) 강 유역에 자리 잡은 스르프스카 공화국의 수도이자 정치, 경제, 사회, 문화의 중심지이다. 도시는 시내 중앙을 가로지르며 흐르는 브르바스 강과 주변의 높고 낮은 여러 언덕과 산들로 둘러싸여져 있다. '그린 타운(green town)' 이란 이름을 얻을 정도로 도시 내부는 수많은 가로수들이 매우 인상적이며, 공원과 잔디 밭, 숲 그리고 과수원 등이 약 2천 4백 에이커를 차지해 도시에 신선한 산소를 제공하고 있다. 현재 발칸의 서부와 동부를 잇는 주요 교통의 요충지로 탈바꿈하고 있는 반야 루카는 2013년 현재 약 24만 명이 거주하고 있으며, 내전 이후 약 6만 5천여 명의 피난민이 새로 유입해

반야 루카의 전경

들어왔다.

반야 루카의 원주민들은 발칸 유럽 내 주요 부족 국가 중 하나였던 일리리안 부족이다. 하지만 BC 9세기경 로마는 일리리안 부족 국가를 정복하였고, 반야 루카는 한동안 로마의 직접적인 통치를 받게 된다. 정복 후 로마인들은 브르바스 왼쪽 강둑을 따라 군사 요새를 건축하고 북으로부터 밀려오는 이민족들의 침입을 방지하려 했다. 하지만 6세기 말부터 시작된 슬라브족들의 이주에 의해 반야 루카는 점령되었고, 이후부터 슬라브족들은 현재까지 이 지역의 주요 민족으로 정착하게 된다.

오랜 세기 동안 반야 루카는 주변 강대국들의 지배 하에 놓여 있어야 했다. 이 도시가 반야 루카란 이름을 얻게 된 것은 기록에 따르자면 1494년 2월 헝가리 왕 블라디슬라프 2세(Vladislav II)에 의해서이다. 'Banja'는 '온천'이란 뜻을 가지고 있고, 'Luka'는 브르바스 강둑에 위치한 항구도시와 같은 인상을 남겼다는 뜻에서 유래했다.

1528년에 오스만 터키 지배 하로 들어간 반야루카에는 오스만 지배 기간 동안 여러 온천들과 이를 위한 시설들이 개발되었으며, 1638년까지 보스니아를 관할하는 오스만 터키 총독(파샤 Pasha/ Paša) 행정 관청이 이곳에 자리를 잡음으로서 보스니아의 주요 정치와 관광 도시로 발전하게 된다. 1878년 6월 베를린 조약에 따라 보스니아가 오스트리아-헝가리 이중제국의 영토로 편입되자, 반야 루카는 오스트리아의 영향 하에서 이번에는 교육과 경제 도시로 탈바꿈하게 되는 계기를 마련하게 된다. 양차 세계대전 동안 많은 희생자를 내었던 반야 루카는 사회주의 유고연방 하에서 보스니아의 제2도시로 급성장하였으며, 사라예보와 함께 보스니아의 주요 도시로 자리를 잡게 되었다.

로마 역사가들은 반야 루카를 브르바스 강둑에 세워진 아름다운 도시로 묘사하였으며, 오스만 터키의 여러 문학과 예술 작품 속에서도 또한 반야 루카는 애절한 사랑과 전설이 담긴 도시로 이야기되어지곤 했다. 반야 루카의 주요 경제 생산품으로는 직물, 담배, 맥주와 그 외 기초 생활용품들이 현재 생산되고 있으며, 인근에 수력발전소와 광산들이 있다.

### 4) 보스니아-헤르체고비나 연방
### (Federation of Bosnia and Herzegovina)

(1) 모스타르(Mostar)

보스니아-헤르체고비나에서 다섯 번째로 큰 도시로 인구 약 11만 명을 지닌 헤르체고비나 지방을 대표하는 모스타르는 네레트바 강 위로 형성된 중세 도시로, 1468년 오스만 터키가 이곳을 지배한 이후 세워진 중세 이슬람 풍 건축물들이 특징이다. 위치는 보스니아의 수도인 사라예보와 크로아티아의 아드리아해 유명한 관광 도시인 두브로브니크 사이의 가운데 위치해 있으며, 중세 터키식 건물, 조약돌이 길게 깔린 거리, 터키식 기념품 가게 등 회교문화를 만끽할 수 있다는 측면에서 많은 관광객들의 사랑을 받았던 지역이다. 전통적인 구분에 따르자면, 도시는 크게 상업지역인 차르쉬야(Čaršija)와 주거 지역인 마할라(Mahala)등 두 지역으로 나뉘어져 있다.

네레트바 강을 잇는 길이 28m, 높이 20m로 된 아치형 터키식의 '모스타르 다리(통상 현지에선 스타리 모스트(Old Bridge/ Stari most)라 칭함)'를 경계로 서쪽에는 크로아티아인들이 그리고 동쪽에는 무슬림인들이 함께 오랜 기간 동안 서로의 문화를 존중하며 살아왔었다. 처음 모스타르 다리는 목조로 지어져 있었으며, 따라서 중세 터키에선 이 도시를 '다리에 있는 요새(Köprühisar)'란 이름으로 불렀었다. 이후, 모스타르 다리는 오스만 터키의 최대 전성기를 구축한 술탄 술레이만 1세(Suleiman I, 1494~1566, 재위 1520~1566)의 명령에 의해 1520년부터 재건축이 시작되어 1566년 당시 오스만 터키의 가장 유명한 건축 예술가 중 한 사람으로 손꼽히던 미마르 하이레딘(Mimar Hayruddin/ Mimar Hairedin)에 의해 석조다리로 새롭게 디자인되고 건설되게 된다.

15세기 오스만 터키가 보스니아와 헤르체고비나를 점령함에 따라 모스타르는 터키의 문화와 경제적 영향을 받아야 했으며, 훗날 헤르체고비아 지방의 행정 수도가 되었다. 하지만 오스만 터키의 쇠락과 함께 러-터 전쟁의 여파로 인해 수립된 1878년 베를린 조약 이후부터는 오스트리아-헝가리 제국 지배 하로 넘어가, 오스트리아의 문화적 영향 하에 놓이게 된다. 제 1차 세계대전이 끝난 1918년에

모스타르 다리의 낮과 밤의 전경

는 최초의 남슬라브족 왕국인 '세르비아- 크로아티아-슬로베니아 왕국' 하에 그리고 제 2차 세계대전 이후에는 보스니아-헤르체고비나 공화국의 주요 도시로서 발전을 거듭하게 된다.

하지만 1992년 3월 보스니아의 독립선언과 이후 바로 일어난 보스니아 내전에서 모스타르는 주요 민족들의 전쟁 거점이 되는 고통을 겪어야 했다. 내전 초기 세르비아 민병대들의 대규모 공격에 대해 모스타르의 무슬림계와 크로아티아계는 서로 힘을 합쳐 이를 물리치는데 성공하게 된다. 하지만 세르비아계의 공격이 끝난 직후 크로아티아계는 모스타르와 인근 지역을 무력을 통해 장악하였고, 곧 이어 자신들이 보스니아 내에 새로이 수립한 '헤르체그-보스니아 공화국(Republic of Herzeg- Bosnia)'의 수도로 설정해, 이웃하고 있는 크로아티아 공화국과의 병합을 추진해 나갔다. 세르비아계의 계속된 공격 속에서 크로아티아계와의 연합에 희망을 걸었던 보스니아 무슬림계는 이러한 크로아티아계의 모스타르 장악에 강력히 반발하였고, 양측 간의 군사적 충돌은 특히 1993년 봄을 기점으로 촉발되게 된다. 모스타르는 이러한 충돌의 주요 전쟁터가 되었고, 결국 1993년 11월 모스타르의 가장 유명한 상징물이자 보스니아 내 민족 간 화해의 징표였던 모스타르 다리가 크로아티아계의 맹렬한 포격으로 인해 파괴되어지고 만다. 양 민족 간의 연결의 의미를 지니고 있던 모스타르 다리를 파괴하고 모스타르시를

내전 당시 파괴된 모스타르 다리 모습과 다리 인근에 자리한 표지석

점령한 크로아티아 민병대들은 곧 이어 이 지역에 거주하던 무슬림들을 추방하거나 학살하였고, 당시 15세기 이후 건축되어 온 상당수의 회교 사원들이 파괴되는 아픔을 겪어야 했다.

현재 도시 인구는 내전 전의 약 절반으로 줄어들었으며, 도시 내에는 당시 내전의 흔적들이 아직도 일부 남아있다. 하지만 여러 국가들과 세계 기구들의 지원을 통해 과거 UNESCO 지정지(2005년 재지정)로 또 문화와 종교가 다른 민족 간 화해와 연결의 상징물로 세계 여러 관광객들의 사랑을 받았던 모스타르 다리를 재건하기 위한 노력들이 현실화 되어 2004년 7월 마침내 재건축되었고 이후 과거와 같이 매년 여름 다리 위에서 네레트바 강 위로 번지 점프하는 축제가 이어지고 있다. 더불어 파괴되었던 여러 회교 사원들과 오스만 터키 시절 중세 건축물들 또한 재건되고 있다. 그리고 예전의 향수와 기억을 찾아 모스타르에 오는 관광객들의 수가 계속 늘어가고 있는 등 현재 모스타르는 과거의 아픔을 딛고 밝은 미래를 향해 힘차게 나아가고 있는 중이다.

## 발칸유럽 들여다보기

# VII

## 발칸반도의 숨겨진 보석, 세르비아

# 제7장_발칸반도의 숨겨진 보석, 세르비아

(출처: http://www.encyclopedia.com)

정식 국명 세르비아 공화국(The Republic of Serbia)
수도 베오그라드(Belgrade/ Beograd, 135만 명, 2013)
정치 특징 2008년 2월 이후로 코소보가 독립해나감.
인구 712만 명(2013, 코소보 제외)
언어 세르비아어(문자는 키릴문자)
화폐단위 디나르(Dinar)
종교 정교(85%), 가톨릭(5.5%), 이슬람(3.2%)…
민족 세르비아인(83%), 헝가리인(4%, 보이보디나 지방 인구의 약 13%를 차지)...
주요 공휴일 1월 6~7일(정교 크리스마스), 1월 14일(정교 신년), 3월 8일(여성의 날), 5월 1일(노동절)…

## 1. 일반개요

### 1) 국가 개요

세르비아(Serbia/ Srbija, Србија) 북부는 다뉴브 강이 흐르는 평야지대로 매우 비옥한 토지로 이루어져 있으나, 남부는 알프스 산맥과 발칸산맥으로 둘러싸인 석회암 지대로 구성되어 있다.

사회주의 유고슬라비아 연방이 붕괴된 이후 세르비아 공화국은 몬테네그로 공화국과 함께 1992년 4월 신(新) 유고슬라비아 연방을 결성하게 된다. 이후 몬테네그로 공화국의 독립 요구를 무마하기 위해 세르비아 공화국은 2003년 3월 이후로 국명을 개칭해 몬테네그로 공화국과 함께 '세르비아-몬테네그로 연합'을 형성하였다. 하지만 몬테네그로의 독립 요구가 계속 이어졌고, 2006년 5월 치른 독립투표에서 몬테네그로 독립이 확정되고 동년 6월 독립이 선언된 후 현재는 개별 공화국으로 발전을 도모하고 있는 상황이다. 세르비아의 수도는 베오그라드(Belgrade/ Beograd)이다. 2013년 현재 베오그라드의 인구는 약 135만 명, 그리고 주변 위성 도시를 합친 광역 도시 개념으로는 266만 명에 달하고 있으며, 이곳은 세르비아 공화국의 행정, 경제 그리고 문화의 중심부라 할 수 있다. 세르비아 공화국은 북부의 보이보디나와 남부의 코소보(Kosovo)라는 두 개의 자치주를 지니고 있었는데, 이중 세르비아 남부에 위치해 알바니아인들이 다수 거주하고 있는 코소보(수도는 프리쉬티나 Priština)는 2008년 2월 독립을 선언한 이후, 현재까지 세르비아와 러시아 등 일부 국가들의 불인정에도 불구하고 국제적으론 세르비아로부터 독립된 지역으로 인정되고 있다. 이 외에 자치주 중 세르비아의 북부에 위치해 헝가리와 접하고 있는 보이보디나 자치주의 수도는 노비 사드(Novi Sad)이다. 세르비아 공화국은 헌법에 따라 공화국 영토 내에 거주하는 모든 국민들에게 민주적 권리를 부여하는 민주 국가를 표방하고 있다.

공화국의 공식 언어는 세르비아어이며, 공식문자로는 라틴문자와 함께 키릴(Cyril)문자를 주로 사용하고 있다. 소수 민족들이 거주하는 지역에서는 법에 제정된 대로 소수민족 언어와 문자가 사용된다. 세르비아 공화국의 국기는 위에서

부터 아래로 빨강색-청색-흰색의 삼색으로 구성되어 있으며, 그중 빨강색은 세르비아 민족의 피와 혁명을 상징하며, 청색은 세르비아의 맑은 하늘을 그리고 백색은 세르비아에 비치는 태양 빛을 상징하고 있다.

세르비아 공화국 국기 바탕위에는 '4C'가 써져 있는데, 이것은 중세 세르비아 왕국 수립 초기, 로마 교회로부터 세르비아 왕국이 가톨릭으로 전환할 것을 강요받는 와중에 세르비아 독립 정교회를 수립하였던 성 사바(St. Sava, 1174~1236)가 세르비아인들에게 정교를 중심으로 단결할 것을 요청한 문구인 "오직 단결만이 세르비아인을 구원할 수 있다(Only Unity Saves the Serbs (세르비아어로는 Samo Sloga Srbina Spasava))."라는 문장 중 문자의 첫 글자인 4개의 'S' 를 따서 만든 상징물이다 (세르비아에서 주로 쓰이는 키릴 문자로 'C'는 라틴문자로는 'S'를 상징하고 있다). 이 문장은 세르비아가 위기를 맞이할 때마다 세르비아 민족의 단결을 위해 흔히 사용돼왔다.

2013년 현재 세르비아의 인구는 약 712만 명에 달하며, 이중 세르비아인은 전체 인구의 약 83%를 차지하고 있다. 그 뒤를 이어 보이보디나 지방에 주로 거주하는 헝가리인이 약 4% 가까이를 차지하고 있다. 그리고 보스니아인(2%), 롬인(집시), 민족 간 혼혈로 태어난 유고슬라비아인 등이 그 뒤를 따르는 등 세르비아 공화국의 민족 구성은 매우 다양하게 구성되어져 있다. 세르비아 공화국은 헌법상 세르비아 국내에 거주하는 모든 민족은 동등한 권리와 의무를 지니며, 완전한 민족 평등권을 누리는 것으로 되어 있다. 또한 세르비아 공화국의 헌법은 국제 기준에 부합한 소수민족의 권리를 보장하고 있다.

세르비아의 주 종교는 세르비아 정교를 포함해 전체 종교 인구 중 85%를 차지하는 정교이다. 1219년 이래 성 사바에 의해 독립 정교회로서 자치권을 획득한 세르비아 정교회는 비록 오스만 터키 지배 하에서 한동안 독립 정교회의 위치를 상실하기도 했으나, 외세 지배 하에서도 계속해서 세르비아의 국가 정체성 수호와 발전에 큰 기여를 하여 왔다. 세르비아 정교 외에도 세르비아 공화국내에는 가톨릭교(5.5%), 이슬람교(3.2%), 개신교(1.1%) 등 여타의 종교 단체들도 자유로운 종교 활동을 하고 있다.

생각하기

## 발칸유럽 분쟁의 주요 원인 중 하나인 '세르비아니즘'에 대해 알아볼까요?

극단적 세르비아 민족주의의 한 형태인 세르비아니즘은 중세 세르비아 왕국과 14세기 당시 최대 전성기였던 두샨 황제 시절의 영토, 문화적 확대 등 역사적 당위성에 기초하고 있다. 이러한 역사적 당위성을 기초로 세르비아니즘은 18세기말 미국 독립 운동과 프랑스 혁명을 통해 출현하게 된 민족주의가 19세기 나폴레옹 유럽 원정으로 발칸유럽에 근대 민족주의 사상을 전파시킨 이후 세르비아 민족들 사이에 하나의 중요 이데올로기로 정착하게 된다. 이후 세르비아니즘은 발칸유럽 내 주요 갈등의 요인으로 등장함으로서 제1차 세계대전의 도화선을 제공하였고, 20세기 말 국제역학 구도의 변화를 가져왔던 보스니아 내전과 코소보 전쟁과 같은 세계사적 의미를 지니는 여러 사건들의 원인이 되기도 하였다.

## 세르비아 민족에게 있어 세르비아 정교는 어떤 의미를 지니고 있을까?

스투데니짜 수도원에 있는 성 네마냐와 성 사바의 프레스코화

6세기 이후로 발칸유럽지역에 정착하게 된 세르비아인들은 9세기 중엽 이 지역의 주요 종교였던 정교를 받아들였고, 이때 이후로 정교는 세르비아 민족의 정신세계에 중요한 영향을 미치게 되었다. 특히 중세 세르비아 왕국의 국가적 기틀을 마련하였던 스테판 네마냐(Stefan Nemanja, 1113/4~1199, 대족장 재위 1166~1196)와 그의 막내아들인 라스트코(Rastko, 훗날 성 사바 St. Sava로 불림)왕자는 세르비아 정교의 독립과 발전 그리고 보급에 중요한 역할을 하였다. 세르비아 정교와 세르비아 중세 왕국간의 강력한 연대 관계를 기초로, 세르비아는 정치적 안정을 유지할 수 있었고, 무엇보다도 세르비아 민족 간의 내부적 갈등과 분열을 해결하면서 세르비아 민족 정체성을 지켜 나갈 수 있었다. 이처럼 세르비아 정교는 중세 이후 세르비아 국가 건립과 발전 그리

고 민족 간 단결에 중요한 요소로 자리 잡음으로써, 이후 19세기 민족주의가 발칸유럽으로 전파된 이후 형성된 세르비아 민족주의의 주요 핵심이 되게 된다.

### 2) 자연과 지리

세르비아 국경의 길이는 총 2,397km이며, 동쪽으로 이르는 국경은 불가리아, 북동쪽으로 이르는 국경은 루마니아, 북쪽으로 이르는 국경은 헝가리, 서쪽은 크로아티아와 보스니아-헤르체고비나 그리고 남쪽으로는 알바니아, 마케도니아와 접해있다. 세르비아는 유럽과 아시아를 잇는 가장 중요한 구역인 발칸반도의 중앙에 위치하고 있으며 88,361㎢의 면적을 차지하고 있다. 세르비아는 서유럽 시간대에 있으며(그리니치 표준시보다 한 시간 앞서 있음), 이곳의 기후는 일 년의 사계절이 점차적으로 변화하는 대륙성 기후를 나타내고 있다.

세르비아의 지역적 특징은 영토가 유럽을 가로지르듯이 향해 있다는 점이다. 따라서 세르비아의 강가와 계곡을 지나 형성된 국제적인 도로와 철로들은 한쪽으로는 서부와 중부유럽을 또 다른 쪽으로는 아시아와 아프리카 중동지역을 가장 빠르게 연결하는 등 지리적인 중요성을 안고 있다. 유럽과 아시아를 잇는 이러한 도로와 철로들은 모라바(Morava)강의 계곡 길을 따르다가 니쉬 근처에서 두 갈래로 나뉘게 된다. 그중 한 갈래는 남쪽 모라바 강과 마케도니아의 바르다르 강에서 그리스의 데살로니카로 이어지며, 또 다른 한 갈래는 사바 강에서 불가리아의 소피아(Sofia)와 터키의 이스탄불로 이어져 있다.

세르비아의 강들은 흑해, 아드리아해 그리고 에게 해의 분지에 속해 있으며, 대표적인 세 개의 강인 다뉴브, 사바, 그리고 티사 강이 세르비아 내륙을 관통하며 흐르고 있다. 세르비아의 가장 긴 강은 다뉴브 강으로 이 강은 전체 2,857km중 588km가 세르비아를 가로 질러 흐르고 있다.

보이보디나를 비롯해 북부 세르비아는 주로 파노니아 평야에서 비롯된 평원지역이다. 반면에 중부와 남부 세르비아는 높은 고지와 산으로 이루어져 있다. 평지는 대부분 세르비아 북부의 보이보디나 지역(파노니아 평지와 그 가장자리)이고, 세르비아 지역의 55%는 경작지로, 그리고 27%는 산림지역으로 활용되고 있다. 세르비아의 산들은 세르비아 남부 발칸 사맥 지대를 중심으로 비교적 높은 고지대를 형성하고 있는데, 이 중 10여개 이상이 2,000m가 넘으며, 특히 발칸 산맥 지대 중 미조르(Midžor) 봉이 2,156m로 가장 높은 곳이다. 만약 코소보와 합쳐서 최고봉을 이야기 한다면 코소보 프로클레티야(Prokletija)지역에 위치한 제라비짜(Đeravica)산이 가장 높다고 할 수 있다(2,534m).

기후는 지형에 따라 다양한 형태를 보이고 있는데 북부는 대륙성 기후로 겨울에는 춥고 여름에는 소나기를 동반한 덥고 습한 날씨의 특징을 보이고 있다. 반면 몬테네그로, 코소보와 접하고 있는 남부 지역은 대륙성 기후와 지중해성 기후가 서로 혼재되는 특징을 지니고 있으며, 특히 겨울에는 폭설이 자주 내리고 여름에는 덥고 건조한 날씨를 보이고 있다.

## 2. 역사

### 1) 제1차 세계대전 이전까지의 세르비아 역사

6세기 이후로 슬라브족들은 현재의 세르비아를 포함한 발칸유럽지역에 남하하여 남슬라브족 부족 국가들을 수립하게 된다. 이후 14세기 오스만 터키가 쳐들어와 이 지역을 지배하기 이전까지 세르비아 중세 왕국은 코소보를 중심으로 왕국을 수립하고, 비잔틴 제국과 견주며 발칸유럽의 주요 중세 국가로 부상하였다. 특히 14세기 초 두샨 황제 시기 중세 세르비아는 발칸유럽의 대부분 지역을 장악하고 비잔틴 제국을 위협할 정도로 최고의 전성기를 구가하면서 거대 제국으로 성장하였다. 하지만 두샨 왕 사후 아들들의 권력 다툼과 오스만 터키의 공격으로 국력이 쇠락하게 된다. 특히 1389년 제1차 코소보 전투에서 세르비아 군이 오스만 터키 군에게 패함으로써 오스만 터키의 실질적인 영향력 하에 들어가게 되었고, 이어 1459년 마지막 요새였던 스메데레보(Smederevo)가 터키 군에게 함락됨으로써 세르비아 중세시대는 끝을 맺었다. 하지만 러·터 전쟁 이후 맺어진 1878년 3월 산 스테파노 조약과 동년 6월 베를린 조약을 계기로 세르비아는 독립 국가로 등장하게 되었고, 이후 1912년과 1913년에 걸친 제1, 2차 발칸전쟁으로 인해 다시 한 번 발칸유럽의 주요 국가로 등장하게 된다.

스메데레보 요새 전경

생각하기

## 세르비아 역사상 가장 위대한 인물, 두샨 황제

두샨 황제와 스코프예에서 황제 대관식을 치루고 있는 모습

세르비아 역사상 가장 위대한 왕으로 칭송 받는 인물로는 14세기 두샨 황제를 들 수 있다. 이 시기에 서로마와 비잔틴 제국, 소아시아의 중간 교역로에 위치하였던 세르비아는 활발한 중개무역을 통해 부를 축적하였고 안정된 정치력과 강력한 군사력

을 바탕으로 발칸유럽의 대부분 지역을 장악하면서 역사상 최대의 전성기를 맞이하게 된다. 1346년 마케도니아의 수도인 스코프예(Skopje)에서 '세르비아와 그리스의 왕'으로 추대된 두샨은, 비잔틴을 격파한 이후 왕국의 수도를 마케도니아의 오흐리드로 옮기고 황제(Car)란 칭호를 사용하였다. 또한 발칸의 전 지역을 관할하는 총대교구로써 세르비아 정교를 발전시키려는 야심에 따라 두샨은 세르비아의 쥐짜에 있던 세르비아 독립 정교회 교구를 코소보의 페치(Peć)로 옮겼다. 그리고 1354년에는 비잔틴 법전을 기초로 세르비아 민족의 전통과 관습을 가미시킨 독자적인 '세르비아 법전('두샨 법전'이라고도 불림)'을 완성시킴으로써 중세 세르비아 왕국의 전성기를 계속 유지해 가려 하였다.

두샨 황제 시절 당시 세르비아의 영광은 1844년 세르비아니즘의 이론 구축화에 기여하였던 일리야 가라샤닌(Ilija Garašanin, 1812~1874)에 의해 다시 제창되었고, 그는 세르비아 근대국가의 모델로서 중세 두샨 황제 시절의 영토적 당위성을 기초로 한 '대(大)세르비아(Great Serbia) 국가' 건설을 세르비아니즘의 이론적 기틀로 삼았다.

## 세르비아인들에게 있어 오스만 터키 군과의 1389년 코소보 전투의 의미

코소보 전투(1389) 상상도

1389년 세르비아를 중심으로 한 10만 크리스트교 연합군이 오스만 터키군과 치룬 코소보에서의 전투가 세르비아 민족의식과 세르비아 민족주의 형성에 미친 영향은 매우 컸다. 코소보는 중세 세르비아 왕국의 발원지이자 세르비아 정교의 핵심지역으로 역사적 상징성을 지닌 여러 정교 사원들이 존재하고 있는 등 세르비아 민족들에게 있어 정신적 고향과도 같은 의미를 지니고 있는 지역이다. 이와 함께 코소보 전투 이후 이와 관련된 여러 전설들은 훗날 세르비아 민중들에게 민담과 구전문학을 통해 계속해서 전해 내려왔고, 외세의 침입이 있을 때마다, 코소보 전투와 그 신화는 세르비아 민족의 저항정신을 고취시키는 주요 의미를 담당하여 왔다. 실제 1389년의 코소보 전투는 역사가들의 평가와 문학가들의 묘사를 통해 세르비아 역사에서 세르비아 중세 왕조의 몰락과 이민족(오스만 터키)의 세르비아 지배가 시작되는 치욕의 역사로서 기록되어 왔고, 훗날 세르비아 민족의식과 세르비아 민족주의의 출발점으로 인식되고 있다.

### 2) 양차 세계대전 사이의 세르비아

알렉산다르 1세의 왕위 즉위식

1914년 6월 28일 보스니아 사라예보에서 이중제국 열병식에 참석하고 있던 오스트리아 황태자 부처가 세르비아 민족 청년인 가브릴로 프린찌프에 의해 암살되면서 제1차 세계대전이 촉발되게 된다. 이후 제1차 세계대전에서 승리한 세르비아는 이웃한 같은 남슬라브족인 슬로베니아와 크로아티아와 연합해 1918년 최초의 남슬라브족 통합국가인 '세르비아-크로아티아-슬로베니아 왕국'을 수립하게 된다. 하지만 양차 대전 사이 신생왕국은 민족들 간의 이해 다툼과 권력 갈등으로 인해 혼란이 지속되었고, 이어 1929년 알렉산다르 1세(Aleksandar I Karađorđević, 1884~1934, 재위 1921~1934) 왕을 중심으로 국명을 '유고슬라비아 왕국'으로 개칭하며 다시 한 번 중흥을 꾀하였으나, 주변 열강들의 간섭과 민족 간 분열로 인해 실패하게 된다.

생각하기

## 제1차 세계대전의 서막을 연 가브릴로 프린찌프

제1, 2차 발칸전쟁(1912~1913)의 승리를 통해 자신감을 얻게 된 세르비아 근대 왕국은 이후 세르비아인들에게 있어 성지로 여겨지는 코소보 지역과 1878년 베를린 조약 이후 오스트리아의 영토로 편입되었지만 세르비아인들이 다수 거주하고 있었던 보스니아 지역으로의 진출을 꾀하였다. 반면 당시 오스트리아(오스트리아-헝가리 이중제국)는 발칸유럽 내 식민지 안정과 확대를 위해 세르비아의 야심을 강력히 견제하고자 했다. 20세기를 전후해 발칸유럽으로의 식민지 획득을 위한 오스트리아의 동진(東進) 정책과 이 지역에 세르비아 민족주의를 확산시켜 '대(大)세르비아 국가'를 건설하려 했던 세르비아 간에는 수차례의 충돌이 계속해서 일어나고 있었다.

이런 상황 속에 보스니아 내 세르비아인 비밀 결사 단체인 '젊은 보스니아(Young Bosnia/ Mlada Bosna)'의 단원이었던 가브릴로 프린찌프는 1914년 6월 28일 세르비아 성령축일이자 1389년 코소보 전투의 아픔을 간직하고 있는 '비도브단(Vidovdan/성 Vitus의 날)'에 사라예보에서 이중제국 열병식이 열리자, 오스트리아의 페르디난드 황태자 부처를 총으로 암살하게 된다. 오스트리아 황태자 부처의 암살은 발칸유럽의 주도권을 둘러싸고 갈등 관계에 있던 오스트리아와 세르비아 간의 관계를 급격하게 냉각시켰고, 곧 이어 제1차 세계대전의 도화선이 되었다.

### 3) 사회주의 유고슬라비아 연방 하에서의 세르비아

평양을 방문한 티토

제2차 세계대전에서 독일 등 구축 군들의 보상 물로 전락한 유고슬라비아 왕국은 대전 이후 티토를 중심으로 한 사회주의 유고슬라비아 연방국가로 변모하였다. 티토는 독자적인 공산화를 이룬 자부심과 카리스마로 여러 다양한 민족과 문화로 이루어진 유고슬라비아를 자신의 주요 3대 정책인 '유고슬라비즘(민족정책)'과 '비동맹 정책(외교 정책)' 그리고 '자주 관리제도(경제, 사회정책)'를 기초로 한 티토이즘을 중심으로 잘 이끌어 왔었다. 하지만 1980년 5월 티토의 사망 이후 그동안 억눌려 왔던 여러 민족들의 민족주의 움직임이 다시 재현되었고, 여기에 편승한 세르비아의 슬로보단 밀로쉐비치(Slobodan Milošević, 1941~2006), 사회주의 세르비아 대통령(1989~1991), 세르비아 대통령(1991~1997), 신유고연방 대통령(1997~2000)는 곧 바로 세르비아 민족의 주요 구심점으로 부상하게 된다. 이어 1991년 슬로베니아와 크로아티아의 연방 탈퇴 선언에 뒤 이은 유고 내전과 보스니아 내전으로 연방은 결국 분리되었으며, 이전의 6개 공화국 중 세르비아와 몬테네그로 공화국만이 남아 1992년 신유고 연방을 구성하게 된다.

세르비아 민중들에게 환영받는 밀로쉐비치

#### 4) 신(新)유고슬라비아 연방 하에서의 세르비아

신 유고연방 결성 이후 밀로쉐비치를 중심으로 한 세르비아는 알바니아 탄압과 반(反)서방 정책을 고수한 결과, 1999년에 NATO군에 의한 코소보 공습을 맞았다. 79일간 이루어진 공습으로 인해 세르비아는 경제적, 정치적으로 많은 피해를 입게 되었으며, 결국 이것은

NATO 폭격에 의해 파괴된 세르비아 정부 건물

2000년 10월 밀로쉐비치가 민중혁명에 의해 권좌에서 축출되게 되는 계기가 된다.

2000년 10월 민주화 혁명 이후 민주 인사인 보이슬라브 코슈투니차((Vojslav Koštunica), 1944~), 신유고연방 대통령(2000~2003), 세르비아 총리(2004~2008)가 새로 유고슬라비아 연방 대통령으로 임명된 이후 세르비아는 친(親) 유럽, 서방정책을 표방하면서 현재에 이르고 있다. 하지만 국내적으론 2006년 몬테네그로 독립, 2008년 2월 독립을 선언한 코소보를 둘러싼 여러 문제와 함께 보이보디나에서의 분리 움직임 그리고 세르비아 민족주의를 표방하는 일련의 이슈들로 인해 여러 갈등 또한 현존하고 있는 상황이다. 하지만, 21세기 이후 들어와 세르비아는 IMF와 여러 국제기구들과의 협력 강화는 물론 외자 유치 노력 그리고 무엇보다도 EU 회원국 가입을 위한 여러 준비들을 진행 중에 있으며, 조금씩 그 결실들이 기대되고 있다 하겠다.

생각하기

### 코소보와 밀로쉐비치

헤이그 전범 재판장으로 들어가는 밀로쉐비치

1980년 티토가 사망한 후 그동안 티토의 카리스마에 눌려 잠재되어 왔던 민족주의 열기가 연방 내 곳곳에서 다시 일어나는 가운데, 세르비아 민족주의 또한 1987년 밀로쉐비치가 코소보에서 행한 강력한 세르비아 민족주의 연설을 계기로 다시 부활하게 된다. 당시 코소보에선 소수 민족이면서 경제와 정치 주도권을 행사하고 있던 세르비아인들과 다수 민족이면서도 열악한 환경 속에 살고 있던 알바니아인들 사이에 갈등과 충돌이 끊이지 않고 있었다. 1987년 이러한 민족 갈등 진상조사차 코소보에 내려왔던 밀로쉐비치는 그동안 공식석상에서 금기시 되어 왔던 민족주의에 대한 공개적 발언과 함께 강력한 세르비아 민족주의 부활을 선언함으로서 세르비아의 새로운 민족 지도자로 급부상하게 된다.

1989년 세르비아의 대통령으로 당선된 밀로쉐비치는 코소보 독립을 주장하며 시위와 무장 투쟁을 벌이고 있던 알바니아 반군들에 대한 대대적인 소탕과 함께 코소보에 대한 세르비아 영향력 확대를 기도하였다. 하지만 이러한 그의 의도는 79일간 지속되었던 NATO군과의 코소보 전쟁으로 인해 실패로 돌아갔고, 그 여파는 2000년 10월 세르비아 민주화 혁명과 밀로쉐비치의 헤이그 전범 재판소 소환을 불러오게 하였다. 하지만 4년간을 끌어오던 밀로쉐비치의 전범재판에 대한 논쟁, 즉 외세 공격으로부터 세르비아와 민족을 지켜내려 했다는 국가안보 수호자로서의 시각과 인종과 소수민족학살의 주범이라는 시각이, 서로 상충되는 가운데, 밀로쉐비치는 2006년 4월 헤이그 교도소에서 심장마비로 갑작스런 죽음을 맞이하게 된다.

## 3. 정치

세르비아는 다당제를 기초로 한 의회 공화정 국가이다. 행정부는 총리와 각료들에 의해 이끌어지며, 대통령은 국가의 수반으로써 국민 투표를 통해 선출된다. 하지만, 대통령의 경우 상징적인 존재에 불과하며, 행정, 입법, 사법적 권한과 권리가 존재하지 않는다. 입법부의 의회는 4년 임기로 선출된 250명의 국회의원들로 구성되어 진다.

세르비아의 주요 정치 이슈로는 현재 코소보의 독립 문제를 둘러싼 갈등 해소와 함께 국제 사회 및 국제기구들에서의 세르비아 입지 강화라 할 수 있다. 특히 코소보 독립에 대한 세르비아 정부의 공식 입장은 반대이지만, 세르비아가 강력히 가입을 희망하고 있는 EU에서 세르비아의 가입 조건으로 코소보의 독립 인정을 내걸고 있어 향후 세르비아 정부의 선택이 주목되어 지고 있다.

## 4. 한국-세르비아 관계

우리나라와의 관계에 있어선 1989년 12월 27일 사회주의 유고슬라비아 연방과 맺은 외교관계의 틀이 계속 존속되고 있으며(북한은 1971년 9월 2일 수립), 한때 1997년 IMF 여파로 주유고 한국 대사관을 철수시키기도 했으나(주한 유고 대사관 업무는 일본 대사관으로 이전), 2002년 12월 이후 베오그라드에 주유고 한국 대사관이 다시 개설되었다(주한 유고 대사관은 2005년 1월 이후 재개설되었음). 현재 주세르비아 한국 대사관은 세르비아와 함께 몬테네그로를 겸임국으로 하고 있다. 세르비아와 몬테네그로 입국에는 관광 목적 방문시 현재 90일간 무비자 입국이 가능하다.

## 5. 경제

세르비아의 주요산업은 비행기, 자동차, 무기, 전기 장비, 농업 기계 같은 기계 설비와 금속업, 강철, 알루미늄, 구리, 납, 아연, 크롬, 안티몬, 카드뮴, 석탄, 보크사이트, 비철광석, 철광석, 석회암 같은 광공업 그리고 직물, 신발, 식료품등의 소비재가 발달되어 있다. 주요 농축산품으로는 다양한 곡류, 과일, 야채, 담배, 올리브 등이 재배되고 있으며, 소, 양, 염소 등이 주로 사육되고 있다. 주요 수출국으로는 보스니아, 이탈리아, 마케도니아, 독일 등을 들 수 있으며, 주요 수입국들로는 독일, 이탈리아, 러시아, 보스니아, 마케도니아 등을 들 수 있다. 2000년 이후 계속해서 해외로부터의 FDI가 증가하고 있는 추세이며, 해외 여러 국가들과의 FTA에도 매우 적극적인 자세를 취하고 있다.

## 6. 문화

주변 여타 슬라브인들 음식과 비슷한 세르비아 음식은 기존 슬라브 전통 음식

세르비아 전통 음식, 췌밥취치와 플레스카비차

처럼 오랫동안의 터키 지배로 인한 터키풍의 음식 문화가 서로 혼재되어 나타나고, 보이보디나 등 과거 헝가리의 지배를 받았던 지역에서는 굴라쉬 등 헝가리 풍의 음식 문화가 보이고 있다는 특징을 지니고 있다. 세르비아인들이 즐겨 먹는 음식으로는 다진 소고기를 양념해 길게 튀겨서 내 놓는 체밥취치(Ćevapčić), 여러 겹의 파이 속에 소고기를 다진 것 또는 치즈를 넣어 만든 부레크, 소고기 스테이크인 플레스카비차(Pljeskavica), 양파와 고추로 양념된 소고기 혹은 돼지고기를 쇠꼬챙이에 끼어 구워서 내 놓는 라즈니짜(Laznica) 등이 있다. 또한 세르비아인들이 가장 즐겨 먹는 대중적 알코올 음료 로는 라키야(Rakija)를 들 수 있는데, 라키야는 포도, 사과, 매실, 복숭아 등의 햇과일을 발효시켜 만든 브랜디이다.

세르비아 문학은 외세에 저항해 싸운 민족 영웅담을 주제로 한 구비문학이 매우 발달해 있는데, 이것은 오랫동안 오스만 터키 지배 하에서도 세르비아인들이 자신의 민족정체성을 유지하는데 커다란 역할을 하여 왔다. 세르비아 구비문학의 주 소재로는 1389년 오스만 터키 군과의 코소보 전투, 오스만 지배 하에서 압제를 피해 산이나 바다로 도망쳐 의적으로 묘사된 하이두크(Hajduk)와 우스코크(Uskok) 그리고 19세기 초 제1, 2차 세르비아 혁명 등을 들 수 있다.

세르비아에서 가장 유명한 과학자로는 에디슨과 함께 전기 발전에 이바지했던 니콜라 테슬라(Nikola Tesla, 1856~1943)를 들 수 있는데, 크로아티아 내 세르비아 출신인 그는 이로 인해 세르비아와 크로아티아 양측으로부터 민족 원조 논쟁에 휩싸이고 있다. 발명가이자 물리학자, 그리고 기계 공학자이자 전기공학자이기도 했던 그가 세상에 남긴 업적으로는 교류 전기 시스템과 다상 전기 분배 시스템, 교류 모터, 1891년에 개발한 테슬라 변압기(테슬라 코일), 교류 유도 전동기 등 수 많은 발명품들이 있으며, 이것은 오늘날까지도 형광등, 네온사인, 집적회로, 구전번개, 전류 방패막, 무선송전 등 다양한 분야에서 우리의 삶을 윤택하게 하고 있다. 더불어 전기 분야에 뛰어난 실력을 보였던 그의 여러 발명품들은 이후 로봇공학과 탄도학, 컴퓨터공학, 핵물리학, 이론물리학 등 다양한 분야에 기여한 것으로 평가받고 있다. 이후 천재적인 발명가이자 과학자 그리고 전기 공학자이기도 했던 그의 이름을 기리기 위하여, 1960년 '테슬라(기호 T)'는 물리학에서 SI 단위 중 자속 밀도(자기장)에 대한 유도단위인 '웨버(기호 Wb)'

에디슨의 경쟁자로 전기 발전에 업적을 남긴 니콜라 테슬라와 그의 실험장면

스투데니짜 수도원

스투데니짜 수도원 내 프레스코 벽화

로 정의되었고, 오늘날까지 그의 명성을 이어 가고 있다 하겠다.

세르비아의 미술과 중세 유적 중 대표적인 것으로 12세기 말 중세 세르비아 왕국 초기에 건립된 스투데니짜(Studenica) 수도원을 들 수 있다. 스투데니짜 수도원에는 13~14세기 비잔틴 양식의 프레스코 벽화와 수많은 이콘들이 원형 그대로 잘 보존되어 있으며, 1986년 UNESCO 지정지가 된 이후로 많은 정교도인들과 관광객들이 방문하고 있다. 이외에도 중세 세르비아 왕국의 원조인 라쉬카(Raška) 공국의 수도로 현재 세르비아 남부 지방인 노비 파자르(Novi Pazar) 인근에 자리하고 있으면서, 10세기 비잔틴 제국 지배 하에서 세워진 스타리 라스(Stari Ras)성이 유명하다. 스타리 라스성 안에는 아직까지도 이 지역과 비잔틴 문화와의 교류를 상징하는 여러 벽화들과 쥬르졔비 스투포비(Đuđevi Stupovi) 사원 유적 등이 현존하고 있다.

스타리 라스 유적의 인근에는 1979년 UNESCO에 지정된 소포차니(Sopočani) 수도원이 자리하고 있는데, 여기에는 비잔틴 세계와의 교류를 나타내주는 중요한 여러 유적들과 중세 프레스코 벽화들이 남아 있다. 세르비아인들의 성지로서

스타리 라스성과 성내 소장된 프레스코 벽화

소포차니 수도원과 프레스코 벽화

알려진 코소보 내 페치 대교구는 세르비아 독립 정교회의 기원으로 중세 세르비아 건국과 함께 했으며, 따라서 세르비아 민족정신의 구심적 역할을 해왔으나, 1999년 NATO와의 코소보 전쟁 이후 현재는 알바니아인들의 영향력 하로 들어가 세르비아인들의 접근이 어려운 상황이다.

세르비아 민속 음악은 관악기와 바이올린을 주로 사용하는 게 특징이며, 코소보 등 일부 지역의 음악을 통해 5세기 동안 지배 받은 터키의 영향이 많이 남아있음을 확인할 수 있다. 세르비아의 대표적 춤은 콜로(Kolo)라 불리는 원무이며, 보이보디나 일부 지역은 헝가리 영향이, 그리고 코소보 지역의 알바니아인들은 과거 터키식 춤을 추고 있는 게 특징이다.

세르비아의 공용어는 세르비아어이며 키릴과 라틴 문자를 동시에 사용하고 있으나, 코소보 자치주에선 알바니아어가 주로 사용되고 있다. 근대 세르비아어의 창설은 '세르비아어의 아버지'라 불리는 부크 카라쥐치(Vuk Stefanović Karadžić, 1787~1864)에 의해서 만들어졌다.

세르비아어의 아버지, 부크 카라쥐치

세르비아의 현대적인 유명 축제로는 노비 사드에서 매년 7월에 열리는 '엑시스트 음악 페스티벌(Exit Music Festival)'과 '구차 페스티발(Guča Festival)'을 들 수 있다. 엑시스트 페스티벌은 2000년 독재자 밀로쉐비치에 저항하던 젊은이들의 외침에서부터 시작되어 현재 매년 수십만 명

구차 페스티벌의 한 장면

의 해외 젊은이들이 참여하는 일렉트릭(Electric) 음악 페스티벌로 발전하였고, 구차 페스티발은 베를린 장벽 수립과 베트남 전쟁 시작으로 혼란스럽던 1961년에 시작하여 현재는 매년 30만 명에 가까운 관광객과 세계 각 국의 트럼펫 연주자들의 경연을 펼치는 발칸에서의 대표적인 유명 축제로 자리매김을 하고 있다.

생각하기

### 유고슬라비아 영화계의 천재, 에미르 쿠스투리차

세르비아의 대표적인 영화감독으로는 보스니아 사라예보 출신의 에미르 쿠스투리차(Emir Kusturica, 1954~ ) 감독을 들 수 있다. 몽환적 영화 기법을 통해 영화계의 천재 감독으로 알려져 있는 그는 독특한 영화 작품을 통해 영화계를 대표하는 수많은 영화상들을 휩쓴 인물이다. 그의 주요작품들로는 1980년 '돌리 벨을 아시나요?'

에미르 쿠스투리차 감독과 영화 '언더그라운드'의 한 장면

(베네치아 영화제 은사자상), 1985년 '아빠는 출장 중'(칸 영화제 황금종려상), 1989년 '집시의 시간'(칸 영화제 감독상), 1993년 '애리조나 드림'(베를린 영화제 감독상), 1995년 '언더그라운드'(칸 영화제 황금종려상), 1996년 '파리지엔느', 1997년 '검은 고양이 흰 고양이' 그리고 2004년 '인생은 기적처럼' 등의 명작들을 남겼다.

## 7. 주요 지역

### 1) 여행 정보

세르비아를 입국하는데는 육상, 해상, 항공을 통한 모든 수단이 가능하다. 다뉴브 강을 통하여 이동할 수 있고, 베오그라드 공항으로부터는 버스와 기차 등으로 세르비아의 전 지역에 닿을 수 있다. 물론 비행기를 통해 세르비아의 주요 도시인 니쉬 등도 갈 수도 있다.

세르비아 내에 뻗어 있는 국제 도로의 주요 선들은 헝가리 등 중부유럽의 국가들과 그리스 등 남부 발칸유럽지역을 서로 연결하고 있다. 또한 오스트리아의 비엔나를 비롯해 헝가리의 부다페스트 등 중부유럽 지역들로부터 뻗어 있는 도로를 따라 수도인 베오그라드까지 버스와 자가용 운전을 통해 불과 몇 시간 거리에 도달 할 수도 있다. 특히 유럽을 관통하는 E-75 도로는 스칸디나비아를 기점으로 세르비아를 거쳐 불가리아와 그리스 그리고 보스포러스 해협을 거쳐 아시아에 이르는 모든 길로 연결된다.

### 2) 베오그라그 (Beograd/ Belgrade)

중부유럽 남부의 파노니안 평원 끝과 발칸 반도의 북쪽 끝이 만나는 곳, 그리고 다뉴브 강과 사바 강이 만나는 접합 점에 위치한 베오그라드는, 트라키아인과 다치아인을 비롯해 BC 5천년 경에 이 지역에 처음 거주한 정착민들의 흔적을 찾

베오그라드 상징 문장

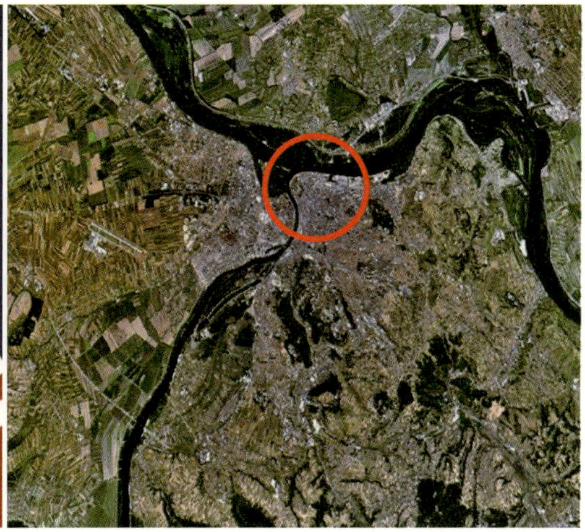

사바 강과 다뉴브 강의 접합점에 자리한 전략적 요충지

을 수 있는 고대 문명 정착지이다. 베오그라드는 켈트족에 의해 BC 279년 점령당한 후, 신기두눔(라틴어 Singidunum, 고대 켈트어로는 Singidūn)으로 불렸다. 베오그라드는 BC 75년 이후로는 로마 제국의 지배 하로 들어갔으며, 크리스트교의 복원에 힘썼던 로마 황제 요비아누스(Flavius Jovianus Augustus, 331~364, 재위 363~364)가 태어난 곳이기도 하다. 실제, 베오그라드를 감싸고 있는 칼레메그단(Kalemegdan) 요새 곳곳에 아직도 로마 시대 당시 군영(378~441)이 설치된 흔적들을 발견할 수 있다. 베오그라드는 395년 동·서 로마 제국의 분열 이후 동로마(비잔틴) 제국의 영역 하로 들어갔고 이후로 한동안 훈족, 동고트족, 사르마티안족 등의 계속된 침략과 파괴의 역사를 반복해야 했다. 비잔틴 제국의 유스티니아누스 황제 시기인 535년 새롭게 다시 재건된 베오그라드는 약 50년 동안 평화로운 시기를 맞이하기도 했지만, 584년 아바르족의 침략으로 다시 한 번 폐허가 되어야 했고, 630년부터 남슬라브 민족이 이 지역에 거주하게 된다. 이때 이후로 남슬라브 민족은 하얀 성벽으로 둘러싸여 있는 이 도시를 가리켜 '벨리 그라드(Beli grad, 하얀 요새, 하얀 성)'라 부르기 시작하였다.

파괴된 요새가 다시 재건되게 된 계기는 제1불가리아 제국의 지배를 받은 이후부터이며, 878년 로마 교황인 존 8세(John VIII, 재위 872~882)가 불가리아의 보리스 1세에게 보낸 친서에서 최초로 '하얀 요새(성)'로서 베오그라드에 대한 기록이 나오고 있다. 중세에 들어와 베오그라드는 불가리아, 프랑크, 비잔틴 그리고 헝가리 왕국 등의 지배를 거쳐 오다가, 중세 세르비아의 드라구틴(Stefan Dragutin, ?~1316, 재위 1276~1282) 왕 시절 세르비아 왕국의 수도가 되었지만, 1456년 오스만 터키에 의해 포위를 당한 후 1521년 이후로 마침내 터키의 지배 하로 들어가야만 했었다. 베오그라드가 근대 세르비아의 수도가 다시 된 것은 오스만 터키의 지배에 대한 세르비아인들의 제1, 2차 봉기 뒤인 1841년 부터였다. 이때 이후로 베오그라드는 중부유럽과 발칸유럽을 잇는 발칸반도의 가장 중요한 전략적 요새중 하나로 발전해 나가게 된다. 하지만, 이러한 전략적 중요성은 베오그라드를 둘러싸고 총 115차례의 전쟁이 일어나고, 총 44번 동안 정복 후 파괴되고 폐허가 되어야 했던 아픔과 수난의 역사를 낳게 하였다고 할 수 있다. 하지만, 과거 역사 속에서 베오그라드는 수많은 전쟁과 폐허, 외세 침략과 정복의 역사를 반복해 왔음에도 불구하고, 매번 그 잿더미 위에서 다시 일어선 경험을 지니고 있으며, 이것은 세르비아인들이 외세의 침략에 끝까지 맞서 자 민족과 수도인 베오그라드를 구해내려 했던 불굴의 저항 정신이 되었다고 할 수 있다.

오늘날, 베오그라드 시만으로는 약 135만 명, 주변 위성 도시들을 합쳐 약 266만 명이 거주하고 있는 베오그라드는 세르비아 공화국의 정치적, 행정적 수도이자, 교통의 중심지이기도 하다. 베오그라드에는 시의회, 시장, 그리고 시정치 조직 등의 자치 기구가 위치해 있는 등 세르비아에서 특별 행정지구로 분류되어 있으며, 그 관할 구역은 17개의 시정 기관과 지방 자치단체로 구성 되어 있다. 각 행정 구역에는 지방 행정 위원회가 구성되어 지방 자치를 이끌어 내고 있다. 베오그라드는 세르비아 전체 영토의 3.6%에 해당하며, 전체 인구의 22.5%를 포함하고 있다. 지전략적으로 동양과 서양의 십자로에 자리한 베오그라드는 오늘날에도 도로 혹은 철도를 이어주는 중요한 교차점이라는 점 외에도, 국제적으로 중요한 통신, 항공로의 요지이며 강과 바다를 이어주는 중요 요충지로 평가받고 있다. 또한 무역과 금융 뿐 아니라 농업과 산업의 중요지역이기도 한 베오그라드는 특히 철금 속과 비철금속이 많이 생산된다. 스메데레보와 판체보(Pančevo) 시를 둘러싼 대략 2000㎢의 자유 무역 지대가 다뉴브 강 기슭에 위치해 있으며, 세르비아 생산량(세르비아 GNP)의 30% 정도가 바로 이 베오그라드에서 이루어진다. 또한

베오그라드 시민의 만남의 장소, 공화국 광장과 국립 박물관, 국립 극장

예정상 2020년 유럽 문화도시 중 하나로 선정되는 등 미래 발전과 진정한 유럽 도시로 나아가기 위해 노력 중에 있다.

베오그라드는 또한 세르비아 문화의 중심지이기도 하다. 국가의 중요 과학, 예술 시설이 바로 이곳에 집중되어 있다. 1841년 시작되어, 1886년 '세르비아 왕립 학술원(the Serbian Royal Academy)'의 이름 아래 설립된 '세르비아 과학 예술 학술원(SANU: Serbian Academy of Sciences and Arts/ Srpska akademija nauka i umetnosti)'와 1832년 건립된 '세르비아 국립 도서관', 1841년 건축된 '국립 박물관'과 1869년 건축된 '국립 극장'이 자리하고 있다. 그리고 1808년 최고 예술 대학(the Great School and University of Art)으로 시작된 세르비아의 최고 명문 대학인 '베오그라드 국립 대학교' 또한 이곳 베오그라드에 위치해 있다.

베오그라드에 있는 주요 관광 명소와 볼거리로는 우선 베오그라드 내 대표적인 패션거리로 '크네즈 미하일(Knez Mihail)' 거리와 크네즈 미하일 동상이 자리한 베오그라드 시민들의 대표적인 만남의 장소인 '공화국 광장(Trg Republika)'을 들 수 있다. 여기에는 유명 쇼핑 타운과 유명 서점, 화랑, 그리고 여러 학술단체 등이 자리하고 있으며, 인근의 몬테네그로의 스카다르 호수의 이름을 따 지은 스카다르 거리(Sakadarska ulica 혹은 스카다르리야 Skadarlija로 불림)는 유명 레스토랑과 카페촌이 밀집하며 매일 밤 전통 음악과 춤이 어우러지는 대표적 관광 지역

성 마르코 교회

베오그라드의 상징물, 성 사바 교회

으로 유명하다.

베오그라드 '공화국 광장' 인근에는 아름다운 자태로 많은 관광객들의 시선을 사로잡고 있는 1841년 건축된 '국립 박물관'과 1869년 건축된 '국립극장'이 있어, 주요 볼거리를 제공하고 있다. 그 외 볼거리로는 '국회 의사당'과 함께 그 근처 타쉬마이단(Tašmajdan) 공원에 위치해 있으면서, 페트로비치(Petrović) 가문과 함께 세르비아 근대 왕국의 한 축을 이루었던 오브레노비치(Obrenović) 가문의 무덤들이 다수 보관되어 있어 많은 신도들이 찾고 있는 성 마르코(St. Mark) 정교 교회를 들 수 있다. 이 교회는 양 차 대전 사이인 1931년에 건축이 시작되어 1940년에 완성된 것으로, 세르비아와 베오그라드의 고난의 역사를 그대로 담고 있는 곳이기도 하다. 과거 세르비아 근대 왕국 당시 지어진 성 마르코 교회는 제1차 세계대전 당시 오스트리아에 의해 파괴되어 다시 건축되어야 했고, 이후 새롭게 지어진 오늘날의 교회 또한 제2차 세계대전 당시 1941년 4월 독일군의 대공습에 의해 파괴되어야 했던 역사적 아픔을 지니고 있는 곳이다.

또한 발칸에서 가장 큰 정교 사원으로 개축 중인 성 사바(St. Sava) 교회 또한 베오그라드를 방문하는 관광객들이라면 반드시 방문하고 가는 필수 코스라 할 수 있다. 교회 돔의 높이는 70m에 달하고 있으며, 그 위에 놓여 있는 금도금의 십자가가 12m에 달하는 등 총 82m의 높이를 자랑하고 있다. 사바 강의 해수면 높이(64m)를 고려한다면 총 134m에 달하며, 따라서 베오그라드 어디 곳에서든지 이 교회를 바라볼 수 있도록 설계되었다고 할 수 있다. 세르비아인에게 있어 가장 소중한 민족 성인중 하나인 성 사바의 여러 유품들과 보물들이 간직되어 있는 성 사바 교회는 동서로는 91m, 남·북으로는 81m에 달하며, 다양한 형태의 18개의 십자가와 함께 각 종탑에는 49개의 종이 달려 있을 정도로 웅장한 자태를 뽐내고 있다. 이 외에도 세르비아 정교회 대교구 그리고 니콜라 테슬라의 여러 유품을 보관 중인 니콜라 테슬라 박물관 등을 들 수 있다.

베오그라드의 유명 유적 물로는 오늘날 베오그라드 시민들이 가장 사랑하는 공원이자 휴식 공간으로 탈바꿈한 '칼레메그단 요새'를 들 수 있는데, 그 어원은

칼레메그단 공원

칼레메그단 요새에 자리한 승리자 상

터키어에서 유래한 것으로, '칼레'는 '요새'를 그리고 '메그단'은 '전쟁터'를 의미한다. 칼레메그단에는 고대 이후 지정학적 중요성에 따라 이곳에는 로마 제국과 비잔틴 제국 등 군사적 요새가 새로 건설되거나 증축되었고, 아직도 이러한 여러 흔적들이 남아있다. 로마시대와 중세 이래로 이곳 칼레메그단을 중심으로 마을이 발전하였고, 이를 토대로 이후 베오그라드의 도시형태가 수립되게 된다.

칼레메그단 공원 내 주요 역사적 유적 물로는 근대 시절 세르비아의 독립을 기념하기 위해 공원에서 가장 중요한 자리이자 사바 강과 다뉴브 강의 접합 점에 세워진 '승리자상(The Victor/ Pobednik)', 중세 건설된 2개의 반원형 탑, 그리고 15세기 세르비아가 오스만 영향력 하에서 봉신국가로 있을 당시 데스포트 라자르(Despot Stefan Lazarević, 1374~1472, 재위 1389~1427)에 의해 건설된 사각형 모양의 대문인 '데스포트(오스만 터키 하 '봉신 영주'의 의미) 성탑' 등이 있다. 또한 다뉴브 강과 사바 강이 서로 만나는 교차지점에 건설된 칼레메그단 요새는 역사적으로 제1차 세계대전 전까지 강을 경계로 헝가리 군을 중심으로 한 이중제국 군대와 대치했던 지역으로 유명하며, 공원의 중앙에는 전쟁 박물관이 위치해 있고, 여기에는 고대부터 오늘날까지의 세르비아 변천 지도들과 다양한 병기 그리고 군사장비 등이 전시되어 있어 세르비아의 역사를 쉽게 이해할 수 있다.

### 3) 중부 세르비아

중부 세르비아 지역은 온화한 대륙성 기후를 지니고 있으며, 평균 온도는 섭씨 11.2도이다. 일 년중 가장 더운 달은 7월로 평균 기온은 섭씨 21.2도 이다. 가장 추운 달은 1월로 평균 기온은 섭씨 영하 2도이다. 일년간 평균 강수량은 567.25mm 이며, 평균 기압은 992.74bm 이다. 이곳은 또한 평균적으로 1년에 123일 동안 비가 오고 43일 동안 눈이 온다.

(1) 니쉬(Niš)

니쉬 시내 전경 모습

보이보디나를 제외하고 세르비아 본토에서 두 번째로 큰 도시인 니쉬는 약 19만 명(광역 도시 개념으로는 약 26만 명) 인구를 지니며, 니쉬카 바냐(Niška Banja)와 68개의 시외 지역을 포함한 약 597㎢의 지역을 포괄하고 있는 지역이다. 니쉬는 또한 로마의 황제였던 콘스탄티누스와 비잔틴 제국의 황제였던 유스티니아누스 1세를 배출한 발칸반도에서 가장 오래된 도시 중의 하나이기도 하다. 이와 함께 니쉬는 동양과 서양의 교차로에 위치해 있으며, 발칸과 유럽을 잇는 중요한 연결 통로의 역할을 하고 있다. 실제 니쉬는 공항을 중심으로 셀 수 없이 많은 철로와 고속도로의 교차점에 위치해 세르비아의 어느 지역에서도 매우 쉽게 접근할 수 있다. 경제적인 면에서도 니쉬는 전기 산업과 기계 공학 산업, 섬유산업과 담배 산업 등으로 잘 알려진, 세르비아에서 가장 중요한 산업의 중심지 중 하나이기도 하다.

중부 세르비아 전역의 자연, 사회, 경제, 교육, 의학, 문화와 스포츠 센터의 중심지인 니쉬는 현대적인 교육의 중심지로 교육체계가 꽤 잘 다듬어져 있다. 니쉬 내에는 5만 명의 학생이 32개의 초등학교와 21개의 중등학교에 다니고 있으며, 1만 4천여 명의 학생이 10개의 단과대학으로 구성된 니쉬 대학에 다니고 있다. 니쉬의 문화생활은 국립 극장, 국립 도서관, 국제 박물관, 심포니 오케스트라, 인형극장(Puppet Theatre), 문화유적 보호 단체, 대학 도서관, 현대예술 미술관, 문화클럽(Dom Kulture), 문화 교육센터, 몇몇 출판사와 많은 예술과 문화부분의 비전문가 모임과 같은 수도 없이 많은 단체에 의해 구성된다. 몇몇 유명한 문화운동은 니쉬 전통의 일부가 되었는데, 대표적인 것으로는 아마추어 성가대를 위한 국제 축제 등이 있다.

니쉬의 의료 시설은 현대적으로 매우 잘 발달되어 있다. 이 도시에는 니쉬의 시민들과 남동 세르비아인들의 건강 문제에 관한 예방과 치료를 위한 광범위한 현대적 방법과 서비스를 제공할 수 있는 30개의 병원과 의료시설과 학원이 존재해 있다.

니쉬는 또한 관광객들에게 많은 볼거리를 제공하고 있다. 이곳 도시의 교외부근에는 몇몇 유명한 소풍 장소가 있으며, 40개 이상의 전문가와 비전문가를 포괄하는 지역 스포츠클럽이 존재해 있다. 니쉬의 시민들은 스포츠를 매우 즐기고 있으며, 니쉬 시 소속의 몇몇 스포츠클럽은 국제대회에서 놀랄만한 성과를 거두기도 했다.

#### 4) 보이보디나(Vojvodina)

세르비아 공화국의 자치주 중 하나인 보이보디나는 그 면적 면에서 21,506㎢로 이는 세르비아 전체 국토의 거의 1/4에 해당한다. 보이보디나는 비록 세르비아 공화국에 속하여 있지만 지리적 위치나, 문화적, 역사적인 이유들로 인해 발칸유럽보다는 중부유럽에 가까운 특징들을 지니고 있다.

보이보디나를 관통해 흐르고 있는 3개의 강인 다뉴브 강, 티사(Tisa) 강 그리고 사바 강은 중형 선박들의 항해가 가능할 정도로 넓고 깊다. 이 강들을 경계로 보이보디나는 크게 3지역으로 구분되는데, 동부에는 바나트(Banat), 북서부는 바츠카(Bačka), 남서부는 스렘(Srem)지방으로 구분되고 있다. 이 세 지역 모두 비옥한 경작지대를 이루고 있으며, 경제적, 문화적인 면에서 전반적인 발전과 더불어 높은 인구밀도를 유지하고 있다. 보이보디나를 가로지르며 세르비아 내륙을 588km 정도 관통하고 있는 다뉴브 강은 서유럽, 중부유럽 그리고 발칸유럽을 통틀어 가장 중요한 수로중 하나이며, 전략적으로도 매우 중요한 위치에 있다.

서유럽과 중부유럽 그리고 발칸유럽과 아시아를 잇는 주요 교통수단들 역시 보이보디나를 통과하고 있다. 헝가리를 따라 이어지는 고속도로는 노비 사드와 베오그라드를 거쳐 두 개의 방향(하나는 불가리아 국경 쪽으로, 다른 하나는 마케도니아의 스코프예와 그리스의 데살로니카를 향하는 남쪽 방향)으로 갈라지는 니쉬까지 다다른다. 또 스렘 지방에는 크로아티아 공화국과 나아가 서부 유럽으로 뻗어 있는 또 다른 고속도로가 존재하고 있다. 이들 고속도로들을 따라 주요 지방 로와 철로 체계가 자리하고 있다.

보이보디나의 인구는 약 193만 명이며 이는 코소보를 제외한 세르비아 전체 인구의 약 26.7%에 해당하는 수준이다. 보이보디나에 거주하는 민족들은 총 26개 민족이 존재하며, 이중 세르비아인들은 약 66.8%로 이 지역인구의 절대 대다수를 차지하고 있다. 뒤를 이어 헝가리인이 13%를 그리고 슬로바키아인과 크로아티아인이 약 2.5% 내외를 차지하고 있다.

자치주 법령에 따라 보이보디나는 세르비아어 외에 소수 민족어로 헝가리어, 슬로바키아어, 루마니아어, 롬어(집시어), 크로아티아어 등의 6개 언어를 공식어로서 허용하고 있다. 종교상으로 세르비아인, 루마니아인은 주로 정교(약 69%)를, 헝가리인과 크로아티아인은 주로 가톨릭교(약 19.1%)를, 슬로바키아인들은 주로 개신교(약 3.5%)를 신봉하고 있다. 또한, 유대교, 이슬람교 등 여러 다른 소규모 종교들도 활동 중이다.

보이보디나의 교육체계는 잘 정립되어 있는데, 유치원과정을 비롯해, 8년 과정인 초등학교(537개), 4년 과정인 중등교육기관(110개), 그리고 13개의 학부로 구성된 노비 사드 대학에서 소수민족 언어에 대한 교육과정이 존재하며, 소수 민족어로 강의가 진행되기도 한다. 1826년 헝가리의 페스트 지역에 건립되어 1864년 노비 사드로 옮겨온 보이보디나 최고 학술 기관인 마티짜 스르프스카(Matica Srpska)는 세르비아인의 문화와 과학의 중심지 역할을 해왔다. 또한 1861년에 건축된 세르비아 국립 극장에서도 여러 소수민족 언어로 공연을 열고 있다. 노비 사드에는 세르비아 과학예술 학술원과 다양한 분야에 걸쳐 학회와 학부에서 활발하게 활동하는 3,000명의 전문가들로 구성된 두 곳의 과학 학회가 존재하고 있다.

보이보디나의 경제는 보이보디나 전체 면적의 84%를 차지하는 비옥한 경작지의 풍족함에 그 기반을 두고 있다. 이러한 비옥한 토지는 관개사업 덕분에 가능한 것으로 경작지는 178만 헥타르에 이르고 있다. 수확물의 70%는 곡물, 20%는 공업용 식물이며 나머지 10%는 기타 농작물이다. 그리고 강이나 호수, 온천과, 15~17세기 사이에 건축된 세르비아와 비잔틴 양식의 정교 수도원이 가득한 프루쉬카 고라(Fruška Gora)와 같이 특화 발전된 관광에서의 수입은 경제 수입의 중요한 일부를 차지하고 있다.

생각하기

### 세르비아인들의 눈에 비친 보이보디나의 역사적 의미

오스만 터키의 제2차 비엔나 포위가 실패한 이후, 오스만 터키는 1699년 합스부르크 제국과의 카를로브찌 조약에 따라 일련의 경계선(보이나 그라니짜, Vojna granica)을 구축하게 된다. 그 경계선은 현재의 보스니아와 크로아티아 그리고 세르비아 본토와 보이보디나 지역과의 구역선과 거의 일치하고 있다. 따라서 경계선 아래(보스니아, 세르비아…)로는 오스만 터키의 지배가 그리고 경계선 위(크로아티아, 보이보디나…)로는 합스부르크 제국의 영향력이 지배하게 된다. 합스부르크 제국은 이러한 경계선에 오스만 터키를 피해 제국내로 피신해 온 세르비아인들을 모아 자치권과 토지를 주면서 오스만 터키의 경계선 침범을 막도록 하는 경계병(그라니차르, graničar) 역할을 부여하였다.

이러한 역사적인 이유로 인해 오스만 터키와의 경계 지역을 따라 세르비아인들의 정착촌이 건설되었으며, 이러한 정착촌들 중 특히 보이보디나와 노비 사드는 중세이후 근대까지 세르비아 민족정신을 고취시키고 유지하는데 주요한 역할을 하게 된다. 특히 근대 세르비아 정교의 성지이자 국립공원인 '프루쉬카 고라' 지역의 15~17세기 사이 건축된 정교 수도원들은 합스부르크 제국(1866년 이후로는 오스트리아-헝가리 이중 제국) 지배 하에서도 세르비아 민족정신을 고취시켰던 곳으로 잘 알려져 있으며, 이 중 15세기에 건축된 호포보(Hopovo) 사원은 세르비아인들에게 있어 매우 신성시 되는 곳이기도 하다.

(1) 노비 사드(Novi Sad)

세르비아의 제2 도시이자, 보이보디나 지방의 제1 도시인 노비 사드는 보이보디나의 수도로 파노니안 평원 지대의 남부에 자리한 바츠카 지방의 다뉴브 강 서쪽에 위치하고 있다. 이 도시는 고대부터 닦아 놓은 다뉴브 강 길을 가로질러 형성되어 있으며, 다뉴브 강 폭이 좁아 다뉴브 강에서도 바츠카 지역에서 스렘 지역으로 넘어가기에 가장 좋은 지리적 이점을 안고 있다.

노비 사드는 여러 출토품들을 통해 이미 BC 4,500년 이전부터 이곳에 거주민들이 살았던 것으로 추정된다. 이후 켈트인, 일리리아인, 트라키아인 등이 거주하였으며, BC 4세기 이후로 켈트족에 의해 작은 요새화가 이루어진 이 지역은 BC 1세기 이후로는 로마 제국의 지배 하로 들어가 다뉴브 강을 경계로 국경선을 형성하기 시작한 로마 제국에 의해 본격적인 대규모 요새화 작업이 이루어졌다고 할 수 있다. 하지만, 5세기경에 들어와 훈족에 의

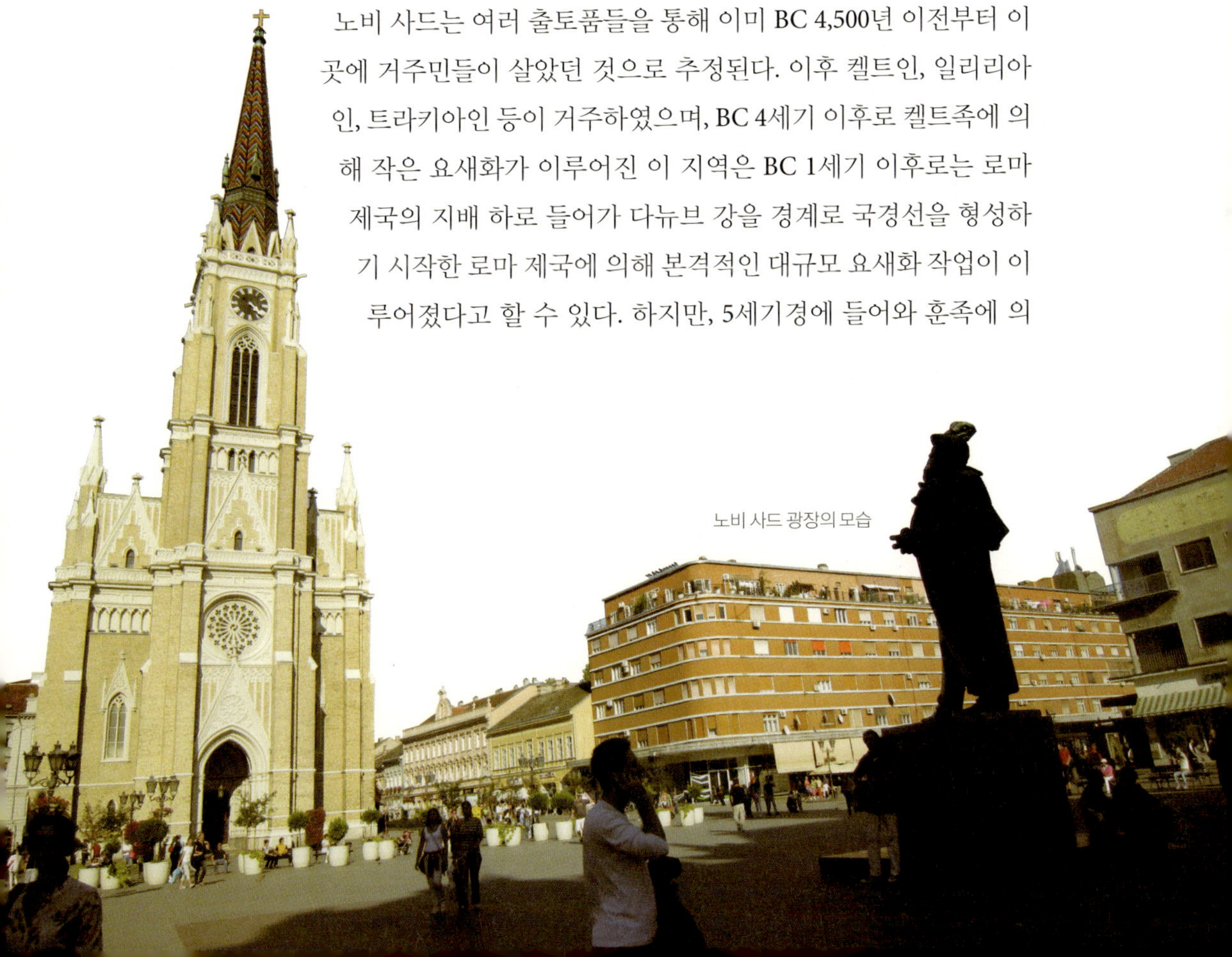

노비 사드 광장의 모습

해 완전히 파괴된 노비 사드는 5세기 말 이 지역을 장악하게 된 비잔틴 제국에 의해 재건되면서 '페트리콘(Petrikon)'이라 불리게 된다. 이후, 동고트족과 아바르족, 프랑크족 그리고 불가리아족의 지배가 지나 간 후, 중세 오스만 터키의 공격이 있기 전까진 헝가리 왕국의 영향력 하에 속하게 되었다. 당시 노비 사드에는 이미 6~7세기 이후로 이곳에 정착하게 된 남슬라브족들이 그들의 거주 영역을 점차 확대해 가고 있었으며, 16~17세기 오스만 터키의 침공과 지배(1526~1687)는 이 지역 헝가리인들의 대규모 이주를 또한 낳았다고 할 수 있다. 특히, 오스만 터키와의 합의에 의해 17세기 이후로 이 지역을 장악하게 된 합스부르크 제국은 오스만 터키의 침공을 막는 제1차 방어선을 구축하기 위해 종교적 자유와 세금 완화를 조건으로 이 지역에 대한 세르비아인들의 대규모 이주 및 정착을 장려하였으며, 그 결과 세르비아인들의 인구 증가가 확대되게 된다. 오늘날과 같은 도시의 기능을 갖추게 된 배경은 1694년 합스부르크 제국의 오스트리아가 '페트로바라딘(Petrovaradin) 요새'를 새롭게 건설하고, 이후 이 요새가 1780년 완공되면서 부터라 할 수 있다. 건설 초기 합스부르크 제국의 전략적 요충지로 설계된 노비 사드는, 이후 18, 19세기를 거치며 당시까지 오스만 터키의 지배 하에 있던 세르비아 본토를 대신하여 세르비아의 문화, 종교는 물론 상업과 제조업의 중심지로 발달해 감으로써 이 당시 '세르비아의 아테네(Serbian Athens/ Srpska Atina)'로 불리기도 했다. 실제, 당시 노비 사드는 세르비아어의 아버지로 불리는 '부크 카라쥐치'의 주요 활동 무대이기도 했으며, 여러 문화 창작가, 문학가, 시인, 예술가들의 활동 무대이기도 했다. 오늘날에 있어서도 노비 사드는 이러한 역사적 전통을 그대로 이어받아 세르비아의 문화적 허브는 물론 산업과 금융의 중심지로써 발전해나가고 있다.

'새로운 재배지 혹은 새로운 식민지(New Plantation)'의 의미를 지니고 있는 노비 사드의 이름은 라틴어 '네오플란타(Neoplanta)'에서 유래했다고 알려지고 있다. 이 도시의 거주민은 약 23만 명(광역도시로는 약 34만 명)이며, 세르비아인이 약 79%, 헝가리인이 약 4% 그리고 뒤를 이어 슬로바키아인(약 2%), 크로아티아인(약 1.6%), 집시(약 1%) 등이 뒤를 잇고 있다. 노비 사드의 총 면적은 1,105㎢에 해당하고 있다. 노비 사드는 세르비아 공화국 하에서 최대의 경제, 문화의 중심지

페트로바라딘 요새와 시계탑

로 알려져 있으며, 대학, 경제, 박람회, 문화예술, 보건의 중심지이자 절정의 미와 풍부한 문화예술의 전통을 지닌 도시이다. 또한 노비 사드는 도시 내 거주하는 시민들 뿐 아니라 다른 지역의 사람들 사이에서도 그 아름다움이 인정되고 있는 도시이다. 하지만, 노비 사드 건축물의 특징은 겉으로 보이는 아름다움과는 달리 주로 19세기 중반 이후의 헝가리 영향에 따른 중부 유럽 풍 건물이 대부분을 차지하고 있다. 실제 1848년~1849년까지 이어진 파리 혁명의 여파가 이곳에 밀려 왔을 때 노비 사드의 세르비아인들의 자치권 요구에 대한 헝가리 군(페트로바라딘 요새에 주둔)의 무자비한 진압 작전에 따라, 그리고 이와 함께 헝가리가 오스트리아로부터 독립 운동을 할 당시 이곳의 상당 지역이 파괴되는 아픔을 겪어야만 했었다. 그 결과 당시 17,400여명에 달하던 시민은 혁명전쟁 이후 약 60%가 줄어든 7,200여명으로 되어야 했으며, 또한 노비 사드의 상당수 건축물들 또한 파괴되는 수난을 당해야 했다.

노비 사드는 19세기 이후로 세르비아의 문화, 경제적 중심지였다. 이중 1864년 헝가리의 부다페스트에서 노비 사드로 이전한 '마티짜 스르프스카'는 이후로 세르비아 문화 발전의 핵심적 역할을 수행하여 왔다. 또한 남슬라브 민족 사이에서 가장 먼저 국립 극장(1861년 개장)이 열린 곳도 바로 이곳이며, 이러한 자부심과 전통은 오늘날 세르비아에서 가장 큰 그리고 세계적으로도 유명한 음악 페스티벌인 '엑시스트 페스티벌'이 지난 2000년 이후로 매년 7월 이곳에서 열리는 배경이 되었다고 할 수 있다.

노비 사드의 주요 볼거리 중 하나인 페트로바라딘 요새는 노비 사드 시민이 매우 사랑하는 공원이자 휴양지이라 할 수 있다. 하지만, 이 요새를 둘러싼 역사는 그리 아름답지만은 않았다고 할 수 있다. 특히, 18세기 이 요새를 보다 정교하고 견고한 요새로 만들기 위한 합스부르크 제국의 지시에 따라 요새 지하에 약 16km이상의 지하 갱도 및 터널을 만들었으며, 현재까지도 그 흔적들이 남아 있어 역사적 흥미를 느끼게 해주고 있다. 페트로바라딘 요새에서 재미있는 볼거리로는 바로 시계탑을 들 수 있는 데, 이 시계의 바늘은 일반적인 시계 바늘들과는 반대로, 긴 바늘이 시간을 그리고 작은 바늘이 분을 가리키고 있다. 그러한 이유는 다뉴브 강에서 일하는 어부들이 보다 멀리서도 시간을 확인할 수 있도록 만든 데서 유래했으며, 오늘날에는 노비 사드와 페트로바라딘을 대표하는 중요한 상징물로써 많은 이들의 사랑을 받고 있다.

### 5) 코소보(Kosovo)

코소보 깃발과 상징물

코소보는 세르비아 공화국 내 남서 지방에 위치하고 있는 세르비아의 자치주로 그 면적은 10,849㎢에 달하고, 프리쉬티나가 행정, 경제, 문화의 중심지이다. 현재 코소보는 2008년 2월 세르비아로부터 독립을 선언한 이후로 마케도니아와 함께 발칸의 주요 분쟁 지역 중 하나로 주목받고 있는 실정이다. 현재 코소보를 둘러싼 정치적 상황은 2008년 2월 코소보 내 알바니아인들의 독립 선언과 더불어, 1999년 코소보 분쟁 이후 확대된 코소보 내 세르비아인과 알바니인들 실종자에 관한 5,000여건의 미결 사건들, 코소보 내 알바니아인들과 세르비아인들 간의 갈등 그리고 세르비아 본국과 코소보 내 알바니아 정치지도부 간의 불안정한 공존 등 많은 정치적 위기 상태를 지속하고 있다. 또한 이러한 모든 문제들은 코소보를 넘어 세르비아 본토의 세르비아인들의 생활 여건과 안정을 위협하고 있다.

코소보 내는 29개의 지방자치기구와 5개의 행정구역(Priština, Peć, Prizren, Kosovska Mitrovića, Gnjilane)으로 이루어져 있다. 또한 코소보는 이웃한 알바니아와 프로클레티예(Prokletije) 산맥을 따라 그 경계를 이루고 있다. 또한 마케도니아와는 세르비아 내에서도 가장 높은 두 개의 봉우리인 제라비짜와 사르(Sar) 산을 경계로 나누어져 있다. 코소보의 동부는 주로 언덕이 많은 지형을 이루고 있으며, 천연 지하자원이 풍부한 편이다. 반면 메토히야 지방으로 불리는 서부는 비옥한 경작지가 펼쳐져 있다. 특히 메토히야 지방에는 지중해성 기후의 영향으로 세르비아 전역에서 가장 많은 지중해성 식물군과 동물 군들이 분포하고 있다.

코소보의 강들은 흑해, 아드리아해, 혹은 에게해 분지로 통하고 있다. 이러한 이유로 코소보 내 강들은 이 지역의 중요한 수상 통로로 여겨지고 있다. 동쪽으로는 고속도로가 지나가는 모라바-바르다르 방향과 접해있는 반면, 또 다른 세르비아의 중요한 교통 루트인 이바르(Ibar) 고속도로가 이 지역의 북서부를 통과하고 있다.

코소보의 거주민 수는 약 174만 명이며, 알바니아계 주민이 전체 인구의 약 92%, 세르비아인을 포함 한 나머지 민족이 약 8%를 차지하고 있다. 이를 기초로 독립 코소보의 깃발에도 코소보 지도와 함께 코소보를 구성하고 있는 6개의 민족(알바니아인, 세르비아인, 터키인, 고란인(Gorani), 롬인, 보스니아인)을 상징하는 별들로 구성되어 있다. 코소보의 법규는 알바니아어를 표준어(공식 언어)로 규정하고 있지만, 소수 민족 권리 보장에 따라 세르비아어 또한 공식 언어로 인정하고 있다. 언어와 달리 종교 분포도는 복잡한 양상을 보이고 있다. 세르비아인과 몬테네그로인들은 정교를 믿고 크로아티아인들은 가톨릭을 믿는 반면, 알바니아인들과 터키인, 그리고 대다수의 집시들은 주로 이슬람교 신자들이다.

코소보의 교육 제도는 유아 교육 시설, 초등학교(983개), 중등학교(57개) 등으로 구성되어 있다. 또한 프리쉬티나 대학은 14개의 학부로 구성되어 있으며, 소수 민족어에 대한 강좌가 개설되어있다. 코소보의 문화 발전은 1918년 유고슬라비아에 소속된 직후 연방으로부터 강력한 지원을 받은 지난 몇십 년 동안 발전해 왔다. 프리쉬티나 대학, 대학 도서관, 코소보-메토히야 박물관, 문화 기념물 보호 기구, 프리쉬티나의 국립 극장과 기타 다른 문화 시설들이 설립되어 있다.

이 지역의 경제는 주로 지역 생산물에 많이 의존하고 있다. 메토히야 지방은 비옥한 농경지와 농경에 필요한 물을 제공하는 많은 수의 작은 강들이 특징인데, 이러한 요소들은 지중해성 기후와 어우러져 많은 수확을 안겨주고 있다. 이 지역은 곡물을 제외하고도 양질의 포도밭과 과일, 그리고 땅콩과 아몬드로도 유명하다. 또한 코소보는 소를 이용한 축산업 또한 매우 발달해 있다. 하지만 코소보 경제의 특징은 무엇보다도 풍부한 광물과 동력 자원에 있다고 볼 수 있다. 중세 시기에는 노보 브르도(Novo Brdo)를 둘러 싼 지역이 화폐 주조와 은으로 유명했다. 은은 오늘날까지도 이 지역에서 다량으로 채취되고 있으며, 이러한 광물자원은 코소보의 다른 산업들이 발전 할 수 있는 근간을 형성하고 있다. 또한 다량의 갈탄을 보유하고 있어서 이 지역의 화력 발전을 풍부하게 지원해주고 있으며, 과거에는 세르비아 여러 지역에까지 전기를 공급하기도 했었다.

또한 이 지역에는 많은 수의 온천이 있으며, 의료 시설을 갖춘 사우나 시설도 많이 발달해 있다. 관광 산업의 또 하나의 특징은 중세 세르비아의 역사적 기념물들이라 할 수 있는데, 특히 중세 수도원과 요새들이 유명하다. 중세 세르비아의 주요 도시인 페치를 포함하고 있는 메토히야 지방의 지명 또한 중세 세르비아 왕조가 이 지역에서 발원된 세르비아 독립 정교 수도원에 수여한 중세 이름에서 유래된 것이다.

생각하기

## 코소보 전쟁 이후 코소보의 현황은?

1999년 코소보 전쟁 이후 UN안전보장이사회가 이 지역의 지속적인 평화를 구축하기 위해 제시한 'UN 안보리 1244 결의(SCR 1244)'를 기초로, UN평화유지군의 활동뿐만 아니라 UN 감시단의 역할 확대가 이루어지고 있다. 1244 결의안에 따라 UN 감시단과 평화 유지군은 코소보 거주민들의 평화적이며 안정적인 삶을 보장할 의무 이행과 더불어, 20여만 명에 달하는 추방자들과 망명자들의 방해 없는 귀환 보장 그리고 세르비아로부터 코소보에 대한 보다 폭 넓은 자치권을 부여하도록 유도할 임무를 지니고 있다. 하지만 이러한 UN의 노력에도 불구하고 UN을 비롯한 세계 기구들은 이 지역에서의 일련의 민족 간 충돌에서 보이듯이 아직까지 오랜 세기 동안 지속되어 온 코소보에서의 세르비아인들과 알바니아인들 갈등과 충돌에 대한 확실한 해결책을 제시하지 못하고 있는 실정이다.

게다가, 코소보 전쟁 이후 SCR 1244 결의에 따라 UN에서 파견된 UNMIK, 즉 UN임시행정임수 부서와 KFOR(코소보 평화 유지군)가 행정과 치안을 맡아왔으나, EU 주도의 EULEX(European Union Rule of Law Mission)하로 그 임무로 돌아간 이후 세르비아의 반발이 한동안 거세게 일어났으며, 현재까지도 이로 인한 갈등들이 존속하고 있는 중이다. 특히, 2007년 12월 10일 UN이 주도하였던 코소보 최종 지위협상이 실패로 돌아가고, 2008년 2월 알바니아계에 의한 코소보 독립이 선언된 이후로 현재까지 이를 둘러싼 국제사회의 갈등이 확대되고 있는 상황이다.

발칸유럽 들여다보기

# Ⅷ

## 신비로운 매력과 검은 산의 나라,

## 몬테네그로

# 제8장_신비로운 매력과 검은 산의 나라, 몬테네그로

(출처: http://www.encyclopedia.com)

| | |
|---|---|
| 정식 국명 | 몬테네그로 (Montenegro) |
| 수도 | 포드고리짜(Podgorica, 약 16만 명 2013.) |
| 정치 형태 | 2006년 6월 이후 세르비아로부터 벗어난 독립공화국 |
| 인구 | 약 62만 명(2013) |
| 언어 | 몬테네그로어(문자는 키릴, 라틴문자 혼용) |
| 화폐단위 | EU의 유로화 |
| 종교 | 정교(72%), 이슬람교(19%), 가톨릭(3.5%), 유대교… |
| 민족 | 몬테네그로인(45%), 세르비아인(28.7%), 보스니아인(8.6%), 알바니아인(4.9%)… |
| 주요 공휴일 | 1월 6~7일(정교 크리스마스), 1월 14일(정교 신년), 3월 8일(여성의 날), 5월 1일(노동절), 각 종교기념일… |

# 1. 일반개요

## 1) 국가 개요

몬테네그로(Montenegro/ Crna Gora)는 발칸유럽 남동부 지역에 위치한 유럽 내에서도 작은 국가이다. 국명은 이탈리아어로 '검은 산(현대 이탈리아어로는 Monte Nero)'을 의미하며, 일설에 따르자면 검은 산은 15세기 당시 오스만 터키의 침략에 맞서기 위해 피신하였던 로브첸(Lovčen) 산을 가리킨다고도 알려지고 있다. 몬테네그로인들에게 있어 성산으로 불리고 있는 로브첸 산은 근대 몬테네그로 왕국을 창립한 페트로비취 가문의 출생지이기도 하다. 역사적으로 몬테네그로는 이탈리아 베네치아 공국의 영향력 하에서 오랫동안 있어 왔으며, 이 당시 지금과 같은 국명으로 서유럽 국가들에 불렸다고 할 수 있다. 하지만 역사가들의 분석에 따르자면 몬테네그로의 국명은 15세기 제타(Zeta) 강 주변을 중심으로 제타 공국을 건설하였던 쯔르노예비치(Crnojević) 왕조의 이름에서 유래했다는 설이 유력하다. 과거 몬테네그로는 세르비아 공화국과 함께 세르비아-몬테네그

검은 산의 나라, 몬테네그로 / 페라스트(Perast)에 자리한 성 조지(Sveti Đorđe)섬과 바위 성모(Gospa od Škrpjela)섬

로 연합을 구성하였으나, 2006년 5월 21일 치러진 독립을 묻는 국민투표에서 독립이 결정되었고, 이후 동년 6월 대내적으로 독립을 선언하게 되면서 현재 독립국가를 유지하고 있다. 몬테네그로의 인구는 약 62만 명이며, 면적은 약 13,812㎢ (제주도의 2/3 크기)로, 수도는 티토 시절 자원 개발을 위해 신도시로 건설해 만든 포드고리짜(Podgorica)이다.

근대 몬테네그로 왕국의 국기

오늘날 몬테네그로 국기는 근대 몬테네그로 왕국의 국기에 기반하고 있다. 또한 근대 몬테네그로 왕국의 국기는 근대 니콜라(Nikola I Petrović, 1841~1921, 영주재위 1860~1910, 왕 재위 1910~1918) 왕의 왕실 기에 기반하고 있으며, 몬테네그로 의회에 의해 2004년 7월 12일 채택되었다. 근대 공국의 국기 가운데 이니셜 'HI(라틴어로는 NI)'는 니콜라 1세를 상징적으로 보여주고 있으며, 오늘날 해당 부분은 왕실의 상징인 황금 사자로 대체되었다. 몬테네그로 공식 국가인 '오, 오월의 밝은 새벽(Oj, svijetla majska zoro)'은 본래 19세기 후반기에 지어진 것으로 몬테네그로와 세르비아 일반 민중들이 즐겨 부르던 전통 민요였으나, 2004년 의회에서 공식 국가로 선택되었다.

몬테네그로의 인구 비율은 몬테네그로인이 45%, 세르비아인이 28.7%, 보스니아인이 8.6%, 알바니아인이 4.9% 등을 차지한다. 이외에도 약 20만 명 가량의 몬테네그로인이 세르비아 등에 거주하고 있다.

몬테네그로 헌법상 몬테네그로 국내에 거주하는 모든 국민은 동등한 권리와 의무를 지니며, 완전한 국민 평등권을 누리는 것으로 되어 있다. 또한 몬테네그로의 헌법은 국제 기준에 부합한 소수민족의 권리를 보장하고 있다. 국민 대다수가 정교도(72%, 몬테네그로인, 세르비아인 포함)이고, 그 뒤를 이어 이슬람교도(19%), 소수의 가톨릭교도(3.5%) 그리고 유대교도 등이 있다. 몬테네그로는 다양한 혼혈 결혼 등 민족 간의 교류 확대 및 조화로운 협력 관계 수립을 장려하는데 힘쓰고 있다. 또한 민족이나 국적에 상관없이 모든 사람의 권리가 보장될 수 있다는 점을 몬테네그로 헌법에 명백히 하고 있다. 실제, 몬테네그로인 외에도 여러 소수 민족들이 공화국의 정치, 경제, 문화생활 전반에 관여하고 있으며, 행정 고위직에 일정한 자리들을 차지하고 있다. 이러한 민족 간 단합과 조화로움을 실천하기 위해 몬테네그로 대통령을 수장으로 하는 세계 소수민족 권리 보장 협의회(Council for the Safeguarding of the Rights of National Minorities)가 있으며, 이는 소수민족의 권리와 다민족 관계 증진을 위해 몬테네그로 정부가 여러 노력을 기울이고 있다는 하나의 증표가 되고 있다.

과거 1997년까지 몬테네그로는 세르비아와 같은 연방 국가로서 그 경제권 하에서 세르비아 화폐인 디나르(Dinar)화를 써 왔다. 하지만, 세르비아가 유고 지역 내전들의 주요 요인으로 몰리고 경제 금수조치를 오랫동안 받게 되자 몬테네그로는 2000년 11월 이후로 독일 마르크화를 도입하면서 독자적 경제권을 수립하기 시작하였다. 2002년 1월 유로화 화폐가 도입된 이후로 몬테네그로는, 비록 유로존 국가는 아니지만 EU의 양해 속에 공식화폐로 EU의 '유로화'를 사용하고 있다.

2007년 헌법으로 정한 공식 언어는 몬테네그로어로 공식 문서에 라틴문자와 함께 키릴문자를 사용하고 있다. 하지만, 세르비아인을 중심으로 활용되고 있는 키릴 문자의 경우 사용자와 그 범위가 점차 줄어들고 있는 추세이다. 소수 민족들이 거주하는 지역에서는 법에 제정된 대로 소수민족 언어와 문자가 통용된다.

현재 몬테네그로를 통과하는 유럽 노선은 E65와 E80으로, 몬테네그로 도로망은 EU 표준 기준에 아직 맞추지는 못하고 있지만, 정부는 도로망 건설에 있어 지역 경제 발전과 관광 산업지 활성화에 주요 초점을 맞추고 있다. 몬테네그로 철도망의 가장 큰 근간은 세르비아의 수도인 베오그라드에서 몬테네그로 국제 무역항인 바르(Bar, 1906년 최초 건설)로 이어지는 노선으로, 이 노선을 따라 세르비아로부터의 관광객은 물론 주요 무역 상품들의 이동이 이루어지고 있다. 몬테네그로는 현재 수도이자 내륙 지방을 대표하는 포드고리짜 공항과 아드리아 해안의 티바트(Tivat) 공항 등 두 개의 국제공항을 지니고 있다.

생각하기

**몬테네그로 독립 추진의 계기와 그 의미는 무엇일까요.**

과거 사회주의 유고 연방 시절 몬테네그로는 구(舊)유고를 구성하던 6개 공화국 중의 하나였다. 1992년 4월 세르비아 공화국과 함께 신유고 연방을 구성하였던 몬테네그로는 보스니아 내전(1992.3.~1995.10.)의 주요 요인으로 같은 연방국에 속한 세르비아가 지목된 이후, 같은 연방에 소속해 있다는 이유로 수년 동안 국제사회로부터 가혹한 경제 금수조치를 받아야만 했다. 또한 코소보에서 세르비아인과 알바니아인과의 민족 갈등을 계기로, 1999년 3월 일어난 코소보 전쟁(1999.3.~1999.6)에서 미국을 위시한 NATO군의 무차별적인 군사 공격과 국제사회로부터의 고립을 강요당해야만 했다.

이후, 몬테네그로는 세르비아와의 연방을 파기하고 독립의 길을 선택하기로 결정하였고, 이를 위한 여러 경제, 정치적인 조치를 단행해 나감으로써 또 다른 발칸유럽 분쟁의 불씨를 제공하고 있다. 이런 이유가 몬테네그로의 독립을 향한 행보에 대해 국제사회가 주목을 하고 있는 이유이다.

### 2) 자연과 지리

코토르 만 전경

몬테네그로는 발칸반도의 남동부에 위치해 있다. 서, 북, 동쪽으로 각각 크로아티아, 보스니아-헤르체고비나, 세르비아, 코소보 그리고 남쪽으로는 알바니아와 접해있다. 험준한 산악 지대가 무척이나 발달된 내륙 지방의 특성을 지니고 있는 몬테네그로는 약 295㎞의 아드리아 해안선과 75km의 해변을 보유하고 있는 해양 국가이기도 하다. 그중 코토르 만은 지중해에서 가장 아름다운 해변 중의 하나로 유명하다. 국가의 대부분은 넓은 고지대의 산악 지괴(地塊)로 형성되어 있고 수많은 깊은 골짜기와 계곡들이 교차한다. 해안선 근처의 남부 지방에서는 저지대를 볼 수 있다. 해안과 고지대의 산악 지대가 복잡하게 얽혀져 있는 몬테네그로의 자연 환경은 지질학적으로 풍경, 기후, 토양 등 여러 면에서 몬테네그로가 발칸 반도는 물론 유럽 내에서도 가장 높은 생물 다양성의 형성 조건을 가능케 하였다고 할 수 있다.

몬테네그로의 해안은 몬테네그로의 지방 주요 도시인 헤르체그 노비(Herceg Novi)에서부터 모래사장과 풍부한 아열대 식물들로 유명한 알바니아 최전방의 보야나(Bojana) 강에 이르는 좁은 도로로 연결 되어있다. 오르옌(Orjen), 로브첸, 루미야(Rumija)의 높은 디나르(Dinar) 산악지역이 해안으로부터 가파르게 솟아올라 장관을 이루고 있으나, 이러한 가파른 산악지역들은 오랜 시기 동안 몬테네그로의 해안지역과 내륙지역 간의 교류를 가로막는 주요 장애 요소가 되어 왔다. 스카다르(Skadar) 호수 지역의 제타 평원은 제타 강 유역과 닉쉬치(Nikšić) 평원과 함께 몬테네그로의 가장 큰 규모의 비옥한 저지대를 이룬다. 장엄한 스카다르 호수는 48㎞ 길이와 14㎞의 폭, 최고 깊이 44m, 그리고 표면적 370㎢~530㎢를 자랑하는 발칸반도에서 가장 큰 호수이다. 이 호수의 2/3는 몬테네그로에, 나머지

해안 지역에 자리한 페라스트 마을

1/3은 알바니아에 속해있다 이외에도 몬테네그로는 두르미토르(Durmitor), 코모비(Komovi), 시냐에비나(Sinjaevina) 등은 높은 석회암 산으로도 유명하다.

모라차(Morača), 타라(Tara), 피바(Piva)강과 그 지류들은 깊은 골짜기를 이루며 몬테네그로의 험한 산들을 따라 흐르고 있다. 몬테네그로의 강들은 높은 강수량으로 인한 방대한 강물과 고지대에서 형성된 큰 물줄기로 인해 빠른 속도로 흐르는 편이다. 강물은 이례적으로 깨끗하며 오염되지 않아 래프팅과 낚시 등의 수중 여가활동에도 좋다. 또한 침식작용에 의해 깎아져 아름다운 협곡을 이루며 장관을 드러내는 곳이 있는데, 이 중 82km에 이르는 타라 협곡 지대는 그 깊이가 1,300m에 이르러 세계에서 가장 깊은 곳 중의 하나로 꼽히고 있다.

## 2. 역사

### 1) 중세시대 몬테네그로

세르비아 역사에 따르자면 세르비아인의 한 일파로 분류되는 몬테네그로인들은 6세기 이후 남슬라브족들의 이주와 더불어 현재의 몬테네그로의 아드리아 연안을 중심으로 발칸 유럽 지역에 자신들의 부족 국가들을 수립하게 된다. 다른 남슬라브족들처럼 몬테네그로인들도 정착 초기 고대 원시 슬라브족의 부족 종교를 지니고 있었으나, 점차 공존과 동화를 통해 로마인들로부터 크리스트교를 받아들이게 된다.

몬테네그로의 역사는 9세기 비잔틴 제국의 지원 하에 수립된 두클랴(Doclea/Duklja, 훗날 제타 Zeta 공국) 공국의 성립에 따라 시작된다. 당시 두클랴의 영토는 현재 몬테네그로 지방 대부분을 차지하고 있었으며, 남으로는 남부 아드리아 해안까지 그리고 서쪽으로는 현재의 헤르체고비나 지방을 포함하고 있었다. 이 당시 두클랴는 몬테네그로 왕조(보이슬라블예비치 왕조 Vojislavljevic dynasty)의 시조로 일컬어지는 보이슬라브(Stefan Vojislav, ?~1043, 영주 재위 1018~1043, 왕자 재위 1040~1043)에 의해 통치되고 있었다. 1042년 보이슬라브는 바르(Bar)근

중세 독립 왕국의 기틀을 마련한 미하일로의 프레스코화

처에서 가진 비잔틴 제국과의 전투에서 승리한 후 독립 왕국의 기틀을 마련하게 된다. 이어 그의 아들인 미하일로(Mihailo I Vojislavljević, ?~1081, 재위 1050~1081) 시기에 들어와 안정된 국력과 발달된 경제력을 바탕으로 1077년 로마교황 그레고리 7세(Gregory Ⅶ, 1020~1085, 재위 1073~1085)로부터 독립 왕국을 인정받게 되었다. 이어 뒤를 이은 보딘(Konstantin Bodin, ?~1101, 재위 1081~1101)왕이 1089년 로마 교황으로부터 가톨릭 대주교 관직을 획득하는 등 국가에 대한 지배권 강화와 더불어 왕국은 발전이 절정에 이르게 된다. 하지만 보딘 왕 사후 그의 후계자 자리를 둘러싼 끊임없는 권력투쟁으로 인해, 1166년 세르비아 중세 왕국의 시조인 스테판 네마냐 통치하의 라쉬카 공국의 지배하에 들어가게 됨으로써 몬테네그로 중세 왕국은 종말을 고하게 된다.

1355년 세르비아 중세 왕국의 두샨 황제가 사망한 이후 세르비아 왕국은 권력다툼으로 인해 분열되었고, 이를 이용해 제2대 몬테네그로 중세 왕국은 시조 발샤 1세(Balša I, ?~1362, 재위 1360~1362)의 이름에서 유래한 발쉬치(Balšić) 왕조(1362~1421)를 중심으로 몬테네그로는 독립을 되찾게 된다. 발쉬치 왕조는 자신을 정복한 세르비아와 적대시되고 있던 비잔틴 제국이 정교 국가임을 들어 강력한 가톨릭 국가를 추구하였고, 이러한 영향은 15세기 전반기까지 이어지게 된다. 당시 제타 공국으로도 불린 몬테네그로 왕국은 이웃하고 있던 보스니아 왕국과 세르비아 왕국 사이에서 견제와 균형을 이루며 발전을 도모하였다. 하지만 보스니아 왕국과의 여러 차례 전투에서 패하고, 1389년 코소보 전투에서 세르비아를 도와 오스만 터키 제국과 벌였던 전투에서 패함에 따라 몬테네그로 왕국은 쇠락의 길을 가게 되었고, 특히 1419년 아드리아해 상권 획득을 둘러싼 베네치아와의 전쟁에서 패함에 따라 더 이상 국가의 존속을 어려운 상황에까지 이르게 되었다. 이 시대이후 몬테네그로에는 제3대 왕조가 출현하게 되는데, 그게 바로 두클랴 공국을 계승하여 수립한 제타 공국의 쯔르노예비치 왕조(1427~1516)이다. 이때 이후로 몬테네그로는 현지어로 현재의 국명인 쯔르나 고라(Crna Gora)라는 지명을 얻게 되었다.

오스만 터키의 계속된 공격에 비잔틴 제국이 1453년에, 세르비아가 1459년에, 보스니아는 1463년에 그리고 헤르체고비나 공국이 1483년에 붕괴되었음에도 불구하고 쯔르노예비치 왕조 시절 몬테네그로는 독립을 견고히 유지해 나갈 수 있었다. 이러한 배경은 몬테네그로가 터키 제국의 공격을 피해 1482년 수도를 스카다르 호수 인근의 쟈블랴(Žabljak)에서 로브첸의 로브첸스키 돌라쯔(Lovčenski Dolac, 수도 쩨티녜 Cetinje의 전신) 고지 계곡으로 천도하는 등 험한 지리적 이점을 최대한 이용하였던 데서 비롯되었다고 할 수 있다.

### 2) 근대 몬테네그로의 역사

근대 몬테네그로의 기반을 다진 니에고쉬

근대 시절 오스만 터키의 강력한 견제와 나폴레옹 하 프랑스의 간섭 속에서도 자신들의 왕국을 유지하여 왔던 몬테네그로는 현대 몬테네그로 국가와 몬테네그로 왕조의 설립자이자 유명한 시인기도 했던 니에고쉬(Petar II Petrović Njegoš,1813~1851) 시기에 들어와 발전의 기틀을 마련하게 된다. 이러한 기틀을 바탕으로 1842년 몬테네그로는 오스트리아로부터 자신의 국경을 인정받을 수 있게 된다. 이어 왕권은 조카인 다닐로(Danilo I Petrović,1826~1860, 재위

1852~1860)에게 계승되었으나, 1860년 그가 암살당함으로 인해 왕위는 니콜라 1세에게 승계되게 된다. 니콜라 1세는 러시아의 지원을 바탕으로 1862년 전투 등 여러 차례의 전투에서 터키의 공격을 잘 막아내었고, 무엇보다도 1878년 제타 협곡을 둘러싼 양측 간의 대규모 전투에서 대승을 거둠으로써 몬테네그로의 자주권을 지키는데 기초를 마련할 수 있었다. 이어 1878년 3월 산 스테파노 조약과 동년 6월 베를린 조약을 거치면서 몬테네그로는 모든 국가들로부터 정식적인 독립국가로 인정받게 된다.

이때 이후 수도인 쩨티녜를 중심으로 몬테네그로는 급격한 경제적 사회적 발전을 이루게 된다. 이에 따라 1899년에 들어와서는 75개의 공립학교와 26개의 사립학교가 건립되었고, 러시아군의 지도 아래 근대식 군대가 창설되기도 했다. 또한 오스트리아의 원조 아래 쩨티녜에서 코토르(Kotor)까지 최초의 근대식 개념의 도로가 설립되었고, 아드리아해의 바르에서 출발하는 철도가 이때 당시에 건립되어 이탈리아를 비롯한 많은 국외 사업가들의 투자를 유도하게 된다. 니콜라 1세 시절에는 이외에도 1905년 몬테네그로의 최초의 근대식 헌법을 선포와 더불어 서유럽 국가들의 표준에 맞춘 근대 법체계를 수립 그리고 여러 신문과 문학잡지의 출간이 이루어지게 된다.

### 3) 양차 세계대전 사이의 몬테네그로

1910년 의회는 몬테네그로는 니콜라 1세를 군주로 하는 왕권 국가임을 선포하였다. 하지만 1912년과 1913년에 치른 제1, 2차 발칸전쟁에서의 승전에도 불구하고, 1918년 제1차 세계대전 종결 이후 수립된 최초의 남슬라브족 통합국가인 '세르비아-크로아티아-슬로베니아 왕국' 하로 편입되게 된다. 이러한 편입은 세르비아군의 무력에 의해 몬테네그로가 강제 병합된데서 기인한 것이며, 이때 이후 몬테네그로는 한동안 독립왕국으로서의 지위를 상실해 왔다.

### 4) 유고슬라비아 연방의 해체와 몬테네그로의 독립

2차 세계대전 이후 수립된 사회주의 유고슬라비아 연방 하에서 구성 공화국 중 하나로 형성되었던 몬테네그로는 1980년 5월 티토의 사망과 1991년부터 격화된 연방 붕괴과정에서 1992년 4월 세르비아와 함께 신(新)유고 연방의 구성 공화국으로 새로 형성되게 된다. 하지만 유고 내전과 보스니아 내전을 거치면서 미국 등 서방으로부터 오랫동안의 경제 금수조치를 받아야 했고, 연방 내에서 세르비아의 강력한 민족주의자였던 밀로쉐비치의 독재로 인해 정치적 소외를 감수해야만 했다. 이러한 경제적 위기와 정치적 소외감 확대는 결과적으로 1999년 8월 이후 몬테네그로의 밀로 쥬카노비치(Milo Đukanović, 1962~, 재직 1998~2002) 대통령을 중심으로 몬테네그로의 독립 문제를 야기하게 된다.

우여곡절 끝에 2003년 3월 연방 정부 및 세르비아와 몬테네그로 정부 간에 합의문이 발표되었는데, 주 내용은 3년 동안 세르비아와 몬테네그로가 연합한 연방을 계속 존속할 것과 이후 양 공화국이 몬테네그로 독립을 묻는 국민투표를 실시할 것 그리고 국명을 '유고슬라비아 연방 공화국(SRJ)'에서 '세르비아-몬테네그로 연합'으로 변경할 것 등이었다. 이어 이 합의문에 따라 좀 더 느슨한 하나의 국가연합 체제라는 틀 속에서 국방과 외교정책은 연방 정부에서, 나머지 모든 권한은 각 공화국이 운영하기로 결정되었고, 마침내 2003년 4월에는 세르비아와 몬테네그로 의회에서 양국 지도부들간의 몬테네그로 연방 존속 안에 대한 협정이 승인되게 된다. 하지만 몬테네그로는 이에 만족하지 않고 독립을 계속 추진해 나갔고, 그 결과 마침내 2006년 5월 독립을 묻는 국민투표를 통해 독립을 쟁취하게 된다.

생각하기

### 몬테네그로 독립을 향한 진통과 어려움

몬테네그로 독립문제는 1999년 8월 몬테네그로 대통령인 밀로 쥬카노비치와 그 참모들을 중심으로 제기되게 된다. 우선 쥬카노비치 대통령은 세르비아 정부에게 국명을 유고슬라비아 연방이 아닌 '몬테네그로-세르비아 연합'이라는 명칭으로 변경할 것과 현행 연방 헌법을 폐지할 것 그리고 연방 정부 협의 체제를 각 공화국 간 각료 간 협의체제로 전환할 것 등 실질적인 새로운 형태의 연방 정부구성을 제안하게 된다. 뒤 이어 몬테네그로는 세르비아와의 느슨한 연방형태 유지를 전제로 한 독자적 군대 편성권과 독자적 외교권 그리고 독자적 통화권 발행 등을 요구하였다. 2000년 7월에 들어와 쥬카노비치 대통령은 몬테네그로의 향후 국가 목표를 EU와 NATO 가입에 둔다는 성명서를 발표하였다. 하지만 2000년 10월 세르비아인들의 반(反)밀로쉐비치에 기치를 둔 민주화 혁명이 성공하고 더불어 민주인사인 코슈투니차가 새 연방 대통령으로 등장하게 되자 몬테네그로 독립문제는 국내외적으로 난관에 봉착하게 된다.

그러나 쥬카노비치 대통령은 계속해서 독립을 추진하여 나갔고, 그 일환으로 2000년 11월 몬테네그로 공식 화폐로 연방의 공식화폐인 '디나르' 대신에 독일의 마르크화를 선택하게 된다(2002년 1월 이후 공식화폐로 EU의 유로화 통용). 이어 2001년 4월 몬테네그로 독립을 묻는 총선을 통해 분리 독립 세력이 근소한 차로 승리함으로서 독립 추진에 탄력을 얻게 되었다(총선 결과, 분리 독립파지지 세력 42.1%를, 연방 유지파 지지 세력은 40.7%를 차지하였음). 하지만 총선 직후 몬테네그로 독립에 대해 미국과 EU는 이러한 시도가 발칸유럽의 안정을 해칠 수 있다는 견해를 피력하였고, 이러한 국제사회의 강력한 반대에 따라 몬테네그로 정부는 2001년 7

몬테네그로 독립 선언에 환호하는 군중

월 13일 이전에 치르기로 했던 몬테네그로 독립을 묻는 국민 총선을 철회한다는 발표를 해야만 했다. 그러나 국제사회의 계속된 반대와 세르비아의 압력에도 불구하고, 몬테네그로는 2006년 5월 국민투표를 단행, 마침내 48만 5,000여명의 유권자 중 86.5%가 참여해, 55.5%인 23만 661명의 찬성을 이끌어 냄으로써 독립을 이루게 되었다. 이후 세르비아가 선거 결과를 인정하고 국제사회의 승인을 얻음에 따라, 마침내 2006년 6월 3일 몬테네그로는 독립을 선포하게 된다.

## 3. 정치

몬테네그로는 2006년 6월 3일 세르비아로부터의 독립을 공식적으로 선포한 이후 2007년 10월 22일 새로운 헌법을 기초로 독립 국가를 이루고 있다. 몬테네그로는 민주주의를 바탕으로 헌법에 따라 공화국 영토 내에 거주하는 모든 국민들에게 민주적 권리를 부여하는 민주 국가를 표방하고 있다.

5년 임기로 직접 선거에 의해 선출되는 몬테네그로 대통령은 국가의 수반으로서의 역할을 수행하고 있다. 대통령의 권한은 외교적 수장이자, 조례에 의해 법률을 선포할 수 있으며, 국회에 총리를 그리고 헌법 재판소에는 판사 후보를 제안할 수 있다. 더불어, 법률 범위 내에서 헌법적 임무를 수행하고 국방위원회를 이끌어 나간다. 몬테네그로의 수도는 포드고리짜지만, 대통령의 공식 거주지는 쩨티네에 있다. 그리고 총리를 중심으로 한 행정부는 여러 부처별로 구성되어 있다.

의회 형태는 단원제(일원제)를 선택하고 있으며, 통상 유권자 6,000명당 한 명의 국회의원을 선출하고 있다. 4년 임기로 선출되는 전체 국회의원 수는 81명에 달하고 있다.

몬테네그로의 주요 정치 이슈로는 EU 가입을 최우선 목표로 하고 있으며, 이를 위한 일련의 준비 작업을 진행 중에 있다. 더불어, 경제 구조상 관광 수입이 높은 몬테네그로선 관광객의 꾸준한 증대를 위해 노력 중이며, 이를 위해 세르비아 등 주변 국가들과의 우호적 관계 수립은 물론 발칸 유럽의 정세 안정에도 많은 관심을 기울이고 있다. 또한 자국의 안보를 스스로 지키기 어려운 소규모 국가라는 한

계점을 극복하기 위해 NATO와 UN 등 국제 평화 유지군 참여에 적극적인 자세를 보임으로써 국제 사회의 군사적 보호를 기대하고 있다.

## 4. 한국-몬테네그로 관계

우리나라와의 공식적인 외교 관계 수립은 2006년 9월 4일 수립되었다. 우리나라는 몬테네그로가 2006년 6월 3일 세르비아로부터 독립하기 이전까지 세르비아를 통해 관계를 유지하여 왔지만, 독립을 선언한 직후인 6월 21일 몬테네그로가 합법적으로 국민 투표를 통해 독립하게 된 것을 환영한다는 축사를 보냈으며, 그 해 9월에 공식적으로 수교를 맺게 되었다. 현재, 현재 주세르비아 한국 대사관에서 몬테네그로를 겸임국으로 관할하고 있으며, 영사업무 등을 맡고 있다. 몬테네그로 입국에는 관광 목적 방문시 현재 90일간 무비자 입국이 가능하다.

## 5. 경제

몬테네그로 경제 구조는 인구의 3/4이 농·목축업, 가내 수공업, 임업 등에 종사하고 있는 농업 국가의 특징을 지니고 있다. 특히, 험준한 산악 지대의 특성상 양과 염소를 방목해 키우는 전통적 방식을 고수하고 있으며, 농업은 척박한 토지의 특성 상 낮은 일부 하천 지대에서만 이루어지고 있다. 아드리아해 일부 근해에서는 석유가 산출되기도 하지만, 경제성에 대한 논란이 있는 편이다. 몬테네그로의 지하자원에는 보크사이트가 풍부하게 매장된 것으로 알려져 있으며, 이를 개발하기 위해 티토는 포드고리짜(티토 시절 도시명은 티토그라드 Titograd)를 건설하기도 하였다. 과거 사회주의 유고 연방의 티토 지배 시기, 보스니아와 더불어 몬테네그로는 중공업 우선 정책을 추진해 가던 대표 전략 지역이었으며, 전기, 철강, 알루미늄, 납, 아연 등의 자원 개발이 활발히 이루어지던 곳이기도 했다. 이와 함께, 아드리아해와 대표적인 국제 무역항인 바르 항을 중심으로 한 무역업이 발달하였고, 1980년대 이후로는 크로아티아의 아드리아해와 연계되는 관광 산업이 크게 발전하기도 했다. 오늘날 몬테네그로의 관광 자원은 이 당시의 관광 활성화 정책에 기반을 두고 있다고 할 수 있다.

하지만, 사회주의 유고 연방의 붕괴와 1990년대 동안 구성 공화국 내에서 발생한 수차례의 내전들(유고 내전, 보스니아 내전, 코소보 전쟁) 그리고 내전들의 주범으로 몰렸던 세르비아와의 정치적 공동 운명은 몬테네그로 경제를 심각한 수준까지 끌어내리게 된다. 특히, 10년 가까이 이어진 경제금수조치와 극단적 인플레이션 경험은 별다른 경제적 기반 없이 자원 수출과 관광업을 통해 버티고 있던 몬테네그로 경제를 거의 파산 상태에 이르게 하였다. 그 결과 몬테네그로는 세르비아로부터의 경제, 정치적 간섭을 벗어나기 위해 세르비아의 공식 화폐인 디나르화에서 독일 마르크화로 국가 화폐를 전환하고, 독자적인 경제 정책을 추진해 나가기 시작했다. 이러한 결실은 이후 쥬카노비치 대통령을 중심으로 독립을 추진할 수 있는 배경이 되게 된다. 이후로 몬테네그로는 2002년 1월 유로존 국가들 사이에서 유로화 도입에 따라 유로화를 국가 화폐로 공식적으로 도입하였고, 2006년 세르비아로부터의 독립과 함께 경제 발전을 위한 여러 활로를 모색 중에 있다.

실제, 그동안 이웃하고 있는 크로아티아에 비해 잘 알려지지 않았음에도 불구하고, 년 100만 명이 넘는 해외 관광객들이 몬테네그로를 방문하고 있으며, 몬테네그로는 이러한 관광 산업을 중심으로 2006년 이후 6~11%의 높은 경제 성장률을 보여 왔다. 더불어, 비록 FDI의 급격한 증대가 인플레이션을 비롯한 일련의 사회적 문제 등을 야기하고는 있지만, 인프라 건설을 위한 몬테네그로 정부의 적극적인 정책에 따라 세계 각국으로부터 관광업과 지하자원 개발을 중심으로 FDI가 확대되고 있으며, 이것은 2009년 이후로 세계 경제 위기 속에서도 2~4%에 가까운 경제 성장률을 보여주는 밑거름이 되고 있다.

## 6. 문화

몬테네그로의 문화는 자신을 둘러싼 오랜 역사의 흔적과 영향에 의해 다양성을 지니며 발전해 왔다. 종교적으로는 몬테네그로인과 세르비아인이 주로 믿는 정교 문화권을 중심으로 보스니아인들과 이웃한 알바니아인 들이 믿고 있는 이슬람, 그리고 과거 오랫동안 해안 지역을 중심으로 지속되어 왔던 가톨릭 등 발칸 유럽의 종교 문화적 요소를 그대로 수용하고 있는 지역이기도 하다. 이와 함께, 6~7세기 이후로 주요 정착민이 된 남슬라브족 문화 전통 위에 이 지역에 영향을 미쳐왔던 이탈리아 베네치아의 문화와 이슬람 문화가 서로 복잡하게 혼재되어 있는 특징을 보이고 있다.

몬테네그로의 전통적인 민속춤들은 역사적으로 오랜 유대 관계를 맺어왔던 이웃 세르비아와 유사한 편이다. 최초의 문헌들은 10세기 이전에 작성된 것으로 알려져 있으며, 최초의 인쇄물은 1494년 당시 수도였던 쩨티녜에 들여 온 국유 인쇄기를 통해 500년 전에 나온 것으로 알려져 있다. 이중 8개 부분으로 구성된 노래를 위한 기도서 형태(찬송가 혹은 시편)의 '오크토이흐(Oktoih)'가 유명하다.

몬테네그로의 음식은 슬라브, 터키, 이탈리아, 그리고 그리스풍의 맛이 서로 혼재되어 나타난다는 특징을 지니고 있다. 음식 문화는 몬테네그로의 지형적 특성

로브첸 산 정상 위에 자리한 니에고쉬 무덤과 그의 동상

이 커다란 다양성을 보이는 관계로 여러 특징을 보이고 있으며, 주로 내륙 지역에서는 양념을 곁들인 다양한 육류 요리가 그리고 해안 지역에서는 해물 요리 등 지중해풍의 음식 문화가 발달되어 있다. 몬테네그로인들이 주로 즐겨 먹는 음식으로는 여러 겹의 파이 속에 소고기를 다진 것 또는 치즈를 넣어 만든 부레크, 소고기 스테이크인 플레스카비차, 양파와 고추로 양념된 소고기 혹은 돼지고기를 쇠꼬챙이에 끼어 구워서 내 놓는 라즈니치 등이 있다. 또한 이 지역의 온화한 대륙성 기후는 'ㅂ라나쯔(Vranac)'라는 유명 포도주와 과실 증류주인 고급 라키야 생산에도 일조하고 있다

몬테네그로 문학의 대표적 인물로는 근대 몬테네그로 왕국의 기반을 다지며, 시인, 철학자, 정치가이기도 했던 니에고쉬를 들 수 있다. 그는 몬테네그로 내 세르비아인으로 17세부터 쩨티녜의 세르비아 정교회의 대주교를 맡으면서, 동시에 몬테네그로의 실질적인 정치가로서 이름을 날리기 시작하였다. 당시 오스만 터키의 지배 하에서 정교회의 주교는 일반 민중들에게 있어 중요한 정치적 행동과 결정 그리고 영향력을 발휘하고 있었다. 니에고쉬는 공정한 과세제도 도입과 근대적 입법 체계 도입을 위해 힘을 썼으며, 동시에 여러 서사시를 남김으로써 세르비아와 남슬라브 근대 문학에 중요한 획을 그은 것으로 평가받고 있다. 크로아티아 출신의 세계적인 조각가인 이반 메쉬트로비치가 조각한 그의 무덤은 오늘날 몬테네그로인들에게 있어 성산으로 불리면서, 몬테네그로 대부분 지역들을 내려다 볼 수 있는 로브첸 산 정상 위에 모셔져 있다.

## 7. 주요지역

### 1) 여행 정보

몬테네그로는 발칸반도의 동남쪽에 위치해 있다. 이곳은 아드리아-지중해 연안 에 속해있고, 다른 한편으로는 파노니아 분지(Pannonian basin)를 거쳐 중부 유럽과 더 나아가 세계 경제시장과도 연결되어 있다. 영국의 유명한 시인 바이런

(George Gordon Byron, 1788~1824)이 몬테네그로의 절경을 두고 '땅과 물의 가장 아름다운 만남'이라고 표현했던 것처럼, 몬테네그로는 주위 국가들에 비해 작은 나라지만, 국가가 지닌 풍부한 자연 환경, 그리고 문화, 역사 등에 묻어나는 아름답고 수려한 경관으로 인해 세계 여러 나라 사람들에게 이곳을 가장 매력적인 관광지중 하나로 꼽히게 하고 있다. 실제, 2009년 야후(Yahoo)에서 세계 관광 시장 10곳을 선정하면서, 몬테네그로는 중국 다음으로 가장 빠른 관광 산업 성장지로 뽑히기도 했으며, 세계적 관광 업체인 론릿 플래닛(Lonely Planet)에서는 그리스, 스페인과 더불어 주요 관광지 중 하나로 이곳을 소개하고 있기도 하다.

몬테네그로 아드리아 해안의 6개월 이상 평균 기온은 18℃ 이상으로 적당한 수온과 함께 유럽의 여느 지역보다도 화창하고 온화한 기후적 특징을 지니고 있다. 고대 여러 유적물들이 잘 보존되어 있는 아드리아 해안을 중심으로 몬테네그로는 총 37,000여개의 숙박 시설(호텔, 모텔, 하숙집, 여행자촌)을 보유하고 있다. 몬테네그로 해안(총 길이 295km)은 거대한 모래사장과 자갈밭 해변을 자랑하고 있다. 특히, 몬테네그로 정부는 2000년대 이후 들어와 급증하고 있는 관광객들 중 프리미엄급 관광객을 위한 다양한 서비스를 제공하려 노력하고 있다.

또한 비록 지중해 지역 국가로 분류되어 있지만, 몬테네그로는 국가의 60.5%가 1000m 이상의 높이에 자리한 산악 지역이기도 하다. 동쪽으로는 코소보와 이어지는 프로클레티예, 서쪽으로는 마글리치, 볼루약(Volujak)로 뻗어있는 몬테네그로 산들은 피바, 타라 강의 장엄한 협곡들에 의해 나뉘어져 있다. 35개 이상의 그림 같이 아름다운 호수로 장식되어 있는 이곳은 유럽 지역에서 가장 매력적이고 생태계가 잘 보전된 곳으로 알려져 있다. 게다가 겨울철이면 스키어 한 사람당 60㎡의 트랙 면적을 제공할 수 있는 쾌적한 공간도 확보된 곳이다.

이외에도 코토르의 구시가지와 타라 계곡은 UNESCO가 지정한 특별 유산이기도 하다. 또한 아름답고 생태학적으로도 보전이 잘 된 네 개의 공원(Durmitor, Biogradska gora, Skadar, Lovčen)을 지니고 있으며, 앞으로도 두 개의 공원(Orjen, Prokletije)을 새로 설립할 계획을 두고 있다.

## 2) 포드고리짜(Podgorica)

현재 16만 명의 상주인구를 지니는 몬테네그로 수도인 포드고리짜에는 6개의 주요 강들(모라짜, 리브니짜, 제타, 시트니짜, 마레자 그리고 찌에브나강)이 흐르고 있으며, 현대적 유럽 도시로 발전하고 있는 중이다. 또한 이곳은 몬테네그로의 정치, 행정적 중심지이기도 하다. 반면 포드고리짜의 중심구역 뒤편에 자리한 구시가지에는 어느 유럽도시에서와 같은 중세 건물들이 아직도 보존되어 관광객들의 관심을 끌고 있다. 중세 시가지 건물 중 가장 유명한 것은 구시가지 중앙에 높이 솟아 있는 '돌 시계탑(Sat-kula)'으로 현재 이 도시의 상징물로서 사랑 받고 있다.

2천여 년 이전 리브니짜와 모라짜 강의 입구에는 일리리안 부족과 로마 시절 당시의 요새들이 구축되어 있었다. 그 후 6~7세기 경 슬라브족들이 이곳으로 이주해 정착한 후 매력적인 지역인 제타 강 유역에는 중세 두클랴 공국이 수립되

포드고리짜 전경

게 된다. 이후 슬라브족들은 1326년 고리짜(Gorica) 언덕 아래를 따라 현재의 포드고리짜 북부지역에 정착해 거주하기 시작함으로써 현재에 이르고 있다. 이 도시는 제2차 세계대전 이후 사회주의 유고 연방 하에서 몬테네그로의 행정 수도로 정해졌는데, 유고 연방이 붕괴되기 이전까지는 티토를 기념하여 티토그라드(Titograd)라는 명칭으로 수도 역할을 담당하였다. 따라서 옛 지명에는 티토그라드라는 명칭으로 표기되어 있음을 쉽게 확인할 수 있다.

포드고리짜는 해수면보다 44m 높은 곳에 위치해 있으며, 몬테네그로의 유명한 해안 리조트들인 아드리아 해안의 도시들로부터 약 100여km 정도 밖에 떨어져 있지 않다. 또한 이곳은 하늘의 문으로 일컬어지는 제타 협곡과 더불어 발칸유럽에서 가장 유명한 호수 중 하나인 스카다르 호수에서 그리 멀리 떨어져 있지 않는 등 주변 관광지로 연결되는 주요 기점 통로로서의 중요한 도시 거점을 확보하고 있다.

도시 내에는 이 지역을 관광하는 관광객들의 편의를 위해 다양한 중소 규모의 호텔들과 개인 숙소 그리고 여러 유명 호텔들이 방문객들을 기다리고 있다. 쇼핑을 위해 도심 중앙에 있는 공개 무역센터에서는 해외로부터 직수입된 최상등급의 옷감들과 의류들이 전시되어 있으며, 쇼핑 후 레스토랑에선 이 지역의 전통 음식들을 맛볼 수도 있다. 무엇보다도 포드고리짜를 방문하는 관광객들은 이곳이 몬네그로인들의 동양적인 친절함과 유럽적인 상냥함을 느낄 수 있다는 점에서 매력적인 도시라 할 수 있을 것이다.

### 3) 몬테네그로 저지대 내륙지방

(1) 쩨티녜(Cetinje)

몬테네그로의 옛 수도 쩨티녜는 몬테그로인들이 무척이나 사랑하고 있는 로브첸 산에 위치해 있다. 1482년경 당시 제타 공국 지배자였던 쯔르노예비치 왕조의 이반 쯔르노예비치(Ivan Crnojević, 재위 1465~1490)는 오스만 터키가 자블랴 남쪽 지역으로 쳐들어 와 스카다르 호수까지 장악하게 되자, 수도를 이곳으로 천도하게 되면서 쩨티녜는 왕성하게 발전하기 시작하였다. 쩨티녜라는 지명은 쩨티

쩨티녜 전경

나(Cetina)라는 작은 강에서 유래하였다고 알려지고 있다.

오랫동안 쩨티녜는 몬테네그로인에게 수도 이상의 의미를 지녀왔다. 실제, 쩨티녜와 이곳을 둘러싸고 있는 로브첸 산은 오스만 터키의 공격과 다른 외세들의 공격들을 오랫동안 견디어 내고 독립과 자유를 갈망하던 국가적 인고의 상징이기도 하다. 또한 몬테네그로를 향한 정직, 용기, 충성을 갖춘 산악 민족의 상징으로써도 묘사가 되고 있다. 몬테네그로인들에게 있어서 쩨티녜는 세르비아인들에게 코소보의 의미처럼, 오랫동안 몬테네그로 정교회의 근원지이자 터키에 맞섰던 저항운동의 중심지로서의 역할을 수행해 왔다고 할 수 있다.

쩨티녜에서 가장 오래된 건물은 블라쉬카(Vlaška) 교회로, 교회의 이름은 1450년경 교회 건물을 지은 목회자의 이름에서 유래되었다고 알려지고 있다. 교회 주변으로는 당시 오스만 터키의 공격에 맞서 끝까지 저항하던 죽어간 사람들의 무덤들이 아직도 현존하고 있다.

1692년 오스만 터키가 쩨티녜를 공격했을 때, 수도원 초기 원형 모습이 붕괴되었다. 이후 주교이자 이 지역의 지배자였던 다닐로 뻬트로비치(Danilo Petrović-Njegoš, 1670~1735, 재위 1697~1735)에 의해 1701년 옛 수도원 자리 인근에 수도원을 다시 지어질 수 있었다. 쩨티녜는 19세기 몬테네그로가 독립을 국제적으로 인정받게 되자 급속도로 성장하기 시작하였다. 1838년 역시 정교회 주교이자 지배자였던 니예고쉬는 몬테네그로 내각이 자리한 '빌랴르다(Biljarda)'라는 건물을 지었고, 이후 제1차 세계 대전을 거치며 쩨티녜에는 첫 호텔인 '라콘다(Lakonda)'가 들어서게 된다.

쩨티녜의 발전은 1860년부터 1918년까지 지배했던 니콜라 1세 시기에 절정을 이루었다. 특히, 그의 지배 당시 1878년 베를린 회의에서 몬테네그로가 독립 국가로 인정받게 된 점은 주목할 만하다. 몬테네그로는 당시 유럽에서 가장 작은 국가였으나 많은 수의 외교관(그중에서도 오스트리아, 프랑스, 러시아, 영국, 이탈리아 외교관)과 궁전, 병원, 극장, 학교, 여학교, 박물관, 기록 보관소 등을 보유하고 있었다.

하지만 쩨티녜의 발전은 제1, 2차 발칸전쟁(1912~1913)과 1차 세계대전을 맞이하며 중단되었고, 이후 몬테네그로는 세르비아에 의해(세르비아-크로아티아-슬로베니아 왕국) 병합되게 된다. 제2차 세계대전 이후 사회주의 유고슬라비아 공화국 하에서 쩨티녜는 외국 관광객을 유치하기 위한 관광도시로 탈바꿈 하였고, 수도는 포드고리짜로 이전되었다.

이후 사회주의 유고 연방의 붕괴와 함께 1993년에는 몬테네그로 공화국 정부의 일부 행정 기능이 다시 쩨티녜로 옮겨짐에 따라, 현재 포드고리짜와 함께 제2의 수도 역할을 하고 있다.

### 4) 몬테네그로 산악지대

(1) 쟈블략(Žabljak)과 두르미토르(Durmitor)

몬테네그로 산악지대를 대표하는 도시로는 해발 1,465m에 위치해 있는 쟈블략을 들 수 있다. 발칸 유럽에서 가장 높은 고원지대에 있는 도시인 쟈블략은 UNESCO 지정지(1980년)이자 거대한 두르미토르(최고봉 보보토브 쿡 Bobotov kuk 2,522m)산 아래 끝없이 펼쳐져 있는 광활한 평지 한가운데 위치해 있다. 두르미토르 산 지역에 위치해 있는 쟈블략은 몬테네그로 산악 관광을 위한 주요 중심

자블랴크와 두르미토르 산

지로 알려져 있다. 원시적인 자연 환경을 그대로 보존하고 있는 이곳에는 수 천명의 관광객들이 숙박할 수 있는 호텔들과 민박촌들이 형성되어 있으며, 이들 관광객들은 이곳에서 무성한 소나무와 잣나무에서 뿜어져 나오는 신선한 공기와 산림욕을 즐길 수 있다.

이곳에선 또한 천혜의 자연환경이 그대로 보존되어 있는 것과 더불어 몬테네그로의 전통적인 토속 음식들, 즉 끓이지 않은 우유로 만든 가정집 치즈, 수수나 보리 혹은 밤 가루 등을 원료로 가정용 전통 그릇에 담아 만든 요구르트, 그리고 소 젖에서 추출한 우유로 만든 카이막(kajmak), 전통 방식인 철판 아래서 구워 만든 옥수수빵 또는 밀빵 등의 음식을 즐길 수 있다는 점에서 관광객들의 발길을 계속 끌고 있다.

자블랴크을 중심으로 두르미토르 산으로 향하는 여러 개의 등산 코스가 개발되어 있는데, 등산을 하면서 느끼는 묘미는 무엇보다도 산 정상에 오르면서 느낄 수 있는 다양한 식물군이라 할 수 있다. 무성한 고원지대 목초지를 비롯해, 수많은 가파른 계곡들 그리고 한 여름에도 눈이 녹지 않고 펼쳐져 있는 광활한 눈꽃의 정

타라강 협곡 지대와 타라 강의 다리

취, 아름다운 침엽수와 너도밤나무 군림지대가 한적한 산골 집들과 아름답게 조화를 이루며 관광객들의 감탄을 자아내게 하고 있다.

또한 쟈블략에서 빼놓을 수 없는 관광명소로 두르미토르 산에서 흘러나오는 깨끗한 빙하수들이 모여 형성된 18개의 호수들을 들 수 있는데, 이곳은 현지어로 '고르스케 오치(Gorske oči)', 즉 '산의 눈들(eyes)'이라는 별명을 안고 있는 곳이다. 여러 호수들 가운데 관광객들이 보다 쉽게 다가갈 수 있는 호수로는 '쯔르노 예제로(Crno jezero, 검은 호수)와 '즈미녜 예제로(Zminje jezero, 뱀의 호수)' 등을 들 수 있다. 이들 지역은 쟈블략에서 차로 5분 정도의 거리에 위치해 있으며, 주차장에서 도보로 호수까지 걸어가는 도중에 울창한 산림을 보는 즐거움과 약 2m 높이로 쌓여 있는 개미집을 보는 재미 그리고 무엇보다도 현지 사람들이 직접 산에서 캐어와 파는 각종 산열매들을 사서 먹는 재미를 만끽할 수 있다.

두르미토르 산 인근에는 약 36,000헥타르, 길이 82km의 타라 강 협곡지대가 관광객들의 탄성을 자아내게 하고 있다. 타라 강 협곡은 가장 깊은 곳이 1,300m에 달하고 있는데, 이것은 세계 2번째 협곡지대에 해당한다(세계 1위: 콜로라도의 그랜드 캐넌). 또한 이곳은 몬테네그로 국립공원이자 UNESCO 지정지로서, 특히 타라 강 협곡을 잇는 거대한 아치형의 타라 강 다리(1941년도 완성)위에서 200여m 아래 타라 강을 향해 돌을 던져 그 돌이 협곡의 거센 바람을 이기고 강에 정확히 들어가는지 내기를 하는 여러 관광객들의 모습을 볼 수 있다. 또한 타라 강 다리에서 바라보는 협곡의 경치와 드문드문 세워진 시골집들과의 아름다운 조화는 한 폭의 풍경화를 연상시키게 할 것이다.

## 5) 몬테네그로 해안지대

(1) 부드바(Budva)와 스베티 스테판(Sveti Stefan)

몬테네그로의 아드리아 해안 지역은 21세기에 들어와 세계 관광 업계에서 가장 큰 발견 지역이자 꼭 가보아야 할 관광지로 손꼽히고 있는 곳이기도 하다. 이중 대표적 관광지 중 하나인 부드바는 발칸에서 가장 오래 전에 정착된 고대 도시들 중 하나이다. 이 도시는 고대 그리스의 기록에 따르자면 고대 페니키아의 왕 아게논(Agenon)의 아들인 카드모(Cadmo)에 의해 최초로 수립되어졌다고 알려져 있다. 카드모는 옛 그리스의 도시국가였던 테베(Thebes)에서 추방된 이후 소가 끄는 마차를 타고 이곳 부드바까지 오게 되어 이곳에 정착촌을 건설하였다고 알려지고 있다. 이후 부드바는 아드리아해의 주요한 해안 도시국가중 하나로 성장하게 된다.

부드바의 구시가지에는 작은 섬을 연결해 만든 15세기 무렵 세워진 자그마한 고성이 자리하고 있다. 이곳은 중세시대 아드리아 해를 지나는 선박들을 감시하고 부드바를 방어하던 곳으로, 현재는 여름 시즌 성내 광장에서 다양한 무대 공연과 뮤지컬, 연극 등이 공연되는 장소로 활용되고 있다. 또한 성곽 내에는 좁은 여러 갈래의 골목길들이 작은 광장을 중심으로 펼쳐 있으며, 다양한 관광 상품 등이 그 골목길들을 따라 전시되어 있다. 또한 부드바 고성 안에 자리한 해양 박물관에선 여러 해양 전시물들을 전시하고 있으며, 7세기에 세워진 성 이바니치(St. Ivanić) 교회 안에는 15~17세기 사이 베네치아 예술가들이 그려 놓은 여러

부드바 고성과 성의 상징인 금종

그림들과 이콘들 그리고 중세 교회 서적들이 관광객들의 눈길을 끌고 있다.

현재 부드바는 이러한 유적지를 통한 관광 외에도 현대적인 관광시설을 통한 대규모 위락시설을 차려 놓고 있으며, 6월부터 시작되는 여름 시즌에는 부드바의 해안가를 따라 펼쳐져 있는 여러 형태의 카페 촌과 각종 먹거리, 매일 저녁 라이브 무대가 펼쳐지는 레스토랑, 대규모 나이트 클럽들로 불야성을 이루고 있다.

생애 꼭 한번은 방문해야 할 곳, 스베티 스테판

특히, 부드바에서 차 또는 배로 10여분 거리에 떨어져 있는 스베티 스테판(Sveti Stefan)섬은 '내셔널 지오그라픽 여행자(National Geographic Traveller, 10년마다 발간)' 최근호에서 생애 꼭 한번 가보아야 할 50곳을 선정하면서 이곳을 표지 모델로 선정할 정도로 몬테네그로의 주요 관광지 중 하나이자 세계인의 관심을 받고 있는 곳이기도 하다. 이전에 이곳은 작은 어촌에 불과했지만, 1960년대 대지진을 겪은 이후 대규모 관광 위락촌 건설의 붐을 타고 유명한 호텔촌으로 변모하게 된 곳이다. 섬은 현재 육로를 방조제 둑을 통해 이어져 있는데, 투숙객들이 아닌 일반 관광객들이 섬 내부를 구경하기 위해선 입구에서 입장권을 끊여야 입장할 수 있으며, 통상 입장권에는 호텔 내 노천 레스토랑에서 마실 수 있는 음료권이 포함되어 있다. 자그마한 섬 전체가 호텔이자, 객실인 스베티 스테판 섬의 안으로 들어서다 보면 중세 좁은 골목길을 통해 깨끗하고 세련되게 곳곳에 펼쳐져 있는 정원수와 각종 장식물들이 눈길을 끌고 있으며, 에메랄드 빛 아드리아해를 내려다보면서 노천 수영장에서 수영을 즐기는 재미 또한 매우 흥미롭다.

코토르의 낮과 밤

(2) 코토르(Kotor)

코토르에는 BC 1세기 때부터 로마인들이 정착해 살았던 것으로 알려져 있으며, 당시에는 '아스크리비움(Ascrivium)'으로 불렸다. 이후 6~7세기를 거치며 남슬라브족들이 내려와 거주하였고, 11세기엔 불가리아 제국의 통치를, 특히 15세기 초부터 18세기 말까지는 잠시 동안의 오스만 터키 지배 기간(1538~1571, 1657~1699)을 제외하고는 베네치아 공화국(1420~1797)의 영향력 하에 오랫동안 놓여 있었던 지역이다. 코토르는 지정학적으로 전략적 중요 지역에 자리한 까닭에 근대에 들어와서는 오스트리아, 프랑스 그리고 러시아의 지배를 번갈아 받아가면서 외세의 침략과 위협 하에 고통을 받기도 하였다. 이후 제1차 세계대전 기간에는 오스트리아-헝가리 이중 제국의 해군 기지로 활용되었으며, 제2차 세계대전 동안에는 이탈리아의 지배 하로 들어갔고, 전쟁 뒤엔 사회주의 유고 연방내 몬테네그로 공화국의 도시로 편입되게 된다.

비록 중세 오스만 터키의 침략과 공격으로 인해 파괴가 자행되는 아픈 역사를 지니기도 했지만, 중세 역사 속에서 오랜 기간 동안 베네치아의 지배와 영향력을 받았던 역사적 경험과 그 당시 지어진 베네치아 풍의 건축 양식들은 코토르를 중요한 역사박물관이 되게 하는 원동력이 되었다고 할 수 있다.

고대부터 중세의 흔적을 잘 보존해왔던 코토르의 상당 부분이 무너지게 된 계기는 여러 차례 이어진 전쟁들에 의한 상처들과 중세 발생한 수차례의 대지진(1563, 1667)에 의해서였다. 특히, 1979년 4월 발생한 대지진은 코토르 구시가지

중세 코토르 성의 웅장한 모습

의 여러 유적들 중 약 50%가량을 무너져 내리게 하였다. 하지만, 이후 수차례의 정밀한 복원과정을 거치면서 르네상스, 로마네스크 그리고 바로크 양식 등을 지닌 다양한 건축물들이 오늘날의 모습으로 복원되게 되었으며, 이에 따라 구시가지에는 중세의 흔적들과 그 당시 모습들을 그대로 느껴볼 수 있는 유적들이 다수가 자리하고 있다.

이중 도시 앞으로 아드리아해를 따라 그리고 도시 뒤로 디나르 산맥을 따라 빙 둘러 도시를 감싸고 있는 길이 4.5km, 높이 20m의 거대한 코토르 성곽은 세계 역사적 가치가 매우 높은 유산중 하나로 손꼽히고 있다. 코토르 구시가지를 감싸고 있는 기다란 성벽과 산 위의 요새는 비잔틴 제국이 이 지역에 영향력을 미치기 시작했을 때부터 쌓기 시작한 것으로 비잔틴 제국의 유스티니아누스 1세 황제 시기인 535년부터 건축된 것으로 유명하다. 중세를 거치며 수차례의 보수와 복원 과정이 진행된 노력과 흔적은 코토르 도시가 UNESCO 지정지(1979)가 되게 하는 중요한 원동력이 되었다고 할 수 있다.

코토르의 구도시는 지중해 연안에 있는 도시들 중 중세 유적물들이 가장 잘 보존되어 있는 중세 도시들 중 하나로 손꼽히고 있다. 특히, 12세기에서 14세기 사이에 지어진 여러 중세 건물들이 현재까지도 가장 잘 보존되어 있으며, 좁은 거리들과 광장들의 비대칭 구조들 그리고 중세 유적물들이 다양하게 연결되어 있는 건축물들은 코토르가 UNESCO의 지정지로서 손색이 없다는 것을 입증시켜준다 하겠다.

코토르 성 내 성 트리푼 성당

코토르 성의 가장 오래된 성문은 남문으로 일부는 9세기경 지어진 것으로 확인되고 있다. 그리고 북문과 다른 문들은 16세기 전반기에 베네치아 풍의 르네상스 스타일로 지어진 건축 양식을 띠고 있다. 구시가지에서 볼 수 있는 최고의 건축물 중 하나는 아드리아해상에서 가장 대표될 만한 기념비중 하나인 성 트리푼(St. Tryphon/ St. Tripuna) 가톨릭 성당으로, 이 성당에는 809년 지어진 신전이 원형 그대로 남아있고, 여기에 1166년에 교회 건축물이 더 첨가되어 지어졌다. 1667년 대지진에 의해 파괴된 후 재정적 지원을 받지 못해 거의 방치되어 오다가, 1979년 대지진 당시 다시 한 번 외곽 건축물들이 파괴되는 아픔을 겪어야만 했다. 이후로 남아있던 내부 유물들을 바탕으로 최근에 들어와 재건이 완료되었다. 교회 내에 특히 유명한 작품들로는 14세기 때 그려진 프레스코 벽화들을 들 수 있으며, 14세기에서 20세기에 이르는 베네치아인들의 여러 보물들이 그대로 전시되어 있다. 오늘날에 들어와 성 트리푼은 코토르 도시를 수호하고 상징하는 심벌로 존중되면서 몬테네그로인들의 아낌없는 사랑을 받고 있다.

이 외에도 19세기 건축된 후, 화재로 인해 파괴되었다가 20세기에 네오 비잔틴 양식으로 재건된 성 니콜라(St. Nicolas) 세르비아 정교회 성당과 중세 동안 가톨릭 교회로 사용되었지만, 이후 세르비아 정교회 성당으로 사용되고 있는 성 루카

나체촌과 검은 모래 해변으로 유명한 울치니

(St. Luka) 교회 또한 주요한 볼거리를 제공한다 하겠다. 하지만, 무엇보다도 마치 타임머신을 타고온 듯 한 착각이 들 정도로 도시 광장을 중심으로 펼쳐져 있는 12세기에서 14세기 사이의 아름다운 건축물들, 그리고 그러한 건축물 아래에 펼쳐져 있는 수많은 노천카페들과 지중해의 다양한 해물 음식들을 만끽할 수 있는 식당들 또한 재미있는 볼거리, 먹을거리를 제공하고 있다 하겠다.

(3) 울치니(Ulcinj)와 스카다르(Skadar) 호수

몬테네그로의 아드리아 해안 중 남쪽 끝에 위치하고 있는 울치니(Ulcinj)는 아드리아해로부터 보야나 강의 입구에 위치한 섬세하고도 진회색 빛깔의 모래 해변이 매우 유명하다. 오랫동안 발칸 유럽인들의 주요한 휴양소가 되어 왔지만, 발칸유럽의 불안정한 정세로 인해 잘 알려져 있지 않던 이곳이 세계적으로 유명세를 타게 된 계기는 2010년 뉴욕 타임지(New York Times)에서 세계 주요 관광지를 소개하면서 그해에 꼭 가보아야 할 31곳의 세계 관광지 중 하나로 소개하면서 부터라 할 수 있다. 특히, 보야나 강과 뒤 이은 스카다르 호수는 태고 적 신비로움과 자연의 아름다움을 만끽할 수 있는 세계적으로도 몇 안 되는 처녀지이기도 하다.

울치니는 청동기 시대 이후로 사람들이 집단 거주를 해왔던 곳으로 알려지고

태고적 신비를 안고 있는 스카다르 호수

있으며, 로마 제국이 지배하기 이전인 원시 토착 부족인 일리리안 부족 국가 당시 중요 전략 도시로 발전해 왔던 곳이기도 하다. 로마 제국 지배 하에선 자치권을 가진 특별 지역으로 혜택을 받기도 했으며, 동·서 로마 제국 분열 이후에는 동로마(비잔틴) 제국의 영향력 하에 들어갔었다. 이후 중세 때에는 불가리아 제국과 세르비아 제국, 두클랴 공국 등의 지배하에 있다가, 1423년부터 1571년 까지는 베네치아 공국의 영향력 하로 편입되게 된다. 하지만, 이후에는 1878년 몬테네그로가 독립을 이루기 전까지 오스만 터키의 지배 하에서 알바니아인들의 대거 유입과 상당한 이슬람화가 진행되게 되었다.

울치니에는 중세 때 아름다운 석조 건물들, 화려하고도 웅장한 고딕과 르네상스 양식 시절 지어져 현재까지도 잘 보존되어 온 건물들, 그리고 르네상스 시절 교회와 모스크 등이 잘 보존되어 있다. 이러한 일부 건물들은 과거 터키 지배 시절의 영향으로 인해 동양적 스타일로 지어진 건물들도 있으며, 하나는 바다로 그리고 또 다른 하나는 육지로 이어지는 두 개의 문이 매우 인상적이다.

울치니에서 가장 인상적인 관광명소이자 관광객들이 즐겨 찾는 곳으로는 12km에 걸쳐 펼쳐져 있는 '벨리카 플라자(Velika plaza, 커다란 해변)'라는 나체촌 모래사장이 매우 유명하며, 몬테네그로 해변 중 가장 긴 해변인 이 모래사장을 따라 여러 젊은이들과 가족들이 일광욕을 즐기고 있다. 보야나 강에서 그리 멀지 않은 곳에 위치한 '아다 보야나(Ada Bojana)'에는 보야나 강둑에 자리한 여러 호텔촌이 집결해 있으며, 인근에는 보야나 강과 아드리아해의 접합지에서 잡히는 여러 물고기들과 해산물들을 요리해주는 레스토랑들이 성업 중이다.

아름다운 해안과 중세 성곽의 자취를 뒤로 하고 알바니아와 경계를 이루고 있는 발칸유럽의 대표적인 호수인 스카다르 호수에 다다르게 되면 자연의 위대함에 스스로 고개를 숙이게 된다. 몬테네그로는 1983년 자신에게 속한 호수 부분을 국립공원으로 지정하였다. 이 호수에는 특히 거의 멸종 위기에 있는 펠리컨을 비롯해 약 270여 종의 새들이 군락을 이루고 있어, 유럽에서 가장 큰 새 군락지로 알려져 있다. 멀리 구름에 가려진 호수를 밑에 두고 산맥을 따라 내륙으로 여행을 계속하다보면 다양한 자연의 신비로움과 원시림을 만날 수 있으며, 무엇보다도 산맥과 호수사이에 펼쳐져 있는 태고적 신비로움에 많은 관심을 가지게 될 것이다.

# IX

## 알렉산더와 정교 문화의 고향,

## 마케도니아

# 제9장_알렉산더와 정교 문화의 고향, 마케도니아

(출처: http://www.encyclopedia.com)

| | |
|---|---|
| 정식 국명 | 구유고슬라비아의 마케도니아 공화국(The Former Yugoslav Republic of Macedonia, 국명을 둘러싸고 그리스와 분쟁 상태임). 미국 등 일부 국가들은 마케도니아 공화국(Republic of Macedonia) 국명을 인정하고 있음 |
| 독립일 | 1991.9.17.(사회주의 유고슬라비아 연방에서 독립) |
| 수도 | 스코프예(Skopje, 51만 명 거주, 2013) |
| 인구 | 약 206만 명(2013) |
| 언어 | 마케도니아어(문자는 키릴문자를 주로 사용), 소수 민족어로는 알바니아어, 터키어, 세르비아어가 있음 |
| 화폐단위 | 마케도니아 데나르(Denar) |
| 종교 | 정교(64.7%), 이슬람교(33.3%), ... |
| 민족 | 마케도니아인(64.2%), 알바니아인(25.2%), 터키인(3.9%), 집시(2.7%)... |
| 주요 공휴일 | 1월 6~7일(정교 크리스마스), 1월 14일(정교 신년), 3월 8일(여성의 날), 5월 24일(키릴과 메토디우스의 날)··· |

## 1. 일반개요

### 1) 국가 개요

마케도니아(Macedonia/ Македонија)는 유럽 동남부 발칸반도 내륙북부의 가장 중앙에 위치하고 있는 산악국가이자, 바다와 접하지 않는 내륙 국가라는 특징을 지니고 있다. 마케도니아의 지리적 위치는 북쪽으로는 세르비아 본토와 코소보, 동쪽으로는 불가리아, 남쪽으로는 그리스, 서쪽으로는 알바니아와 국경을 접하고 있다.

마케도니아의 인구는 206만 명이며, 수도인 스코프예에는 약 51만 명이 거주하고 있다. 뒤 이어 주요 도시로는 비톨라(Bitola), 쿠마노보(Kumanovo), 프리레프(Prilep), 테토보(Tetovo), 벨레스(Veles), 오흐리드 등을 들 수 있다. 마케도니아의 대부분 인구는 스코프예를 포함한 북서쪽에 주로 거주하고 있으며, 남동쪽 지역에는 소수의 인구가 거주하고 있다.

마케도니아 인종 구성을 살펴보자면, 64.2%가 마케도니아인, 뒤 이어 25.2%에 해당하는 알바니아인, 3.9%의 터키인으로 구성되어 있고, 소수 민족으로는 집시(Roms), 세르비아인, 왈라키아인과 여타 민족들이 거주하고 있다. 종교 분포를 보자면, 마케도니아 내 거주민 중 64.7%가 정교를 믿고 있으며, 이슬람교 신봉자들은 33.3%로 주류를 이루며 그리고 그 외 여러 종교 등을 믿고 있다.

실제, '마케도니아'의 어원은 고대 그리스어의 '키 큰 사람, 끝이 뾰족하게 가느다란'이란 뜻에서 유래했다고 알려지고 있으며, 혹은 당시 마케도니아 지방의 산악 특성을 고려하여 '고지대에 사는 사람'이란 뜻에서 출발했다고도 추정되고 있다.

마케도니아의 공식 언어는 마케도니아어로 인구의 약 66.5% 정도가 마케도니아어를 사용하고 있으며, 뒤를 이은 소수 언어로 알바니아어가 약 25%(공용어 중 하나로 인정), 터키어가 3.5%, 세르비아어가 1.2%가량 사용되고 있다. 마케도니아어 표기는 키릴 문자와 로마 문자 모두 인정되지만 키릴 문자의 사용이 더 우세한 편이다. 일부 논쟁의 여지에도 불구하고 역사적으로 보았을 때 현재 마케도니아에 거주하고 있는 마케도니아인들은 고대 그리스어를 사용한 마케도니아인들과 전혀 관련이 없는 슬라브계 마케도니아인들이라 할 수 있으며, 언어에 있어선 오히려 불가리아 방언에 매우 가깝다. 마케도니아어의 방언은 지역에 따라 크게 서부 마케도니아어와 동부 마케도니아어 등 두 그룹으로 나누고 있다.

### 2) 자연과 지리

마케도니아 최고봉, 코라브 산

마케도니아의 면적은 총 25,713㎢로 한반도의 약 1/8에 해당된다. 마케도니아의 지형학적 특징은 우선 산악지형으로 깊은 계곡과 분지가 많다는 점과 영토의 대부분이 해발고도 2,500m 산지와 600~900m에 이르는 고원지대로 구성되어 있다는 점이다(해발 2,000m이상이 넘는 봉우리가 34개가 있음). 마케도니아의 최저 지대는 수도인 스코프예를 관통해 마케도니아의 북에서 남으로 가로질러 그리스 데살로니카의 흑해 연안으로 빠져나가는 바르다르 강(50m)이며, 최고 지대는 코라브 산으로 2,753m에 해당하며, 티토브 브르흐(Titov Vrh)는 2,748m에 달하고 있다.

마케도니아 산지의 대부분은 석회암 지대이며, 이들 석회암은 주로 삼첩기, 백악기, 쥐라기 지질시대의 것으로 파악되며 카르스트 대지를 형성하고 있다. 따라서 이 지역을 흐르는 하천들은 석회암이 용식된 카르스트 지역 특유의 분지와 호소(湖沼)들을 만들어 내고 있다. 마케도니아 내에는 53개의 자연호, 인공호들이 존재한다. 이 중 대표적인 호소로는 오흐리드 호수와 프레스파(Prespa) 호수를 들 수 있다.

마케도니아의 가장 긴 강은 바르다르 강으로 총 길이가 388km(평균 깊이 4m)에 달하며, 주요 지류로는 225km에 달하는 브레갈리니짜(Bregalnica) 강과 207km의 쯔르나(Crna) 강, 138km의 트레스카(Treska) 강 등이 있다.

산악 국가인 마케도니아는 크롬, 납, 아연, 망간, 텅스텐, 니켈, 철광석, 석면, 황, 석탄, 목재 등 풍부 한 지하자원과 산림 자원을 보유하고 있으며, 이를 바탕으로 관련 산업인 방직, 담배, 임산물 산업 등이 매우 잘 발달되어 있다. 농업생산에 있어서도 마케도니아는 쌀, 담배, 밀, 옥수수, 수수, 면화, 깨, 감귤, 뽕잎, 야채 등이 매우 풍족하며 가금과 축산 등을 통해 자급자족이 가능한 경제 구조를 지니고 있다. 특히 마케도니아의 담배 작물은 기후와 토양에 따른 혜택으로 그 품질이 매우 우수한 것으로 정평이 나 있다.

마케도니아의 기후는 지중해성 기후와 대륙성 기후의 중간이라는 특징을 지니고 있다. 마케도니아의 여름은 덥고 건조하며 온난 습윤한 서안 해양성 기후적 특징을 지니고 있으며, 한 여름에는 통상 최고 38℃까지 기온이 올라가는 특징을 보인다. 반면 겨울에는 에게해의 따뜻한 바람이 바르다르 강 계곡까지 불어와 마케도니아 북부에 위치한 나라들의 전형적 기후인 대륙성기후를 누그러뜨려 온화한 특징을 보여주고 있다. 겨울의 평균 기온은 마케도니아 북부의 여타 지역들보단 높지만, 11월~2월 사이엔 눈이 많이 내리고 가끔씩 -23℃까지 내려가기도 한다. 이와 함께 봄에는 습기가 많으며 가을은 건조한 기후 특징을 지니고 있다.

## 2. 역사

### 1) 알렉산더 대왕과 고대 마케도니아

앞서 언급한 것처럼 마케도니아라는 명칭은 고대 이 지역에 살았던 부족들을 가리키는 말로 '키 큰 사람', 혹은 '고지대에 사는 사람'이란 뜻을 가진 그리스 말에서 유래되었다. 이후 이 명칭은 점차 이 지역에 거주하는 부족들을 가리키는 것 외에 이 지역을 칭하는 지리적인 개념으로 확대되게 된다. 6~7세기 슬라브족이 이곳에 정착하기 이전 마케도니아 지역에 거주하였던 고대 마케도니아인은 초기 역사의 대부분을 주변세력 특히 그리스의 지식과 사회, 문화의 영향을 받으며

알렉산더 대왕과 당시 제국의 영토

성장하였다. 당시 마케도니아인들은 왕국을 수립하기 이전 이 지역에 작은 연합 부족의 형태로 흩어져 거주하고 있었으나, 필립 2세(Philip Ⅱ, BC 382~336, 재위 BC 359~336)시기에 들어와 발전의 토대를 마련하게 된다. 그는 펠로폰네소스 전쟁(Peloponnesian War, BC 431~404)이후 분열된 그리스 도시국가들의 당시 상황을 이용해 그리스의 영향권에서 벗어나 마케도니아 내 부족을 단결시켜 나갔고, 이후 성공적인 군사 활동을 통해 발칸반도 남부의 대부분 지역을 차지하게 된다.

또한 필립 2세의 아들인 알렉산더 대왕(Alexander the Great(BC 356~323), 재위 (BC 336~323), 이집트 파라오 (BC 332~323), 페르시아 왕(BC 330~323))은 발칸반도 장악 이후 마케도니아인과 그리스 원정대를 이끌고 페르시아 제국과 이집트를 점령하여 유럽과 아시아 그리고 아프리카에 걸친 광활한 제국을 건설하게 된다. 하지만 알렉산더 대왕의 죽음 이후 마케도니아 왕국은 분열을 거듭하여 BC 146년 이후 로마의 지배하에 들어가기 시작했고, 로마의 지배 확대에 따라 그리스어 권으로 남게 된 남부 지역을 제외한 마케도니아 대부분 지역은 라틴어를 사용하게 되었다. 이어 395년 로마황제인 테오도시우스의 죽음 이후 로마 제국이 그의 아들들에 의해 동·서 로마로 분리 된 이후 마케도니아는 다시 비잔틴 제국의 지배하에 들어가게 되었다.

### 2) 슬라브족의 이주와 중세 마케도니아

로마와 비잔틴 제국의 지배를 거치면서 마케도니아에 거주하였던 상당수의 주민들은 크리스트교로 개종하였고, 이러한 마케도니아인들의 크리스트교 개종은 AD 6세기 이후 이 지역으로 이주해 마케도니아인들과 혼재되어 거주하기 시작한 슬라브족들(불가리아, 세르비아)에게도 영향을 미치기 시작하였다. 마케도니아로 이주한 슬라브족들은 점차 발칸유럽에 새로운 정착촌을 건설하여 갔고 비잔틴 제국은 마케도니아를 둘러싸고 세력을 확대하려는 이들 슬라브족들과 서로 빈번한 충돌을 해야만 했다. 904년 마케도니아는 당시 발칸유럽의 새로운 맹주국가로 등장하고 있던 제1불가리아 제국의 지배하에 들어가게 된다. 이후 1014년 클레이돈(Kleidon)전투에서 비잔틴 제국이 제1 불가리아 제국에게 승리함으로써 마케도니아는 비잔틴 제국의 영향 하에 완전히 복속되었고, 이것은 13세기 세르비아 중세왕조가 이 지역으로 세력을 확대하기 이전까지 이어졌다.

중세 세르비아의 최대 전성기를 이루었던 두샨 황제 시기 마케도니아 지역을 차지하였던 세르비아는 고대 그리스 문화와 유적이 남아있고, 발칸유럽의 슬라브인들에게 크리스트교의 성지로 일컬어지고 있던 이 지역에 많은 관심을 보였다. 1346년 현 마케도니아의 수도인 스코프예에서 '세르비아와 보스니아, 그리스의 왕'으로 추대된 두샨은 이후 수도를 현재 마케도니아 서남부에 위치하는 오흐리드로 확정짓고 계속된 정복사업을 통해 국경을 북으로는 헝가리, 남으로는 비잔틴 제국까지 넓혀 가게 된다. 하지만 두샨의 죽음 이후 세르비아 중세 왕국은 계속된 국론 분열로 세력이 약화되었고, 이후 마리짜 강 전투에서 세르비아를 중심으로 한 크리스트교 연합군이 오스만 터키 군에게 패배함에 따라 마케도니아는 오스만 터키 제국에게 넘어가게 된다.

### 3) 민족주의 시대와 근대 마케도니아

중세 마케도니아의 종교와 문화는 비잔틴 문명 하에서 발전하였으며, 이에 대한 자부심은 19세기 이후 '마케도니아 민족국가'를 수립하려 했던 마케도니아 민족주의자들을 자극하였다. 하지만 이러한 민족주의자들의 의도는 1878년 3월 산 스테파노 조약과 동년 6월 베를린 조약을 통해 오스만 터키로부터 독립하였던 주변의 불가리아, 그리스 그리고 세르비아가 마케도니아 지역으로의 영토 확대에 관심을 보임에 따라 좌절되게 된다. 1890년대에 들어와 불가리아와 그리스 그리고 세르비아인들의 마케도니아 지역을 둘러싼 영토경쟁이 차츰 확대되고 있는 가운데, 마케도니아 민족주의 비밀 단체들이 급격히 증가하기 시작했다. 당시 이러한 마케도니아 단체들은 오스만 터키로부터 독립한 불가리아와 합병을 추구하였던 친(親) 불가리아파(마케도니아 해방 최고 위원회, SCLM: Supreme Committee for Liberation of Macedonia)와 발칸 슬라브 연방 안에서 완전히 독립한 마케도니아를 지향하는 마케도니아 자치 국가파(마케도니아 혁명위원회, IMRO: Internal Macedonian Revolutionary Organization) 등으로 크게 나뉘어 갈등하게 된다.

### 4) 제1, 2차 발칸전쟁과 마케도니아

1902년 터키 지배에 대한 마케도니아 저항 운동

1902년 마케도니아인들은 1878년 베를린 조약에 따라 마케도니아가 다시 터키 하로 들어가게 된 조약의 부당성과 터키의 지배에 저항하는 대대적인 폭동을 일으키게 된다. 이러한 저항은 터키의 무자비한 진압에도 불구하고 1903년에 들어와선 마케도니아 혁명위원회(IMRO)를 중심으로 마케도니아 전 지역으로 넓게 확대되어 갔다. 이후 터키는 마케도니아 문제를 해결하기 위해 나선 서구 열강들의 요구를 받아들여 마케도니아를 다섯 개 지역으로 나눈 후 영국, 프랑스, 이탈리아, 오스트리아와 러시아 군대가 해당 지역의 치안을 담당하는데 동의하게 된다. 이후 1912년부터 1913년 사이에 일어난 2차례의 발칸전쟁은 마케도니아 지역에 대한 오스만 터키의 통치 종식을 불러왔으며, 이 지역이 주변 발칸 국가들에 의해 최종 분할되는 결과를 가져오게 하였다. 그리스는 전체 마케도니아 지역 중 주로 에게-마케도니아(Aegean-Macedonia)로 불리는 남부 지역을 차지하게 되었고, 세르비아는 북부와 중부 마케도니아를 남부 세르비아라는 이름 아래 왕국 하로 편입시켰다. 이에 반해 발칸전쟁 이전 이 지역에 종주권을 행사하여 왔던 불가리아는 단지 동부 마케도니아의 작은 부분만을 얻는데 만족해야 했고, 이것은 이후 계속해서 마케도니아 지역을 둘러싼 주변 국가들과의 민족갈등의 배경을 이루게 된다.

생각하기

### 마케도니아를 둘러싼 주변 국가들과의 갈등 관계는?

마케도니아를 둘러싼 주변 국가들의 갈등과 논쟁은 크게 세 가지 요소로 나누어 볼 수 있다. 우선 첫 번째는 민족 정체성을 둘러싼 논쟁, 두 번째는 언어 정체성을 둘러싼 논쟁 그리고 세 번째는 영토 문제를 둘러싼 논쟁이다. 이러한 논쟁의 요소를 두고 마케도니아를 둘러싸고 있는 발칸의 주요 국가들인 세르비아, 불가리아, 그리스 등과 마케도니아는 아직까지도 첨예한 갈등을 보이고 있다.

## 5) 사회주의 유고슬라비아 연방하의 마케도니아

제1차 세계대전 종결 이후 마케도니아는 세르비아가 주도하고 있던 남슬라브 통합국가인 '세르비아-크로아티아-슬로베니아 왕국(1929년 이후 유고슬라비아 왕국으로 개칭됨)'하로 편입되었고, 이후 마케도니아인들은 세르비아 동화정책과 이주로 인해 정체성 상실의 위기를 맞이해야만 했다. 하지만 제2차 세계대전 이후 마케도니아는 티토가 주도하는 사회주의 유고슬라비아 연방의 구성 공화국으로 다시 등장하게 되었다. 1948년 소련과의 코민포름 분쟁 이후 마케도니아에 대한 영토적 야심을 드러내고 있던 불가리아를 견제하기 위해 티토는, 마케도니아 언어의 독자성과 역사 교육을 인정해 주었고, 마케도니아 정교회가 세르비아 정교회로부터 분리 독립되도록 지원해 주게 된다.

### 6) 독립 마케도니아

1980년 5월 티토의 사망과 1991년부터 격화된 연방 붕괴과정에서 마케도니아는 독립을 추진하였고, 그 결과 1991년 9월 국민투표를 통해 마케도니아의 독립을 선포하게 된다. 하지만 마케도니아 독립의 국제적 인정에 대해 EU 회원국이었던 그리스는 고대 마케도니아 제국에 대한 역사적 당위성과 정통성을 들어 마케도니아 독립 국가 건설에 강력히 반발하였고, 1994년 양국은 군사적 대치 상태에까지 이르게 되었다. 이러한 마케도니아 문제는 곧이어 미국과 유럽 각 국가들의 개입을 낳게 된다. 1995년 9월 마케도니아와 그리스는 국명을 '구(舊)유고슬라비아의 마케도니아 공화국(the Former Yugoslav Republic of Macedonia)'으로 하라는 1993년 UN 중재안을 받아들임으로써 양국 간 관계 정상화에 합의하게 되었다.

마케도니아는 그리스와의 갈등을 겪으면서 전략적으로 미국과의 관계 강화에 주력하였고, 미국 또한 발칸유럽 내 중요한 위치에 자리한 마케도니아를 활용하기 위해 여러 방면에서 마케도니아와의 관계 강화를 확대시켜 나가게 된다. 특히, 1999년 코소보를 둘러싸고 미국, 유럽과 세르비아, 러시아와의 긴장이 확대되는 가운 데, 마케도니아는 미국의 대(對) 발칸유럽 정책과 NATO군의 군사적 활동에 적극적 협조를 보였고, 코소보 문제의 적극적인 해결을 바라는 국제 사회의 요청을 받아들여 약 36만 명의 코소보 난민들을 받아들이는 결단을 내리기도 하였다. 양국 간의 긴밀한 군사적, 외교적 관계 정립은 미국의 마케도니아에 대한 경제적 지원 및 외교적 지원을 이끌어 내는 결실을 보이게 된다. 미국은 2004년 11월 이후로 국명에 있어 마케도니아의 주장을 인정하고 있으며, 마케도니아의 목소리를 국제 사회에 대변하는 역할을 하고 있는 중이다(UN 회원국 중 100여개 국가들이 미국 입장을 지지).

미국과 마케도니아 간의 긴밀하고도 전략적 협력 관계는 2001년 2월 마케도니

오흐리드 협정 체결 장면과 알바니아 반군들로부터 회수한 무기

아 내 서부에 자리한 테토보(Tetovo)를 중심으로 알바니아 소수 민족들이 내란을 일으켰을 때 그 진가를 제대로 발휘하게 된다. 내전 직후 반란군에 비해 군사적 열세를 보이던 마케도니아 정부군은 NATO군의 적극적인 지원을 통해 전세를 뒤집을 수 있었고, 마침내 2001년 8월 미국과 EU, NATO의 중재에 따른 '오흐리드 협정(Ohrid Agreement)'을 통해 마케도니아 평화를 수립하게 된다. 협정 결과 마케도니아 정부와 알바니아 소수 민족 간에는 인구 비례에 따른 알바니아 출신 경찰 선발 등 정부 조직 내에 알바니아인들의 목소리를 대변할 수 있는 자리를 최대한 제공하고, 알바니아어의 공용화 및 종교적 평등권을 존중하는 등 알바니아 소수 민족의 문화 및 자치권을 보장한다는 합의 내용이 담기게 된다. 이와 함께 알바니아인들에게는 그동안 추진해 왔던 분리주의 운동을 중단하고, 마케도니아의 주권은 물론 모든 제도와 기구들을 인정하며, 알바니아 반군들의 무기들을 자진하여 NATO군에 이양하는 조건들이 제시되었다. 이후 2003년 3월에 프랑스 군을 중심으로 한 약 350명, 27개국으로 구성된 EU 다국적군(EUFOR Concordia: EU Force Concordia)이 마케도니아에 파견되어 NATO 군의 활동을 대신하였고, 오흐리드 협정 이행을 관리 감독하였다(2003년 12월 임무 종료). EU에게 있어 이러한 참여는 오랫동안 국제 분쟁 및 유럽 내에서의 문제는 유럽이 스스로 해결하겠다는 의지를 피력한 첫 번째 군사 행동이었다는 점에서 의미를 지니고 있다 하겠다.

현재 마케도니아는 2005년 EU 후보국 지위를 얻은 것을 계기로 EU 가입을 위해 적극적으로 국제 사회에 협력하고 있으며, 제도 및 여러 사회적 기반들을 이에 맞추려 노력하고 있다. 또한 2008년 10월 여러 갈등을 이어왔던 코소보에 대한 독립권을 인정해주는 등 발칸 지역의 평화 구축과 안정에도 노력하는 모습을 보이고 있으며, 이를 통해 밝은 미래 사회 구축을 위해 준비 중이다.

생각하기

## 그리스는 마케도니아 독립국가 수립을 왜 반대했나?

1991년 9월 '마케도니아'를 국명으로 한 마케도니아 독립국가 선포는, 자신들이 마케도니아에 대한 역사적 정체성을 지니고 있다고 굳게 믿어왔던 그리스인들의 강력한 반발을 가져왔다. 그리스는 마케도니아에 대해 자신의 역사와 관련된 모든 언어적·상징적 용어와 서술을 포기하라는 외교적 압력을 가했고, 양국 간에는 심각한 외교 분쟁과 함께 국경에서의 긴장이 고조되게 된다. 하지만 마케도니아는 오히려 1993년 8월 마케도니아 국기의 상징으로 고대 마케도니아 왕국의 상징이었던 버지니아(Vergina)의 16각형 별을 채택하였고, 이어 9월에는 영토 회복주의에 기초한 '대(大)마케도니아(Great Makedonia)'와 그리스 문화유산에 대한 권리주장이 담긴 새로운 국정 교과서를 발행하게 된다.

이후 마케도니아는 미국의 지원 속에 UN에서 마케도니아 독립 문제와 국가 승인에 대한 논의 재개에 성공하였고, UN은 1993년 8월 중재안으로 '구 유고슬라비아의 마케도니아 공화국'이란 임시 이름을 정해 마케도니아 국가 등록을 승인하게 된다. 하지만 이에 반발한 그리스는 1994년 2월 마케도니아와의 모든 외교관계 단절과 인도주의적 원조를 제외한 마케도니아로 향하는 모든 물품의 데살로니카 항구 수출입 봉쇄를 단행하였다. 국제사회의 계속된 중재와 압력 속에 1995년 9월 양국 외무장관은 양국 간 관계 정상화에 사인하게 된다. 협약의 주 내용은 신생 마케도니아가 국기를 비롯해 그리스의 문화와 역사적 전통에 관련된 상징물 사용을 중단하고 민족감정과 갈등을 조장하는 헌법 조항을 개정하는 대신, 그리스는 마케도니아에 대한 무역제재를 철회한다는 것이었다. 하지만 이러한 협약의 주 논쟁 중 가장 첨예하게 대립하고 있는 마케도니아 국가 명칭에 대해선 단지 UN 사무총장의 감독 하에 협상을 계속할 것이라고만 명시하여, 이를 둘러싼 양국 간의 분쟁의 여지는 그대로 남게 되었고, 그 갈등은 현재까지 이르고 있다.

## 3. 정치

마케도니아의 정치 형태는 의원내각제가 가미된 대통령제를 택하고 있으며, 행정부의 상당한 권력이 5년마다 선출되는 대통령에게 집중되어 있는 편이다. 대통령은 최대 두 번까지 선출될 수 있다. 4년 임기의 123명석(120석은 직접 투표로 국내에서, 3석은 재외 국민 몫)으로 구성되어 있는 마케도니아 의회는 입법을 제안하고, 입법권을 제정할 권한을 지니고 있다. 사법부는 대법원, 헌법 재판소, 사법 위원회로 구성되어 있다.

마케도니아는 1991년 9월 유고 연방으로부터 독립한 이후 국명을 둘러싸고 그리스의 강력한 반대에 부딪치는 등 여러 우여 곡절을 겪다가 1993년 4월에서야 비로소 UN에 가입할 수 있었다. 2013년 현재 마케도니아의 주요 정치적 현안들로는 첫째, NATO 회원국 가입, 둘째 EU 가입을 위한 본격적인 협상 시작, 셋째, 국제 사회에 있어 마케도니아 국민 및 국가 지위 상승, 넷째, 그리스와의 갈등 및 문제 해결, 마지막으로 경제 활성화 및 외교력 강화 등에 초점을 맞추고 있다.

이 중 마케도니아 내 알바니아 소수 민족문제, 국명, 국기 영토문제로 인한 그리스와의 갈등 그리고 코소보 등 주변 국가들의 정치적 안정 문제는 국가의 기반을 흔들 수 있다는 측면에서 마케도니아 정부는 많은 관심을 기울이고 있다. 이중 대외적 주요 현안으로는 그리스와의 갈등 문제가 쉽게 해결되지 못하고 있는 점을 들 수 있다. 무엇보다도 정국 안정과 국민들에 대한 희망을 불어넣기 위해 EU 가입을 적극적으로 희망하고 있는 마케도니아는 그리스의 강력한 반대에 부딪치고 있다. 2009년 EU 의회에서 국명 변경을 조건으로 마케도니아의 EU 가입에 적극적인 자세를 보였지만, 마케도니아의 반대로 진전을 보지 못하기도 했다. 이어 2012년 이후로 다시 마케도니아의 EU 가입에 대한 EU의 적극적인 입장들이 피력되고 있어, 마케도니아의 EU 가입 문제가 점차 그 결실을 보게 될 것으로 기대되고 있다.

생각하기

## 마케도니아와 NATO

마케도니아 정부는 NATO 활동에 대한 적극적인 참여와 지원에도 불구하고, EU 가입 문제처럼 이 역시 그리스의 강력한 반대로 NATO 가입은 물론 2008년 4월 부쿠레쉬티 NATO 정상 회담 등 NATO 관련 회의에 참여하는 데 있어서도 여러 어려움을 겪어 왔다. 이러한 그리스의 방해에 대해 마케도니아정부는 그리스의 NATO 가입초청과 관련 거부권을 행사한 것은 1995년 UN의 권고에 따라 양국 간 체결한 잠정협정(Interim Accord)을 위반했다고 주장하며 2008년 11월 이 사건을 국제사법재판소(ICJ: International Court of Justice)에 제소하는 등 양 국간 긴장 관계가 지속되고 있는 상황이다.

NATO 가입과 관련해서 마케도니아는 1995년 '파트너쉽(Partnership for Peace)'을 맺은 데 이어, 1999년에는 이웃 국가인 코소보 전쟁 지원을 위한 '멤버쉽 액션플랜(Membership Action Plan)'을 NATO와 수립하여, 세르비아와 러시아의 비난에도 불구하고 NATO군의 세르비아 공격시 직간접적인 지원을 하기도 했다. 이와 함께 국제 사회와 NATO의 요청을 받아들여 약 36만여 명의 코소보 난민들을 수용하기도 하였다. 또한 2004년 이라크와의 전투시 39명의 특수 및 의무 병력 파병을 결정하는 등 NATO와의 협력 관계 수립에 적극적인 자세를 보여 왔다.

이러한 NATO에 대한 적극적인 협조와 신뢰 구축은 2001년 마케도니아 내에서 알바니아 소수 민족들이 내전을 일으켰을 때, NATO군의 마케도니아 정부군에 대한 적극적인 지원을 가능케 한 배경이 되기도 하였다. 현재 마케도니아인들의 전반적인 여론은 NATO 가입에 적극적이지만, NATO의 가입 조건인 국명을 변경하면서까지 가입하는 데 대해서는 반대 여론이 압도적으로 많은 편이다.

## 마케도니아인과 알바니아인간의 갈등 요인은?

마케도니아인과 알바니아 소수민족 간의 민족 갈등의 요인은 크게 2가지로 나누어 살펴볼 수 있다. 우선 첫째로, 알바니아인들이 다수 거주하고 있는 서부 마케도니아와 관련된 문제로, 알바니아인들은 과거 이 지역에 일리리다(Ilirida)라는 명칭으로 자치권을 부여해줄 것을 요구하였던데 반해 마케도니아 정부는 이웃 코소보에서의 사례를 들어 이러한 요구를 거절하였다. 마케도니아 정부는 알바니아 소수민족들이 자치권을 확보한 뒤 세르비아의 코소보 경우처럼 이웃 알바니아 국가와 통합, 대(大)알바니아(Great Albania)국가를 건설하려 한다고 우려하고 있다.

두 번째 요인은 주민족으로서 알바니아인들의 민족지위 보장이다. 이는 마케도니아 민족만을 주민족으로 인정하는 헌법의 수정을 의미하는 것이며, 알바니아인들과의 갈등 외에도 주변 민족들로부터 민족정체성의 위기를 겪고 있는 마케도니아인들로선 이러한 알바니아인들의 요구를 쉽게 받아들일 수 없는 입장이다. 또한 만약 알바니아인들을 주민족으로 지위상승 해 주었을 경우, 오히려 알바니아인들의 자치주 수립 요구에 동조하는 결과를 가져올 것이 예상됨으로 이러한 알바니아인들의 요구는 마케도니아 정부로선 결코 받아들일 수 없는 주장이다.

## 4. 한국-마케도니아 관계

2004년 4월 현재 우리나라와 마케도니아 공화국 간에는 정식 외교관계가 수립되지 않아, 대사관이나 영사관이 개설되지 않은 상태이며, 현재 불가리아 한국 대사관에서 겸임하고 있다(1993년 11월 수교한 북한 또한 불가리아에서 겸임하고 있음). 마케도니아와 수교를 하고 있지 않는 배경으로는 현재 마케도니아가 그리스와 국명 문제로 분쟁 중임을 고려한 조치라 판단된다. 그럼에도 불구하고, 2008년 10월 이후로 마케도니아로는 90일 이내로 무비자 입국이 가능하다. 그 이상 기간의 비자는 외국 주재 마케도니아 대사관에서 비자를 발급 받고 들어가는 게 안전하다. 양국 간의 관계는 1999년 6월 마케도니아의 키프리야노바 부총리가 방한한 이후 정식 외교관계 수립과 여러 실질적 협력관계에 대해 논의 하는 등 지속적으로 나아지고 있는 상황이다.

## 5. 경제

2009년 마케도니아는 세계은행(World Bank)에서 178개국을 대상으로 평가한 경제 개혁을 가장 잘하고 있는 국가들 중 4번째 자리를 차지할 정도로 경제 개혁과 개방에 매우 적극적인 자세를 보이고 있다. 실제, 마케도니아는 중앙은행의 독립 위상을 높이고, IMF, 세계은행 등 여러 국제기구들과의 긴밀한 협력 관계를 유지해 오고 있다. 이러한 마케도니아의 노력은 안정된 거시 경제정책을 추진하고 엄격한 인플레이션 관리와 세율 인하 등 여러 분야의 개혁을 앞당기는 데 기여하여 왔다. 하지만, 여전히 실업률과 빈곤 지수가 높은 편이며, 외국 자본의 적극적인 투자를 위해 여러 경제적 환경을 개선하려 노력하고 있지만, 국내 정치적 불안정이 주요 걸림돌로 자리하고 있다.

마케도니아의 주요자원은 아연, 망간, 납 등이며, 경제적 특징으로는 곡류, 쌀, 목화, 담배 등 1차 생산품을 주로 재배하고 2차 생산품은 수입에 의존하고 있다는 점이다. 관광 산업 또한 중요한 경제적 요소로 자리하고 있는 데, 매년 약 70여만 명의 관광객들이 마케도니아의 주요 관광지를 방문하고 있다. 독립 초기 극심한 인플레이션으로 경제적 어려움을 겪었던 마케도니아 정부는 무엇보다도 인플레이션 안정에 주력하고 있으며, 국영기업의 민영화를 지속적으로 추진하여 약 95% 이상의 민영화에 성공하였다.

현재 마케도니아 정부의 최대 관심은 2005년 획득한 EU 후보국 지위를 바탕으로 조속한 시일 안에 EU에 가입해 EU 회원국들의 투자와 지원을 받아 경제를 활성화하는 데 있다. 더불어 이를 통해 유럽의 진정한 구성 일원이 되는 것과 함께 유럽 경제와의 밀접한 연계 관계를 구축하기를 목표로 하고 있다.

## 6. 문화

마케도니아는 고대부터 이어지는 풍부한 문화 예술 유산과 건축물들을 지니고 있다. 마케도니아의 음악 장르는 정교 교회 음악적 특징이 강하며. 특히 마케도니

민속 악기, 가이다와 탐부라

타판과 카발 등 민속 악기에 맞추어 춤을 추는 마케도니아인

아 민속음악은 발칸유럽 국가들 가운데 상당히 발전되어 있는 것으로 평가받고 있다. 마케도니아의 민속 악기로는 가이다(gajda, 백파이프), 탐부라(tambura, 기타 모양), 카발(kaval, 플루트) 그리고 타판(tapan, 원통 모양의 북) 등을 들 수 있다. 마케도니아 민속음악의 주제는 터키제국의 통치하에서 마케도니아 민중의 고통 및 일상생활 등에 대한 노래가 주류를 차지하고 있다.

마케도니아의 대표적인 민속 춤, 테스코토

또한 마케도니아는 발칸유럽 내에서도 민속 무용의 중심지라 할 수 있으며, 이중에서도 동부 산악 지대의 테스코토(Teskoto)가 유명하다. 테스코토는 가장 유명하고 대중적인 마케도니아 남성 민속무용으로 타판과 관악기 주르나(zurla)에 맞추어 추는 춤이다. 이 춤은 매우 느리게 시작해서 갑자기 빨라지는 특징을 가지고 있으며, 오랜 시기 동안 마케도니아인의 민족정신을 일깨우는 상징성을 지니고 있는 춤이기도 하다.

마케도니아 대중 음식으로는 터키 음식에서 유래한 피자 같은 파스트르마이일리야(Pastrma/ Pastrmajlija)와 부레크를 들 수 있다. 특히 내용물이 치즈나 다진 소고기가 파이 형식으로 되어 있는 부레크는 요구르트와 함께 값싼 아침 식사대용으로 많이 애용되고 있다. 이 외에도 터키와 그리스식의 다진 고기구이와 미트볼처럼 소고기를 다져 만든 케프테데스(Keftedes)는 우리 한국인들의 입맛에 매우 적합하며, 마케도니아 어디서든지 애용할 수 있다. 또한 프라이팬에 콩을 요리해 만든 타브체 그라브체(Tavče Gravče)도 매우 독특한 음식이다.

마케도니아 문학은 제2차 세계대전 후 마케도니아어가 공용어로 인정받게 된 후 본격적으로 발전하였다. 대표적인 작가로는 문학가, 언어학자이자 시인이기도 한 코네스키(Blaže Koneski, 1921~1993)를 들 수 있으며, 특히 그는 마케도니아어의 표준화에 크게 공헌하여 마케도니아인들의 사랑을 받고 있다.

중세 마케도니아 미술은 세르비아와 함께 비잔틴 미술의 보고(寶庫)로 알려져 있다. 특히 오흐리드의 성 소피아(St. Sophia/ Sv, Sofija) 교회에 그려진 11세기~13세기 사이의 비잔틴 양식에 따른 아름다운 프레스코 벽화들은 마케도니아 미술의 최고 걸작으로 손꼽히고 있다.

마케도니아에는 13개의 대중 전문 극장이 있으며, 이곳에선 매년 1,500여개의 공연이 진행되고 있다. 마케도니아 극장의 가장 큰 전통 축제는 오흐리드 고대 유적지에서 진행되는 오흐리드 여름 축제와 더불어 1960년대 이후 현대 마케도니아 극장의 창설자인 보이단 쩨르노드린스키(Vojdan Cernodrinski, 1875~?)를 기념하는 프리레프 축제를 들 수 있다.

스코프예에 자리한 마더 테레사 동상

마케도니아의 주요 인물로는 마더 테레사(Mother Teresa/ Anjezë Gonxhe Bojaxhiu, 1910~1997) 수녀를 들 수 있는데, 1910년 8월 26일 마케도니아의 수도 스코프예에서 태어난 테레사 수녀는 루마니아계 아버지와 알바니아계 어머니 사이에서 태어나, 1997년 9월 5일 인도에서 사망하였다. 하지만 테레사 수녀가 태어날 당시 스코프예가 알바니아의 영토였던 관계로 민족성과 출신지를 둘러싸고 이웃 알바니아와 현재 갈등 상태에 있다.

## 7. 주요지역

마케도니아는 그 지리적인 특징에 따라 현 수도인 스코프예를 비롯, 프리레프를 중심으로 한 내륙 평원지대, 대부분이 높은 고지대로 험준한 산악지형을 형성하고 있는 내륙 고원지대 그리고 석회암이 용식된 카르스트 지역 특유의 분지와 호소(湖沼)들로 이루어진 카르스트 호소지대 등으로 나누어 볼 수 있다.

### 1) 여행 정보

사회주의 유고 연방의 해체 이후 마케도니아로 가는 여행 루트가 다소 불안정해졌고, 비행기 편이 약간 불편해졌지만, 수도인 스코프예와 제1관광 도시인 오흐리드에는 유럽 여러 곳과 연결되는 국제공항이 잘 정비되어 있다.

내륙관광은 다소 불편한 기차보다 비교적 잘 정비된 도로 체제를 따라 승용차나 버스로 여행하는 편이 더 낫다. 스코프예에는 불가리아의 소피아나, 알바니아의 티라나, 터키의 이스탄불 그리고 세르비아의 베오그라드 사이에 오고 가는 버스가 매일 운행되고 있고, 독일 뮌헨과 연결되는 노선은 통상 1주일에 2번씩 운행 중이다.

기차는 스코프예와 세르비아의 수도인 베오그라드 간 급행열차가 세르비아 중부 도시인 니쉬를 거쳐 하루에 여러 차례 운행하고 있으며, 마케도니아 최초의 철도 노선(1873년 건설)인 그리스의 데살노니카와는 기차편이 제공되고 있다. 이러한 철로를 통해 매년 약 260만 명의 승객들이 오고 가고 있으며, 5백만 톤 이상의 물동량이 수송되고 있다.

마케도니아의 여행 적기는 통상 7~8월로, 이 기간 동안 마케도니아 주요 관광 도시인 오흐리드를 비롯한 여러 도시들에서 발칸민속무용 및 음악제, 여름축제 행사가 열린다. 마케도니아에는 매년 약 70만 명의 관광객이 이곳을 찾고 있으며, 관광객들을 위해 마케도니아에는 여러 호텔들과 숙박 시설들이 완비되어 있다.

### 2) 스코프예(Skopje)

마케도니아 전체 인구의 약 25%가 거주하고 있는 수도 스코프예는 유럽 발칸반도의 남부 중앙 지역에 위치해 있으며, 바르다르 강가의 비옥한 평원지대에 자리하고 있다. 또한 스코프예는 세르비아의 베오그라드와 그리스의 아테네 사이 발칸의 주요 북-남 도로상에 위치해, 유럽과 아시아를 연결하는 주요 교차로의 역할을 하고 있다.

이곳에는 BC 4,000년 전부터 거주민들이 정착해 살았던 것으로 추정되며, 기록에 따르자면 기원전 4세기 이 지역 원주민인 일리리안족이 정착해 살았던 것으로 알려져 있다. 로마의 지배 하에선 '스쿠피(Scupi, 로마시절 스코프예의 지명)' 인근에 로마 병영 캠프가 자리하였고, 3세기 동안에는 한동안 여러 유목민족들의 침략 대상지로 전락해 어려움을 겪기도 했다. 하지만 로마 제국 지배 말기인 4세기에 들어와 그 지리적 위치의 중요성에 따라 경제적인 발전을 거듭하게 되었고, 역사적인 건물인 바실리카(Basilica) 교회가 건설되게 된다. 4세기 한때 테오도시우스 로마 황제의 주요 근거지로서 발전하였지만, 서기 518년 대규모 지진으로 인해 초기 크리스트교인 바실리카의 여러 유적물 중 상당수가 파괴되는 아픔을 겪어야 했다. 스코프예가 다시 부흥하게 된 계기는 이 지역 출신으로 알려져 있는 비잔틴 제국의 유스티니아누스 1세 황제에 의해서였다. 비잔틴 제국의 영토 확장과 발전 그리고 새로운 로마법 제정으로 비잔틴 제국의 기틀을 다진 것으로 잘 알려져 있는 유스티니아누스 1세는 535년 스코프예를 비잔틴 제국의 주요 제1도시 중 하나로 정한다는 법률을 통과시켰고, 이후 스코프예는 비잔틴 제국의 주요 정치, 상업 도시로 성장하게 된다.

하지만 6세기와 7세기를 거치면서 발칸유럽의 다른 지역들처럼 마케도니아도 발칸유럽으로 이주해 내려 온 남슬라브족들의 거주지로 변모하게 된다. 9세기 이후 비잔틴 제국과 함께 발칸에서 새로운 제국으로 성장한 남슬라브족 국가인 불가리아의 지배를 받았으며, 14세기에는 세르비아 제국의 최대 전성기인 두샨 황제 시기에는 세르비아의 지배하에 들어가야만 했다. 두샨 황제는 당시 불가리아 정교회의 지도력 하에 있던 마케도니아 오흐리드 정교 교구를 세르비아 정교회인 페치(코소보 서부에 위치) 대교구 하로 편입시켰고, 이어 1346년 정교 부활절에 스코프예에서 그 스스로 '그리스, 세르비아, 보스니아의 왕이자 황제'로서의 대관식을 치렀다. 그러나 두샨 황제 사후 세르비아 왕조의 분열과 오스만 터키의 침공에 따라 스코프예는 1392년 이후로 터키의 지배하에 놓이게 된다. 이러한 지배는 1912, 1913년 제1,2차 발칸전쟁 이후 세르비아가 스코프예를 장악하기 이전까지 이어지게 된다. 제2차 세계대전이 끝나고 난 1945년, 사회주의 유고슬라비아 연방 하에서 연방의 6개 공화국 중 하나인 마케도니아 공화국의 수도가 되었고, 이후로 현대적인 도시로 발전해 나가고 있다.

스코프예에는 그 역사적 상황과 변천에 따라 고대부터 중세까지 여러 다양한 역사적 유물들이 현존하고 있다. 고대 로마시대의 수송로를 비롯해 여러 유물들이 아직도 보존되어 있으며, 중세 정교의 영향으로 인한 수많은 유명 정교 수도원과 이후 오스만 지배 하에서 세워진 다양한 이슬람 사원과 터키식 유적물들이 함께 자리하고 있는 곳이다. 특히 1550년 터키의 지배 시절 여행자들에게 숙박을 제

스코프예의 대표적인 상징 건축물, 칼레 요새

공할 목적으로 세워져 아직도 현존하고 있는 쿠르슈밀 안(Kuršumil An)등 일부 중세 터키식 여관들은 스코프예의 구시가지에 현존하고 있는데, 특히 쿠르슈밀 안은 1898년 터키의 지배에 저항했던 마케도니아 혁명 기간 동안 578명의 혁명군들이 수용되어 비참한 최후를 맞이한 곳으로도 유명하다. 이와 더불어 스코프예에는 역사적 유적으로 6세기 비잔틴 제국 시절 세워져 오스만 지배 시절 증축된 칼레(Kale) 요새를 들 수 있는 데, 1963년 발칸반도를 급습한 대지진 당시 도시의 80%가 파괴되고 수십만 명의 사상자가 발생할 정도로 큰 지진이 일어났음에도 불구하고 완전히 무너지지 않아 그 견고성을 입증하기도 하였다. 현재는 상당 부분이 복원되어 관광객들의 찬사를 받고 있다. 1466년 건설된 다우트 파샤(Daut paša) 목욕탕은 한때 발칸 유럽의 최대 터키탕이었으나, 오늘날에는 비잔틴 양식에 따른 웅장한 내부 인테리어와 여러 아치형 건축물들을 활용한 마케도니아 국립 미술관으로 사용되고 있다. 이 외에도 15세기에 건설된 무스타파 파샤(Mustafa paša) 모스크, 16세기에 세워진 시계탑 그리고 최근 시내 광장에 세워진 알렉산더 대왕의 동상 등이 주요 명소로 잘 알려져 있다. 그 외 출생 민족성을 둘러싸고 알바니아와 갈등 관계에 있는 마더 테레사 수녀의 출생 장소에는 노벨 평화상 수상(1979)을 기념하기 위한 교회와 기념관이 2009년 이후로 세워져 있다.

오늘날 국립 미술관으로 활용되고 있는 다우트 파샤 목욕탕

또한 구시가지와 신시가지를 연결해주며 바르다르 강에 세워진 터키식 석교(Stone Bridge, 1451~1469 건축)는 술탄 메흐메드 2세(Mehmed II, 1432~1481, 재위 1444~1446, 1451~1481)의 지시에 따라 지어진 것으로 매우 유서 깊은 관광지

역사의 아픔을 간직한 스코프예의 터키식 석교

로써 관광객들의 많은 사랑을 받고 있다. 스코프예의 석교는 이전 로마가 지은 다리 위에 터키식 건축 공법에 따라 다시 재건설한 독특한 건축 기법으로 학자들 사이에 중세 문화의 역사적 기념비라 불리고 있다. 11개의 아치로 구성되어 있는 이 다리 중앙에는 오스만 터키 제국의 메흐메드 2세의 기념물이 아직도 현존하고 있어 그 문화적 가치가 높다고 하겠다. 하지만 역사적으로 보았을 때 이 다리는 마케도니아인들에겐 비극과 아픔의 다리라 할 수 있는데, 500여 년 동안의 지배 기간 동안 터키 제국은 마케도니아에서 민란이나 혁명이 일어날 경우 이 석교위에서 이들 참여자들을 처형해 바르다르 강 위로 시체를 던져 고기밥이 되게 하였던 곳으로 유명하다.

마케도니아에서 가장 큰 도시로 마케도니아 정치, 경제, 문화의 중심지 역할을 하고 있는 스코프예에는 현재 마케도니아 지성인들의 집합체인 '마케도니아 과학, 예술 아카데미(MANU)'가 자리하고 있고, 키릴과 메토디우스 대학, 마케도니아 의회, 국립 도서관, 국립 극장, 다양한 기록 보관소, 국립 박물관, 국립 예술 갤러리, 관광 정보 센터, 마케도니아 정교회 본부 등 다양한 문화, 과학, 예술, 정치, 경제 단체들이 자리하고 있다.

오늘날 스코프예에는 '2014년 스코프예 프로젝트'에 따라 알렉산더 대왕의 아버지인 필립 2세 스타디움 건설과 알렉산더 대왕 공항 재건, 알렉산더 대왕 동상 등 역사적인 인물들의 이름을 딴 여러 건축물들 제작에 전력을 기울이고 있는 중이다.

### 3) 마케도니아 내륙 평원지대

(1) 프리레프(Prilep)

마르코 왕과 당시 성채의 흔적들

스코프예 남쪽 80km 부근, 펠라고니아(Pelagonia/Pelagonija) 평원의 북부 지역에 위치한 프리레프는 종종 '마르코(Marko Mrnjavčević, 1335~1395, 재위 1371~1395) 왕 성채 밑의 도시'란 별명을 지니고 있다. 마르코 왕은 오스만 터키의 침공에 강력하게 저항해 싸웠던 마케도니아인들의 영웅으로 아직까지도 마케도니아 전통 민요와 여러 민담들에 그 영웅담이 전해져 내려오고 있는 인물이다. 당시 프리레프는 터키에 저항하기 위해 마르코 왕이 손수 세웠던 여러 요새들의 인근에 위치해 있었고, 이런 이유로 그러한 별칭을 갖게 되었다.

이곳은 오래 전인 고대 이후 때부터 발전되어 왔으며, 인근에는 그 흔적으로 대규모 로마시대 때 무덤들이 아직도 보존되어 전해지고 있다. 이러한 역사적 배경은 BC 2세기 로마가 일리리안 부족을 처부수고 발칸유럽에 세력을 확장해 가던 시점, 마케도니아를 거쳐 그리스로 진격해 들어가려는 로마군의 주요 거점지였던 이곳에서 로마군과 마케도니아 군과의 치열한 전투가 일어났던 데서 유래한다. 이후 로마 지배 기간 동안 프리레프는 로마의 주요 광역도시로서 비약적인 발전을 이루게 된다. 프리레프 인근에는 로마시대 때 여러 유적들이 아직도 그 흔적을 지키고 있는데, 프리레프에서 약 10km 떨어진 트레스카베쯔(Treskavec) 언덕 위에 초기 로마 시절 도시의 흔적들이 잘 나타나 있다. 이러한 로마의 요새들과 도시들은 5세기 이후 마케도니아가 비잔틴 제국 하로 편입되면서 비잔틴 제국의 요새로 새로이 증축되어 사용되게 된다. 중세 시절 마르코 왕은 이러한 요새들을 새로 정비해 중요한 군사 요충지로 탈바꿈시켜 놓았다.

오늘날 약 6만 7천 명의 주민이 거주하고 있는 프리레프는 로마시대 이후로 중요 도시로 발전을 거듭해 왔으며, 오스만 터키 지배 시절에도 역시 중요 도시 중 하나로 성장하였다. 주요 산업으로는 담배, 피혁, 식품, 목재가공 등이 이루어지고 있는데, 특히 담배 작물은 세계적으로도 그 품질의 우수함이 인정받고 있다. 하지만 무엇보다도 프리레프는 문화 도시로 많이 알려져 있다. 도시 내 구시가지에는 관광객들의 흥미를 끄는 전통 수공예품 시장들과 '고대 슬라브 문화 연구소'가 자리하고 있으며, 근교에는 12세기에 세워지고, 14~15세기의 다양한 프레스코 벽화들을 보유하고 있는 트레스카베쯔 수도원(Treskavica Monastery)과 12~14세기의 프레스코 벽화들이 있는 '성 미카엘 수도원(St. Mikhail Monastery)', 14세기에 건축된 '즈르제 수도원(Zrze Monastery)' 등이 자리하고 있다. 하지만 이러한 문화적 요소 외에도 프리레프가 유명한 문화 도시로 알려진 더 큰 배경은 마케도니아 최초 현대적 극작가이자 연극계의 신화로 추앙 받고 있는 보이단 쩨르노드린스키가 이곳에서 출생했다는 점이다. 프리레프에서는 매년 이를 기념하는 마케도니아 최대 규모의 극장 페스티발을 개최하고 있다.

### 4) 마케도니아 내륙 고원지대

(1) 비톨라(Bitola)

마케도니아 제2도시이자 최남단 도시인 비톨라는 펠라고니아 계곡의 남부지역, 그리스 국경 바로 북쪽 산악지대에 위치해 있으며, 해발 높이가 615m에 있는 드라고르(Dragor)강둑 고원지대에 자리하고 있다. 비톨라를 대표하는 산은 동쪽에서 감싸고 있는 해발 2,601m 높이의 펠리스테르(Pelister, 고대 그리스어로

Pigeon) 봉우리를 지닌 바바(Baba)산으로, 이곳은 대규모 식물군과 야생 동물들이 서식하고 있는 국립공원이자, 마케도니아의 대표적인 스키 리조트로도 잘 알려져 있다.

비톨라는 BC 4세기 중반 마케도니아의 필립 2세에 의해 정복 된 후 그리스 신화에 나오는 헤라클레스(Heracles/로마어로 Hercules)의 이름을 본 따 헤라클레어(Heraclea Lyncestis)로 불리며, 번성하기 시작하였다. 이때 이후로 비톨라는 고대부터 그 지리적인 위치에 따라 아드리아 해 남쪽과 에게해 그리고 중부유럽을 잇는 중요한 교차점으로서의 역할을 수행하여 왔다. 이러한 지리적인 중요성은 바로 비톨라를 경유해 이어지는 고대 로마의 2개의 도로에서 기인하고 있다. 그중 하나는 비톨라를 경유해 오흐리드를 거쳐 아드리아해로 이어지는 길(Via Egnatia)과 또 다른 하나는 펠라고니아 평원을 따라 북동쪽으로 이어져 바르다르 계곡으로 넘어가는 길을 들 수 있다. 서기 2세기 중엽에 로마에 의해 건설된 이후 이 두 길은 고대부터 근대까지 중요한 전략적 통로로서 오랫동안 활용되어 왔다.

역사적으로 볼 때 19세기 말과 20세기 초를 거치며 비톨라는 그리스의 살로니

비톨라의 전경

카(Salonika)와 더불어 일린덴(Ilinden, 8월 2일 성 엘리야 Elijah 의 날로 공화국의 날로 지정되어 있음) 저항운동 등 마케도니아 혁명운동의 주요 본거지로서 마케도니아인들의 근대 민족정신 성숙에 중요한 영향을 미친 곳으로 성장하였다. 실제, 비톨라는 20세기 초, 제1, 2차 발칸전쟁, 제1차 세계대전의 주요 전장 터로 자리해 강대국들과 주변 국가들의 침략 대상지로 전락되는 아픔을 겪어야만 했다. 특히, 1903년 일린덴에는 오스만 터키의 지배에 저항하는 대규모 반란이 이곳을 중심으로 일어났었다. 그리고 제2차 세계대전 당시인 1944년 일린덴에는 '마케도니아 인민 해방을 위한 반파시스트 위원회(ASNOM: Anti-Fascist Assembly for the People's Liberation of Macedonia)'가 열리기도 한 날이다. 이로 인해 실제 제2차 세계대전 당시 이 도시에 거주하고 있던 상당수의 유태인 및 마케도니아인들이 나치에 의해 사형되고, 뒤이은 경제적 침체와 대규모 인구 감소를 겪는 등 어려움을 겪어야만 했었다. 하지만 사회주의 유고슬라비아 연방 하에서 그 지리적인 중요성으로 인해 다시 한번 도시 발전을 이룩하게 되었으며, 독립한 마케도니아 하에서도 그러한 정치, 경제적 지위는 계속 이어지고 있다.

비톨라는 마케도니아의 중요한 산업, 농업, 사업, 교육 그리고 문화의 도시이다. 특히 비톨라는 경제적으로는 마케도니아의 주요 무역 도시로 또 정치적으론 '영사들의 도시(the city of the consuls)'로도 매우 잘 알려져 있다. 이러한 역사적 배경은 특히 19세기 후반기 오스만 터키 지배 시절, 12개 외국 영사들이 비톨라에 영사관을 개설하였던 데서 기인한다. 또한 비톨라는 근대 터키 지배 기간 동안 다양한 근대식 학교들 설립과 더불어 터키의 유명한 개혁가이자 혁명가로 현대 터키의 초대 대통령을 지낸 케말(Mustafa Kemal Atatürk, 1881~1938, 재직 1923~1938)이 나온 군사 아카데미가 이곳에 개설되었던 것으로도 유명하다.

비톨라의 구 시장 지역은 다채로운 구경거리로 유명하며, 고대 유물로는 로마 시대 때의 공중목욕탕, 주랑현관(Portico), 원형 극장을 비롯한 유적 등이 보존되어 있다. 터키 지배 기간 동안엔 약 60여 개의 모스크가 세워졌고, 현재는 12개가 남아 있는데, 그중 유명한 모스크로는 1508~1509년 사이에 지어진 이사츠 모스크(Isac Mosque), 1559년에 지어진 예니 모스크(Yeni Mosque) 등을 들 수 있다. 비톨라의 다른 역사, 문화적 유물로는 '성 디미트리야(St. Demetrius/Sv. Dimitrija, 성령 축일

성 디미트리야 교회의 화려한 프레스코 벽화

11월 8일) 교회'를 들 수 있는데, 이 교회는 발칸 유럽에 대한 터키의 영향력이 약화되고 있던 시점인 1830년에 이 지역 마케도니아인 상공인들과 지역민들의 자발적 참여로 지어진 것으로 알려져 있다. 당시 터키 지배 하에서 말 탄 터키 병사들보다 더 높게 정교회 사원을 지을 수 없었던 관계로, 이 교회는 평지에 가까이 낮게 지어졌으며, 이러한 외관적 초라함을 만회하기 위해 내부에는 매우 이례적인 화려한 장신구와 프레스코화로 꾸며 놓았다. 또한 이 교회는 영화 '피스메이커(The Peacemaker)'의 오프닝 장면에 등장해 그 교회 내부의 아름다움에 대한 세계의 관심을 끌어 모았다.

### 5) 마케도니아 카르스트 호소지대

(1) 오흐리드(Ohrid)

유럽에서 가장 오래된 고대 도시들 중 하나로 마케도니아의 대표적인 관광 명소인 오흐리드(42,000명 거주)는 UNESCO 지정지로 웅장한 오흐리드 호수의 해안가에 자리하고 있다. 실제, 오흐리드는 1979년과 1980년에 걸쳐 오흐리드 도시 전체가 UNESCO 문화유산으로, 그리고 오흐리드 호수가 UNESCO 자연 유산으로 등록되었으며, 이것은 UNESCO 자연, 문화유산이 동시에 되어 있는 전 세계 28곳 중의 하나로, 세계적으로 그 가치 보존에 대해 많은 이들의 사랑과 관심을 받고 있는 곳이기도 하다. 특히, 믿기 어려울 정도로 매우 아름답고 흥미로운 마케도니아 전통 가옥들과 유적 물로 꾸며져 있는 이 도시는 여러 학자들 사이에 '문화, 역사학적으로 매우 가치 있는 보물' 혹은 '고대 건축 미학의 정수'라는 평가를 받아오고 있다. 실제 오흐리드는 도시 전체가 박물관이라는 평가 속에 서양과 동양의 양식이 서로 혼재된 독특한 건축물들과 이를 보기 위해 찾아오는 관광객들을 맞이하려는 현대적인 편의 시설들이 함께 자리하고 있다.

오흐리드 시의 전경

오흐리드의 고대 이름은 리츠니도스(Lychnidos)로, 고대 그리스의 영향을 받으며 도시의 발전이 있어온 것으로 추측된다. 하지만 공식적인 역사 기록으로 언급되고 있는 것은 고대 마케도니아 왕으로 알렉산더 대왕의 아버지인 필립 2세의 비문에 의해서이며, 이 비문의 내용에 따르자면 BC 353년에 필립 2세의 마케도니아군이 이 도시를 장악한 것으로 기록되어 있다. 마케도니아가 로마로 넘어간 이후 로마 지배 하에서 오흐리드는 전형적인 로마 도시로 탈바꿈 해 발전하였고, 마케도니아 내륙지방에서 아드리아해로 향하는 대표적인 로마 길(Via Egnatia)의 교차점에 위치해 많은 경제, 상업적 발전을 이루게 된다. 이때 당시 도시를 둘러싼 견고한 로마 성채들이 건설되었고, 이로 인해 서기 497년 동로마 지역을 침공한 고트족들의 침략에 맞서 도시를 지켜낼 수 있었다. 하지만 518년 대규모 지진으로 인해 마케도니아의 여타 도시들과 함께, 오흐리드의 고대 로마 유적 물, 건물들도 모두 사라지게 되었다. 이후 6~7세기를 거쳐 진행된 대규모 슬라브족들의 발칸 이주로 인해, 도시는 슬라브인들의 영향력 하로 놓이게 된다.

9세기에 들어와 오흐리드는 발칸유럽의 새로운 지배자로 등장한 슬라브족들에게 크리스트교를 전파하는데 있어 가장 중요한 도시 중 하나로 발전하게 되었다. 즉, 살론(Salon, 오늘날 그리스의 데살로니카) 출신의 성 키릴과 메토디우스 형제의 제자들인 성 클리멘트와 나움에 의해 최초의 슬라브 대학이자 오흐리드 정교 대교구가 이곳에 수립되었고, 이들은 당시 약 3,500여명의 마케도니아 슬라브인 제자들에게 최초로 키릴 문자에 기초한 문자와 크리스트교를 전파하였다. 그중 가장 오래된 슬라브 정교 교회는 9세기에 지어진 '성 판텔레이몬(St. Panteleimon/Sv. Pantelejmon) 교회'로 여기에는 11~14세기 사이에 제작된 세계적으로 가장 중요한 약 8백 여 점의 비잔틴 양식의 이콘들이 소장되어 있다. 특히 러시아와 발칸유럽 슬라브족들의 대표적인 문자체인 '키릴 문자'의 모태를 전파한 '콘스탄틴 키릴과 메토디우스'의 제자였던 클리멘트와 나움이 이곳에서 현지 슬라브인들을 위해 문자와 문화, 종교 등을 가르친 것으로 유명하며, 따라서 성 판텔레이몬 교회는 슬라브 최초의 대학으로 불리고 있다. 더불어, 916년에 사망한 성 클리멘트의 무덤이 이 교회에 자리하고 있다. 성 판텔레이몬 교회 위로는 바실리카터가 남아있으며, 이곳은 크리스트교가 처음 전래되었던 5세기 때 것으로 건축사적 가치가 매우 높다고 평가 받고 있다.

성 판텔레이몬 교회

하지만 이후 500여 년간의 오스만 터키의 지배는 이 지역에 보급된 초기 크리스트교 문화와 유적들의 심각한 파손을 가져다주었다. 터키는 오흐리드를 점령한 후 마케도니아인들의 성지로 여겨지던 여러 정교 사원들을 파괴하고, 그 자리에 이슬람 모스크를 건설하였다. 하지만 마케도니아 정부는 오흐리드에 이를 복원하려는 노력과 함께 여러 마케도니아인들의 열망을 담아 1990년 8월, 성 클리멘트의 탄생 1,150주년을 기념하며 수도인 스코프예에 '오흐리드의 성 클리멘트 교회'를 새롭게 수립하기도 하였다.

오흐리드 내 사원들은 주로 7세기 이후부터 19세기에 걸쳐 세워진 것으로 세계에서 가장 오래된 슬라브 사원들이란 평가를 받고 있다. 이중 붉은 벽돌로 축조

오흐리드 여름 페스티발의 주 무대중 하나인 성 소피아 교회

되어 문과 창이 모두 아치형인 것이 특징인 '성 소피아 교회'는 10세기 제1 불가리아 제국 당시 때 건축된 것으로 추정되며, 11세기부터 13세기 사이에 그려진 비잔틴 양식의 웅장한 프레스코화로 유명하다. 이러한 역사적 배경은 성 소피아 교회가 오랜 세기 동안 오흐리드 대교구의 자리를 차지하게 된 배경이 되기도 했다. 오스만 터키의 지배 이후 이 교회는 15세기 중엽 이슬람 모스크로 탈바꿈해야 했으나, 현재는 정교 사원으로 다시 복원되어 마케도니아인들의 많은 사랑을 받고 있다. 무엇보다도 이 교회는 1961년 이래 '오흐리드 여름 페스티발(매년 7월 12일~8월 20일까지)'의 주 무대로 세계적으로 여러 유명한 오케스트라들과 독주자들의 공연이 매년 여름 교회의 안과 밖에서 열리고 있다. 이외에도 오흐리드에선 매년 여름 '발칸 민속 페스티발'과 '마케도니아 페스티발'이 열리고 있으며, 이를 통해 오흐리드의 아름다움과 고대 유적물 들의 신비로움을 세계에 알리고 있다.

오흐리드 시에서 약 29km 정도, 오흐리드 호수의 남쪽 끝에 위치한 '성 나움 수도원(St. Naum Monestry)'은 오흐리드를 중심으로 성 나움이 발칸유럽의 여러 슬라브인들에게 크리스트교를 전파해 나가던 905년에 세워진 것으로, 주변의 매우 아름다운 자연 환경과 더불어 마케도니아인들의 휴식처이자 성지로 불리고 있다. 17C 한때 터키인들에게 의해 파괴되기도 했으며, 제1차 세계대전을 거치며 한동안(1912~1925) 알바니아 영토로 편입되기도 했다. 이후 '세르비아-크로아티아-슬로베니아 왕국'은 당시 알바니아 지배자였던 조그(Zog I, Skanderbeg III,

1895~1961), 대통령(1925~1928), 왕(1928~1939)와의 협상 노력 끝에 마케도니아 지역으로 다시 편입될 수 있었다. 이때 이후로 다시 복원된 이 교회 안에는 성 나움의 무덤이 간직되어 있어, 수많은 정교도 순례단들이 이곳을 찾아 방문하고 있다. 여기에는 또한 세계에서 가장 유명한 프레스코화 중 하나인 '메토디우스와 그 제자들'이라는 프레스코화가 소장 되어 있는데, 여기에는 성 나움, 성 클리멘트와 더불어 세르비아 정교의 창시자인 성 사바의 모습이 그려져 있다.

(2) 오흐리드 호수와 프레스파 호수

마케도니아는 3개의 대표적인 호수를 지니고 있다: 오흐리드 호수, 프레스파 호수, 도이란(Djoran) 호수. 이들 호수들은 카르스트 지형에 따른 침식작용으로 생긴 자연 구조호로, 이들 중 가장 크고 가장 아름다운 호수는 1980년 UNESCO에 자연 유산으로 지정된 오흐리드 호수라 말할 수 있다. 오흐리드 호수는 해발 695m에 위치하고 있으며, 수심이 286m로 유럽에서 가장 깊고, 세계서 가장 오래된 호수 가운데 하나이다. 오흐리드 호수의 면적은 전체 349㎢로, 호수의 1/3은 알바니아에 속하며(전체 면적 중 118.9㎢는 알바니아에 속함), 주변의 아름다운 갈리취짜(Galičica)산으로 둘러싸인 아늑한 호수가 있는 마케도니아 쪽은 매우 아름다운 해변과 뛰어난 전망을 보유하고 있어 매년 수많은 관광객들이 찾아오고 있다.

오흐리드 호수와 함께 마케도니아의 또 다른 유명한 호수로는 오흐리드 호수 인근에 위치한 면적 274㎢, 호안선 길이 104km, 최대수심 54m 그리고 평균수심 18.5m인 프레스파 호수를 들 수 있다. 프레스파 호수는 마케도니아, 알바니아, 그리스와 국경을 이루는데(전체 면적 중 49.4㎢는 알바니아에, 47.8㎢는 그리스에 속함), 역시 오흐리드 호수와 마찬가지로 석회암의 용식분지에 형성된 카르스트 호이다. 프레스파 호수의 지표에는 유출구가 없어 지하를 통해서 호수물이 오흐리드 호수로 흘러내려가고 있으며, 여기서 나온 호수 물은 지하를 통해 알바니아를 경유한 후 최종으로는 아드리아해로 흘러들어 가는 것으로 알려져 있다. 양 호수들은 호수를 사이에 두고 마케도니아, 알바니아, 그리고 그리스가 서로 국경을 이루고 있다.

또한 이들 호수보다는 작지만 43.1km²의 도이란 호수를 들 수 있는데, 이 호수의 27.3km²는 마케도니아 영토에, 15.8km²는 그리스의 '그리스 마케도니아(Greek Macedonia)' 지역 안에 속해 있다.

생각하기

### 영화 '비포 더 레인(Before the Rain)'의 무대가 바로…

오흐리드의 성 카네오 교회

마케도니아를 배경으로 한 밀코 만체브스키(Milko Mančevski, 1959~)의 '비포 더 레인' 영화의 주 무대로도 잘 알려진 '성 카네오(Kaneo) 교회'는 오흐리드 호수를 한눈에 내려다보는 절벽 위에 세워진 13세기 때 건축물로, 다양한 중세 프레스코화를 소장하고 있는 것으로 유명하다. 밀코 만체브스키는 영화 속의 주인공처럼 사진작가이면서 동시에 작가 감독, 예술가로 세계적으로 호평을 받고 있는 마케도니아 스코프예 출신의 감독이다. 그의 대표 작품 중 하나인 '비포 더 레인'은 1994년 베니스 영화제 황금사자(Golden Lion)상을 비롯해 수많은 상을 휩쓸 정도로 그의 작품성은 세계적으로 크게 인정받고 있다.

영화 '비포 더 레인'의 포스터와 한 장면

# X

## 유산균과 장미의 나라,
## 불가리아

# 제10장_유산균과 장미의 나라, 불가리아

(출처: http://www.encyclopedia.com)

| | |
|---|---|
| 정식 국명 | 불가리아 공화국(Republic of Bulgaria) |
| 수도 | 소피아(Sofia, 120만 거주, 2013) |
| 인구 | 약 736만 명(2013) |
| 언어 | 불가리아어(문자는 키릴문자를 사용), 소수민족어로는 터키어 |
| 화폐단위 | 레바(Leva) |
| 종교 | 불가리아 정교(83.5%), 이슬람(10%), 가톨릭(0.8%) |
| 민족 | 불가리아인(85%), 터키인(8.8%), 집시(5%) |
| 주요 공휴일 | 1월 6~7일(정교 크리스마스), 1월 14일(정교 신년), 3월 8일(여성의 날), 5월 24일(키릴과 메토디우스의 날)… |

## 1. 일반개요

### 1) 국가 개요

불가리아(Bulgaria/ България)는 유럽의 남동부, 발칸반도에 위치하여 있으며 북쪽으로는 루마니아, 서쪽에는 세르비아, 남쪽에는 그리스, 터키와 국경을 접하고 그리고 동쪽으로는 흑해와 천연의 경계를 이룬다. 국토 면적은 110,994㎢,로 한반도의 약 1/2에 해당된다. 불가리아의 인구는 약 736만 명이며, 인구 증가율에 있어 계속된 마이너스로 어려움을 겪고 있다.

불가리아의 주민은 슬라브 계통의 불가리아인(人)이 전체의 약 85%를 차지하며 그 밖의 소수민족 중에서 가장 많은 민족은 터키인으로 약 8.8%를 차지한다. 터키인은 1950년과 1951년의 2년 사이에 15만 명이나 국외로 이주하여 제2차 세계대전 후 최대의 이동을 나타냈다. 다음이 5%를 차지하는 20만 명가량의 집시족이고, 그 외는 아르메니아인, 러시아인, 루마니아인의 순이나 그 수는 많지 않다. 종교적으로는 83.5%가 불가리아 정교를 믿고 있으며, 이슬람교가 10% 그리고 가톨릭이 0.8%를 차지하고 있다.

불가리아는 소피아를 포함해 전체 28개의 지방으로 구성되어 있으며, 이중에

장미의 땅, 불가리아를 선전하는 포스터와 장미 축제 모습

서도 경제, 사회, 문화, 정치가 집중되어 있는 곳은 수도인 소피아라 할 수 있다. 불가리아의 공용어는 슬라브어 중 남슬라브어계에 속하는 불가리아어(語)이며 문자는 러시아어와 거의 같은 키릴 문자를 사용하고 있다. 불가리아의 국화는 장미로 매년 5월 마지막 주부터 6월 첫 주까지 카잔락(Kazanlak) 언덕에서 장미 축제가 열리고 있다.

생각하기

**불가리아의 국화 '장미'에 얽힌 전설**

옛날 시리아 다마스커스 지방의 젊은 수도승이 그 지방의 한 아름다운 소녀와 금지된 사랑을 한 이후로 신의 노여움을 사 소녀가 장미로 변하고 말았다. 이를 슬퍼한 수도승은 장미가 아름답게 자라날 수 있는 미지의 땅을 찾아 나섰고, 마침내 불가리아에 도착하여 장미를 심어 아름다운 꽃을 피울 수가 있었다.

### 2) 자연과 지리

불가리아는 1,808km에 걸쳐 주변에 모두 5개국(그리스, 터키, 마케도니아, 세르비아, 루마니아)과 국경을 맞대고 있으며, 동쪽으로는 354km의 흑해 연안을 보유하고 있다.

발칸반도의 동쪽 중간에 위치하고 있는 불가리아는 자연의 혜택을 많이 받은 나라이다. 110,994㎢의 면적을 지니고 있는 불가리아는 국토의 중앙을 동서로 평균 표고 2,500m의 발칸 산맥이 달리면서 북쪽의 다뉴브 대지와 남쪽의 트라키아 평야로 국토를 양분해 놓았다. 북쪽은 다뉴브 강변의 저지(低地)를 향하여 완만한 경사를 이루고, 남쪽은 발칸산맥과 평행으로 그보다 작고 낮은 스레드나고라 산맥이 뻗으면서 그 사이에 몇 개의 분지를 이루고 있다. 이 두 산맥은 풍부한 삼림지대를 이룬다. 국토의 남동부는 북(北)트라키아 평야로 풍요한 농업지대, 남

발칸반도의 최고봉, 무살라 산

서부에는 삼림으로 덮인 로도페, 피린(Pirin), 릴라의 세 산맥이 있다. 릴라 산맥의 무살라(Musala 2,925m)산은 발칸반도의 최고봉이다.

불가리아는 540개의 강을 보유하고 있으며, 강의 대부분은 짧지만, 북쪽으로 흐르는 이스카르(Iskar) 강은 368km로 불가리아에서 가장 긴 강이라 할 수 있다. 이 강은 안드라 강, 다뉴브 강과 합쳐져 흑해로 흘러가고, 남쪽으로 흐르는 마리짜 강과 툰자 강, 아르다 강은 에게해로 유입된다.

기후는 바다가 가까운데도 대륙성기후이며 4계절이 있다. 북부에서는 겨울이 길면서 춥고 강설량이 많으며, 여름은 덥고 건조하다. 남부의 겨울은 온화하고 여름은 매우 덥다. 기온은 연평균 10.5℃이고 강수량은 일부 고지대를 제외하고는 전 지역에 걸쳐 평균 530~685㎜이다. 대략 국토의 30%는 산림, 14%는 초원이며 지하자원이 풍부하여 석탄, 석유, 철, 망간, 납, 아연 등이 다량으로 매장되어 있다.

## 2. 역사

### 1) 중세 이전 불가리아

고대 그리스 문화의 영향을 받은 트라키아 문명의 흔적

발칸반도의 남동부에 위치한 현재의 불가리아에는 BC 140만 년 전부터 사람들이 거주했던 흔적이 남아 있다. 이후 청동기시대에 들어서면서부터 트라키아인들에 의해 최초로 문명이 발생하게 된다. 당시의 트라키아 문명은 주변의 그리스나 소아시아보다 앞선 경제, 사회 문화를 향유하고 있었으나, 그리스와 페르시아 등의 잇따른 침입으로 쇠퇴하기 시작하여 BC 46년에는 로마제국의 속국이 되었다. 그러나 로마지배체제 하에서 경제발전이 이루어져 소피아는 발칸반도의 중요한 교통의 요충지가 되었다.

395년 로마제국이 동서로 분열되면서 불가리아 지역도 비잔틴 제국의 일부로 편입되었다. 6세기 이후로 남슬라브족들이 점차 이 지역에 들어와 정착하며 거주하게 되었고, 이후 670년 아스파르후(Asparuh, 640?~701, 재위 681~701)를 중심으로 한 약 3만에서 5만여 명의 원시 불가르족이 동로마 제국의 국경선인 다뉴브 강을 건너, 이 지역에 들어오게 된다. 아시아 계통으로 인정되는 이들은 불가리아 북쪽의 우랄 산맥과 볼가 강 유역으로부터 우크라이나를 거쳐 불가리아 지역으로 이주해 들어온 것으로 추정되는데, 아랍 민족의 콘스탄티노플 포위 공격(674~678)으로 고전하고 있던 비잔틴 제국의 혼란기를 이용해 그리고 강력한 군사체제와 우수한 철기마대를 바탕으로 불가리아의 주변 지역을 하나씩 점령해 들어가기 시작했다. 이후 불가리아 지역에 정착하게 된 이들은 비잔틴 문화를 흡수하는 한편, 슬라브인과의 통혼에 의해 점차 언어, 관습 등 여러 면에서 슬라브화 되게 되었다.

### 2) 제1, 2 중세 불가리아 제국시기

불가리아에 크리스트교(정교)를 받아들인, 보리스 1세

630년 무렵 남슬라브족 일파인 불가리아인들의 종족 사이에 일련의 정치적 연합체가 형성되기 시작하였고, 이들은 670년에 들어 온 원시 불가르족과 연합해 발칸 반도에 세력을 형성해 나가기 시작하였다. 그리고 681년, 마침내 동로마 황제 콘스탄틴 4세(Constantine IV, 652~685, 재위 668~685)와 원시 불가르족의 칸(Khan)인 아스파르후 사이에 불가리아 중세 국가의 성립을 인정하는 협약이 체결됨에 따라, 제1 불가리아 제국(681~1018)이 탄생하게 된다. 당시 아랍 민족의 콘스탄티노플 포위(674~678)를 푸는 데 성공한 콘스탄틴 4세는 주변 다른 게르만족들과의 관계를 정립 한 후, 자신의 국경을 무단으로 침범한 원시 불가르족을 몰아내려 출정하였으나, 건강 등 여러 이유로 패전하여 결국 불가리아 제국 인정 등 화친의 길을 모색해야만 했었다.

이후 불가리아 제국은 비잔틴제국과의 계속된 전쟁 속에서도 협력과 문화 교류를 통해 발전하게 된다. 실제, 8세기 초 아랍 민족들의 제2차 콘스탄티노플 봉쇄(717~718) 당시 불가리아의 테르벨(Tervel, 675~721, 재위 700~721)은 비잔틴 제국을 도와 아랍 민족의 포위를 푸는 데 군사적 지원을 하여 주었고, 크룸(Krum, ?~814, 재위 803~814) 당시에는 비잔틴 제국과의 전투 승리들을 통해 영토를 크게 확장하기도 하였다. 하지만 이후 864년 보리스 1세는 세례를 통해 비잔틴 제국으로부터 크리스트교(정교)를 받아들여 자신을 비롯한 상당수의 불가리아인들이 남슬라브족 최초로 크리스트교로 개종하게 된다. 이후 불가리아인들의

이반 아센 2세 시기 발칸반도의 상당 부분을 장악한 제 2불가리아 제국

크리스트교 개종은 불가리아 역사에 큰 영향을 미치게 된다. 즉, 정교를 받아들인 불가리아인들과 기존 정교를 받아들이고 있었던 남슬라브인들과의 통혈이 가능하게 되었으며, 정교의 수용 이후 확대된 남슬라브어의 발달과 종교 문화적 공유는 불가리아 내 민족적 다양성을 극복하게 한 중요 요인으로 작용하게 된다. 하지만, 제1 불가리아 제국은 1018년 비잔틴 제국의 바실 2세(Basil II, 958~1025, 재위 976~1025)에 의해 결국 막을 내리게 되었다.

바실 2세는 제1 불가리아 제국을 지배 한 이후, 불가리아인들의 독립 움직임과 귀족들의 연대를 막기 위하여 자치권을 최대한 보장해주려 했으며, 오흐리드 교구의 관할권 또한 폭넓게 인정해 주는 정책을 추진하였다. 하지만, 그의 죽음 이후 비잔틴 제국은 내정 혼란이 지속되었고, 중앙의 감시와 보호가 약해진 틈을 이용해 불가리아 지역 내 토착 귀족들과 비잔틴 제국의 지배자들은 과도한 세금 징수 및 탄압을 확대하였다. 이러한 정책 오판은 결국 1185년 이반 아센 1세(Ivan Asen I, ?~1196, 재위 1189~1196)와 페타르 4세(Peter IV, ?~1197, 재위 1185~1190, 1196~1197)에 의해 봉기가 일어나게 하였고, 결과적으로 불가리아인들의 종교적 수도였던 투르노보(Turnovo, 벨리코 투르노보로 불림)를 중심으로 제2 불가리아 제국(1185~1396)이 수립되게 된다. 제2 불가리아 제국은 아센(Asen) 왕조(1187~1256)의 카로얀(Kaloyan, ?~1207, 재위 1197~1207)과 이반 아센 2세(Ivan Asen II, ?~1241, 재위 1218~1241) 시기에 문화와 경제, 사회적으로 최고의 절정기를 맞게 되는데, 당시 불가리아 영토는 동쪽으로는 흑해, 서쪽으로는 아드리아해, 남쪽으로는 에게해, 그리고 북쪽으로는 드네프르 강에까지 이르렀다. 또한 주교 임명권을 일임 받아 비잔틴 제국 및 로마 교황과도 화해하는 한편, 북서쪽의 마자르 족을 몰아내는 등 최대의 번영기를 누렸다. 그 결과 발칸반도의 종교(정교), 경제적인 중심지가 된 투르노보는 1204년 제4차 십자군에 의해 콘스탄티노플이 쇠락의 길을 가게 되자, 한동안 '제3의 로마(The Third Rome, 종교적으로 제1의 로마는 로마, 제2는 콘스탄티노플을 가리키고 있음)'로 불리게 되었다.

그러나 이들이 사망하자, 불가리아는 왕위 쟁탈전으로 내분에 휩싸이게 되었고, 특히 1257년 아센 왕조가 무너지자 농민들의 생활은 더욱 악화되게 된다. 이런 가운데 비잔틴 제국과 헝가리 그리고 몽고-타타르족의 공격은 불가리아의 국력을 더욱 쇠락시켰으며, 생활이 극도로 피폐해지는 결과를 낳게 된다. 이러한 혼란은 불가리아인들 사이에 당시 양대 교회에 의해 이단으로 분류되고 있던 보고밀교의 확대와 지방 영주들의 분열을 낳는 계기가 되게 된다.

불가리아가 내분으로 인해 국세가 크게 약화되는 동안, 14세기부터 세르비아와 오스만 터키가 점차 강성해져 이들이 불가리아의 새로운 지배세력으로 등장하게 된다. 특히 14세기 중엽 불가리아가 다른 발칸국가와 끊임없는 싸움을 계속하는 동안 오스만 터키 제국은 비잔틴 제국의 영토를 정복해가기 시작하였다. 결국 불가리아는 세르비아를 중심으로 치렀던 1389년 코소보(Kosovo) 전투에서 오스만 터키에게 패배하였고, 1393년에는 3개월간의 포위 공격 끝에 수도인 투르노보가 함락 당함으로써, 1878년까지 약 500여년 간을 오스만 터키 지배 하로 들어가게 되었다.

## 4) 오스만 터키 지배 시기

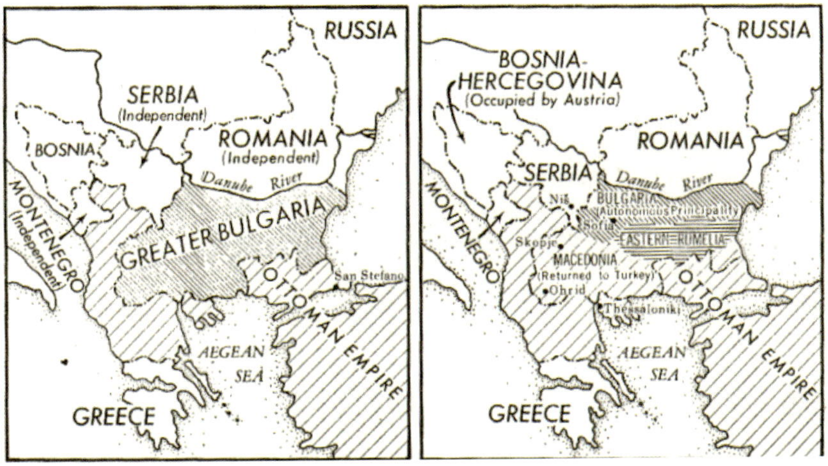

산 스테파노 조약(1878. 3)과 베를린 조약(1878. 6)에 따른 불가리아의 영토 변화

1396년에 들어와 오스만 터키는 다뉴브 강 남부의 거의 모든 불가리아 지역을 완전히 장악하는 데 성공하게 된다. 이 시기 동안 불가리아에선 반란을 주도할 수 있는 귀족들은 제거되거나 하층민으로 전락하였고, 농민들은 오스만 터키 지주들의 소작농이나 노예가 되어야 했으며, 교육받은 성직자들은 이웃 나라로 피신하여 중세 종교와 문화적으로 찬란한 꽃을 피웠던 불가리아는 암흑의 시기가 도래하게 되었다고 할 수 있다. 또한 무거운 세금과 함께 부분적인 이슬람화가 진행되었으며, 그들의 문화 또한 압력을 받아야 했다. 종교적으로도 인종과 상관없이 모든 불가리아인들은 오스만 터키의 고유한 지배 정책 중 하나인 '밀레트(Milet)' 제도 하로 편입되었으며, 오랜 기간 동안의 터키 지배는 불가리아인들의 고유한 문화는 물론 크리스트교 전통 또한 상실케 하였다. 그럼에도 불구하고, 약 500년간 이어진 오스만 터키의 지배 기간 동안 불가리아인들은 자주권을 회복하기 위한 수차례의 독립 운동과 반란을 일으켰으며, 특히, 18세기 계몽주의와 19세기 민족주의의 여파는 불가리아인들에게 더욱 더 큰 독립 민족 국가 수립에 대한 열망을 안겨주었다고 할 수 있다. 하지만, 계속된 반란과 독립 운동은 실패로 돌아갔으며, 그럴 때마다 수많은 불가리아인들이 잔혹한 방법으로 학살을 당해야 했다.

러-터 전쟁 당시 불가리아를 지원한 러시아의 알렉산다르 네프스키 동상

특히 1876년 불가리아 봉기가 실패로 돌아간 후 오스만 터키에 의해 약 30,000여명의 불가리아인들이 사망하게 되자, 러시아는 이에 대한 보복과 슬라브주의에 따른 형제애를 내세우며 터키와의 전쟁에 참여하게 된다. 결국 1877년 일어난 러·터 전쟁에서 터키가 패배한 결과 산 스테파노 조약(1878. 03)이 맺어지게 되었으며, 이로 인해 불가리아는 독립은 물론 루멜리아(Rumelia) 지방을 획득한 대(大)불가리아 국가를 수립할 수 있었다. 하지만, 러시아의 영향력이 발칸반도에서 확대되는 것을 방지하고자 했던 오스트리아와 서유럽의 열강들은 동년 6월에 베를린 조약을 다시 맺게 했고, 그 결과 불가리아는 동(東)루멜리아(불가리아 남부)지방을 터키에게 다시 양도하는 등 영토가 대폭 축소되었으며, 이에 대한 대가로 오스만 터키는 오스트리아에

발칸유럽의 운명을 결정지은 베를린 조약(1878. 6) 당시의 모습

게 보스니아의 행정권을 조차시키는 등 서유럽 열강들에게 일부 영토들을 조차시켜 주어야 했다. 이후 상실한 영토 회복을 위해 일으킨 제1, 2차 발칸전쟁(1912, 1913)에서 불가리아는 오히려 패전하여 심각한 혼란과 국론 분열을 겪게 된다.

### 4) 양차 대전 사이 불가리아

지전략적으로 불가리아는 중요한 위치를 점하고 있었기 때문에, 제1차 세계대전 발발 직후부터 구축국과 연합국 양 진영으로부터 참전권고를 받았다. 불가리아는 발칸전쟁 때 잃은 영토 회복을 기대하여 독일의 동맹국 측에 가담하였으나, 결과적으로 불가리아의 참전은 엄청난 경제적 피해와 국민 불만을 낳게 하였다. 게다가 러시아 2월 혁명 직후 불가리아 내에서는 좌익계 사회주의자들의 혁명적 움직임이 태동하고 있었다. 특히 1915년, 그동안 구축국 측에 유리하던 전황이 악화되기 시작하면서 국내 정치 불안은 더욱 가중되기 시작하였고, 전쟁으로 인한 물자부족과 생활여건의 악화는 국민들의 불만 가중과 폭동, 시위를 낳았다. 1918년 독일의 항복에 따라 제1차 세계대전이 연합국 측의 승리로 돌아가게 되자, 1919년 넬리(Neuilly) 조약으로 불가리아는 대전 기간 동안 점령한 영토를 빼앗기게 되어 동유럽국가 중 인구와 면적 면에서 알바니아 다음으로 최약소국의 위치로 전락하게 된다.

1939년 9월 독일의 폴란드 침공으로 제2차 세계대전이 시작되면서 독일은 중부유럽을 장악한 후, 발칸반도를 공격하기 시작했다. 한편 당시 불가리아는 1940년 친(親)연합국 성향의 키오세이바노프(Georgi Ivenov Kioseivanov, 1884~1960, 총리 재직 1935~1940)가 실각하고 독일 유학파 출신의 필로프(Bogdan Filov, 1883~1945, 총리 재직 1940~1943) 정권이 수립되면서, 독일과 긴밀한 관계에 놓이게 된다. 1941년 독일은 불가리아를 통과하여 루마니아, 그리스로 진격하려는 작전계획을 세우고 불가리아에 압력을 가했으며, 결국 불가리아는 같은 해 3월 비엔나에서 독일과 동맹조약을 맺고 연합국 측에 선전포고를 함으로써 대전에 참여하게 되었다.

하지만 독일은 불가리아를 동맹국으로써의 대우하기보다는 자신의 원료 확보기지로써 활용하려는 움직임을 분명히 했으며, 이에 따라 불가리아 내에선 이에 대한 반발로 대중적 무장저항운동이 전개되기 시작했다. 당시 게릴라 유격대의 주요 구성원과 활동에는 공산당이 큰 역할을 담당하였다. 이러한 전쟁의 와중에 1943년 불가리아의 보리스 3세(Boris III, 1894~1943, 재위 1918~1943)가 사망하고 당시 6세의 시메온 2세(Simeon II, 1937~, 재위 1943~1946, 총리 재임 2001~2005)가 즉위하였다. 당시 보리스 3세의 막내 동생으로 시메온 왕의 섭정이 된 키릴(Kiril, 1895~1945, 섭정 재위 1943~1944)공은 불가리아의 실권을 완전히 장악한 후 계속해서 친(親)독일 노선을 계승하게 된다. 그러나 전쟁이 연합국의 승리로 끝나고 난 뒤, 불가리아는 패전국이 되었고, 이후 소련에 의해 공산화의 길로 들어서게 된다.

### 5) 동유럽의 개혁과 불가리아

불가리아와 루마니아의 EU 가입을 환영하는 포스터

고르바초프 집권 이후 계속된 개혁의 물결은 동구제국에도 영향을 미쳐왔고 그것이 폭발한 것이 1989년이었다. 1989년 11월 6일 베를린장벽의 개방으로 상징된 동구의 변혁은 점점 가속화되었다. 불가리아도 이러한 변혁의 물결 속에서 예외는 아니었다. 1989년 10월 개혁을 요구하는 시위가 발생하는 등 국내 민주화 요구가 확산되자, 35년간 불가리아를 통치해온 지브코프(Todor Hristov Zhivkov, 1911~1998, 서기장 재직 1954~1989)는 1989년 11월 사퇴해야만 했다. 1990년 1월 선거에서 권력을 장악한 공산당의 후신인 '불가리아 사회당(Bulgarian Socialist Party)'은 스스로 탈(脫) 사회주의 노선을 천명하며 공산당의 독점과 지도적 역할 규정 조항을 삭제하였고, 뒤이어 다당제와 시장경제체제 도입 등 개헌안을 공식 승인하게 된다. 동년 4월에는 사회주의 국가에서 민주헌정국가로 국가 성격이 변경되었으며, 대통령제를 골자로 하는 개헌안이 승인됨으로써 불가리아의 정치, 경제적 민주화가 시작되게 되었다.

이후로 불가리아는 민주화는 물론 계속된 사회, 경제적 개혁 정책들을 단행해 나갔으며 이것은 빠른 속도의 경제 성장을 불러왔다. 하지만, 부의 불균형이 보다 심해지면서 개개인의 생활은 사회주의 시절에 비해 보다 떨어지는 어려움을 겪기도 했으며, 이것은 일반 국민들의 사회적 불만이 폭발하는 배경이 되기도 했다. 그럼에도 불구하고 계속적인 개혁 정책과 미국 등 서유럽 국가들과의 관계 강화 노력은 2001년 이후로 불가리아의 경제와 사회적 성숙도를 급속도로 성장시키는 데 일조하였으며, 이것은 2004년 NATO 가입, 2007년에 들어와 루마니아와 더불어 EU에 가입하는 계기를 마련해 주었다고 할 수 있다.

## 3. 정치

불가리아의 정치 체제는 의회 민주제로 대통령 중심제와 의원내각제의 혼합형이라는 특징을 지니고 있지만, 총리가 가장 큰 권한을 지니고 있다. 대통령은 직접선거로 선출되며 임기는 5년으로 중임이 가능하며, 국가의 수반이자, 군통수권, 그리고 비록 국회가 구성원 과반수의 투표로 대통령의 거부권을 무시할 수 있지만 입법 조항 수용에 대한 거부권 등을 지니고 있다.

행정부의 권한은 국가의 내정 및 외교 정책 이행을 총괄하며 공공질서와 국가안보를 보장, 명령, 포고, 결의의 채택 및 시행에 대한 권한을 지니고 있다. 불가리아 총리는 국회의원 선거에서 가장 많은 득표를 받은 정당에서 선출되며, 행정부는 현재 15부 장관으로 구성되어 있다.

의회는 단원제로 4년 임기이며, 240명의 의원을 직접 선거에 의해 선출하고 있다. 국회의원은 법을 제정하고, 예산을 승인하며, 대통령 선거 일정 결정, 총리 및 다른 장관들의 선출과 해임, 전쟁 선포, 해외 파병, 국제 조약 및 협정을 비준할 수 있는 권한을 지니고 있다.

2004년 3월 NATO 그리고 2007년 EU에 가입한 불가리아 정부는 대외 관계에 있어 EU회원국으로서의 외교적 역량 강화를 목표로 구주협의회(Counsil of Europe), 서구동맹(WEU) 준회원국 가입 등 활발한 활동을 하고 있다. 이외에도 중구자유무역지대(CEFTA) 가입 및 흑해경제협력체(BSEC)에 참여하는 등 중·동구 유럽 지역협력 강화를 추구하면서, 동시에 러시아와의 전통 우호관계 유지에도 많은 노력을 기울이고 있다.

## 4. 한국–불가리아 관계

한국과 불가리아간의 공식적 외교관계는 1990년 3월에 수립되었으며, 1990년 6월에는 주불가리아 한국대사관이 개설되었다. 이후 동년 1월에는 경제 과학 및 기술 협력 협정 체결이 체결되었고, 1994년 8월에는 사증면제협정, 1995년 2월에는 항공협정 그리고 1995년 6월에는 이중 과세 방지 협정을 체결해 지속적으로 관계가 발전하고 있다. 1995년 젤루젤레프 대통령, 2009년 파르바노프 대통령이 한국을 방문한 이후로 자동차 분야를 중심으로 한국기업들의 직접 투자가 활발히 진행되고 있으며, 한국산 승용차와 가전제품 그리고 휴대폰 관련 제품의 발칸 유럽 내 주요 수출기지로써 인식이 확대되고 있다. 특히, 2007년 불가리아의 EU 가입에 따라 우리나라 상품들의 EU 수출을 위한 중요한 전초 기지가 될 것으로 기대되고 있다.

## 5. 경제

사회주의 체제를 벗어나 자본주의를 도입 한 이후로 한동안 불가리아는 고물가, 경제개혁 지연, 사유화 지연, 금융 위기 등 전반적인 경제개혁 실패로 어려움을 겪어야 했으나, 점차 이를 극복해 나가며 경제 발전을 추진해 나가고 있다.

불가리아의 광업은 석탄, 석유, 철, 망간, 납, 아연 등을 중점적으로 개발하고 있으며, 전력은 90%가 화력발전에 의존하고 있다. 경공업으로는 면직을 중심으로

시내 상점에서 판매하고 있는 다양한 장미 상품들과 장미 오일

모직, 견직 등의 섬유공업과 식품공업이 유명하며, 농업은 경작면적의 3/4을 차지하는 곡물류가 중심이며, 그 밖에 채소, 과일 등도 다량이 생산되고 있다.

한 가지 특징적인 농업 분야는 UNESCO 지정지인 트라키안 무덤이 자리한 카자락 언덕(Rose Valley)에서 주로 생산되는 장미유로, 특히 불가리아의 고급 장미유(薔薇油)생산은 연간 약 1,500kg으로 세계 제일을 자랑하고 있다. 전 세계 7천여 종의 장미들 중 고급 장미유 추출이 가능한 종은 그리 많지 않으며, 이중 불가리아 장미는 온화한 기후와 적당한 습도로 세계 각국에서 손꼽히는 최적의 장미로 손꼽히며 약 500년 전부터 재배되기 시작했다. 이런 이유로 불가리아 장미유는 총 생산량의 약 98%가 해외의 향수, 화장품 시장에 수출되고 있다. 오늘날 불가리아는 터키산 장미(약 50%)에 이어 전 세계 장미유 생산량의 약 30%를 차지하고 있으며, 장미향수 외에도 잼, 와인 등에도 다양하게 활용되고 있다. 품질 면에서 터키 장미 오일이 주로 중저가 향수, 화장품에 많이 쓰이는 반면에 불가리아 장미는 고급 향수와 화장품에 주로 사용되고 있다고 할 수 있다. 그 외로는 흑해 연안을 중심으로 발달되어 있는 불가리아의 관광산업 또한 매우 유명하며, 매년 9백만 명이 넘는 해외 관광객들이 불가리아를 방문하고 있다.

## 6. 문화

불가리아 문화는 트라키안, 슬라브, 그리스, 로마, 터키, 페르시아 그리고 켈트족 등 다양한 문화의 영향을 받아 형성되었다고 할 수 있다. 이러한 문화적 다양성과 전통은 불가리아에 UNESCO가 지정한 총 9개의 문화 및 자연 유산이 존재하는 배경이 되었다고 할 수 있다. 불가리아의 UNESCO 문화유산으로는 마다라 기사상(Madara Rider/ Мадарски конник, 710년 수립, 1979년 지정), 카잔락과 스베쉬타리(Sveshtari/ Свещарска гробница)에 있는 트라키안 무덤(BC 4세기로 추정, 1979/ 1985), 보야나 교회(Boyana Church/ Боянска църква, 10세기말~13세기에 걸쳐 건립, 1979), 릴라(Rila/ Рила) 사원(10세기에 건립, 1983), 이바노브스키 스칼리(Ivanovski skalni) 교회(Rock-hewn Churches of Ivanovo/ Ивановски скални църкви, 13세기~17세기, 1979), 네세바르(Nesebar/ Несебър)의 고대 도시(1983)등 7개를 들 수 있으며, 자연 유산으로는 피린 국립공원(1983), 스레

소피아의 명소, 이반 바조프 국립 극장

<멍에 밑에서>의 저자, 이반 바조프

바르나 자연 보호지역(Srebarna Nature Reserve/ Природен резерват Сребърна, 1983)을 들 수 있다.

불가리아 문학은 9세기 키릴과 메토디오스 제자들에 의한 성자전(聖子傳)과 우화(寓話) 등 주로 종교 서적을 통해 발전되었다. 이후 14세기 오스만 터키에게 점령된 이후 대중 문학은 침체기를 맞았지만, 불가리아 문학이 오스만 터키로부터의 독립을 위한 혁명의 수단으로 사용되면서 슬라베이코프(Pencho Petkov Slaveykov, 1866~1912) 시인, 야보로프(Peyo Yavorov, 1878~1914) 등 뛰어난 문학가들을 배출하기도 하였다. 당시 여러 문학가중 이반 바조프(Ivan Minchov Vazov, 1850~1921)는 문예 부흥의 전통을 바탕으로 수많은 시와 소설을 발표하였는데, 이중 1878년 불가리아 독립을 기리는 '기억의 서사시(Epic of the Forgotten/ Епопея на забравените)'는 물론, 1876년 4월에 있었던 불가리아의 반(反) 터키 봉기를 그린 소설 '멍에 밑에서(Under the Yoke/ Под игото, 1893)'는 세계 각국어로 번역되어 불가리아 문학의 수준을 한 단계 높이는데 기여하였다.

불가리아의 전통 의상은 색채가 풍부하고 화려한 게 특징이며, 주로 붉은 자수를 놓은 흰색 셔츠와 블라우스 그리고 수가 놓인 조끼가 주류를 이루고 있다. 이와 함께 여성들은 여러 색상이 담긴 앞치마를, 남성은 넓은 허리띠를 착용하는 게 특색이다.

화폐 속의 자하리 조그래프와 릴라 사원에 그려진 그의 작품

불가리아 전통 식당에서 민속 음악을 부르고 있는 모습

중세 불가리아의 미술은 비잔틴의 영향을 많이 받았다. 자하리 조그래프(Zahari Zograf, 1810~1853)와 디미타르 조그래프(Dimitar Zograf, 1796~1860) 형제는 릴라 수도원을 비롯해 중세 불가리아 수도원에 여러 프레스코 벽화를 그린 인물로 유명하며, 중세 불가리아 미술의 대표 작품으로는 보야나 교회의 성화 등을 들 수 있다. 오스만 터키 지배로 상당 기간 동안 침체기를 겪어야 했던 불가리아의 미술은 오스만 터키의 지배를 벗어나면서 본격적인 발전을 이루기 시작하였다.

불가리아의 연극은 주로 고대 민속극을 기초로 작품이 무대에 올랐으며, 20세기에 들어 소피아에 상설무대가 등장해 발전을 이루기 시작했다. 근대 불가리아 음악은 러시아와 체코의 영향을 많이 받았으며, 1904년에 소피아 국립 음악원이 설립되면서 음악교육의 중심 역할을 해오고 있다. 또한 불가리아 정교 음악은 19세기 불가리아 민족 부활에 큰 역할을 한 것으로 알려져 있다.

불가리아 음식은 약한 불로 푹 익도록 찌는 요리법이 특징으로 양고기나 송아지 고기 요리가 유명하다. 불가리아의 대중음식으로는 미트볼 모양의 소고기를 숯불에 구운 케바프체(kebapche), 고기와 야채의 냄비요리인 카바르마(kavarma) 그리고 쌀과 계란을 넣어 구운 양의 간 음식인 드롭 사르마(drop sarma)등을 들 수 있다.

생각하기

## 장수의 비결, 불가리아의 요구르트는 어떻게 알려졌을까?

불가리아의 요구르트가 장수 식품으로 알려진 계기는 러시아 출신의 생물학자이자 생리의학부문의 노벨상 수상자(1908년)인 메치니코프(Ilya Ilich Mechnikov, 1845~1916)가 그의 논문에서 유산균이 대표적 장수 식품이라는 점을 밝히면서부터이다. 그는 파스퇴르 연구소에서 세균학과 면역학을 집중적으로 연구하였으며, 이를 토대로 1901년 <감염증에 있어서 면역성, Immunity in infectious diseases/L'Immunité dans les Maladies Infectieuses>, 1903년엔 <사람의 자연, The Nature of Man>, 그리고 1907년엔 <생명의 연장, The Prolongation of Life: Optimistic Studies>등 면역과 장내 독소 방지를 위한 다양한 저술들을 출간하게 된다. 이러한 활동에 힘입어 그는 1908년 독일의 파울 에를리히(Paul Ehrlich, 1854~1915)와 함께 노벨 생리학, 의학상을 받게 된다.

실험중인 메치니코프, 그리고 요구르트와 함께하는 불가리아 전통 음식

그는 자신의 글에서 인간의 노화원인을 장내 유해균에 의해 생성되는 '독소에 의한 만성중독'이라 분석하였고, 이러한 유해균의 생성을 억제하며 장내 부패와 유해물질의 생성과 흡수를 방지하는 균이 바로 유산균이라고 주장하였다. 그는 또한 실증적 근거로 당시 미국인의 평균수명 48세와 유산균이 다량 들어 있는 발효유를 매일 섭취하는 불가리아인의 평균수명 87세를 사례로 제시하며 장수 식품 유산균에 대한 새로운 지평을 열게 된다. 이러한 발표 직후 불가리아는 요구르트 유산균에 의한 장수 국가로 유명해졌고, 그 원인이 바로 유산균의 섭취에 있다는 점이 밝혀지면서 현재까지도 그 명성을 이어가고 있다.

## 7. 주요 지역

### 1) 여행 정보

불가리아와 한국 간에는 직항편이 없었으나, 프랑크푸르트 등 유럽 내 주요 도시들과 항공편이 잘 연결되어 있다. 열차로 갈 경우는 뮌헨-잘츠부르크-자그레브-베오그라드-소피아를 연결하는 이스탄불 급행, 모스크바-부쿠레쉬티-소피아를 연결하는 다뉴브 급행 등을 이용하면 좋다. 불가리아 열차는 급행(Exspresen), 쾌속(Brzi), 보통(Putnichki)의 3종류로 나뉘어져 있으며 운행 시간은 비교적 정확한 편이다.

### 2) 소피아(Sophia, Sofia)

비토샤(Vitoša, 2,290m) 산 아래 자리한 불가리아의 수도 소피아는 불가리아의 서부, 그리고 발칸반도의 거의 중앙에 위치하고 있다. 소피아는 유럽에서도 가장 오래된 도시 중 하나로 꼽힌다. BC 7세기 이후로 트라키아인에 의해 발전하였고, 그 당시 지어진 건축물들이 오늘날까지도 그 흔적이 남아 있다. 고대 로마 시절 소피아는 '세르디카(Serdica 혹은 Serdika)'로 불렸는데, 로마 기록에 따르자면 이 이름은 BC 1세기 이전 이 지역에 거주했던 것으로 추정되는 켈트 족의 일파인 '세르디(Serdi)' 부족의 이름에서 유래했다고 알려지고 있다. 디오클레티아누스 로마 황제 시절, 세르디카는 다뉴브 강 아래 새롭게 분리되어 수립된 다치아 지방의 수도로써 매우 크게 번성하였다. 하지만, 447년 훈족의 침략에 의해 완전히 파괴되는 경험을 겪어야 했던 소피아는 6세기경 이 지역을 다시 회복한 비잔틴 제국의 유스티니아누스 1세에 의해 다시 한 번 크게 발전하게 된다. 유스티니아누스 1세는 이 도시의 방어를 위해 오늘날까지 현존하고 있는 크고 웅장한 성곽들을 새롭게 건축하였고, 여러 교회들을 설립하는 등 크리스트교 도시이자 상업과 무역의 도시로써 크게 융성시켰다. 809년 제1 불가리아 제국의 지배 하로 들어 간 소피아는 계속해서 슬라브 민족들의 상업과 무역 도시로써 발전하였으며, 1018

도심 가운데에 자리한 성 소피아 동상과 성 소피아 교회

년 제1 불가리아 제국이 비잔틴 제국 하로 편입된 이후로는 다시 비잔틴 제국의 영향권 하에서 발전을 이루어 나갔다. 이후 수립된 제2 불가리아 제국 하에서도 발칸반도를 대표하는 크리스트교 도시이자 상업, 무역 도시로써 발전을 거듭하던 소피아는, 하지만 1382년부터는 약 500년에 걸친 오스만 터키의 통치 아래 놓이면서 크리스트교 도시에서 이슬람 도시로 크게 변모하게 된다. 그 사이 수많은 정교 사원은 이슬람 사원으로 변하였고, 터키의 탄압을 피해 반(半) 지하식의 작은 교회들이 만들어지게 되었다. 터키로부터 해방된 1878년, 소피아는 불가리아의 수도로 정해지게 된다.

오늘날과 같은 소피아라는 이름이 사용되는 시기는 14세기 이후부터이다. 기록에 따르자면 1376년 라구사 공국(오늘날 크로아티아의 두브로브니크)의 상인들은 이 도시에 자리한 '성 소피아 교회(Hagia Sophia Church/ църква "Света София")'에서 착안하여 이 도시를 소피아란 이름으로 소개하였으며, 또한 제2 불가리아 제국의 쉬쉬만(Ivan Šišman, ?~1395, 재위 1371~1395) 황제 시기 이 지역이 역시 소피아란 이름으로 불렸음을 확인할 수 있다. 이후 소피아란 도시명은 세르디카와 더불어 일반 민중들에게 혼용되어 사용되다가 19세기에 들어와서는 소피아란 이름이 보편화 되게 된다. 실제, 성 소피아(Saint Sophia the Martyr, ?~137)는 특히 정교회에서 숭상되고 있는 이탈리아 출신의 성녀로, 137년 로마 제국의 박해에 의해 순교하였다. 이후 '하나님의 신성한 지혜로움'을 대표하는 성인으로 추앙되어 고대 이래로 유럽 곳곳에는 그녀의 이름을 딴 여러 교회가 설립되게 된다.

소피아의 주요 볼거리로는 우선, 러시아 건축가인 포메란체프(Alexander Nikanorovich Pomerantsev, 1849~1918)가 설계한 네오-비잔틴 양식의 '알렉산드르 네프스키 성당(Alexander Nevsky Cathedral/ Храм-паметник "Свети Алекса ндър Невски")'을 들 수 있다. 오늘날 이 성당은 불가리아 정교회의 대교구로써 사용되고 있으며, 소피아를 상징하는 대표적인 건축물로 불가리아인과 관광객들의 사랑을 받고 있는 곳이다. 이 성당은 불가리아의 독립과 터키로부터의 압제를 벗어나게 해주기 위해 1877~1878년 동안 일어난 러-터 전쟁에서 죽은 20여만 명의 러시아 병사들의 영혼을 기리기 위하여 1882부터 40년에 걸쳐 건설한 건축물

웅장한 알렉산다르 네프스키 성당

이다. 건축 당시 불가리아, 러시아, 오스트리아-헝가리 이중 제국 등 세계 여러 나라들에서 당대 유명한 조각가, 예술가들이 이 성당의 완성을 위해 참여하였다. 규모 또한 매우 거대하여 세계에서 가장 큰 정교 성당 중 하나로 꼽히고 있으며, 약 1만여 명의 신도가 함께 예배를 볼 수 있다고 알려지고 있다. 금빛으로 치장된 45m의 돔과 53m의 종탑 그리고 총 23톤에 달하는 12개의 종(가장 무거운 종이 12톤에 달함)들이 이 성당의 웅장함을 대변해 주고 있다. 성당의 지하 납골당에는 기괴한 성화모음과 과거 1,000년 전에 애용되었던 종교적인 공예품들이 전시되어 있으며, 유럽에서 가장 많은 이콘들, 거대한 규모의 대 예배당과 세계적 여러 화가들이 기증한 내부 벽화, 엄청난 규모의 상들리에, 이탈리아 대리석과 브라질산 칠혹석, 그리고 고대와 중세 불가리아 미술품들이 이곳의 주요 볼거리를 제공하고 있다. 교회 내부에 있는 3개의 제단은 중앙이 러시아, 왼쪽은 불가리아, 오른쪽은 여타 슬라브 민족들에게 바치는 것으로 알려지고 있다.

성 게오르그 교회

4세기 로마 시대 때 건설된 '성 게오르그 교회(Church of St George/ Ротонда "Свети Георги")'는 '장미의 교회'라고도 불리며, 소피아 시내의 세르디카 유적 보존 지역 한 가운데 위치해 있으며, 오스만 터키의 지배 당시에는 이슬람 사원으로 사용되기도 했던 아픈 역사를 지니고 있는 곳이다. 교회 안 중앙 돔에 그려진 프레스코 벽화(12~13세기)가 유명한 데, 오스만 터키 지배 하에서 이슬람 모스크로 사용될 당시 프레스코 벽화가 감추어져 있다가, 이후 20세기에 들어와서야 벽화의 흔적들이 발견되어 그 의미를 더하고 있다.

쉐라톤 워커힐 호텔의 좌측에 위치한 '성 네델리야 교회(Holy Sunday Church/ църква "Света Неделя")'는 원형 모양의 교회로 처음 건설 당시에는 목조로 만들어진 작은 교회였으나, 중세 시대 동안 수차례 파괴와 재건의 역사를 거듭하였으며, 오스만 터키로부터의 독립 이후 최종적으로 재건되어 현재의 모습이 되었다. 교회 안에는 불가리아의 상당 지역을 장악한 후 여러 정교 사원을 건설하였던 세르비아 중세 왕국의 밀루틴(Stefan Uroš II Milutin, 1253~1321, 재위 1282~1321)왕의 유물이 자리하고 있다. 과거 이 교회는 1925년 4월 좌파 세력에 의한 폭탄 테러로 보리스 3세의 암살 미수사건이 발생한 곳(당시 123명 사망)이기도 했으며, 귀족들의 개인 교회와 신학교가 밀집되어 있던 역사적 의미를 지닌 곳이기도 하다.

'러시아 교회'라 불리는 '성 니콜라이 교회(Church of St Nicholas/ църква "Св. Николай Чудотворец")는 1882년 러시아의 도움을 받아 오스만 터키로부터 완전한 독립을 이룬 불가리아인들이 이슬람 모스크를 파괴하고 그 자리에 1914년에 건립하였다. 러시아 정교회의 복고풍 스타일로 지어진 이 교회는 건립 당시 러시아인들과 러시아 외교관들을 위한 공식적인 교회로 수립되었으며, 당시 러시아 황제인 니콜라이 2세(Nicholas II, 1868~1918, 재위 1894~1917)를 위한 수호성인을 모시는 자리로 사용되었다. 교회의 상징이라 할 수 있는 에메랄드 그린색의 첨탑이 독특한 자태를 뽐내고 있으며, 종은 니콜라이 2세에 의해 기증된 것이다. 사회주의 기간 동안 거의 방치되다시피 했던 이 교회는 최근에 들어와 러시아 정부 지원에 의해 다시 옛날의 모습을 찾아가고 있는 중이다. 현재 외부의 다섯 개의 돔은 황금으로 치장되어 있으며, 초의 그을림에 훼손된 내부 벽화 또한 수리가 진행 중이다.

'성 소피아 교회'는 6세기경 비잔틴 제국의 유스티니아누스 1세에 의해 세워진 교회로(소피아에서 두 번째로 오래된 교회), 터키 지배 시절에는 이슬람교의 모스크로 사용되기도 했으나, 1930년 오늘날과 같은 건물로 복원되었다. 일설에 따르자면. 수도명인 '소피아'가 이 교회 이름에서 유래했다고 알려지고 있다. 또한 그리스어로 소피아는 '하나님의 거룩한 지혜(Holy Wisdom)'란 뜻을 지니고 있으며, 그리스-로마 신화에 나오는 '지혜의 신'인 '소피아'를 의미한다고 알려져 있다. 이를 기념하기 위해 불가리아 정부는 소피아 여신상을 성 네델리아 교회 인근에 설립하기도 하였다. 조사에 따르자면 이 교회의 터는 2세기 당시 로마 극장이 있던 자리로 알려지고 있으며, 당시 소피아에 건축된 교회 등 여러 건축물들이 훈족과

성 보야나 교회

아바르족에 의해 파괴된 이후, 유스티니아누스 1세에 의해 다시 재건되었다고 알려지고 있다. 따라서 이 교회의 이름이 '성 소피아 교회' 혹은 '하기아 소피아 교회'로 불리게 된 배경 또한, 당시 유스티니아누스 1세의 지시 아래 비잔틴 제국의 수도인 콘스탄티노플(오늘날 이스탄불)에 새롭게 복원되어 세워진 '하기아 소피아(Hagia Sophia, 537년 완공) 성당'과 비교되어 불리게 되었다고 추정하고 있다. 16세기에 오스만 터키 지배시기에 들어와, 이 교회는 이슬람 사원으로 변모하였으며, 이에 따라 교회 내 수 많은 프레스코 벽화들이 지워지거나, 회벽으로 덧대어 지게 된다. 19세기 발생한 두 차례의 대규모 지진에 따라 사원의 일부가 훼손된 후, 20세기에 들어와서야 예전의 모습으로의 복원이 진행되게 된다. 교회 내부는 초기 크리스트교 장식이나 동식물을 테마로 한 모자이크로 구성되어 있으며, 벽화로 장식된 교회 지하에는 고대 공동묘지를 비롯해 수많은 무덤들이 자리하고 있다.

오스만 터키 지배 때 지어진 것으로 추정되는 '성 페트카 지하 교회(Church of St Petka of the Saddlers/ Църква "Света Петка Самарджийска")' 도 주요 관광지로 손꼽히고 있다. 성 페트카 교회는 고대 로마 시절 종교적 건축물 자리 위에 새롭게 지어진 것으로, 기록에 따르자면 16세기에 처음 그 이름이 나오고 있다. 교회 명은 11세기 당시 고행과 수도 생활을 한 불가리아의 여성 성인인 성 페트카(St. Petka)의 이름에서 비롯되었으며, 성경 장면을 묘사한 14세기부터 19세기 사이의 여러 벽화들이 교회 내부를 장식하고 있다.

1979년 UNESCO에 지정된 '성 보야나 교회'는 소피아 외곽 지역에 자리하고 있는 데, 지어진 년도는 크게 세 개의 시기로 나뉜다. 우선 2층으로 구성된 교회의 동쪽 부분은 10세기 말에서 11세기 초 사이에 지어졌으며, 가운데는 제2 불가리아 제국 시기인 13세기에, 그리고 교회의 서쪽 부분은 19세기에 다시 이어져 건축되었다. 교회 내부에는 1259년 이후 그려진 수많은 프레스코화가 유명하며, 특히 교회 2층에는 동유럽의 유명 예술가들이 함께 한 예술 작품들이 잘 보존되어 있다. 교회 내부의 벽면에 그려진 89개의 장면이 담긴 프레스코화에는 총 240명의 인물들이 등장하고 있다. 이중 18개의 장면은 성 니콜라스(St. Nicholas, 270~346)의 생애를 묘사하고 있다. 20세기 초와 중반에 재건된 보야나 교회는 1977년부터 교회 내 유물 보존과 재건을 위해 대중들에게 공개되지 않다가, 2,000년 이후 현재 대중 공개가 이루어지고 있다.

이 외에도 비토샤 거리에 있는 이전 지브코프 서기장의 딸인 류드밀라 지브코프(Lyudmila Todorova Zhivkova, 1942~1981, 위원회 의장 재직 1975~1981)의 업적과 활동을 위해 건립된 '인민 문화 궁전(National Palace of Culture/ Национален дворец на културата)'과 불가리아 인민 공화국의 아버지로 불리고 있는 '디미트로프(Georgi Dimitrov, 1882~1949, 재직 1946~1949)의 묘' 등이 있다.

(1) 릴라(Rila) 수도원

소피아에서 약 117km 정도, 릴라산 남서부, 릴스카(Rilska) 강 계곡 깊은 곳에 위치한 릴라 수도원은 10세기에 지어진 정교 건축물로 1천 2백여 개의 아름다운 벽화가 보존되어 있으며, 불가리아 정교 사원 가운데 가장 크고 가장 유명한 사원이다. 또한 불가리아 정교회의 총 본산지이며, 오스만 터키 지배 하에서 유일하게 그 활동을 인정받았던 곳으로 불가리아 민족 부흥의 정신적 지주 역할과 종교 및 문화의 본거지로 평가받고 있다.

릴라 수도원은 10세기 초기 성인 이반 릴스키(Saint Ivan of Rila, 876~946)가 릴라 산에서 수도 생활을 할 때 그를 따르는 신자와 순례자들이 그의 은신처 주변에 촌락을 이루며 형성된 곳이다. 릴라 수도원은 수립 된 이후부터 오스만 터키의 지배가 이루어지기 전까지 계속해서 불가리아 제국 지배자들에 의해 존경과 지원을 받아 왔다. 14세기 초 큰 지진이 일어나 건물이 파괴되자, 이 지방의 귀족이자 당시 세르비아 중세 왕국을 섬겼던 흐렐리야 오흐무체비치(세르비아어로 Hrelja Ohmućević 혹은 Stefan Dragovol/ 영문 Hrelyu Dragovola) 영주는 1334년부터 1335년에 걸쳐 오스만 터키 등 외적의 공격이나 자연재해에 견딜 수 있도록 견고한 요새 형식으로 사원을 재건하게 된다. 현재 당시 지어진 건물 가운데 높이 25m의 '흐렐리야 돌탑'이 아직까지 남아 당시의 웅장함을 설명해주고 있다. 14세기 중반 이후로 오스만 터키의 수차례 공격에 따른 파괴가 이어졌으며, 15세기 중반 수도원의 상당 부분이 파괴되는 아픔을 겪어야 했었다. 하지만, 당시 오스만 터키 하에서 데스포트(Despot, 속주의 지배자)였던 세르비아의 쥬라즈 브란코비치(Đurađ Branković, 1377~1456, 재위 1427~1456)의 딸로 술탄인 무라드 2세

불가리아인들의 성지, 릴라 수도원의 전경

릴라 수도원의 화려하고도 정교한 프레스코 벽화

(Murad II Kodja, 1404~1451, 재위 1421~1444, 1446~1451)의 첩으로 들어간 마라 브란코비치(Mara Branković, 1416~1487)와 러시아 정교회의 도움으로 15세기말 다시 재건될 수 있었다. 이후 1833년 큰 화재로 인해 대부분의 건물이 불타면서 다시 한 번 폐허로 변하였으나, 이후 불가리아인들의 성금과 지원을 받아 1834년부터 다시 건축되어 1862년 완공되게 된다. 2002년 5월에는 불가리아를 순례 중이던 로마 교황 요한 바오르 2세(John Paul II, 1920~2005, 재임 1978~2005)가 이곳을 방문하였고, 불가리아 정교회로부터 뜨거운 환영을 받은 것으로도 잘 알려져 있다.

1834년 수도원 재건사업이 시작된 이래로 릴라 수도원은 면적 32,000㎡에 크게 '거주 관'과 '박물관' 그리고 '성모 승천 교회(Holy virgin church/ Църква Света Богородица)'등 3개의 건축물로 구성되어 있다. 여기에는 또한 수사들의 독방 300개, 예배실 4개, 도서관, 프레스코화로 장식한 손님용 방, 높이 22m에 이르는 굴뚝이 있는 수도원 관리실 등이 건설되었다. 재건 당시, 전국의 공예가들이 보수 받는 것을 거부한 채 자원하여 참여할 정도로 국민들의 기대와 사랑을 듬뿍 받는 곳이기도 하다. 수도원 중앙에 있는 '성모 승천 교회'는 크리스트교 십자 모양의 평면에 둥근 지붕 24개를 얹은 3랑식(三廊式)으로 구성되어 있다. 1846년 마감된 회랑(回廊)의 벽면과 천장은 19세기에 유명한 자하리 조그래프, 디미타르 조그래프 형제 등 여러 유명한 예술가들이 참여하였으며, 여기에는 성서의 36개 장면과 각 시대의 생활양식을 그린 선명한 빛깔의 프레스코 화 1,200여 점이 장식되

제 2 불가리아 제국의 수도였던 벨리코 투르노보의 성곽

어 있다. 이외에도 박물관에는 승려 라파일(Rafail)이 12년 동안의 작업을 끝낸 후(1802) 실명했을 정도로 믿기 힘든 섬세한 나무 조각과 문양으로 어우러진 '라파일 십자가(Rafail's Cross/ Рафаилов Кръст, 81×43cm)'등이 전시되어 있다. 이러한 예술 작품적 아름다움과 함께 불가리아 민족정신을 기리고 있는 이곳은 1983년 UNESCO에서 세계문화유산으로 지정되었으며, 매년 100만 명 가까운 관광객들이 이곳을 방문하고 있다.

### 3) 피린(Pirin) 산맥과 발칸(Balkan) 산맥 지대

피린 산맥은 불가리아 남서부에 위치하며, 피린 산을 중심으로 모두 7개의 산으로 이루어져 있다. 가장 높은 봉우리는 비흐렌(Vihren)으로 2,914m에 달하고 있다. 이 이름은 슬라브 신들 중에서 천둥과 번개와 신으로 알려진 페룬(Perun)의 이름에서 따왔다고 알려져 있다. 피린 국립공원 주변에는 온천도시로 유명한 산다스키

사자탄 마다라 기사상

(Sandaski)와 스키 리조트로 유명한 반스코(Bansko), 유명한 와인 생산지로 동화 속 마을 같은 멜니크(Melnik) 등 주변에 많은 볼거리가 존재하고 있다.

발칸 산맥 지대는 불가리아의 지붕이라 일컬어지는 곳으로, 중세 불가리아 제1제국의 수도였던 플리스카(Pliska, 681~893)와 프레슬라프(Preslav, 893~972) 그리고 제2 제국의 수도였던 벨리코 투르노보(Veliko Turnovo, 1185~1396) 등 유서 깊은 도시들이 많은 곳이기도 하다. 이중 벨리코 투르노보는 소피아 북동쪽 240km에 위치하고 있으며, 주위는 험한 산과 깊은 계곡, 높은 성벽으로 둘러싸여 있다. 프레슬라프는 821년에 건설된 도시이며, 시메온 대제(Simeon I the Great, 864/865~927, 재위 893~927) 시절 동유럽에서 가장 세력을 떨쳤던 제1 불가리아 제국의 수도였다. 시가지는 이중 석벽으로 이루어져 있으며, 여러 고고학적 박물관이 자리하고 있다. 특히 8세기경 비잔틴과의 싸움에서 승리한 이후 높이 23m 암벽에 조각된 사자를 탄 '마다라 기사상'은 UNESCO 지정지(1979)로 당시 불가리아의 높은 문화수준과 국력을 인식하게 하고 있다. 마다라 기사상은 불가리아의 북동부 마다라 마을의 암벽 위에 새겨진 부조물로, 약 710년 제1 불가리아 제국의 칸(Khan) 테르벨(Tervel, 675~721, 재위 700~721) 시기에 제작된 것으로 알려지고 있다.

#### 4) 다뉴브(Danube) 평원과 트라키아 평원 지대

불가리아의 다뉴브 평원지대는 다뉴브 강을 따라 서쪽으로는 세르비아, 동쪽으로는 흑해연안에 이르는 완만한 지대를 형성하고 있으며, 다뉴브 평원의 중심지에는 로마시대부터 발달된 불가리아의 제5도시인 루세(Ruse)가 위치하고 있다.

한편 불가리아의 흥망성쇠에 있어 역사적 의미가 깊은 마리짜 강이 흐르는 트라키아 평원지대는 로마 시대 이전부터 교통의 요충지로 활용되어 왔던 지역이다. 트라키아 평원지대에는 불가리아의 제2도시인 플로브디프(Plovdiv)가 소피아에서 남동쪽으로 125km정도 떨어져 위치해 있다. 이곳은 오래전부터 교통의 요충지였던 만큼 이로 인해 여러 차례의 외세 침입을 받았던 경험을 지니고 있으며, 여기에는 로마시대 원형경기장이 아직도 보존되어 있다.

(1) 플로브디프(Plovdiv)

불가리아 남부 마리짜 강 연안 플로브디프 주(州)의 주도(州都)이다. 인구는 약 34만 명이다. 불가리아 제2의 도시이며, BC 4,000년 무렵에 이미 거주민들이 정착촌을 건설했을 정도로 유럽에서 가장 오래된 도시 가운데 하나로, 불가리아 남부의 중심부인 마리짜 강에 접해 있다.

플로브디프에 소재한 로마식 원형 경기장

트라키아 시대에 동쪽 3개의 언덕 주위에 풀푸데바(Pulpudeva)라고 불리는 고대 거주지가 형성된 뒤, 기원전 342년 알렉산더 대왕의 아버지인 마케도니아의 필립 2세에 의해 점령되면서 이름도 '필립의 도시'란 의미를 지닌 필리포폴리스(Philippopolis)로 바뀌었다. 이후 로마제국 점령기에는 라틴어로 3개의 언덕을 의미하는 트리몬티움(Trimontium)으로 불렸고, 로마 제국 시절 가장 크고 가장 아름다운 도시중 하나로 불리면서 상업과 무역의 중요한 도시로 성장 발전하게 된다. 11세기 이후로 슬라브인들 사이에는 트라키아어인 풀푸데바에서 유래한 플리브디프로 불리기 시작하였다. 1365년 오스만 터키 제국에 점령되면서 부터는 필리베(Filibe)로 불리기 시작해 1885년 불가리아에 합병될 때까지 터키의 지배 아래 있었다. 제1차 세계대전이 끝난 뒤 현재의 명칭으로 불리기 시작하였고, 1989년 11월에는 민주화 시위를 통해 불가리아 인민공화국을 불가리아 공화국으로 탈바꿈시키는 데 중요한 역할을 하였다.

공업도시로 식품, 화학, 섬유, 기계, 자동차, 담배 등의 공업이 이루어지며, 인쇄산업도 활발하다. 근교에서는 야채, 포도, 쌀 등의 농산물이 재배된다. 유럽의 대표적인 고대도시로 알렉산더 대왕 시대에 건설된 역사 유적을 비롯해 2세기 초에 지어진 로마의 원형 극장(약 7,000명 수용)이 있다. 그 밖에 산타마리아 성당, 고고학 박물관, 불가리아의 각종 민속품들이 전시되어 있는 민속 박물관, 잘 보존된 중세 거리, 바로크 양식의 건물 등 곳곳에 역사 유적이 흩어져 있다. 또 맥주, 식품, 요리, 빵 등 식료품 산업이 발달해 해마다 전시회가 열리고 있으며, 특히 이곳에서 열리는 인쇄박람회는 발칸유럽에서 유명하다.

### 5) 흑해 연안지대

불가리아의 흑해는 불가리아뿐만 아니라 유럽에서도 손꼽히는 아름다운 휴양지중 하나로, 주변의 주요 도시로는 바르나(Varna)와 부르가스(Burgas), 네세바르(Nesebar) 등이 위치해 있다. 특히 불가리아의 가장 큰 해안도시이자 '흑해의 여왕'으로 불리고 있는 바르나와 삼면이 바다로 둘러싸인 천연의 요새인 네세바르는 그리스 시대 이후 여러 이민족들의 각축장이 되었던 지역으로 아직까지도 고대 이후로 다양한 시대의 건축물들이 잘 보존되어 있다.

(1) 바르나(Varna)

바르나 흑해 연안에 소재한 황금의 해변

바르나는 불가리아 바르나주(州)의 주도(州都)로, 인구는 약 34만 명이다. BC 1,000년 무렵부터 거주민이 존재한 것으로 알려진 고대 도시, 바르나는 흑해에 면한 불가리아의 대표적인 무역항으로 BC 8~7세기에 그리스인에 의해 흑해의 중요한 무역 도시이자 상업 도시로 건설되게 된다. 중세 초기부터 바르나로 불리었는데, 14~19세기 사이에는 오스만 터키의 영토로 편입되었다. 역사적으로 이곳은 1444년 11월 폴란드 군과 헝가리 군이 주축이 된 바르나 십자군(2만 명)과 무라드 2세가 이끄는 오스만 터키군(5만 5천명~6만 명)과의 전투에서 십자군이 패배한 것으로 유명하다. 당시 바르나 십자군은 오스만 터키에 의해 위협을 받고 있던 콘스탄티노플을 수호하기 위해 출정하였으나, 바르나에서 오스만 터키에 의해 공격을 받아 괴멸됨으로써, 이후 1453년 콘스탄티노플이 오스만 터키에 의해 점령당하고, 비잔틴 제국이 소멸되는 역사적 사건을 낳게 하였다.

오늘날 바르나에는 현재 기계, 섬유, 식품 공업을 중심으로 수많은 기업이 집중되어 있으며, 대형 선박용 독과 조선소가 위치해 있다. 또한 불가리아 포도 재배의 중심지로 질 좋은 다량의 포도주가 생산되고 있으며, 해군사관학교, 의과대학, 해양어업연구소 등이 있다. 특히 바르나 근교에 있는 해변(Golden Sands/ Златни пясъци)은 '황금의 모래'라는 명성에 걸맞게 아름다운 자연경관과 역사적 유물들이 풍부한 곳으로 유명하다. 바르나 휴양지는 현대적 휴양 시설로 꾸며진 해수욕장 및 각종 편의 시설들을 갖추고 있어 매년 120만 명의 관광객이 방문하는 등 많은 이들의 사랑을 받고 있다.

발칸유럽 들여다보기

# XI

## 드라큘라의 전설이 숨쉬는 곳,
## 루마니아

# 제11장_드라큘라의 전설이 숨쉬는 곳, 루마니아

(출처: http://www.encyclopedia.com)

| | |
|---|---|
| 정식 국명 | 루마니아 공화국(The Republic of Romania) |
| 수도 | 부쿠레쉬티(Bucharest/ Bucureşti, 168만 명, 2013) |
| 인구 | 약 1,900만 명(2013) |
| 언어 | 루마니아어(헝가리 인이 다수 거주하는 트란실바니아 지방은 헝가리어가 쓰이기도 함) |
| 화폐단위 | 레우(Leu, 복수는 레이(Lei)) |
| 종교 | 루마니아 정교(86.8%), 개신교(5.2%), 가톨릭(4.7%), |
| 민족 | 루마니아인(88.6%), 헝가리인(6.5%), 집시(3.2%)··· |
| 주요 공휴일 | 1월 6~7일(정교 크리스마스), 1월 14일(정교 신년), 3월 8일(여성의 날), 5월 1일(노동절), 각 종교 기념일··· |

# 1. 일반개요

## 1) 국가 개요

루마니아(Romania/ România) 국명은 라틴어인 '로마누스(Romanus, 로마 시민)'에서 유래했다고 알려지고 있다. 이러한 명칭이 널리 알려진 계기는 16세기 당시 트란실바니아, 몰다비아(Moldavia/ Moldova), 왈라키아(Walachia, Wallachia/Valachia, Valahia) 등지를 여행하고 다녔던 이탈리아의 인본주의 철학자들에 의해서였다. 루마니아에 현존하고 있는 1521년에 루마니아어(치릴 문자)로 써진 문헌(The letter of Neacşu of Câmpulung/ Scrisoarea lui Neacşu de la Câmpulung)에 따르자면, 이 지역은 루마니아인들이 거주하는 땅, 즉 로마화 된 사람들이 거주하는 땅(라틴어 Ţeara Rumânească)으로 묘사되고 있다. 이후 1861년 12월 이후로 프랑스어에서 유래한 용어(Roumanie)에 기초하여 루마니아(Rumania) 혹은 로우무니아(Roumania)로 불렸다고, 제2차 세계대전 이후 지금과 같은 영어식 표기(Romania)가 일반화 되었다.

유럽 남동부 북위 44~48도, 동경 20~30도에 위치하며, 인접국으로는 우크라이나, 몰도바, 헝가리, 세르비아, 불가리아 등이 있으며, 동쪽으로는 흑해와 접해 있다. 루마니아의 면적은 238,391㎢로 한반도의 1.1배에 해당하며, 인구는 2013년 현재 약 1,900여만 명으로 2000년 이후로 인구 감소가 확대되고 있다(1992년 2,300만 명, 2002년 2,170만 명). 하지만, 2007년 1월 EU에 가입한 루마니아는 면

혁명광장에서 사회주의 상징을 없앤 구멍난 국기를 흔드는 모습

부쿠레쉬티 도심에 자리한 루마니아 정교 사원

적 면에선 유럽에서 12번째, EU내에선 9번째, 인구 면에선 EU의 7번째에 달하고 있으며, 수도인 부쿠레쉬티는 EU내에서 10번째로 큰 도시일 정도로 루마니아는 EU내에서 큰 비중을 차지하고 있다.

루마니아 국기는 자유, 정의, 단결을 의미하는 빨강, 노랑, 파랑의 삼원색이 세로로 배치되어 있다. 국기의 이름도 삼색을 뜻하는 '뜨리꿀로리(Tricolor/Triculori)'이다. 이 국기는 1848년 파리 혁명에 영향을 받아 루마니아의 왈라키아와 몰다비아에서 일어난 독립 혁명전쟁 당시 파리에서 유학중이던 루마니아 학생들이 처음 사용하면서 도입한 깃발에서부터 유래되었다. 공산주의 시절에는 국기 가운데 부분에 타원형의 사회주의 표시가 있었는데 1989년 12월 민주화 혁명 후 지워버렸다. 때때로 가운데에 구멍이 뚫린 루마니아 국기를 보게 되는데 이것은 민주화 혁명의 승리를 상징한다. 국가 '깨어나라 루마니아여!(Deşteaptă-te, române)'는 시인이며 언론인이며 1848년 혁명 중 최고의 재판관이었던 안드레이 무레샤누(Andrei Mureşanu, 1816~1863)의 "메아리(Un rasunet)"라는 시에서 빌려왔고, 작곡은 음악가이자 작가인 안톤 판(Anton Pann, 1796~1854)이 하였다.

루마니아의 민족분포는 루마니아인이 전체 인구의 88.6%, 헝가리인이 6.5%, 집시가 3.2%를 차지하고 있으며, 뒤를 이어 독일인, 우크라이나인이 구성되어 있다. 종교에 있어선 루마니아 정교가 86.8%, 개신교 5.2%, 가톨릭 4.7%에 해당하고 있다. 루마니아인은 고대 다키아인과 로마정복 이후 로마인의 후손이라는 자부심이 매우 강한편이며, 서부 트란실바니아 지방에 다수 거주하고 있는 헝가리 소수민족문제는 루마니아 내 민족문제의 주된 소재가 되고 있다.

생각하기

## 집시의 기원과 집시문제

유럽에 온 집시

유럽 전역에 걸쳐 거주하고 있는 집시(Rom)는 인도유럽인으로 학계에서 추정하고 있으며, 이들이 유럽으로 처음 오게 된 계기는 몽고군의 유럽 원정을 통해서 인 것으로 알려져 있다. 이들이 유럽으로 온 직후에는 그들의 음악적 감각과 자유분방한 생활로 유럽인들에게 호감을 얻기도 했지만, 유럽 내 페스트 같은 전염병이 돌거나 좋지 못한 사건이 발생할 시에는 희생양으로 죽임을 당하기도 했다. 공식 인구 통계에 따르자면 집시는 약 3.2%를 차지하고 있지만, 실제에 있어선 인구의 11%까지 이른다는 비공식 통계가 잡혀 있을 정도로, 루마니아는 유럽에서 가장 높은 집시 인구 율을 보이고 있다. 집시들은 그 특성에 따라 정착 집시와 귀화된 집시 그리고 유랑 집시들로 나누어진다. 따라서 어느 나라든지 이들에 대한 정확한 인구 통계를 내린다는 것은 불가능하다고 볼 수 있다. 루마니아의 경우엔 차우체스쿠 공산 정권 시절 루마니아가 인도주의 국가임을 내세우기 위해 대규모 집시를 받아들인 후유증을 앓고 있다고 볼 수 있다. 이들 루마니아 내 집시들은 1989년 민주화 이후 대거 서유럽으로 이주하였고, 이에 따라 루마니아인에 대한 유럽인들의 이미지에 일련의 상처를 입히기도 했다. 따라서 현재 루마니아는 이미지 개선과 집시문제의 해결을 위해 거리 정화 등 여러 정책을 직간접적으로 추진 중에 있다.

### 2) 자연과 지리

'철문'으로 불리는 루마니아와 세르비아 사이의 다뉴브강

발칸유럽에서 유일하게 라틴민족으로 구성된 루마니아는 역사적으로나 문화적으로 그 어떤 주변 국가들에 뒤지지 않는 문화적 유산과 삶의 여유를 지니고 있는 잠재력의 나라이다.

루마니아의 총 국경선 길이는 2,508km이며, 북동쪽 국경으로는 우크라이나(431km)와 몰도바(450km), 서쪽 국경으로는 헝가리(443km), 남서쪽 국경으로는 세르비아(476km), 남쪽 국경으로는 불가리아(608km), 동쪽에는 흑해가 있으며 길이는 234km에 달한다. 총 국경선 중 2/3는 여러 강(다뉴브 강, 프루트(Prut) 강, 티사 강...)과 바다(흑해)에 접하고 있으며, 나머지 1/3은 평지와 접하고 있다.

지형은 산지, 대지, 구릉, 평야로 나뉘며, 카르파티아 산맥은 루마니아에서 동카르파티아, 남카르파티아, 서카르파티아의 3개의 산맥으로 갈라진다. 이들 산맥들은 2,000m가 넘는 14개의 산봉우리를 포함하고 있으며, 가장 높은 산은 2,544m

에 달하고 있다(Moldoveanu Peak/ Vârful Moldoveanu). 이 산맥들 가운데에는 트란실바니아 대지, 산맥의 바깥쪽에는 몰도바 구릉지대, 도부르쟈(Dobruja/ 불가리아어 Добруджа, 루마니아어 Dobrogea) 대지, 루마니아 평원, 서부평원 등이 펼쳐져 있다. 남쪽 가장자리를 흐르는 다뉴브 강은 세르비아와의 국경 부근에서 '철문(Iron Gate)'이라 불리는 협곡을 형성하고 있다. 또한 루마니아에서 가장 큰 호수로는 흑해 연안과 다뉴브 삼각주 인근에 자리한 라짐(Razim, Razelm) 호수를 들 수 있다.

루마니아는 역사, 지리적 특징에 따라 크게 4개의 지역으로 나누어지는데, 우선 가장 오래된 루마니아 공국으로 루마니아 남부에 해당되는 왈라키아 지방, 루마니아의 동부지역에 해당하는 몰다비아 지방, 제1차 세계대전 전까진 합스부르크 제국과 헝가리의 지배하에 있었던 지역으로 루마니아 서부에 해당하는 트란실바니아 지방, 그리고 흑해 변에 위치하며, 유럽에서 볼가 삼각주(Volga Delta)에 이어 두 번째로 큰 다뉴브 삼각주(Danube Delta/ Delta Dunării)를 포함한 도부르쟈 지방 등을 들 수 있다.

루마니아의 기후는 3월 말~4월 초 날씨는 거의 대부분 지역이 영상을 기록하며 전형적인 봄 날씨를 보이고, 냉온차가 심한 대륙성 기후로 봄, 가을은 짧고 여름, 겨울은 상대적으로 긴 편이다. 지역별로 해양성 기후 또는 지중해성 기후의 영향을 받고 있으나 한국의 기후와 흡사해 4계절의 평균기온도 비슷한 편이나 습도가 낮은 것이 차이점이다. 연평균기온은 남쪽은 10도C, 북쪽은 8.5도C이며 늦가을에는 비가 많이 온다.

## 2. 역사

### 1) 고대-중세 루마니아

로마 제국이 지배하기 이전 루마니아 지역에는 BC 82년 부레비스타(Burebista, 재위 BC 82~BC 44) 왕에 의해 수립된 다치아(Dacia) 왕국이 남으로는 다뉴브 강

데체발 석상과 다치아 정복을 다룬 트라이아누스 기둥

을 경계로, 서쪽으로는 트란실바니아의 파노니안 평원 지대까지, 동으로는 흑해 연안 그리고 북으로는 보헤미아, 우크라이나 접경까지 이르는 거대한 영토를 바탕으로 수립되어 있었다. 이후 로마의 계속된 위협 속에 다치아 왕국은 데체발(Decebal/ Decebalus/ Diurpaneus, 재위 87~106)을 중심으로 로마 군과의 여러 전투에서 놀라운 승전을 거두는 등 잘 견디어 나갔다. 하지만, 로마 제국의 최대 영토 및 최대 전성기를 이룬 트라이아누스(Marcus Ulpius Nerva Traianus, 56~117, 재위 98~117)가 감행 한 원정(제1차 101~102, 제2차 105~106)에 의해 정복을 당하여 271년 로마가 고트족 등 이민족들의 침략으로 인해 퇴각하기 전까지 로마 제국의 속국이 되어야만 했다. 이 당시 로마 지배 기간 동안 다치아인의 상당수는 로마화 되게 된다.

6세기 말부터는 루마니아는 발칸반도로 이주해 내려온 남슬라브족의 영향력 하로 놓이게 되는 데, 특히 9세기 이후로 제1 불가리아 제국 지배 하로 들어가게 된 왈라키아와 흑해 연안의 도부르쟈 지방은 불가리아의 보리스 1세에 의해 정교를 받아들이게 되었다. 한편 북부 몰다비아 지방은 10세기말 이후로 러시아의 지배하에 놓여 왔으며, 서부의 트란실바니아 지역은 11세기 이후로 헝가리 지배를 받아야만 했다(16세기부터 1711년까지 한때 공국으로 독립하기도 했음). 이후 13세기에는 몽골의 공격으로 인해 약 100여 년간 몽골의 영향력 하에 놓이기도 했다.

주변 외세의 지배 하에서 어려운 시기를 겪어야 했던 루마니아의 민족들은 14세기 이후로 한동안 독립 국가적인 틀을 갖추며 발전을 시도하게 되지만, 이후 본격화 된 오스만 터키의 침공으로 인해 왈라키아(1301년 이후)와 몰다비아(1352년 이후)는 혼란의 시기를 맞이해야만 했었다. 1453년 콘스탄티노플이 점령된 이후, 1541년 무렵에 들어와선 이미 발칸반도의 대부분 영토와 헝가리 왕국은 이미 오스만 터키 지배 하로 편입되었고, 루마니아 영토들 또한 19세기 때까지 오스만 터키의 지배하에 놓이게 된다. 하지만 발칸유럽의 대부분 국가들이 오스만 터키의 직접적인 지배하에 놓였던 것과는 달리 루마니아 내 공국들은 오스만 터키의 직접 통치를 벗어나 터키의 종주권을 인정하는 가운데 어느 정도 자치권을 유지할 수는 있었다.

1683년 오스만 터키의 제2차 비엔나 포위가 실패로 돌아간 이후, 오스만 터키와 합스부르크 제국 간에 맺어진 카를로브찌(Karlovci, 1699) 조약에 따라, 루마니아의 여러 지역 중 카르파티아 산맥 서쪽에 자리한 트란실바니아 지역이 터키의 지배를 벗어나 합스부르크 제국의 지배 하로 편입되게 되면서, 이 지역에는 제국 내 구성 민족이었던 헝가리의 영향력이 확대되게 되었다. 하지만, 이 기간 동안 루마니아인들은 이등 민족으로 대접받아야 했으며, 티미소아라(Timişoara)등 일부 도시들에선 도시 성곽 내로 출입이 금지되는 등 여러 불이익과 치욕을 감당해야만 했었다. 이후 오스만 터키 국력의 쇠락 속에, 18세기 동안 합스부르크 제국의 영토 확장이 거듭되면서, 루마니아의 상당 지역들이 합스부르크 제국 하로 점차 편입되어 갔고, 이러한 상황은 19세기 러시아의 남진 정책이 본격화되기 이전까지 지속되게 된다.

## 2) 근대-양차 대전까지의 루마니아

몰다비아와 왈라키아의 연합 자치공국을 수립한 이온 쿠자

오스만 터키의 국력 약화와 함께, 부동항 획득을 통한 제국주의 정책을 추진해 가려던 러시아 남진 정책이 발칸유럽으로 본격화되면서 러·터 전쟁(1806~1812)이 발생하였다. 오스만 터키의 패전 결과 베사라비아(Bessarabia/ Basarabia)로 불리는 몰다비아 지역 영토의 절반 정도가 러시아의 지배 하로 편입되게 된다. 이후 이 지역은 한때 루마니아 근대국가의 영토로 편입되기도 하였으나, 1878년 러·터 전쟁에서 승리한 러시아에게 독립 국가 수립 지원에 대한 대가로 다시 이양시켜 주어야만 했다. 제2차 세계대전 이후로는 소련군의 진주 속에 사회주의 소련의 구성 공화국이 되어야 했으며, 1991년 독립 이후엔 몰도바 공화국(Republic of Moldova)이 수립되어 오늘날에 이르고 있다.

1848년 일어난 루마니아인들의 독립 혁명전쟁은 실패로 끝을 맺었다. 하지만, 남진 정책을 추진해가고 있던 러시아를 견제하기 위해 터키, 영국, 프랑스, 이탈리아의 사르데냐 왕국 등 연합군이 서로 힘을 합쳐 싸운 크림 전쟁(Crimean War, 1853~1856)에서 러시아가 패전하게 되자, 이후 맺어진 파리조약에 힘입어 루마니아인들은 1859년 쿠자(Alexandru Ioan Cuza, 1820~1873, 재위 1859~1866)를 중심으로 몰다비아와 왈라키아 연합 근대 자치공국을 형성할 수 있었다. 당시 터키와 서구 열강들의 영향력을 인정하였던 자치 공국은 뒤 이어 1862년에는 루마니아를 정식 국호로(1866년 수도를 현재의 부쿠레쉬티로 정함)한 루마니아 군주국가를 수립하는 단계에 이르게 된다. 이후 1877년 치러진 러·터 전쟁 당시 루마

트리아농 조약(1920)에 따른 오-헝 이중 제국의 해체와 동유럽

니아인들은 자신들의 독립 국가를 약소해 준 러시아를 지원하여 싸웠고, 그 결과 1878년 산 스테파노 조약(3월)과 베를린 조약(6월)을 거치며, 루마니아 왕국은 도부르쟈 상당 지역을 획득함과 동시에 터키의 지배로부터 벗어나 완전한 독립 국가를 건설할 수 있게 되었다. 1881년 루마니아는 정식으로 독립 왕국을 선포하였고, 1884년에는 새로운 헌법을 발표하게 된다. 이후 제2차 발칸전쟁(1913)에서 루마니아는 불가리아에 대항하는 세르비아 등 연합군편에 합류하여 승리함으로써 남아있던 남부 도부르쟈 지역마저 회복할 수 있게 되었다.

루마니아는 제1차 세계대전 초기 중립을 선언하며, 전쟁에 참여하지 않았다. 하지만 1916년 8월 루마니아는 오스트리아-헝가리 이중제국에 대한 선전포고를 통해 연합국에 가담해 제1차 세계대전에 참전하게 된다. 루마니아는 러시아의 배신으로 한때 고전해야 했지만 불가리아 등 구축 군에 대항하여 여러 차례 승전을 거둘 수 있었고, 이에 따라 전쟁 종결 후에는 부코비나(Bukovina/ Bucovina, 오늘날 북부는 우크라이나, 남부는 루마니아 영토로 나뉨)와 트란실바니아 지방 등

철위부대의 상징과 행렬 장면

일련의 영토적 이득을 얻을 수 있었다. 또한 1920년에는 트리아농(Trianon) 조약에 따라 트란실바니아 지역을 헝가리로부터 넘겨받을 수 있게 된다.

양차 대전 초기 루마니아는 의회 민주주의를 추진해 나갔으나, 다른 발칸유럽 국가들의 경우에서처럼, 1929년 경제 대공황이 유럽 전역을 휩쓸고 지나간 이후인 1930년에는 거의 모든 정당들이 해체되고 독재왕정 국가가 수립되는 전철을 밟아야만 했다. 경제대공황의 여파로 인해 루마니아 내에는 정교 신앙을 기초로 수립된 파시스트 조직인 '철위 부대(Iron Guard/ Garda de fier, 1927년 이후 수립)'와 인종적 민족주의 경향이 급속도로 확산되어 가기 시작한다. 파시스트 움직임이 상대적으로 덜했던 여타 발칸유럽 국가들과 비교해 루마니아에서 파시스트 움직임이 확대될 수 있었던 배경에는 루마니아가 라틴계 민족으로서 주변 슬라브족들에 둘러싸여 있다는 위기의식과 함께, 경제 대공황에 따른 소외감과 희생양이 필요했기 때문으로 보인다. 당시 철위 부대를 비롯한 파시스트 조직들은 독재 왕정을 더욱 견고히 구축하려는 루마니아 정부의 지원 속에 급속히 그 세력을 확대시켜 갈 수 있었다.

제2차 세계대전이 발발하자, 전쟁 초기 루마니아는 중립을 선언하였다. 하지만 1939년 8월 독-소 불가침 조약에 따라 1940년 6월 소련군 진주에 의한 동부 베사라비아 지역이 상실되고, 동년 8월에는 헝가리에 의해 서부 트란실바니아 지역 그리고 9월에는 불가리아에 의해 남부 도부르자 지역마저 상실되는 아픔을 겪어야 했다. 이러한 배경은 루마니아가 독일편에 가담해 전쟁을 치르게 하는 동인이 되게 하였다. 지정학적인 전략적 중요성과 함께 원유가 생산되는 루마니아는 제2

차 세계대전 동안 독일의 주요한 원유 보급 창고로 활용되게 된다. 하지만 1942년 스탈린그라드(Stalin grad) 전투 실패 이후 구축군의 전세가 기울어진 것을 확인한 루마니아는 1944년 8월 미하이 1세(Michael I/ Mihai I, 1921~, 재위 1927~1930, 1940~1947)가 다시 권력을 회복해 발칸유럽국가 중 가장 먼저 연합국에게 자국 영토의 진입을 허용하는 등 변신을 통해 국익을 도모하려 노력하였다. 하지만 루마니아는 곧 이은 소련군의 진주로 공산화의 길로 접어들게 된다.

### 3) 사회주의에서 민주주의로

소련군의 진주와 함께 루마니아에는 소련군정이 설치되었고, 1947년에는 군주제 폐지와 미하이 1세 추방 그리고 루마니아 공산정권이 수립되게 된다. 소련은 역사적으로 러시아 민족과의 관계가 원만하지 못했던 루마니아에 대한 통제 강화를 위해, 군사기지와 다양한 경제 협력체를 구축하여 갔다. 이러한 소련의 감시와 경제 예속은 평화공존을 내세운 후르시쵸프가 들어선 1950년대 말에서야 비로소 해소될 수 있었다. 1948년 국유화와 집단 농장화가 급속하게 진행되는 가운데 비밀경찰(Securitate)에 의한 통제와 탄압이 계속 확대되어갔다. 1965년 권력을 잡은 차우체스쿠(Nicolae Ceauşescu, 1918~1989, 재직 1965~1989)가 들어서면서부터 루마니아는 소련에 대한 외교적 자주 노선을 표명해 나가게 된다. 차우체스쿠는 1967년 서독과 외교적 관계를 수립하고, 동년에 아랍 국가들과의 6일 전쟁(Six-day War)에서 승리한 이스라엘과도 새롭게 외교적 관계를 구축하기 시작하였다. 이어 1968년 바르샤바 조약군(Warsaw Pact)이 체코 프라하 침공에 대해서도 차우체스쿠는 이를 강력히 비난하면서 사회주의 블록 내에서 자신만의 목소리를 높이기 시작하였다. 이러한 차우체스쿠의 정책들은 루마니아 국민들의 커다란 환영을 받게 된다. 하지만, 1970년대 말 이후 차우체스쿠 공산정권은 절대 권력을 휘두르며 다뉴브 강 수로 공사, 지하철 건설 등 대규모 프로젝트 공사에 루마니아인들을 강제 동원시켰고, 대규모 정착촌 건설과 급격한 집단 농장화 실시, 급진적 공업노선 정책으로 인한 대외채무 급증, 그리고 비밀경찰들에 의한 약 64,000여명의 정치범 처형 등으로 루마니아인들의 공포의 대상이 되어야 했다.

민주화를 거부하는 차우체스쿠와 체포후 처형되는 장면

1985년 이후 루마니아의 경제적 어려움과 공포 정치는 더욱 가중되었다. 그리고 마침내 1989년 12월 15일 트란실바니아의 티미소아라 지역에서 일어난 시위가 보안부대의 총격사건으로 확산되는 가운데, 12월 21일 이란 방문 후 대규모 관제데모대 앞에서 행한 차우체스쿠의 귀국연설 행사장에서 민중들의 저항이 폭발하는 사건이 일어나게 된다. 이 사건은 곧 이어 대규모 민주화 시위로 이어졌고, 12월 25일 차우체스쿠는 체포되어 군법 재판 직후 총살형에 처해지게 되었다. 이후 루마니아는 여러 차례의 시행착오를 겪으며 현재 민주화로의 길을 향해 힘차게 나아가고 있다.

## 3. 정치

오늘날 루마니아 헌법은 프랑스 제5 공화국의 헌법과 자유 민주주의에 기초하여 1991년 12월 8일 국회에서 채택되었다. 루마니아의 정치 형태는 준대통령제에 기반하고 있으며, 국가수반은 대통령, 주권의 최고 대표기관은 의회(상.하 양원), 최고 행정기관은 각료회의, 최고 사법기관은 대법원 등을 두고 있다. 대통령은 임기는 2003년 이후 5년으로, 국민투표에 의해 선출되며 1차 투표에서 과반수를 득표한 후보가 없는 경우 상위 두 후보를 대상으로 2차 투표를 실시하여 2차 투표에서는 다득표자가 당선되는 게 원칙이다. 또한 대통령은 재임 시 어떤 정당에도 소속될 수 없으며, 총리와 각 부 장관들을 임명할 수 있다.

의회는 임기 4년의 양원제이며, 상원 140명, 하원 346명으로 구성되어 있다. 행정부는 총리, 각 부처 장관 등으로 구성되며, 총리는 의회 동의하에 대통령이 임명하고 수상과 내각은 의회에 책임을 지는 것이 원칙이다. 그리고 프랑스 사법 체계를 모델로 하고 있는 루마니아 사법부는 정부의 각 부서로부터 독립적이며, 대법원, 각급 재판소, 검찰청으로 구성되어 있다. 오늘날, 사법부는 EU의 기준 요건에 맞추기 위해 부패 척결 등 여러 사법 개혁에 노력하고 있는 중이다

불가리아, 슬로베니아 등과 함께 2004년 3월 NATO에 가입하게 된 루마니아는 개혁의 최종 목표를 EU 가입으로 설정하였으며, 이를 위해 서방과의 관계 강화에 노력하여 왔었다. 그 결과 마침내 불가리아와 함께 2007년 1월 EU 가입을 성공하게 된다. 루마니아는 또한 2001년 OSCE 의장국을 역임하고, 2008년 NATO 정상회담을 주최하는 등 국제기구에도 적극적으로 참여하고 있으며, 몰도바와 헝가리 등 역사적으로 갈등을 빚었던 국가들과도 협력 관계를 모색하면서 동시에 경협 투자 등 실익 차원에서 한국 등 아시아, 태평양 국가들과의 관계를 계속 확대해 나가고 있다.

## 4. 한국–루마니아 관계

1990년 3월 양국은 정식 수교 후 무역 및 경제과학기술과 투자협정 그리고 항공과 문화협정, 이중 과세 방지와 비자 면제 협정, 투자 보장 협정 양해 각서 등을 통해 활발한 교류 관계를 증대시키고 있다. 특히, 루마니아의 EU 가입을 전후로 양국 간 정상들의 상호 방문과 교류가 활발해져 왔으며, 이것은 양국 간 이해 증진 및 교역 확대에 긍정적인 영향을 미치고 있다. 루마니아에서 한국의 이미지는 한국이 아시아·태평양 지역에서 가장 중요한 협력 상대국중 하나이자, 루마니아에 가장 많은 투자를 하고 있는 나라중 하나라는 점에 대해 대체적으로 좋은 인상을 지니고 있다. 한국 또한 인구와 면적, 그리고 지하자원과 여러 경제적 저력 면에서 루마니아가 발칸유럽의 중요한 파트너로써 관계 강화가 필요하다는 점을 인식하고 있으며, 이에 따른 투자와 경제 진출이 활발히 모색되고 있는 중이다.

우리나라의 대루마니아 주요 수출 품목은 승용차, 가전제품, 합성수지가 주류를 이루고 있으며, 근래에는 휴대폰 등 첨단 제품 수출도 점차 증가 추세에 있다. 반면 루마니아의 대한 수출 품목으로는 농산물, 철강제품 등 1차 원자재와 섬유화학 등이 주류를 이루고 있다. 양국은 경제 구조상 상호 이해관계가 높은 편이며, 따라서 계속적으로 투자와 수출입 확대가 늘어날 전망이다.

## 5. 경제

루마니아는 자유화 이후 완만한 경제 성장을 지속하고 있으며, 이러한 바탕은 수출 호조와 산업 생산량 호조에서 기인하고 있다. 특히 2000년 이후 수출과 산업 발전 여건 호조가 뚜렷해짐에 따라 외국인들의 직접 투자도 점차 늘어나고 있는 추세이다. 하지만 루마니아는 농업 국가로서의 특성에서 빨리 벗어나야 한다는 경제적 문제점을 안고 있다. 현재 루마니아는 농업 의존도가 전체 GDP의 20%까지 차지하고 있는 상황 속에서 이를 극복해 나가면서도 동시에 산업화를 추진하려는 노력을 추진 중에 있다. 루마니아는 다른 유럽 국가들에 비해 지하자원이 풍부한 편으로, 석탄, 철광석, 금, 은, 구리 외에도 천연 가스와 원유 또한 생산되고 있다. 이중 원유는 자국 내에서 약 45% 정도를 자급자족하고 있으며, 이에 대한 다국적 기업들의 관심 또한 높은 편이다.

루마니아 경제의 주요 수출입국은 이탈리아, 독일, 프랑스 등 EU 국가들이며, 이외에도 터키, 러시아와도 교역관계가 확대되고 있으며, 2007년 EU 가입과 더불어 루마니아에 대한 기업 진출과 투자가 활발히 모색 중이다.

## 6. 문화

루마니아의 문화적 요소에는 슬라브 문화 외에도, 서유럽 문화, 라틴 문화 그리고 고대 다치아 문화가 서로 혼재되는 양상을 보여주고 있다는 특징을 지니고 있

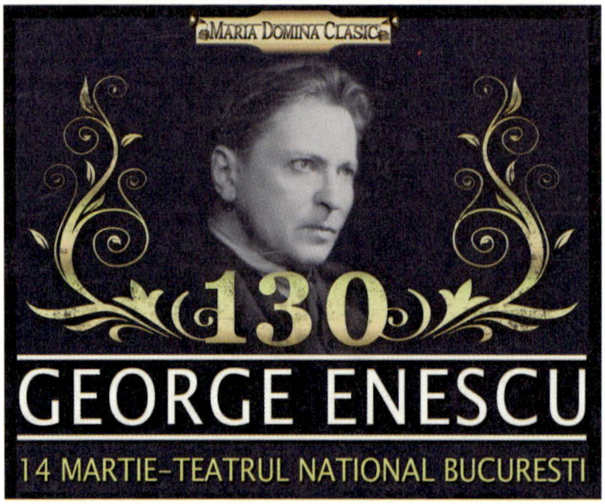


게오르게 에네스쿠 탄생 130주년 기념 음악회 포스터

다. 이러한 점은 슬라브 민족이 다수 거주하고 있는 발칸유럽지역에서 라틴인으로써 자신들의 독자성을 유지하고 독자적 문화 구축을 이루고자 했던 루마니아인들의 노력에서 기인한 결과라고 볼 수 있다.

18, 19세기 루마니아의 많은 지식인들은 프랑스 등 서유럽에서 다수가 수학하였으며, 대체적으로 독일에선 철학자들이, 그리고 프랑스에선 문화, 예술가들이 다수 배출되게 된다. 이 중에서도 루마니아 시인이자 문학가로 루마니아 문학에 가장 큰 영향을 미친 19세기 인물로는 미하이 에미네스쿠(Mihai Eminescu, 1850~1889)를 들 수 있다. 루마니아의 천재적인 음악가이자 작곡가로는 게오르게 에네스쿠(George Enescu, 1881~1955)를 들 수 있다. 그가 작곡한 주요 작품으로는 1901년과 1902년에 걸쳐 작곡하여 조국에 대한 사랑을 화려하게 그린 것으로 유명한 2곡의 '루마니아 광시곡(Romanian Rhapsodies)'을 비롯해, 1936년에 막이 오른 그의 유일한 오페라 작품인 '오이디푸스 왕(OEdipe)' 등을 대표작으로 들 수 있다. 그의 명성에 따라 1958년 이후로 매 2년에 한 번씩 그를 기념하기 위한 페스티벌이 부쿠레쉬티를 비롯해 루마니아 전역에서 열리고 있다.

또한 루마니아의 민속춤을 대표하는 것으로는 '호라(Hora)'를 들 수 있는데, 본래 이 춤의 어원은 '원무(圓舞)' 혹은 '오로(Oro, 축하하며 소리를 지르며 춤을 추는)' 등 슬라브어에서 유래하였다. 이 춤은 아코디언, 비올라, 색소폰, 트럼펫 등의 악기에 맞추어 남녀가 손에 손을 잡고 원을 그리며 추는 춤으로 주로 결혼 축하와 여러 축제 기간 등에 이를 기념하기 위해 추는 춤이다. 주로 결혼에 관심이 있는 젊은 남녀들이 일요일이나 국경일에 한데 모여 와인과 함께 호라 춤을 추며 서로 간의 정을 확인하곤 한다. 실제, 루마니아가 EU에 가입하는 것을 축하하

민속춤 호라(왼쪽)와 뻬리니쩌(오른쪽)를 추고 있는 루마니아인

기 위해 2006/2007년 신년 전날 밤에 많은 수의 루마니아인들이 한데 모여 EU 국가인 '환희의 송가(Ode to Joy, 베토벤 작곡)'에 맞추어 이 춤을 추면서 세계적으로 유명세를 타기도 했다. 이외에도 루마니아 남녀 간 사랑 의사 표현을 할 수 있는 대표적 춤으로는 뻬리니쩌(Perinița)를 들 수 있다. 이 춤은 루마니아와 몰도바 공화국에서 루마니아인들의 결혼식 파티에 하객들과 함께 추는 대표적인 춤으로 서로 손을 잡고 원을 그리며 추는 춤이다. 원 안에 손수건 또는 낮은 쿠션의 베개를 들고 있는 사람은 선택하고 싶은 이성(남 또는 여)의 목에 손수건 또는 쿠션을 놓으면 된다. 이후 목에 이것을 받은 사람은 자신을 지목한 사람의 볼에 키스를

루마니아의 대표적 조각가인 콘스탄틴 브랑쿠시와 그의 작품 <끝없는 기둥>

루마니아 전통 음식인 치오르버 데 부르더와 전통주인 쭈이커를 제조하는 전통방식

한 후, 춤을 추며 다시 원안으로 들어와 다음 사람을 지목하기 위해 준비를 하는 등 반복해서 춤이 이어지게 된다.

루마니아 미술 작품 중 빼 놓을 수 없는 작품들로는 무엇보다도 몰다비아 지방에 자리한 보로네츠(Voroneţ), 몰도비짜(Moldoviţa) 사원들에 있는 프레스코 벽화들을 들 수 있다. 또한 루마니아의 대표적 조각가로는 콘스탄틴 브랑쿠시(Constantin Brâncuşi, 1876~1957)가 유명하다. 농가의 창틀이나 기둥 등 루마니아의 민속 양식에서 작품 세계의 영향을 많이 받은 것으로 알려진, 그의 작품들은 그의 스승이자 구체적이고 복잡한 근육의 움직임과 질감을 강조하였던 로댕(Rodin, 1849~1917)과 달리, 토속적이고 아주 단순한 형태를 추구하고 있다. 그의 대표적인 작품들로는 '『키스( The Kiss, 1908)』', '『잠자는 뮤즈(Sleeping Muse, 1909)』', '『공간 속의 새(Bird in space, 1926)』', '『끝없는 기둥(Endless Column, 1937)』' 등을 들 수 있다. 이중 루마니아 전쟁 기념공원에 제작되어 있는 높이 30미터의 '끝없는 기둥'은 제1차 세계대전 당시 루마니아를 수호하다가 전사한 무명용사 및 민간인들의 정신을 기리기 위해 세워진 것으로 알려지고 있다.

루마니아 음식의 특징은 신맛을 내는 음식들이 많다는 점이다. 루마니아의 대표 음식으로는 소 내장을 주요 재료로 신맛이 강한 진한 수프의 일종인 치오르버 데 부르더(Ciorbă de burtă)와 신맛이 나는 소고기 수프인 치오르버 데 버쿠쩌(Ciorbă de văcuţă), 다진 고기와 쌀을 섞어 포도 잎 혹은 양배추 잎으로 감싸 만든 사르말레(Sarmale, 슬라브인들 사이엔 사르마(Sarma)로 불림) 등을 들 수 있다. 또 다른 주요 음식으로는 소고기 스테이크 일종인 카르네 데 바차(Carne de vača)와 치즈 스틱과 유사한 카쉬카발 파네(Caşcaval pane)을 들 수 있다. 루마니아의 전통주로는 쭈이커(Ţuică)를 들 수 있는데, 우리나라 소주와 비슷한 대중주로 주로 자두 등 과일을 재료로 해서 만든다. 결혼식 등 주요 축제 등에서 쓰이며 도수는 40~70도로 높은 편이다.

루마니아의 전통 복장

루마니아어는 인도 유럽어족 중 라틴어의 구어로 로망스어에 가깝다. 또한 루마니아어 표기는 1860년대까진 키릴 문자를 사용하였다. 하지만, 근대 공국이 수립되고 19세기 민족주의가 들어오기 시작한 이후부턴 키릴문자를 선호하는 주변 슬라브 민족들과 구별되기 위해 라틴문자를 사용하기 시작하였고, 라틴문자로 표기할 수 없는 음은 특수 기호를 써서 표기하는 방법을 선택해 현재에 이르고 있다.

서픈짜 마을에 세워진 '즐거운 묘지'

키릴 문자로 기록된 19세기 이전의 교회 비문들

루마니아의 전통 의상 중 남자 옷은 희고 두꺼운 천에 여러 겹의 울이 짜여 있다는 특징을 지니고 있다. 또한 외출 시에는 주로 모자를 착용하는데 모자 위에는 둥글게 꽃 모양을 하거나 혹은 리본을 다는 게 특징이다. 루마니아 여성들의 옷은 흰 옷 블라우스에 흰 치마를 바탕으로 여러 겹의 수를 놓은 앞치마를 입는 게 특징이며, 보통 결혼한 여성인 경우 스카프를 하는 게 통례로 되어 있으나, 서구화에 따라 점차 변화하고 있는 실정이다.

루마니아인들은 고대 다치아의 문화에 따라 죽음을 우주와의 결혼식 또는 자연과의 만남 등으로 묘사하고 있으며, 이런 의식은 '미오리짜(Mioriţa)'등 여러 신화와 전설, 민요 등을 통해 전승되어 내려오고 있다. 이러한 의식 표현의 대표적인 예로는 서픈짜(Săpânţa) 마을에 세워진 '즐거운 묘지(Merry Cemetery / Cimitirul vesel)'를 통해서도 확인할 수 있다.

## 7. 주요 지역

### 1) 여행 정보

한국과 루마니아 간에는 직항로가 개설되어 있지는 않다. 따라서 독일 혹은 이탈리아나 프랑스를 거쳐 루마니아로 들어와야 한다. 기차 편은 파리에서 오리엔트 급행, 빈에서 빈 급행, 베를린에서 발트 오리엔트 급행 등이 매일 1~3편씩 부쿠레쉬티 북부 역(Gara de Nord)으로 운행하고 있다. 또한 바르샤바나 모스크바 그리고 몰도바 공화국 등으로부터도 매일 급행이 운행한다. 다만 주의할 점은 루마니아에서는 유레일패스가 통용되지 않으므로 국경에서 목적지까지의 별도 티켓

이 필요하다는 점이다. 현재 우리나라와는 90일 무비자 협정을 맺은 상태이다.

### 2) 부쿠레쉬티(Bucharest/ Bucureşti)

수도인 부쿠레쉬티는 루마니아 남부 다뉴브 강변의 평야 지대에 위치하고 있으며, 동유럽의 '작은 파리(Little Paris/ Micul Paris)'라는 별칭을 지니고 있기도 하다. 오늘날 인구는 약 168만 명에 해당하며, 주변 위성 도시들을 합하면 약 220만 명, 비공식적으로는 약 300만 명에 달한다고 알려져 있다.

도시 이름 '부쿠레쉬티'의 유래는 전설에 따라 의견이 분분하지만, 부쿠르(Bucur)라고 불리는 영주 또는 로빈 후드와 같은 의적, 어느 평범한 낚시꾼, 혹은 어느 양치기의 이름에서 유래되었다고 한다. 한 가지 분명한 사실은 부쿠르라는 이름의 기원이 루마니아 고대 조상인 다치아인에서 유래한다는 것이다. 또한 18세기에 발표된 일부 학자들의 주장에 따르자면, 부쿠레쉬티라는 이름은 '기쁨'이라는 의미의 루마니아 단어 '부쿠리에(Bucurie)'에서 유래했다고 주장되기도 한다.

15세기 이후 왈라키아 공국의 주요 도시로 성장했는데, 오늘날 드라큘라 전설의 주인공으로 널리 알려진 왈라키아의 영주 '블라드 쩨페쉬(Vlad Ţepeş)' 통치 시절인 1459년 남부 루마니아 대평원의 듬보비짜(Dâmboviţa) 강과 그의 지류인 꼴렌티나(Colentina) 강을 가로지르는 루마니아 평야에 처음 형성되었다. 하지만, 이후로 부쿠레쉬티는 터키의 빈번한 침략으로 조금씩 파괴되어갔고, 게다가 1847년 발생한 대규모 화재로 인해 도시의 1/3이 사라지는 아픔으로 겪기도 하였다. 이후에는 루마니아 영토를 둘러싼 러시아, 합스부르크, 터키 등 주변 강대국들 간의 싸움과 전쟁으로 어려움을 겪어야만 했었다. 하지만, 귀족들의 쿠데타로 쫓겨난 쿠자를 대신하여 집권한 카롤 1세(Carol I/ 1839~1914, 공국의 영주 재위 1866~1881, 독립 왕 재위 1881~1914)에 의해 1866년 통일 루마니아 왕국(1862년 수립)의 수도가 되면서 도약의 기회를 마련하게 된다. 카롤 1세의 통치 기간 동안 부쿠레쉬티의 인구는 급격하게 증대되었고, 당시 서유럽에서만 볼 수 있었던 가스 조명, 트램 마차, 화려한 건축물들이 계속해서 선보이면서 새로운 문화 르네상

부쿠레쉬티의 상징인 개선문

스기를 맞이하게 되었다. 그리고 이후 부쿠레쉬티는 '작은 파리'란 별칭을 얻게 되는 계기를 가지게 된다. 제1차 세계대전 기간 동안에는 독일군의 점령으로 수도를 몰다비아 지방의 이야쉬(Iaşi)로 천도하기도 했지만, 이후로는 계속 루마니아의 수도로써 발전을 거듭하여 갔다. 제2차 세계대전 기간 동안 구축군의 편에 선 까닭에, 부쿠레쉬티는 연합군의 계속된 폭격으로 도시의 상당 부분이 파괴되는 아픔을 다시 겪어야만 했었다. 사회주의 정권이 들어선 이후, 특히 차우체스쿠 시기 동안 도시 내 상당수의 역사 유적물들이 파괴되었으며, 그 자리에는 오늘날 '의회 궁전(Palace of the Parliament/ Palatul Parlamentului)'을 포함해서 사회주의 스타일에 따른 여러 건축물들이 들어서게 되었다.

부쿠레쉬티의 주요 볼거리로는 우선 파리의 개선문을 모델로 해서 제1차 세계대전의 승전비로 1935년에 세워진 키셀레프(Kiseleff) 거리에 위치한 '개선문(Triumphal arch/ Arcul de Triumf)'을 들 수 있다. 이 외에도 1989년 루마니아 혁명을 기념하고 그 당시 희생자들을 추모하기 위해 2005년 혁명 광장(Revolution Square/ Piaţa Revoluţiei)에 세워진 '신생(新生)의 기념관(Memorial of Rebirth/

Memorialul Renaşterii)'을 들 수 있다. 이와 함께 1888년에 문을 열고 1992년 다시 재건된 '아테네 음악당(Athenaeum/ Ateneul)'은 부쿠레쉬티 시민들의 많은 사랑을 받고 있는 데 게오르게 에네스쿠의 음악회가 열리는 장소로도 유명하다. 내부에는 웅장하고 현란한 장식들과 더불어, 고대 다치아인들이 로마 제국에 의해 점령되어가는 과정부터 가장 큰 영토를 차지하였던 1918년 대(大)루마니아 국가 때까지의 역사적 장면들을 담은 프레스코화가 관람객들의 눈길을 끌고 있다. 루마니아 문화의 상징이자 큰 자랑으로 여겨지는 이 음악당은 2007년 유럽 문화 유산에 등록되어 있다.

루마니아인의 자랑, 아테네 음악당

그리고 단일 건물로 미국 펜타곤 다음으로 세계에서 가장 크다는 '의회 궁전'도 빼놓을 수 없는 부쿠레쉬티의 볼거리라 할 수 있다. 루마니아 의회 궁전은 단일 건물로는 세계에서 가장 큰 시민 건물이자, 가장 비싼 행정 건물 그리고 가장 무거운 건물로 알려지고 있다. 차우체스쿠는 이 건물을 짓기 위해, 이 자리에 자리하고 있던 19개의 정교 교회와 6개의 유대교 회당, 3개의 개신교 교회 그리고 민가 7천호(약 3만 명의 거주민)를 밀어내어 1983년 공사를 시작하였으나, 건축의 완성을 보지 못하고 권좌에서 물러나야만 했다. 여기에는 루마니아의 건축가 7백여 명과 2만여 명의 노동 인력이 5년간에 걸쳐 투입되었다. 차우체스쿠가 집권할 당시에는 '공화국관(House of Republic/ Casa Republicii)'으로 명명되었고, 일반 시민들 사이에선 '인민 궁전(People's House/ Casa Poporului)'으

미국 펜타곤 다음으로 세계에서 가장 크다는 '의회 궁전'

로 불렸다. 이 건물은 3단 형태로 약 12층 높이에 해당하는 높이 86m, 전체 면적은 340,000㎡ 에 이르고 있으며, 지하에는 대규모 핵 대피시설이 설치되어 있다. 오늘날 의회 궁전은 상하원 국회 의사당 겸 국립 현대 미술 박물관, 헌법 재판소, 국제회의장 등으로 활용되고 있다. 특히, 2008년 NATO 정상 회담 장소로 활용되면서 세계적으로 크게 알려지게 되었다.

생각하기

## 드라큘라는 역사속의 실존 인물?

드라큘라(Dracula, 1431~ 1476/1477, 재위 1448, 1456~ 1462, 1476)는 루마니아 역사속의 실존 인물로 15세기 오스만 터키의 침략을 막아내며 루마니아를 지켜낸 루마니아 민족의 영웅이자 일부 지역에선 성인으로 받들어지고 있는 인물이다.

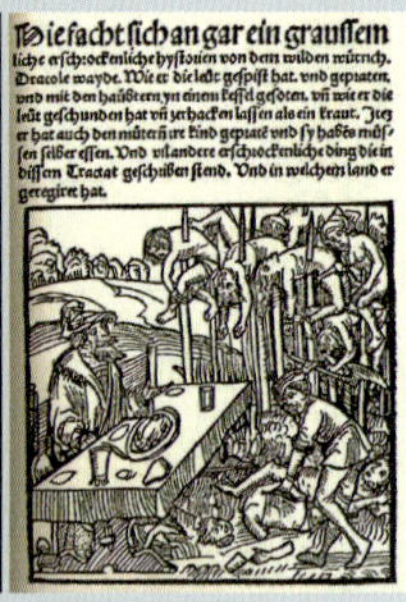

Hie facht sich an gar ein graussem liche erschrockenliche hystorien von dem wilden wütrich. Dracole wayde. Wie er die leüt gespist hat. vnd gepraten. vnd mit den haubtern yn einem kessel gesoten. vñ wie er die leüt geschunden hat vñ zerhacken lassen als ein kraut. Jtez er hat auch den müttern ire kind gepratē vnd sy habēs müssen selber essen. Vnd vil andere erschrockenliche ding die in disem Tractat geschriben stend. Vnd in welchem land er geregiret hat.

드라큘라의 초상화와 그의 잔혹성을 보여주는 삽화

드라큘라의 본명은 블라드 드라큘라(Vlad Dracula, 드라큘라는 '드라큘의 아들'이란 의미) 또는 블라드 쩨뻬쉬(Vlad Ţepeş, 쩨뻬쉬는 '가시' 또는 '꼬챙이'란 뜻을 지님), 블라드 3세(Vlad III)이다. 그는 15세기 왈라키아 공국의 왕자였으나, 유년 시절을 오스만 터키와 헝가리의 볼모로 지내야만 했었다. 1456년 왈라키아 공국의 영주로 등극한 드라큘라는 약소국 왈라키아 공국을 터키 군과 헝가리 등 외세로부터 지켜내기 위해 전쟁에서 잡은 포로들과 정적들에 대해 잔인한 보복을 실행하였다. 그의 처형 방법에는 주로 장대를 깎아 만든 꼬챙이나 가시가 박힌 둥근 나무통이 사용되었으며, 이에 따라 이후 그의 이름에 '쩨뻬쉬'란 명칭이 들어가게 되었다.

루마니아의 민족 영웅이었던 그가, 흡혈귀로써 서유럽 사회에 소개된 것은 19세기 영국 소설가 브람 스토커(Bram Stoker, 1847~1912)에 의해서이다. 그는 당시 트란실바니아 지방을 여행하면서, 이 지역에 퍼져 있던 흡혈 박쥐에 대한 전설과 중세 루마니아의 드라큘라의 잔인한 처형 방법 등에 대해 듣게 되었고, 이것을 연결해 유명한 공포 소설인 드라큘라 소설을 1897년 세상에 내놓게 된다. 이후 소설 드라큘라가 여러 차례 영화화되면서 루마니아의 민족 영웅 드라큘라는 우리들에게 현대 공포 영화의 대표적 인물인 흡혈귀로 알려지게 되었다.

브람 스토커와 소설 <드라큘라>

### 3) 왈라키아(Walachia, Wallachia/ Valachia, Valahia) 지방

왈라키아 지방은 루마니아 남부 대평원이 펼쳐진 지역에 자리 잡고 있으며, 지형상 루마니아의 남부에 위치하고 있다. 77,000㎢ 의 면적을 지닌 왈라키아 지방은 서쪽으로는 세르비아, 남쪽으로는 다뉴브 강을 따라 불가리아와 접하고 있다. 왈라키아 지방은 다뉴브 강 유역에 펼쳐진 북부 평야 지대와 카르파티아 산맥이 형성한 다수 계곡들로 형성된 지역으로서 수도 부쿠레쉬티를 제외한 대부분의 도시는 구릉과 평원이 접하는 지역에 발달해 있다. 통상 왈라키아 지방은 역사적 유래와 올트(Olt) 강 등 지형적 특성을 경계로 현지에선 지방의 중부와 동쪽에 해당하는 '문테니아(Muntenia, 대(大) 왈라키아)' 그리고 지방의 서부에 해당하는 '올테니아(Oltenia, 소(小) 왈라키아)'로 나뉠 수 있다. 왈라키아의 지명인 '왈라(Walha)'는 로마화 된 켈트족(게르만족의 일파)과 로망스 어를 쓰는 이 지역 민족들을 일컫는 독일어에서 유래하였으며, 슬라브어로는 '블라크 또는 블라흐(Vlach/ Vlah)'로 불렸다. 오늘날 인구는 약 870만 명에 달하고 있으며, 이중 97%가 루마니아인이다.

전략적으로 중요한 위치에 자리한 배경으로 인해 왈라키아 지방은 역사 속에서 수많은 외세의 침략과 이에 따른 문화적 다양성을 수용하며 발전하였다고 할 수 있다. 왈라키아 지방은 105년 다치아 왕국이 로마 제국과 벌인 제2차 전쟁에서 패전한 이후 로마 제국의 영토로 편입되었으며, 271년 이 지역에서 퇴각할 때까지 로마 문화의 영향 속에 놓여 있게 된다. 이후 고트족과 훈족 등 여러 이민족의 지배를 받다가, 5~6세기에 걸쳐선 비잔틴 제국의 영향력 하로 편입되었으며, 6~7세기에 걸쳐 유목 민족인 아바르족과 함께 남하하던 남슬라브족이 이곳에 정착하게 되면서 이들의 문화 또한 흡수하게 되었다. 7세기부터는 한동안 최초로 남슬라브족 왕국을 수립한 불가리아 제국의 영향력 하로 편입되었다. 10세기말 이후로는 카르파티야 산맥 건너 이웃한 트란실바니아 지역이 마자르족이 세운 헝가리 왕국의 지배 하로 편입되면서 왈라키아 지방에도 또한 헝가리의 영향력이 점차 확대되게 된다. 1241년 몽고-타타르족의 유럽 침공 당시에는 폐허가 된 아픔을 겪기도 하였다. 이처럼 오스만 터키가 진입하기 전까지 왈라키아 지역은 중세 동안 비잔틴, 불가리아, 헝가리의 영향력 하에서 다양한 문화를 흡수할 수 있었다.

몽고-타타르족의 헝가리 등 유럽 침공은 왈라키아가 이들의 영향력에서 벗어나 자체적인 공국을 수립할 수 있는 기틀을 마련해 주게 된다. 하지만, 1417년 이

시나이아의 펠레쉬 성

후로 오스만 터키의 침공이 확대되었고, 그 결과 1859년 몰다비아와 함께 한 루마니아 공국을 수립하기 전까지 약 450여 년간 오스만 터키의 영향력(1768~1854년까지는 러시아의 지배를 받음)을 받아들여야 했으며, 따라서 이에 따른 문화 또한 왈라키아인들에게 많은 영향을 미치게 되었다.

왈라키아 지방의 대표적 도시로는 수도인 부쿠레쉬티를 비롯해, 고대부터 이어지는 길을 따라 트란실바니아와 왈라키아의 경계 지역에 자리한 시나이아(Sinaia)가 유명하다. 시나이아에는 루마니아인들이 가장 사랑하는 음악가인 게오르게 에네스쿠가 즐겨 지냈던 여름 숙소가 인근에 자리하고 있으며, 브라쇼브(Brașov)에서 남쪽으로 약 50km 정도 떨어져 있는 루마니아에서 손꼽히는 대표적 휴양지 중 하나이다. 여기에는 시나이아 사원 등 여러 유적지와 함께 루마니아 왕실의 근거지였던 중세 펠레쉬(Peleș) 성과 별궁인 펠리쇼르(Pelișor) 성, 포이쇼르(Foișor) 빌라 등이 아직도 잘 보존되어 있다. 이들 성들은 사회주의가 들어서면서 국유화 되었으며, 차우체스쿠 기간 동안 잘 관리되지 못하다가, 1990년대 이후 다시 수리되어 일반인들에게 공개됨으로써 오늘날 루마니아를 방문하는 많은 이들의 감탄을 자아내고 있다.

펠레쉬 성은 이곳을 방문해 아름다운 카르파티아 산세와 그 경치에 반한 카롤 1세의 지시에 따라 1873부터 1914년 사이 건축된 네오 르네상스 스타일의 건축물이다. 공사 기간 동안 오스만 터키에 저항하는 독립 전쟁(1877~1878) 등 여러 전쟁 등을 겪으면서 때때로 중단되기도 했지만, 그 기간 동안 루마니아의 유명 건축가들 외에도 독일과 이탈리아, 체코 등지에서 온 세계적으로 당대에 이름난 건축가들이 건축에 참여하여 오늘날과 같은 아름답고도 독특한 형태의 궁전을 만들어내는 데 일조하게 된다. 초기엔 왕실 사냥을 위한 장소 및 여름 휴양지 그리고 왕실 재산을 보존하는 곳으로 활용되었으나, 점차 왕실의 권위와 행사를 진행하는 중요하고도 상징적인 장소로 활용되게 된다. 특히, 1881년 독립 왕국 선포 이후, 1883년 10월에 치러진 카롤 1세 왕 취임식 장소로 활용되기도 했으며, 1893년 그의 아들인 카롤 2세(Carol II, 1893~1953, 재위 1930~1940)가 태어난 곳이기도 하다.

펠레쉬 성의 별궁인 펠리쇼르 성은 카롤 1세의 지시에 의해 1899년부터 1903

년 사이에 지어진 성으로, 그의 조카이자 후계자인 페르디난드 1세(Ferdinand I, 1865~1927, 재위 1914~1927) 내외를 위한 숙소로 활용되었던 곳이다. 2006년 이후로 박물관과 관광객들을 위한 휴양지로써 활용되고 있다. 포이쇼르 빌라는 카롤 1세의 아들인 카롤 2세 내외가 애용했던 숙소로도 유명하다.

### 4) 트란실바니아(Transylvania) 지방

102,200㎢ 면적을 지닌 트란실바니아 지방은 지리적으로는 루마니아의 북서부와 중앙에 위치하고 있으며, 북쪽으로는 우크라이나, 북서쪽으로는 헝가리, 남서쪽으로는 세르비아와 접하고 있다. 알프스 산맥의 자락인 카르파티아 산맥으로 둘러싸인 서부지역으로 빼어난 자연환경을 가지고 있다. 트란실바니아란 이름은 1075년 중세 문헌에 최초로 소개되고 있으며, 헝가리 학자들은 '숲의 저 건너편'을 의미하는 라틴어인 '울트라실바니아(Ultrasylvania)'에서 유래했다고 주장하고 있다.

역사적으로 초기 다치아인들이 거주하고 있던 이 지역은 106년 로마 제국의 지배 하로 들어가면서 로마 문화의 영향을 받게 되었고, 271년 로마 제국의 퇴각 이후로는 고트족과 훈족, 아바르족 그리고 슬라브족이 거쳐 가게 된다. 9세기 이후로 중부유럽을 장악하게 된 마자르족의 헝가리 왕국은 1003년에 들어와 트란실바니아 지역을 완전히 복속하는 데 성공하였다. 헝가리의 지배권은 1056년 헝가리 군과 오스만 터키 군과 치른 모하츠(Mohács) 전투에서 헝가리 군이 대패함에 따라, 오스만 터키의 영향력 하로 변모하게 된다. 1683년 제2차 비엔나 전투에서 오스만 터키군을 물리친 이후, 합스부르크 제국은 1687년 트란실바니아 지역에 대한 지배권을 공고히 하였으며, 1867년 오스트리아-헝가리 이중 제국 수립으로 인해 다시 헝가리 영향력 하로 편입되어야 했다.

트란실바니아 지역이 오늘날 루마니아의 영토로 편입되게 된 역사적 배경은 제1차 세계대전이 종결된 이후 패전국과 승전국 간의 영토적 문제들을 합의해 가던 트리아농 조약(1920)이 수립되면서 부터라 할 수 있다. 당시 트란실바니아에 거주하던 약 160만 명의 헝가리인들은 이 조약에 강력히 반대하였지만(당시 루

브라쇼브의 구시가지 광장

마니아인들은 약 280만 명이 거주) 연합국들의 강력한 요구에 따라 루마니아로의 병합이 이루어지는 것을 지켜보아야만 했다. 트란실바니아를 둘러싸고 루마니아와 헝가리 간의 이러한 역사적 갈등 관계는 제2차 세계대전 기간 동안 헝가리가 트란실바니아의 영토 보장을 약속해 준 구축 군에 들어가는 계기를 마련하게 된다. 1940년 8월 헝가리는 독일의 지원 하에 트란실바니아 영토의 40%를 되찾는데 성공하게 되지만, 전쟁 종결 이후 맺어진 파리 평화 조약(1947)에 따라 루마니아에 이 지역을 다시 돌려주어야만 했었다. 그 결과 1990년대 민주화 이후에 들어가 트란실바니아 지역은 루마니아 정부의 민족 동화 정책을 비난하며 자치권을 보장받으려는 헝가리 소수 민족들의 저항이 계속해서 이어졌으며, 이 문제는 루마니아와 헝가리 양국 간 갈등으로 확대되어 갔다. 결과적으로 1996년 양국은 해당 국가 내의 각자 소수 민족에 대한 정치, 사회, 문화, 경제적 권리를 상호 보장하고, 다양한 분야에서 상호 간 협력을 추진하는 합의를 통해 이 문제를 해결해 나가기로 했으며, 이러한 합의는 훗날 양국이 NATO와 EU 등 국제기구 등을

브라쇼브의 흑색 교회

가입하는 데 있어 중요한 걸림돌을 제거하는 계기가 되게 된다. 이러한 역사적 요인과 지리적 위치는 오늘날 트란실바니아에 루마니아인들 외에도 헝가리 및 독일계 주민들이 상당수 거주하는 배경을 낳았다고 할 수 있다. 현재 트란실바니아 인구는 약 720만 명에 달하며, 이중 루마니아인이 약 76%, 헝가리인이 약 20%를 차지하고 있다.

역사적 풍요로움과 함께 트란실바니아에는 다양한 볼거리와 유적지가 상당 수 존재하고 있다. 1950년부터 1960년 동안 '스탈린 도시(Oraşul Stalin)'로 불리기도 했던 브라쇼브는 중세와 현대적 건축물이 함께 공존하고 있는 루마니아의 최대 휴양지 중 하나이다. 브라쇼브를 근대적 도시로 최초로 건설한 민족은 13세기 튜튼 기사단(Teutonic Knights)인 독일인으로, 이후 독일계 상공인들이 오스만 터키와의 주요 교역 장소 중 하나로 이 지역을 크게 활용하면서 본격적인 도시의 형태를 갖추기 시작하였다. 18세기 이전까지 루마니아인들의 도시 출입이 금지되었을 만큼 그들만의 사회, 문화권 유지를 추구하려 노력하기도 하였다. 이런 역사적 이유로 전체적인 건물 형태가 루마니아에서 흔히 접하기 어려운 고딕 양식의 다양한 건축물들이 관광객들의 눈길을 끌고 있으며, 마치 독일의 한 마을을 방문한 듯한 착각을 들게 하고 있다.

브라쇼브 시의 가장 유명한 건축물로는 80년에 걸쳐 세워진 트란실바니아의 최대 고딕 건축물로 4천개의 파이프 오르간과 4개의 건반으로 유명세를 타고 있는 '흑색 교회(Black Church/ Biserica Neagră)'가 자리하고 있다. 초기 이 교회는 정교 교회와 가톨릭 성당으로 사용되었다가, 오늘날에는 독일인 소수 민족 중심의 루터교회로 활용되고 있다. 14세기말 재건축되기 시작한 것으로 알려진 이 교회의 전설에 따르자면, 건설 초기 당시 독일 기사들에 의해 불가리아에서 온 노동자들이 건설에 참여했는데, 한 독일인 아이가 교회 건축을 방해하고 말썽을 피우는 것을 지켜 본 불가리아인이 교회 종탑 위에서 아이를 밀어 살해한 후 범죄를 은폐하기 위해 교회 안에 그 아이를 묻은 후 지었다고 전해지고 있다. 오늘날 흑색 교회란 명칭을 얻게 된 배경은 1689년 합스부르크 제국의 침공 당시 화재로 교

드라큘라 성으로 알려진 브란 성

라틴 문명과 비잔틴 문명의 경계선에 자리한 시기소아라

회의 벽면이 검게 그을리게 된 후부터라 알려지고 있으며, 현재 예전의 색깔을 다시 찾으려는 복원 작업이 진행 중이다.

또 다른 곳으로는 브라쇼브에서 약 30km정도 떨어져 있는 '브란(Bran) 성'을 들 수 있다. 이 성은 통상 '드라큘라 성'으로 알려져 있는데, 13세기 초 튜튼 기사단에 의해 목책으로 지어진 이 성은 몽고-타타르족의 공격으로 폐허가 되기도 했으며, 이후 1377년 이후로 헝가리에 의해 오늘날과 같은 성으로 지어지게 된다. 브란 성은 트란실바니아와 왈라키아 사이의 중요한 교통로이자 상업 교역로에 자리하고 있었으며, 이 당시에는 이를 감시하고 세관 업무 수행을 위한 경비 부대가 상주하기도 하였다. 한때 블라드 3세에 의해 포위된 후 그가 잠시 거쳐 가기도 했던 이 성은 훗날 드라큘라 성으로 홍보되어, 오늘날 드라큘라의 전설을 느끼고 싶어 하는 수많은 관광객들의 발길이 찾는 곳이기도 하다.

드라큘라의 전설과 관련하여, 라틴 문명과 비잔틴 문명의 경계선에서 나타나는 건축양식을 보여주는 시기소아라(Sighişoara, 1999년 UNESCO 지정지)에는 드라큘라의 생가가 있다고 알려지면서 관광객들의 흥미를 끌고 있다. 이 도시 또한 12세기 독일계 상인들이 정착하게 되면서 지어진 도시로 16~17세기 동안엔 활발한 교역과 상공업 지역으로 유럽 내에서 유명세를 지니기도 하였다. 오늘날 시기소아라는 유럽 내에서도 잘 보존된 구도시로 인해 관광객들의 관심을 끌고 있으며, 이 도시를 상징하는 건축물로는 13세기에 지어진 64m의 시계탑과 시기소아라 성을 들 수 있다. 한때 드라큘라의 유명세를 활용한 테마 파크가 계획되기도 했으나, 시기소라아 본연의 역사적 유물과 유적지를 보존해야 한다는 목소리와 함께 이를 반대하는 환경단체들의 저항으로 유명세를 치룬 곳이기도 하다.

이 외에도 트란실바니아 지방에는 1989년 최초의 민주화 혁명의 시발이 되었던 티미쇼아라(Timişoara), 서유럽풍의 건물들로 가득한 아라드(Arad), 헝가리와 접경 지역에 위치해 교통의 요충지이자 온천지로 유명한 오라데아(Oradea) 등이 주요 볼거리를 제공하고 있다.

### 5) 도부르쟈(Dobruja/ 불가리아어 Добруджа, 루마니아어 Dobrogea) - 흑해 연안 지대

도부르쟈 지방은 루마니아 동남쪽 지방에 위치하고 있으며, 우크라이나, 불가리아 등과 흑해를 공유하고 있는 곳이다. 대체로 북부 도부르쟈 지방은 루마니아의 영토로, 남부 도부르쟈는 불가리아의 영토로 속해 있다. 이중 루마니아 영토 안에 속하는 도부르쟈 지방은 약 15,500㎢ 면적을 지니고 있으며, 약 100만 명에 가까운 인구수를 보이고 있다. 도부르쟈 지방의 상징 동물은 이 지역에 자주 출몰하는 돌고래로 루마니아 국장에도 잘 표현되어 있다. 학자들에 따르자면, 도부르쟈란 지명은 14세기 당시 오스만 터키의 영향력 하에서 이 지역을 지배하였던 불가리아 데스포트(Despot, 터키하 자치 영주)였던 도브로티짜(Dobrotitsa/ 불가리아어 Добротица, 루마니아어 Dobrotici 또는 Dobrotiţă)의 이름에서 유래했다고 알려지고 있다.

루마니아와 불가리아 간 도부르쟈 지역 경계

역사적으로는 BC 8세기 그리스인들이 해안 지역을 중심으로 도시 국가들을 수립하기 시작하였고, 마케도니아 제국의 지배를 이어 AD 46년 이후론 로마 다뉴브 해군의 중요한 군사 기지로 활용되기 시작하였다. 훗날 이 지역은 101년부터 이어진 루마니아 다치아 왕국과의 전투에서 중요한 전략적 요충지가 되었으며, 아담클리시(Adamclisi)에는 트라이아누스의 제1차 다치아 왕국 침공과 그 전공

과거 잔재만 남아있던 트라이아누스의 전승 기념비와 복원된 모습

을 기념하는 '전승 기념비(Tropaeum Traiani, 109년 수립)'가 남겨져 있다. 당시, 로마 제국은 전투의 승리이후 노획한 적군의 무기를 높이 쌓아 전시하였으며, 이것을 기초로 전승 기념비를 수립하였다고 알려지고 있다. 현재는 1997년에 재건축된 건축물이 기념비를 대신하고 있으며, 여기에는 당시 다치아 왕국과의 전투에 희생된 3,000여명의 로마 군인과 수행원들을 추모하여 각자의 이름들이 새겨져 있다. 이후로, 고트족의 침략에 따라 한동안 고트족의 거주지가 되었다가, 비잔틴 제국의 지배 하로 들어갔으며, 중세에 들어와선 주로 제1, 2 불가리아 제국의 지배 하로 편입되게 된다. 불가리아 제국과 비잔틴 제국의 쇠락을 이용하여 14세기 잠시 자치 공국을 구성하였지만, 14세기 말에 들어와 왈라키아 공국의 지배력 하로 편입되었다. 하지만, 오스만 터키의 침공에 따라 1420년부터 19세기말까지 오스만 터키의 영향력 하에서 흑해에서 출발하여 다뉴브 강을 따라 유럽으로 진격하던 터키군의 출발점과 전략 기지로 활용되게 된다.

18세기말부터 19세기에 들어와 오스만 터키의 국력 약화에 따라 이 지역은 러시아의 남진 정책과 발칸 반도 침공을 위한 주요한 전략적 요충지가 되어야 했으며, 이로 인해 발생한 수차례 러·터 전쟁 등 서유럽 국가들의 전쟁 대상지가 되게 된다. 이 당시까지 이 지역의 주요 거주민은 터키 민족과 러시아에서 온 타타르족이 주축을 이루었었다. 하지만 1877년 치른 러·터 전쟁의 결과 발칸유럽 민족들의 독립을 약속해준 1878년 산 스테파노 조약과 베를린 조약이 수립된 이후 민족 구성에 있어 커다란 변화가 일어나기 시작하였다. 조약에 따라 북부의 상당 지역은 루마니아의 영토로, 남부는 불가리아 영토로 나뉘게 되는 데, 조약 발효 이후 터키인들은 양 민족의 보복을 피하기 위해 대거 본토로 이주하였고, 그 빈자리는 각 국 정부의 대규모 이주 정책에 따라 루마니아인과 불가리아인으로 채워지게 된다. 이후로 양 민족은 도부르쟈 지역을 둘러싼 영토 갈등을 지속하였고, 이것은 제1,2차 발칸 전쟁(1912, 1913)과 제1, 2차 세계대전에서 이들 국가들 간의 주요 충돌 배경이 되기도 하였다. 이로 인해 불가리아는 제2차 세계대전 구축군의 힘을 빌어 남부 도부르쟈 지역을 재탈환하였고, 곧 바로 이 지역 내에 거주하던 루마니아인들의 대거 퇴출을 단행하게 된다(현재 불가리아인 70%, 루마니아인 0.2% 거주). 이에 대한 보복으로 루마니아 또한 북부 지역에 거주하고 있던 불가리아인들의 이주를 강력히 추진해 나갔으며(현재 루마니아인 91%, 불가리아인 0.01% 거주), 이러한 국경 영토를 둘러싼 양국 간의 앙금은 전쟁 종결 이후로도 주요한 갈등이 되고 있다.

콘스탄차의 마마이아 해변

또한 흑해 연안 지대에는 1991년부터 UNESCO 자연 조류 보호 구역으로 지정된 루마니아 내 다뉴브 삼각주가 유명하다. 흑해에 접해 있는 다뉴브 삼각주는 전체 면적 4,152㎢중 3,446㎢은 루마니아 영토로, 나머지는 우크라이나 영토로 편입되어 있다. 루마니아 내 다뉴브 삼각주 중 2,733㎢ 은 일반인들의 출입이 금지된 채 엄격하게 자연 상태 그대로를 보존하려 노력하고 있다. 1998년 이후론 UNESCO 프로그램에 따라 루마니아와 우크라이나 양 국 정부 간의 다뉴브 삼각주 보존 정책이 활발히 추진되고 있는 중이다. 특히 다뉴브 삼각주는 유럽 삼각주 중 볼가 강 삼각주에 이어 두 번째 크기를 자랑하고 있으며, 보존 상태가 매우 우수해 여러 어류와 조류 외에도 펠리컨 최대 서식지를 형성하고 있는 곳으로도 유명하다.

루마니아의 흑해연안지대는 또한 오염되지 않은 바다로 정평이 나 있으며, 황금 빛 모래와 따뜻한 기후, 현대식 휴양 시설로 관광객들의 사랑을 한 몸에 받고 있는 곳이기도 하다. 이 지역의 주요 관광 도시로는 루마니아의 유일한 국제 무역항이자 중요 관광지인 '콘스탄차(Constanţa)'를 들 수 있으며, 인근에는 마마이아(Mamaia) 해안을 중심으로 수많은 리조트와 편의 시설들이 관광객들의 시선을 끌고 있다. 콘스탄차에는 1910년~1912년 사이 카롤 1세 시기 동안 세워진 이슬람 사원(Moschee)이 존재하며, 이 사원은 루마니아 이슬람의 대표적 상징 장소가 되어 있다. 이 외에도 이 지역에서 생산되는 '무르파틀라르(Murfatlar) 포도주'가 유명하며, 흑해의 다양한 어류들과 동물들이 전시되어 있는 수족관, 그리고 돌고래 공연을 하는 돌고래 관광 천문관이 주요 볼거리를 제공하고 있다.

### 6) 몰다비아(Moldavia/ Moldova) 지방

약 97,000㎢ 면적에 달하는 몰다비아 지방은 여러 역사적 과정을 거치면서 오늘날 크게 세 부분으로 나뉘어져 있다. 면적의 47.5%에 달하는 몰다비아 서부 지방은 루마니아 영토 내로, 30.5%에 달하는 동부는 몰도바 공화국(Republic of Moldova)으로 그리고 북부와 남동부의 22% 지역은 우크라이나 영토로 나뉘어져 있다. 이중 동부 카르파티아 산맥과 드니스터르(Dniester/ 루마니아어 Nistru, 우크라이나어 Дністер) 강 사이에 자리한 루마니아내 몰다비아 지방은 지정학적으로 루마니아의 북동부에 위치하고 있으며, 북쪽으로는 우크라이나, 동쪽으로는 과거 소련의 구성 공화국 중 하나였던 몰도바 공화국과 접하고 있다. 오늘날 루마니아 몰다비아 지방에는 루마니아인이 대다수로 전체 인구의 98%를 차지하고 있다. 그 외 몰다비아의 지명은 이 지방을 흐르는 몰도바 강에서 유래했다는 설이 일반적이지만, 여러 다른 의견들도 존재하고 있다.

역사적으로 볼 때, 몰다비아는 13세기말 헝가리의 영향력 하로 편입되었다가, 14세기 중엽 이 지역 영주이자 군 출신인 보그단 1세(Bogdan I, ?~1367, 재위 1363~1367)에 의해 독립 공국을 수립하게 된다. 자신을 둘러싼 주변 가톨릭 왕국

화려한 프레스코 벽화를 자랑하는 보로네츠 사원

(프랑크, 헝가리)들에 의해 지도부들은 가톨릭과 정교 사이에서 선택에 대한 고민을 하였지만, 전반적으로 일반 대중들은 정교를 신봉하였다. 이런 이유로 몰다비아 공국은 15세기 중엽 가톨릭 세력에 의해 쫓기던 후스파의 훌륭한 피난처가 되기도 하였다. 몰다비아 공국은 15세기 중엽 스테판 3세(Stephen III/ Ștefan cel Mare, 1433~1504, 재위 1457~1504) 시기 최대의 전성기를 맞이하게 되는 데, 하지만 이때 이후로 몰다비아는 오스만 터키의 계속된 공격에 결국 그 지배 하로 넘어가게 된다. 이후 18~19세기를 거치며 수차례 터키의 지배에 저항하는 운동들이 일어났으며, 이런 과정 속에서 이웃한 왈라키아 내 루마니아인들과의 연대가 자연스럽게 확대되어 갔다. 이것은 결과적으로 1859년 왈라키아와 함께하는 독립 루마니아 공국의 탄생과 1881년 독립 왕국의 수립을 가능케 하였다고 할 수 있다.

몰다비아 지방의 주요 도시로는 이야쉬를 들 수 있는 데, 이 도시는 한때 몰다비아 공국의 수도(1564~1859)이자, 왈라키아와 연합한 루마니아 공국의 수도(1859~1862)이기도 했으며, 제1차 세계대전 기간 동안에는 잠시나마 루마니아 수도(1916~1918)로써 그 역할을 다하기도 하였던 곳이다. 이런 역사적 배경으로 이야쉬는 루마니아의 사회, 문화, 교육과 예술을 이끄는 역할을 수행해 왔

푸른빛이 감도는 벽화의 모습

으며, 루마니아 역사를 상징하는 도시이자, 루마니아의 문화 수도(Cultural Capital)로 불리고 있는 곳이다. 여기에는 17세기(1637~1639)에 지어진 '삼부 교회(Church of the Three Hierarchs/ Biserica Trei Ierarhi)'와 '루마니아 문화궁전(Palace of Culture/ Palatul Culturii)' 그리고 1897년에 시작되어 네오클래식과 바로크 양식이 혼합된 '이온 쿠자(Alexandru Ioan Cuza) 대학' 등이 유명하다.

몰다비아 지방에는 UNESCO로 지정된 그리고 예술적 내용이 풍부한 여러 사원들과 역사적 유적지가 많은데, 그중에서도 보로네츠 사원과 몰도비짜 사원에 그려진 화려하고도 아름다운 프레스코화는 관광객들의 찬사를 쏟아내게 하고 있다. 1993년 UNESCO에 지정된 보로네츠 사원은 몰다비아 공국의 스테판 3세가 1475년에 있었던 오스만 터키와의 바슬루이(Vaslui) 전투에서 승전한 것을 기념하기 위해, 1448년 세운 건축물이다. 선명한 하늘색에 바탕 한 푸른빛(통상 'Voroneț blue'로 불림)을 기본 색채로 선택하면서 그 위에 최후의 심판과 같은 다양한 성화들이 프레스코 기법으로 그려진 건축물이다. 보로네츠 사원과 더불어 1993년 UNESCO에 문화유산으로 지정된 몰도비짜 사원은 몰다비아 지방에 자리해 있으며, 1532년 스테판 3세의 업적을 기리기 위하여 그의 아들에 의해 세워진 사원이다. 스테판 3세는 그의 치세 기간 동안 오스만 터키와의 36번 전투에서 34번 승전하는 전공을 세운 인물이다. 이 교회 외벽에는 여러 성인들의 행적들과 예수의 생애에 대해 잘 묘사해 놓은 프레스코화가 유명하다. 이 외에도 잘 보존된 몰다비아의 수많은 정교 사원들이 루마니아인들의 신앙심과 예술적 감각들을 그대로 보여주고 있다 하겠다.

# XII

# 유럽의 섬,
# 알바니아

# 제12장_유럽의 섬, 알바니아

(출처: http://www.encyclopedia.com)

| | |
|---|---|
| 정식 국명 | 알바니아 공화국(Republic of Albania) |
| 독립일 | 1912. 11. 28(오스만 터키로부터 독립) |
| 수도 | 티라나(Tirana, 티라너로도 불림, 약 42만 명, 2013) |
| 인구 | 약 283 만 명(2013) |
| 언어 | 알바니아어 |
| 화폐단위 | 레크(Lek) |
| 종교 | 무슬림(57%, 중부), 로마 가톨릭(10%, 북부), 알바니아 정교(6.8%, 남부) (여러 기관 별로 통계에 차이점이 존재하며, 참고로 1967~1990년 까지 알바니아는 무신교 국가였음) |
| 민족 | 알바니아인(82.6%), 그리스인(0.9%)... |

## 1. 일반개요

### 1) 국가 개요

유럽의 남서부, 발칸반도의 서북부에 위치한 알바니아(Albania/ Shqipëri, Shqipëria)는 362km의 해안을 따라 약간의 초원이 형성되어 있으나, 국토의 76.6%가 산지이자 구릉지로 구성된 산악국가라는 특징을 지니고 있다. 알바니아의 수도는 티라나(Tirana/ Tiranë, 알바니아 문법에 따라 '티라너'로도 불림)이며, 알바니아는 행정 구획 상 모두 12개의 행정 구역을 지니고 있다. 독립일은 오스만 터키로부터 독립을 쟁취한 1912년 11월 28일을 기념하고 있다.

알바니아 인구는 약 283만 명이다. 알바니아의 인종 구성을 살펴보자면 인구의 82.6%가 알바니아인, 그리스인이 0.9%에 해당하고, 뒤를 이어 소수의 집시, 세르비아인, 불가리아인 등이 차지하고 있다. 그리고 기타 민족성을 밝히지 않은 집단으로 약 13.9%가 존재하고 있다. (하지만 일부 다른 발표에 따르자면 기타 민족성을 밝히지 않는 민족들을 모두 포함하여 알바니아인을 96%, 그리스인이 약 1%정도라고도 하고 있다). 알바니아인은 북부 산지에 주로 거주하는 게그(Gheg)족과 남부 대부분 지역에 거주하는 토스크(Tosk)족으로 나눌 수 있으며, 이들 사이엔 언어적 방언과 관습 그리고 종교 분포에 있어 일련의 차이점을 보이고 있다. 특히 게그족은 알바니아 민족의식이 매우 뚜렷하며, 전통적 풍습과 관습을 고수하고 있는데 반해, 토스크족은 지리적으로 가까운 그리스와 아드리아해 건너 이탈리아와의 활발한 교류로 인해 좀 더 개방적인 민족 성향을 보이고 있다.

종교 분포를 보자면, 알바니아 내 거주민 중 약 57%가 무슬림 신자로 주로 중부지역에 분포해 거주하고 있으며, 약 6.8%정도를 차지하는 알바니아 정교도인은 주로 남부 지방에, 그리고 북부 지방엔 약 10%의 로마 가톨릭 신자들이 자리하고 있다. 하지만, CIA 자료에는 무슬림 70%, 정교도 20% 그리고 가톨릭교도 10%라 말하고 있으며, 옥스퍼드 대학교에서 출간된 세계 크리스트교 자료(World Christian Encyclopedia)에 따르자면 무슬림이 약 38.8%, 정교도인 약 16.1% 그리고 가톨릭과 무신교자가 약 16.6%라 밝히고 있다. 이처럼, 알바니아 인구 및 종교

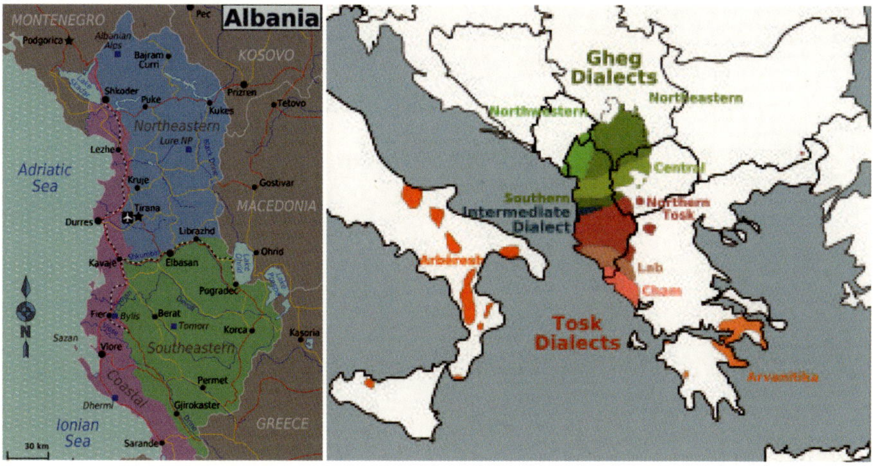


알바니아의 지리적 특성과 방언 분포도

조사와 관련해서는 정확한 조사가 진행되지 못함으로써 각 기관별로 커다란 차이점을 보이고 있다. 이러한 이유는 알바니아가 1967년부터 1990년까지 세계 최초로 '무신교 국가(State atheism)'를 선포한데서 그 배경을 찾을 수 있다. 사회주의 기간 동안 알바니아 정부는 철저한 사회주의 이념 원칙에 따라 모든 종교 모임과 단체 결성을 금지하였고, 이와 함께 모든 이슬람 모스크와 교회들이 문을 닫게 하였다. 1990년 11월 이후에서야 비로소 이러한 금지 조항이 해제되어 오늘날에 이르고 있다.

일부 학설에 따르자면 알바니아 민족명과 국명의 기원은 로마 제국의 지배 이전 이 지역의 원주민이었던 일리리안 부족 중 한 부족(Albani)의 이름에서 유래한 것으로 알려지고 있다. 혹은 일부는 중세 이후로 그리스에 거주하고 있던 아르반티스(Arvanties) 주민들의 이름에서 기원하고 있다고도 주장하고 있다. 이들은 알바니아어 방언중 하나인 아르반티카(Arvantika)를 사용하고 있는 것으로 알려지고 있다.

일부 학자들은 알바니아어의 기원을 고대 발칸반도에 거주하였던 일리리안어 혹은 다치-트라키안어로 주장하고 있다. 하지만, 일반적으로 알바니아어는 19세기 중엽 이후로 계속해서 인도 유럽어중 하나로 분류되고 있으며, 게그(Gheg) 방언과 과 토스크(Tosk) 방언 중 오늘날 토스크 방언만을 공식 언어로 선택하고 있다. 통상 그 언어적 경계선으로는 본토를 가로지르는 쉬쿰빈(Shkumbin) 강을 기준으로 하고 있다. 알바니아 북부 지방에서 주로 사용되고 있는 게그어는 슬라브어의 영향을 많이 받았으며, 본토 외에도 코소보와 서부 마케도니아, 몬테네그로의 알바니아인들 사이에서, 그리고 남부 이탈리아와 시실리(Sicily)에서도 부분적으로 사용되고 있다. 하지만, 토스크어를 공식 언어로 규정한 알바니아 정부의 공식 입장에 따라 이들 지역에서도 교과서와 활자화 된 문서에 있어서는 토스크어를 기초로 사용하고 있다. 반면, 알바니아의 중부와 남부 지방에서 주로 사용되고 있는 토스크어는 그리스어의 영향을 많이 받아, 고대 그리스어의 여러 흔적들이 아직까지도 남아 있음을 확인할 수 있다.

생각하기

**발칸유럽 내 알바니아 민족분포 현황은?**

발칸유럽 전역에 걸쳐 알바니아인들은 아드리아해에 접해 있는 알바니아를 중심으로 주변 국가들에도 상당수가 거주하고 있다. 우선 283여만 명이 거주하는 알바니아에 약 96%(약 269만 명)를 차지하고 있으며, 이 외에도 알바니아인은 174만 명의 코소보 인구 중 92%(약 160만 명)를 차지하고 있으며, 63만 명의 몬테네그로에서도 전체 인구의 4.9%(약 3만 명) 그리고 약 206만 명의 인구를 지닌 마케도니아에서는 약 25.2%(약 52만 명)의 알바니아인들이 거주하고 있다.

### 2) 자연과 지리

알바니아 공화국은 북으로는 세르비아와 몬테네그로(287km), 동쪽으로는 마케도니아(151km), 남쪽으로는 그리스(282km) 그리고 서쪽으로는 362km의 아드리아해, 서남쪽으로는 이오니아 해(Ionian Sea)와 경계를 이루고 있으며, 국경의 길이는 총 720km에 이르고 있다. 알바니아의 총 면적은 28,748㎢로 한반도의 약 1/8에 해당한다. 이탈리아와는 아드리아 해와 이오니아 해를 연결하는 오트란토

알바니아 최고봉, 코라비트 산

(Otranto) 해협을 가로질러 약 72km정도 떨어져 있다.

알바니아의 지역적 특징은 대체적인 영토가 아드리아 해를 낀 채 북에서 남으로 일자로 뻗어 있다는 점이다. 알바니아의 강들은 내륙 호수들과 아드리아해 의 분지에 속해 있으며, 대표적인 강으로는 북쪽의 드린(Drin)강, 중부의 쉬쿰빈 강을 들 수 있다. 그리고 호수로는 몬테네그로와 경계를 이루고 있는 쉬코드라 호수(Shkodra 또는 Shkodër/ 남슬라브어로는 스카다르(Skadar) 호수라 함), 마케도니아와 경계를 이루는 오흐리드와 프레스파 호수 등이 유명하다.

산악 국가인 알바니아는 다양하고 풍부한 천연 광물 자원을 보유하고 있다. 알바니아는 석유와 천연가스 매장량이 매우 풍부해 미국과 서유럽 국가들의 많은 관심을 받고 있으며, 이외에도 석탄, 납, 동, 목재 등의 풍부한 자원을 지니고 있다. 특히 크롬 생산량은 세계 제3위를 차지하고 있다.

알바니아의 북부와 중부, 특히 아드리아 해안가를 따라 알바니아는 높은 고지와 산, 구릉지로 이루어져 있다. 평지는 내륙 일부 지역과 해안가 일부 지역에서만 보이고 있다. 알바니아의 산들은 비교적 높은 고지대를 형성하고 있는데, 가장 높은 산은 코라비트(Golem Korab/ Maja e Korabit)산으로 2,753m에 해당한다.

기후는 지형에 따라 다양한 형태를 보이고 있는데 해안지대는 지중해성 기후로 여름에는 따뜻하고 건조하며, 겨울에는 온난 다습한 특징을 보이고 있다. 반면, 내륙 산간지대는 대륙성 기후를 띠며, 여름에는 덥고, 겨울에는 매우 추운 날씨를 보이고 있다.

## 2. 역사

### 1) 고대 시대 알바니아

알바니아 역사학자들의 일방적 주장을 그대로 따른다면 알바니아인은 BC 2,000년 이전부터 발칸유럽의 서부 지역 즉 아드리아 해를 중심으로 인근 내륙지역에 넓게 분포되어 살았던 일리리안 부족의 후손이라 볼 수 있다. BC 7세기경 아드리아해를 따라 일리리안 부족이 중심이 된 여러 도시 국가들이 건설되었고, 이들과 인근 그리스의 여러 도시 국가들 간에 활발한 교역활동이 일어나게 된다. 이러한 경제적 부를 바탕으로 BC 4세기경 일리리안 왕국은 발칸유럽의 대부분을 장악하게 되지만, BC 358년 알렉산더 대왕의 아버지인 마케도니아의 필립 2세와의 전투에서 대패한 이후 그 세력이 급격히 약화되어 갔다. 이후 BC 3세기 말부터 시작된 로마의 계속된 공격과 발칸유럽으로의 진출로 BC 165년 일리리안 왕국은 완전히 로마 지배 하로 편입되게 된다.

로마의 지배는 일리리안 부족에게 있어 여러 문화, 사회, 경제, 정치적 영향을 미치게 된다. 특히 예수와 그 사도들이 활약했던 AD 1세기 동안 크리스트교가 이 지역에 전파되면서 일리리안들 사이에 크리스트교가 급속히 확산되게 된다. AD 9년 오늘날 알바니아는 로마의 행정 구역에 따라 달마티아(Dalmatia), 에피루스(Epirus) 그리고 마케도니아(Macedonia) 등으로 분할되면서 각 행정 구역에 따른 많은 발전을 이루게 된다. 하지만 로마 제국의 몰락과 395년 동·서로마 분리 이후 북부 일부 지역을 제외하곤 대부분의 알바니아 지역은 동로마의 영향권 하로 편입되게 된다. 로마 제국의 약화 속에 4~7세기까지 알바니아내 일리리아인들은 고트족, 훈족, 아바르족 등 여러 유목 민족들의 약탈이 이어졌다. 7세기 이후로는 세르비아, 크로아티아, 불가리아인 등 남슬라브족의 계속된 남진으로 인해 발칸유럽에서 오랫동안 유지해 왔던 그 영향력을 점차 상실하게 되었다.

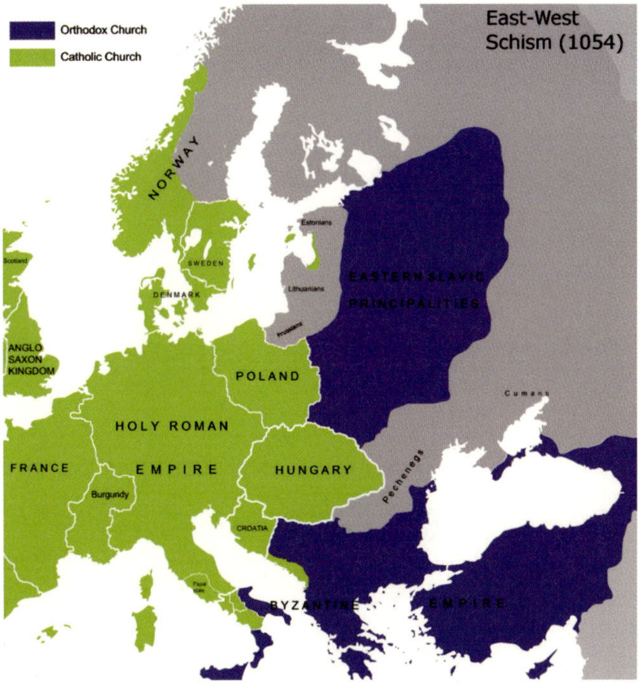

1054년 크리스트교 대분열에 따른 종교 분열선

주도권을 둘러싼 양대 크리스트교 교회(로마 교회, 콘스탄티노플 교회) 간 갈등 속에 이 지역 일리리아인들은 732년 비잔틴 제국의 콘스탄티노플 교회의 영향력 하로 종속되게 된다. 크리스트교의 본격적인 분열을 인정한 1054년 교회 대분열 선언 이후 알바니아 남부 지역은 콘스탄티노플 교회(훗날 정교로 발전) 영향 하로, 북부 지역은 로마 교회(훗날 가톨릭으로 발전)의 영향력 하로 편입되게 되었다. 오늘날까지 알바니아 북부지역에 가톨릭의 영향권이 남아 있는 점과 남부 지역에 알바니아 정교가 그 세력권을 형성하고 있는 것도 이러한 역사적 사실에서 기인한다고 볼 수 있다.

### 2) 중세 시대 알바니아

알바니아와 알바니아인이란 명칭에 관한 역사적 최초 기록은 1081년 비잔틴 제국의 기록에서 그 기원을 찾아 볼 수 있다. 당시 비잔틴 제국은 현재의 알바니아 지역에 대해 언급하면서 이러한 명칭들과 함께 크리스트교를 신봉하고 있던 이 지역 거주민들에 대해 기록해 놓았다. 12세기 한때 크루야(Kruja/ Krujë) 지역에 아르브리아(Arbria) 공국이 설립되기도 했으나, 13세기 이후로 알바니아 북부와 동부 지역의 대부분은 세르비아 왕국 하에 있었다. 1204년 제4차 십자군 원정 시 십자군들의 콘스탄티노플 점령과 라틴 제국 수립으로 인해 한동안 베네치아 공국의 영향력 하에 들어가기도 했지만, 1344년 두샨 황제가 이끄는 세르비아 군대에 의해 알바니아는 다시 한 번 세르비아에 완전히 편입되게 된다. 이후 1389년 세르비아가 주도하는 코소보 전쟁에 크리스트교 발칸 연합 군대의 일원으로 참전하여 오스만 터키 군과 대규모 전투를 벌였지만 이 전투에서 대패하였고, 이때 이후로 세르비아의 영향력으로부터 조금씩 벗어날 수 있었다.

그러나 자치 공국의 기쁨은 오래가지 못했다. 계속된 오스만 터키의 유럽 원정으로 인해 베네치아 공국에 넘어간 북부 쉬코드라 호수 인근을 제외하곤, 1431년에 들어와선 남부와 중부의 상당 부분이 오스만 터키의 지배 하로 넘어가야만 했다. 1453년 비잔틴 제국의 수도였던 콘스탄티노플마저 점령당하고, 1459년 세르비아 중세 왕국의 마지막 수도였던 스메데레보 요새가 점령당한 이후, 자신을 도와 줄 크리스트교 국가가 주변에 없는 가운데 알바니아인들은 계속된 오스만 터

알바니아 민족의 영웅, 스칸데르베그 동상

키의 공격에 시달려야만 했다.

당시 알바니아 지역은 1440년 오스만 터키에 의해 이 지역 봉건 영주로 임명된 스칸데르베그(George Kastrioti Skanderbeg, 1405~1468, 재위 1443~1468)에 의해 통치되고 있었다. 그는 알바니아 민중들의 뜻을 받들어 이슬람에서 가톨릭으로 전향하였고, 1443년 이후 알바니아인들을 한데 모아 약 20여 년간에 걸쳐 험준한 산악 전투와 여러 전술을 바탕으로 소수의 병력만으로도 오스만 터키의 공격을 잘 막아내게 된다. 실제, 이러한 그의 전술적 방법은 훗날 서유럽 국가들이 오스만 터키의 공격을 대처하는 데 있어 교과서적인 모범 사례를 제공하였다고 알려지고 있다. 하지만, 알바니아 민족의 영웅으로 숭배되며 오스만 터키군의 수차례 대규모 공격을 훌륭히 잘 막아내었던 스칸데르베그 영주가 사망한 이후, 알바니아인들은 오스만 터키의 공격에 더욱 더 큰 어려움을 감당해야만 했다. 1478년 오스만 터키의 4차례 포위 공격 끝에 험준했던 크루야 산악 요새가 함락되고, 뒤 이어 1479년에는 북부의 쉬코드라마저 오스만 터키 군에 의해 정복당함으로써 알바니아의 대부분 지역은 오스만 터키의 지배 하로 넘어가게 되었다.

당시 크리스트교도들이었던 대다수 알바니아인들은 오스만 터키의 지배를 피해 남부 이탈리아, 그리스, 이집트로 도망해야만 했다. 이후 17~18세기를 거치면서 이 지역에 남아 있던 사람들 중 대다수의 알바니아인들은 오스만 터키 하에서 이슬람으로 개종하였고, 이것은 오늘날 알바니아인들의 종교적 분포를 결정짓게 하였다.

### 3) 근대 시대 알바니아

오스만 터키 지배 기간 동안 대거 이슬람으로 개종하였던 알바니아인들은 오스만 터키 제국 하에서 술탄 바로 밑인 대(大)베지르(Grand Vizier, 오늘날의 총리에 해당)를 무려 24명이나 배출하였다. 이들 외에도 알바니아 출신들은 터키 제국의 여러 행정조직과 군사조직에서 주요 역할을 담당하여 터키 제국을 유지하는데 충실한 역할을 수행하게 된다.

하지만, 19세기 민족주의 시대에 들어와 다른 발칸유럽의 여러 민족들처럼, 알바니아인들도 터키로부터 독립을 쟁취한 이후 알바니아 민족 국가를 수립하고자 하는 열망에 들뜨게 된다. 이러한 열망에 따라 1822년 알바니아는 오스만 터키 제국 하에서 자치권을 획득하는데 성공하였고, 1861년에는 쉬코드라에 알바니아어를 가르치는 최초 근대식 학교를 설립하기도 하였다. 하지만 1878년 러·터 전쟁의 결과 맺어진 산 스테파노 조약(3월)과 베를린 조약(6월)에 따라 발칸유럽의 대부분 국가들이 독립을 쟁취한 것과는 달리 알바니아는 서구의 무관심과 터키의 강력한 반대 속에 독립을 달성하는데 실패하게 된다.

러·터 전쟁 도중인 1878년 1월 코소보에 있는 프리즈렌(Prizren)에서 알바니아의 독립을 위한 저항단체가 결성되었고, 이후 이 단체는 '알바니아 프리즈렌 연맹'으로 불리게 된다. 프리즈렌 연맹은 두 가지의 구체적인 목표를 지향하였는데, 첫째는 알바니아 민족주의 활성화를 위해 알바니아 언어와 문화, 문학을 발전시킨다는 것이었다. 그리고 두 번째 목표는 코소보 지역을 포함한 쉬코드라와 오늘날 마케도니아 영토인 비톨라, 울치니를 비롯한 몬테네그로 지역 등 당시 알바니아인들이 다수 거주하던 주변 지역들을 터키로부터 쟁취해 알바니아 영토를 구체화 시킨다는 것이었다. 이러한 주장은 현재 알바니아 민족주의자들이 추구하고 있는 대(大) 알바니아 국가 건설의 기초가 되었다. 그리고 그 범위가 알바니아 본토 외에도 알바니아인들이 다수 거주하고 있는 발칸 반도 지역을 두루 포함하고 있어, 현재까지도 발칸유럽의 주요 분쟁 요소로 자리하고 있다.

그러나 이러한 국가건설을 목표로 터키 저항운동을 전개하였던 프리즈렌 연맹은 1881년 오스만 터키군의 강력한 진압에 의해 거의 괴멸되게 된다. 이후 터키는 알바니아 민족운동을 약화시키기 위한 일환으로 1897년 알바니아어 사용을 금지시켰고, 여러 민족 지도자들을 투옥하거나 해외로 추방시키게 된다.

생각하기

## 발칸유럽 내 민족 갈등의 진원, 대(大)알바니아주의

알바니아 민족주의자들이 주장하는 대알바니아 영토

20세기를 넘어오면서 발칸유럽 내 민족 간 갈등과 충돌의 한 가운데에는 항상 알바니아 민족주의, 즉 영토적 확대를 목표로 한 대(大)알바니아주의가 자리하고 있었다. 알바니아는 러·터 전쟁 이후 맺어진 1878년 산 스테파노와 베를린 조약에 의해 독립을 이룬 발칸유럽의 다른 민족들에 비해 다소 늦은 1920년에 들어와서야 비로소 독립 국가를 구성할 수 있었다. 하지만 당시 독립을 전후로 이 지역에 관심을 지니고 있던 이탈리아, 오스트리아-헝가리 등 강대국들과 세르비아 등 주변 열강들의 계속된 위협 속에 알바니아는 알바니아인이 다수 거주하고 있던 코소보와 마케도니아 서부 지역을 신생 알바니아 국가에 통합시키는데 실패하게 된다. 따라서 이때 이후로 알바니아 민족주의는 코소보와 서부 마케도니아, 몬테네그로 영토 지역 탈환을 위한 '영토적 민족주의' 성향을 분명히 드러내게 되었으며, 수차례 이들 지역들을 차지하기 위한 일련의 전투들을 치르게 된다. 또한 현재까지도 이를 둘러싼 갈등이 첨예하게 전개되고 있는 상황이다.

알바니아 민족주의의 대표적 형태라 할 수 있는 영토적 민족주의에 기초한 대(大)알바니아주의는 1878년 1월 코소보 내 프리즈렌 마을에서 결성된 '프리즈렌 연맹'의 이론에 기초하고 있다. 대(大)알바니아 국가건설을 목표로 터키 저항운동을 전개하였던 프리즈렌 연맹이 1881년 오스만 터키군의 강력한 진압에 의해 거의 괴멸된 후에도 프리즈렌 연맹이 추진하였던 여러 운동과 목표는 이후 외세 침략에 의해 알바니아 민족들이 어려움에 처하거나 국가 존립의 위기에 처했을 때 알바니아 민족정신을 고취하고 외세 저항과 단결을 유도하는 데 중요한 영향력을 발휘하고 있으며, 현재 발칸유럽 내 민족갈등과 분쟁의 주요 요인 중 하나를 제공하고 있다.

### 4) 양차 대전과 알바니아

계속 약화되어만 가던 터키의 부흥을 위해 일어난 '젊은 터키당'이 1908년 쿠데타를 통해 중앙 권력을 장악하고 이로 인한 혼란이 가중되는 사이, 알바니아 민족운동은 일련의 결실을 이루게 된다. 저항운동의 확대 속에 1910년과 1912년 사이 알바니아는 터키로부터 광범위한 자치권을 확보하게 된다. 1912년 알바니아 민중 봉기 자들은 당시 오스만 터키의 지배하에 있던 마케도니아의 스코프예를 장악한 뒤, 동년 11월에는 이스마일 퀘말리(Ismajl Qemali, 1844~1919)를 중심으로 블로라(Vlora/ Vlorë)에서 알바니아 독립을 선포하고 임시정부를 수립하는 결실을 이루었다. 제1차 발칸전쟁 이후 맺어진 런던 회담에서 강대국들의 압력에 밀려, 주변의 그리스와 세르비아에게 상당 지역의 영토를 양보해야만 했던 알바니아는, 마침내 1913년 11월 제2차 발칸전쟁 발발 이후 맺어진 부쿠레쉬티 조약에 의해 알바니아는 정식으로 독립을 인정받게 된다.

제1차 세계대전 동안 알바니아는 이탈리아, 오스트리아-헝가리, 세르비아, 그리스 그리고 프랑스 군대 등에 의해 정복당하는 아픔을 겪어야 했다. 특히 1919년 제1차 세계대전 종결을 논의하는 파리회담에서 강대국(특히 프랑스와 그리스)의 압력에 따라 알바니아는 그리스, 이탈리아, 세르비아-크로아티아-슬로베니아 왕국 하로 분할되도록 결정되었지만, 미국의 윌슨 대통령 반대로 이러한 의도는 무

블로라에서 알바니아 독립을 선언하는 이스마일 퀘말리와 기념탑

마되게 된다. 이를 지켜본 알바니아 지도자들은 1920년 파리회담의 결정을 거부한 후 티라나를 수도로 한 알바니아 독립 정부 수립을 선포하였다. 이와 함께 이탈리아군과 세르비아 군을 비롯한 외세 군대를 몰아내려는 알바니아 민병대의 저항이 시작되게 된다.

연설중인 엔베르 호자

양차 대전 사이 알바니아는 주변 국가들 특히 세르비아의 계속된 군사 공격에 시달려야 했다. 게다가 1922년 수상이었던 조그 1세(Zog I, Skanderbeg III, 수상 1922~1924, 대통령 1925~1928, 왕 1928~1939)가 1924년 금융 스캔들 등 여러 이유로 6월 혁명이 발생하면서 세르비아로 쫓겨 갔다가, 이후 세르비아 군대의 지원 하에 다시 정권을 장악하는 등 정치적 혼란기를 맞이하게 된다. 양차 대전 사이 알바니아는 이처럼 주변 국가들의 영향력 하에서 혼돈의 시기를 맞이해야 했는데, 이들 중 특히 이탈리아는 알바니아 내정과 경제, 사회, 문화 등 곳곳에 그 영향을 미쳤다고 할 수 있다. 알바니아의 조그 1세는 1926년 이탈리아와 맺은 티라나 협약에 따라 알바니아 정권과 국경을 인정받는 대신 통상과 정치적 압력 증대를 묵인해야만 했었고, 이후 제2차 세계대전 기간 동안인 1939~1943년까지에는 이탈리아 군대에 의해 알바니아가 정복되고, 이탈리아 행정관이 직접 통치하는 상황에까지 이르게 되었다.

제2차 세계대전 당시 알바니아 공산주의자들은 티토가 이끄는 유고슬라비아 공산당과 연합하여 독일, 이탈리아 항전을 전개하였으며, 1941년 11월 알바니아 공산당 설립과 함께 엔베르 호자(Enver Hoxha, 1908~1985, 집권 1944~1985)가 당 서기장으로 임명되게 된다. 1943년 이탈리아의 항복이 있었으나, 뒤 이어 9월 이후로 독일군의 지배 하로 들어가게 된다. 하지만 연합군의 지원 속에 1944년 이후 알바니아 공산당은 알바니아의 대부분을 장악하였고, 11월에는 수도인 티라나를 다시 수복할 수 있었다.

### 5) 사회주의 시대 알바니아

1945년 알바니아 임시 정부와 유고슬라비아 정부 간 협상으로 코소보 지역에 대한 자치권 부여가 약속되었다. 1946년 알바니아는 유고슬라비아의 지원에 힘입어 인민 공화국임을 선포하였고, 이후 한동안 양국 간에는 일련의 밀월 관계가 지속되게 된다. 하지만 1948년 코민포름 분쟁의 결과 유고슬라비아가 사회주의 블록에서 축출되게 되자, 알바니아 정부는 반(反) 유고슬라비아 캠페인에 동참하였다. 이후 알바니아는 유고슬라비아와 맺었던 경제, 외교, 그리고 우호협력 조약 등 모든 정치적 관계를 단절하였고, 이에 대한 대가로 소련은 알바니아에 대해 적극적 군사, 경제 지원을 약속하였다.

1955년 바르샤바 조약 기구의 회원국이 된 알바니아는 1960년 중-소 분쟁에 따라 등거리 외교를 시작하였지만, 1961년 후르시쵸프의 전진 기지 요구에 대한 거절 이후 소련과의 외교 관계를 단절하였다. 이후 알바니아는 친(親) 중공 성향의 외교 정책으로 선회해 1965년과 1966년엔 중공의 문화 혁명에 적극적으로 동참하기도 했다. 알바니아는 철저한 사회주의 이념을 실천한다는 이유로 1967년엔 세계 최초로 '무신교 국가'를 선포하였고, 이후 역사적 가치가 있는 수백 개의 모스크와 교회가 파괴되었고, 종교 활동이 금지되게 된다. 1968년 소련의 체코 침공을 계기로 바르샤바 조약 기구에서 탈퇴한 알바니아는 소위 '핑퐁 외교'로 불린 미국 닉슨 대통령의 중공 방문 이후 변화하기 시작한 중공의 정책 노선을 강력히 비난하면서 1976년 '알바니아 인민 사회주의 공화국'으로 국명을 개칭하게 된다. 이후 1985년 엔베르 호자가 사망하자 그 직위는 사회주의 알바니아의 두 번째 서기장인 라미즈 알리아(Ramiz Tafë Alia, 1925~2011, 서기장 1985~1991, 대통령 1991~1992)에게로 승계된다.

### 6) 민주화 시대 알바니아

1989년 11월 베를린 장벽 붕괴는 다른 사회주의 국가들과 마찬가지로 알바니아에도 커다란 파괴력으로 다가서게 된다. 1990년 1월 공산당 일당 독재 포기를 요구하는 대규모 군중집회가 전국적으로 일어나자, 알바니아 정부는 쉬코드라에 비상 계엄령을 선포하게 된다. 하지만 7월 티라나에서 다시 한 번 대규모 군중집회가 발생하였고, 뒤이어 약 5천여 명의 시민이 티라나 주재 외국 대사관으로 몰려와 정치적 망명을 요구하는 사태가 발생하게 된다. 계속된 시위와 충돌 속에 12월 알리아는 다당제 선거 수용을 골자로 한 성명서를 발표해야만 했다.

1991년 3월에서 4월에 걸쳐, 1920년대 이후로 최초의 다당제 선거가 실시되었고, 공산당의 후신인 노동당이 67%의 높은 지지로 다시 정권을 장악해, 알리아는 다시 한 번 대통령에 재선되게 된다. 하지만 노동당 하에서 감행된 여러 경제 개혁들의 실패, 급진적 개혁을 주장하던 민주당 각료들의 연정 탈퇴 그리고 대규모 식량 폭동의 여파로 1991년 8월에 들어와서는 18,000여명의 알바니아인들이 보트 피플이 되어 아드리아 해를 건너 이탈리아로 망명하는 사건이 발생하게 되었고, 알리아 대통령은 결국 새로운 총선을 약속해야만 했다.

1992년 3월과 4월에 치러진 선거에서 야당이었던 민주당은 압승하였고, 민주당 당수인 샬리 베리샤(Sali Ram Berisha, 1944~, 대통령 1992~1997, 수상 2005~)가 새로운 대통령으로 취임하게 된다. 이에 따라 48년간에 걸친 알바니아 공산 정권은 그 막을 내리게 되었고, 이후 1992년 9월 알리아 전 대통령을 비롯한 상당수 공산주의자들이 부패혐의로 체포되었다. 하지만 민주당 정부는 정치 자금 조성을 위해 1997년 피라미드식 투자 사업에 국민의 2/3를 끌어들인 후 지불 능력이 막히게 되자 대규모 국민적 저항에 부딪히게 된다. 당시 피라미드 금융 회사들은 정부의 비호아래 연 600%의 높은 배당률을 약속하고 돈을 끌어 모았으나, 지불 능력을 상실해 파산하게 되었고, 이어 당시 알바니아 GDP의 약 30%에 해당하는 10억 달러 이상의 피해를 보아야만 했다. 이에 따라 계속된 경제 피폐와 대규모 정권 타도 시위로 정국이 혼란하게 되자, 민주당 정부는 6월 조기 총선을 결정하게 된다. 이 선거에선 야당 연합이 승리하여 새로이 정국 주도권을 장악하게 된

피라미드 금융사기 사건에 저항하는 알바니아 민중들과 반정부 시위대

다. 하지만 1998년 9월 야당 지도자 사망과 더불어 반정부 시위 격화, 유혈 폭동이 확대되는 등 알바니아는 민주화 시기 동안 여러 정치, 경제적 시련을 겪어야만 했다. 동유럽 국가들 가운데 가장 늦게 민주화를 시작한 알바니아는 이후 세계 여러 국가들과 기구들의 지원과 관심 그리고 EU 가입을 위한 여러 노력 속에 새로운 민주주의를 시험해 나가고 있는 중이다.

## 3. 정치

알바니아는 1998년에 수립된 헌법에 기초하고 있으며, 정치체제는 공화제이다. 알바니아 대통령 임기는 5년이며, 알바니아 의회에서 비밀 투표에 의해 선출되고 있다. 대통령은 군의 최고 사령관으로서, 총리 임명권을 지니고 있다. 장관은 총리의 추천에 기초하여 대통령에 의해 지명되며, 국회의 승인을 받아야 한다. 의회는 140석의 단원제로 4년 임기를 원칙으로 하고 있다.

알바니아 외교의 기본 방침은 국제사회와의 관계 강화 및 안전 보장 확보라 할 수 있다. 이를 위해 알바니아는 여러 지역과 해당 국가들과의 관계 확대에 주력하고 있다. 알바니아는 코소보 분쟁 이후 세르비아, 마케도니아 등과 관계가 악화되었으나, 기본적으로 발칸유럽 내 국가들과의 협력을 통한 정세 안정과 경제 발전을 추구하고 있다.

이탈리아와의 관계에 있어선 1985년 이후 확대된 알바니아 국내 경제의 어려움을 극복하기 위해 관계를 긴밀히 하고 있다. 이탈리아 또한 알바니아의 정국 안정을 매우 중요시 여기고 있어 1997년 알바니아에서 소요가 확대되었을 때 소요 진정과 원조를 위한 다국적군을 조직하는데 가장 먼저 앞장을 서기도 했다. 그리스와의 관계에 있어선 현재 양국에 거주하는 약 15만 명 정도의 소수민족 문제 해결이 주요 관건으로, 이를 해결하기 위해 1993년 11월 외무장관회담 개최를 계기로 양국 정상화와 함께 다각적인 노력을 기울이고 있다. 미국과의 관계는 미국의 발칸유럽 정책과 함께 1990년 9월 알바니아 대통령의 방미 이후 긴밀한 관계가 구축되고 있으며, 1992년 5월 양국 간 무역경제협력 협정이 체결되기도 했다. 러시아와는 1961년 12월 대소련 외교관계 단절 이후 소원하였으나, 1990년 7월 이후 외교관계를 다시 정상화하면서 다시 관계 증진에 나서고 있다.

알바니아 정부는 2009년 4월 NATO에 가입하였으며, 2003년 1월엔 EU 가입을 위한 잠재적 회원 가입을, 그리고 2009년 4월부터는 EU 가입을 위한 EU 멤버십 자격을 획득하여 공식적인 가입 절차에 들어가는 등 국제 사회의 중요 구성원이 되기 위한 여러 노력들을 기울이고 있는 중이다.

## 4. 한국–알바니아 관계

우리나라와는 1991년 8월 22일 외교 관계를 수립하여, 현재 알바니아에서는 중국 주재 알바니아 대사관에서 한국을 관할하고 있으며, 한국 정부는 주 그리스 한국 대사관에서 겸임국으로 업무를 관장하고 있다. 북한과는 1948년 11월 29일 이래 외교관계를 수립하였으며, 실제 한국전쟁 당시 알바니아는 북한에 대한 경제적 지원을 해줄 정도로 상호간 협력이 긴밀하게 이루어져 왔다. 이후 1953년 7월 30일 알바니아 주재 북한대사관이 설치되었으나, 1954년 10월 28일 설치된 평양 주재 알바니아 대사관이 1992년 10월 14일 폐쇄를 결정하자, 1992년 10월 18일 폐쇄되어 현재에 이르고 있다.

## 5. 경제

알바니아의 주요산업은 시멘트. 석유, 농업, 기계 공업, 광업, 목재 등이며, 주요 수출품은 연료, 크롬강, 철광석, 철, 강철, 동, 과일, 야채 등이고, 반면 주요 수입품은 기계류, 예비부품, 광물, 금속제품 등이다. 인구의 약 12%가 빈곤 상태로 유럽의 최대 빈국인 알바니아에 대해 세계 각국들은 다각적으로 원조를 해주고 있는데 주요 원조국들로는 이탈리아, 독일, 일본 등을 들 수 있다. 특히, 이탈리아와 그리스 등 해외 노동자들이 보내주는 송금액이 경제 유지에 일정 부분을 차지하고 있다.

알바니아의 주요 무역국들로는 이웃하고 있는 세르비아, 불가리아, 루마니아, 그리스, 이탈리아, 마케도니아, 독일, 미국 등을 들 수 있다. 21세기에 들어와 한동안 알바니아는 6%내외의 높은 경제 성장세를 보여 왔지만, 최근에 들어와 다소 성장세가 떨어지고 있으며, 전체 고용 인력의 약 58%가 농·목축업 및 1차 산업에 종사하고 있다. 특히, 비록 그 증가 폭이 점차 줄어들고는 있지만, 알바니아의 젊은 노동력들이 그리스, 이탈리아, 독일 등 여러 유럽 지역 및 북아메리카 등지로 대거 이동함으로써 인구 감소가 진행되고 있어 사회적 이슈가 되고 있기도 하다.

알바니아의 주요 경제적 특징은 우선 맥주, 와인, 브랜디 등 주류업이 매우 발달해 있다는 점과 알바니아의 풍부하고 저렴한 낙농업이 외국인들의 투자 유망 사업으로 인정되고 있다는 점이다. 해외로부터의 직접 투자가 계속해서 증가 추세에 있으며, 수력 발전소 건설 등 에너지 발전 분야에 많은 관심을 가지고 있다. 또한 알바니아는 민주화 이후 다각적인 민영화가 진행되고 있어 민간투자 유치와 자유 시장 경제 원칙에 기반을 둔 개혁 및 성장 프로그램을 추진하고 있어, 향후 경제적 발전을 꾀하고 있다.

## 6. 문화

알바니아 문화 또한 지역적 방언과 그 민족성 그리고 역사적 배경에 따라 서로 다른 차이점을 보이며 발전하였다. 우선 북부 지역의 음악과 민요의 특징이 주로 거칠면서도 웅장하며 영웅적인 신화에 초점을 맞추고 있다면, 남부 지방은 다소 편안하고 섬세한 표현에 그 초점을 맞추고 있다. 알바니아 민속 음악을 최초로 집대성한 사람은 쉬코드라 출생의 둔구(Pjetër Dungu, 1908–1989)를 들 수 있다.

고대 일리리안 시대부터 전해 내려오는 전통음악 중 하나인 다성부 음악(Polyphony)에 기초를 둔 알바니아 민요는 오스만 터키의 지배에 저항했던 북부 지방의 영웅들 이야기와 화려했던 역사 서사시, 감미로운 멜로디의 자장가와 사랑 노래, 결혼과 축제 등에 불리는 흥겨운 노래 등 여러 종류로 전달되고 있다. 한 가지 특징으로는 자장가 등 일부 민속 노래의 경우 솔로 여가수에 의해 노래가 불린다는 점을 들 수 있다. 다성부 음악에 바탕을 둔 알바니아 민속 음악은 여러 사람 또는 악기가 함께 서로 아름답고도 조화로운 화음을 만들어 내고 있다. 또한 음악적 특징은 느리면서도 음울한 음조를 바탕으로 아름다운 하모니가 서로 어우러져 있으며, 2개 이상의 독립된 성부에 의해 구성되는 독특한 특징을 지니고 있다.

알바니아의 전통 춤, 발레 루고바

터키식 음식에서 영향을 받은 쉬쉬케밥과 필라프

알바니아의 전통 무용은 터키의 영향을 매우 많이 받았다. 대표적인 전통 춤으로는 '발레 루고바(Valle rugova)'를 들 수 있다. 알바니아의 음식 또한 다른 상당수의 발칸 유럽 국가들처럼 터키의 영향을 많이 받았는데, 주요 음식으로는 구운 고기인 쉬쉬 케밥(Shish kebab, 터키어로는 Şiş kebap), 소고기를 다져 둥글납작하게 만든 롬 스텍(Romstek), 미트볼인 쿄프테(Qofte)가 있으며, 이 외에도 쌀과 치즈로 섞어 만든 필라프(Pilaf), 요구르트와 오이채를 섞어 시원하게 만들어 여름철에 주로 애용하는 타라토르(Tarator) 등이 대중 음식으로 자리하고 있다.

알바니아 문학은 1909년 알바니아어가 표준화 된 후로 발전하여 왔는데, 대표적인 문학가로는 판 놀리(Fan Stilian Noli, 1882~1965)를 들 수 있다. 그는 알바니아 정교회의 창립자이자 정치가, 역사가, 외교관, 학자 등 다방면에서 뛰어난 재주를 보였으며, 제1차 세계대전 직후에는 알바니아의 통합과 독립을 위해 미국의 윌슨 대통령에게 호소하기도 했으며, 1924년 조그 1세를 몰아내었던 6월 혁명 동안엔 잠시 동안이지만 수상 직을 역임하기도 했었다. 하지만, 혁명이 실패로 돌아가자 1925

알바니아 화폐에 도안된 판 놀리

년 이탈리아로 추방되어야 했으며, 이후 1932년에 미국으로 망명한 후 1945년 스칸데르베그를 소재로 하여 보스턴 대학교에서 역사학 박사 학위를 받았다. 그는 생애 동안 대부분의 삶을 종교적 주제에 기초한 수많은 시를 남기는 데 전력하였으며, 활동적인 작품 활동을 하다가 미국에서 사망하게 된다. 이 외에도 현대적 작가이자 알바니아 문학계의 거두로는 1990년 독재정권에 저항하며 프랑스로 정치 망명한 이스마일 카다레(Ismail Kadare, 1936~ )를 들 수 있는 데, 그의 작품성은 세계적으로 인정받아 수많은 문학 작품상 외에도, 이미 수차례 노벨 문학상 후보로 피선되기도 하였다. 『꿈의 궁전, The Palace of Dreams』을 비롯한 그의 작품은 현재 전 세계 40여 개 언어로 번역되어 소개되고 있다. 특히 국내에도 소개된 적이 있는 소설 『꿈의 궁전』에서 그는 꿈을 꾸게 하는 궁전이 아닌 꿈을 지워버리는 꿈의 궁전을 묘사하면서 과거 알바니아 독재 정권의 모순을 비판하고 있다.

이스마일 카다레와 그의 대표작중 하나인 <꿈의 궁전>

티라나시에 자리한 테레사 수녀 동상

알바니아가 내세우는 주요 인물로는 마더 테레사(Mother Teresa, 1910~1997) 수녀를 들 수 있는 데, 그녀는 1910년 8월 오늘날 마케도니아의 수도 스코프예에서 루마니아계 아버지와 알바니아계 어머니 사이에서 태어났다. 생애 중 약 45년 동안을 인도 등에서 병든 자와 가난한 자를 위하여 봉사한 그녀는 1979년 노벨 평화상을 받았으며, 이때 받은 상금 또한 힘든 자를 위하여 전액 기부함으로써 많은 이들의 찬송을 받기도 하였다. 마더 테레사 수녀가 태어난 1910년 당시 오스만 터키 지배 하에 있던 스코프예는 코소보와 더불어 알바니아 민족주의 운동의 주요 본거지였으며, 이에 따라 알바니아는 현재 마케도니아와 그의 민족성을 둘러싼 논쟁 중에 있다.

## 7. 주요지역

알바니아는 수도인 티라나를 비롯 그 지리적, 문화적 특징에 따라 게그족이 다수 거주하는 쉬코드라를 중심으로 한 북부지대와 토스크 족이 다수 거주하는 두르레스(Durres/ Durrës), 블로라 등의 해안 도시를 중심으로 한 아드리아 해안지대로 나누어 살펴볼 수가 있을 것이다.

### 1) 여행 정보

알바니아엔 11개 공항이 있지만, 국제공항으로는 수도 티라나에서 약 25km 떨어진 리나스(Rinas/ Rinasi) 공항이 유일하다. 알바니아는 비록 자체 항공사를 보유하고 있지는 않으나, 이곳엔 슬로베니아, 이탈리아, 불가리아, 헝가리, 그리스, 스위스 그리고 터키 항공사가 현재 각 국의 수도와 알바니아 간 항공 노선을 운행 중에 있다.

알바니아의 총 철로 길이는 447km로 전체 물동량의 46%를 차지하고 있는데, 알바니아의 철도 산업은 1960년대에 들어와서야 비로소 중공의 원조로 산업 철도를 중심으로 그 기초가 이루어졌으며, 현 몬테네그로의 수도인 포드고리짜와 알바니아 북부 지역의 쉬코드라 도시 사이에 철로가 연결되어 유럽과의 철로 망이 개설되어 있다. 도로는 총 18,000km로 이중 포장도로는 5,400km에 불과하다. 그중 도로는 전체 화물 물동량의 50% 이상을 차지하고 있다. 1994년 3월 수도인 티라나와 항구 도시인 두르레스를 잇는 고속도로가 최초 개통되었다. 해상 운송은 서방과의 무역에 주로 사용되고 있으며, 주요 항구로 두르레스와 블로라 등을 들 수 있다. 알바니아의 통신과 우체국 시스템은 아주 초보적인 수준으로, 국제

통화는 우체국에서도 가능하다.

알바니아는 현재 미국 시민, 일부 EU 국가 그리고 뉴질랜드와 호주 등의 국가들에 대해선 무비자 입국을 허용하고 있다. 이외 다른 국가의 시민들은 알바니아 입국을 위한 비자가 필요하며, 통상 3개월간 입국비자를 허용하고 있다. 우리나라 국민이 알바니아에 입국하기 위해선, 현재 한국엔 알바니아 대사관이 상주하지 않는 관계로 가까운 중국에 가서 비자를 받아야만 한다. 알바니아 일부 현지 국경에서 비자 발급이 이루어지기도 하지만, 대사관에서 발급 받는 것에 비해 매우 비싸며, 확실한 방법이 아니다.

### 2) 티라나(Tirana/ Tiranë)

인구 약 42만 명이 거주(광역 도시 개념으론 76만 명)하는 알바니아의 최대 도시로 1920년 이래 알바니아의 수도였던 티라나는 지리적으로 볼 때 알바니아 중앙에 위치해 있다. 1614년에 들어와서야 비로소 오스만 터키에 의해 도시로 건설되게 된다. 이처럼 후발 도시로 출발한 티라나가 알바니아 중심 도시로 발전할 수

티라나 시의 스칸데르베그 광장

있었던 배경에는 쉬쿰빈 강과 계곡을 따라 동부 알바니아와 아드리아해를 가로지르는 중심부에 위치하고 있다는 지리적 이점 외에도 도시를 둘러싼 풍요로운 평원지대, 풍부한 산림자원과 용수를 들 수 있을 것이다.

티라나 시를 따라 여러 외곽지대에는 신석기 시대 이후로 이 지역에 거주했던 원주민들의 흔적들이 남아 있다. 또한 비잔틴 역사학자들에 따르자면, 도시 동부의 다이트(Dajt/ Dajtit, 1,613m) 산악지대에는 유스티니아누스 1세 시절 티르칸(Tirkan) 성으로 언급되어지고 있는 여러 성채들이 아직도 그 자취를 간직하고 있다. 실제 기록에 따르자면, 당시 비잔틴 제국은 32개의 성을 새롭게 건설하고, 26개의 성을 재건하였다고 기록되어 있다. 아직까지도 이 주변에는 일련의 여러 성채들이 주변의 언덕들을 따라 계속해서 나타나고 있는데, 학자들의 주장에 따르자면 이것은 고대부터 주요 도시였던 두르레스와 트루야를 방어하기 위한 요새들이자, 슬라브족들의 남하를 막아내기 위해 세워진 것으로 추정되고 있다.

티라나가 도시로서의 면모를 갖추기 시작한 것은 1614년 오스만 터키에 의해 건설된 이후부터이며, 당시 오스만 터키 지배 하에서 이곳엔 여러 개의 터키탕과 터키 빵집 그리고 모스크들이 세워진 것으로 기록되어 있다. 당시 이 지역은 실크, 솜, 피혁제품, 세라믹, 철, 천연 가공물 등을 위한 시장이 자주 열렸다. 1889년 알바니아어 교육을 위한 학교들이 건립된 티라나는 1912년엔 이스마일 퀘말리를 중심으로 한 터키 저항운동이 일어나 오스만 터키의 지배를 종식시키는데 중요한 역할을 했던 곳이기도 하다. 이후 한동안 세르비아 군대의 침략에 의해 점령당하기도 했으나, 1918~1920년을 거치면서 세르비아 군대를 몰아내고 수많은 피난민들의 안식처를 제공해 주면서 알바니아인들 사이에 국가 수호를 위한 상징적 도시로 각인되게 된다. 이러한 알바니아인들의 호응에 따라 1920년 2월 8일 마침내 티라나에서 알바니아 임시정부 수립이 선포되었고, 티라나는 이후 알바니아의 수도로서 중요한 역할을 수행하게 된다. 1920~1924년 동안 알바니아를 장악하려는 세르비아 군대에 저항해 다시 한 번 외세 지배에 대한 저항의 도시로서 이름을 알리게 된 티라나는 1937년엔 국립 은행 설립과 더불어 바리카다(Barrikada) 거리를 중심으로 서구와 남서유럽풍의 새로운 건물들이 건축되기 시작하면서 도시의 면모를 갖추어 나가기 시작했다. 1939년 이탈리아의 알바니아

유스티니아누스의 성'으로 불리고 있는 '티라나 성'

지배 이후 그해 11월 알바니아 공산당이 이곳에서 설립되었고, 이후 티라나는 공산당원들의 반(反) 파시스트, 반(反) 나치 운동의 선봉 도시로서 그 역할을 담당하게 된다.

티라나는 제2차 세계대전 전만 하더라도 하나의 전력 생산 기지, 두 개의 인쇄소, 소수의 목재 가공 생산 공장, 일부 생활용품 공장들만이 건설되어 있었다. 하지만 오늘날 티라나는 알바니아의 제1도시이자 알바니아 경제의 중심지답게 전체 산업 생산의 1/5, 전체 기계 산업의 1/3, 전체 석탄 생산량과 직물 생산량의 30%를 차지하고 있으며, 대규모 대형 기계 공장들과 전기 회사 등이 티라나에 자리하고 있다.

티라나는 알바니아 정치의 중심지로 국회 의사당, 각 행정 부처 건물, 사법부 등 주요 정부 건물들이 자리하고 있다. 또한 교육의 중심지로 45개의 초등학교와 티라나 국립대학을 비롯 1957년에 설립된 과학기술 전문대학, 예술 아카데미, 농경대학 외에도 여러 학술 연구소와 단체가 자리하고 있다. 알바니아 문화와 예술의 중심지이기도 한 티라나에는 국립 극장, 국립 오페라 발레 극장과 여러 예술 단체 그리고 국립 도서관등도 자리하고 있다.

주요 볼거리로는 우선 '유스티니아누스의 성'으로 불리고 있는 '티라나 성(Tirana Castle/ Kalaja e Tiranës)'을 들 수 있으며, 티라나의 상징인 스칸데르베그 기념비가 자리한 '스칸데르베그 광장(Skanderbeg Square/ Sheshi Skënderbej)', 1789년에 시작되어 1823년에야 지어진 '에뎀 베이 모스크(Et'hem Bey Mosque/ Xhamia e Et'hem Beut)'와 1822년에 세워진 '터키식 시계탑(Clock Tower/ Kulla e Sahatit)'등을 들 수 있다.

### 3) 알바니아 북부지대

(1) 쉬코드라(Shkodra/ Shkodër)

알바니아의 가장 오래된 도시들 중 하나인 쉬코드라는 현재 약 96,000명의 인구(광역 도시 개념으로는 약 22만 명)가 거주하는 알바니아 북부의 가장 중요한 경제, 문화의 중심지이다. 기록에 따르자면 쉬코드라는 BC 4세기 로자파 성(Rozafa Castle/ Kalaja e Rozafës, Kalaja e Rozafatit) 을 중심으로 펼쳐진 언덕에 최초로 건설되었다. 이곳은 고대 시절 이곳의 원주민인 일리리안 부족 왕국의 중심

로자파 성에서 내려다 본 쉬코드라 시의 전경

로자파 성터 모습

지로서 발전하였고, BC 168년 로마의 지배 하로 넘어간 이후로 발칸반도 북부지역의 주요 무역, 군사 루트 상에 있는 중요 도시들 중 하나로 발전하게 된다. 동·서로마 분리 이후로 오랫동안 동로마 영향력 하에 있었던 쉬코드라는 11세기 한때 세르비아 공국중 하나인 제타 공국의 지배 하로 넘어가, 공국의 중심지가 되기도 했으며, 1396년엔 베네치아 공국의 지배를 받기도 했다.

중세 오스만 터키의 발칸유럽 지배가 가속화되고 있던 시점, 쉬코드라는 1474년과 1478~1479년 두 차례에 걸쳐 터키에 대한 강력한 저항을 하게 된다. 하지만 1479년 터키의 대규모 공격으로 마침내 성이 무너졌고, 터키는 이에 대한 보복으로 이 도시에 대한 대규모 살육과 방화를 자행하였다. 하지만 터키 지배 하에서 쉬코드라는 직물, 실크, 무기, 은 장식 등 경제 교역의 중심지로서 부각하게 된다. 1768년 당시 쉬코드라와 코소보의 상업 무역을 위해 지어진 키르(Kir) 강변의 메시(Mesi) 다리와 여러 석조 건물 등은 아직까지도 그 볼거리를 제공하고 있다. 18세기에 들어와 쉬코드라는 터키의 주요 행정 구역 중 하나인 쉬코드라 파샬루크(Pashaluk)의 행정중심지로서 발전하게 되지만, 19세기 이후 수차례 일어난 반(反)터키 운동과 대대적인 진압으로 어려움을 겪어야 했다. 19세기 후반기에 들어와 쉬코드라는 발칸반도의 주요 무역 도시로 발전하게 된다. 이때 당시 약 3,500여개의 상점들이 도시에 들어섰고, 여기선 옷감, 담배, 그리고 가죽 제품들을 대규모로 판매하기 시작하였다. 이러한 도시의 발전은 인구의 증가를 가져왔고, 또한 대터키 저항 단체인 '프리즈렌 연맹'의 중요 도시로서의 역할을 수행하게도 했다.

최초의 알바니아 신문과 출판물들이 출간되는 등 19세기 동안 쉬코드라는 경제 중심 도시와 더불어 문화 도시로서도 발전을 거듭하게 된다. 프리즈렌 연맹의 주요 기관이기도 했던 '성경(Buhati) 도서관'이 1840년대 건립되어, 수많은 서적들이 가톨릭 사제들에 의해 수집되었고 알바니아의 여러 지식인들이 이 도서관에 모여들기 시작하였다. 발칸전쟁과 제1차 세계대전 동안 알바니아 임시 군 사령부가 세워지기도 했던 쉬코드라는 세르비아와 몬테네그로 군대, 뒤이어 오스트리아-헝가리 군대 등 수 차례 외세의 침략을 받아야 했다. 특히 양차 대전 사이에도 계속된 세르비아 군대의 공격에 시달려야 했던 쉬코드라는 이 기간 동안 매우 느린 산업 발전을 이루게 된다.

쉬코드라는 이슬람교가 다수를 차지하고 있는 알바니아내에서 독특하게 가톨릭교도들의 중심 도시로서 발전하여 왔다. 실제 쉬코드라에는 가톨릭 교구와 여러 신학교들이 자리하고 있다. 최초의 평신도 학교는 1913년에 개설되었고, 1922년에 국립 고등학교가 설립되었다.

또한 쉬코드라는 역사적으로 저항의 도시였다. 오스만 지배 시절엔 터키에, 양차 대전 동안엔 세르비아 군대에 그리고 제2차 세계대전 기간 동안엔 이탈리아 군대에 저항해 싸웠다(1944년 11월 19일 해방). 또한 쉬코드라는 1990년에서 1991년 사이 일어난 민주화 운동의 주요 중심지이기도 했다. 이에 따라 공산 정권 당시에는 주요 탄압 대상 도시이기도 했다. 많은 민주화 시위대들이 알바니아 공산 독재를 강력히 반대하며 경찰들의 무자비한 탄압을 견뎌내야만 했다.

쉬코드라는 알바니아 주요 산업 중심지 중 하나이다. 알바니아내 산업 중 기계, 전자 산업들의 주요 부분을 담당하고 있으며, 식료품 등 원자재 가공 공장들도 다수 건립되어 있다. 이 지역의 주요 제조 공장들은 전기선과 전기 케이블 공장, 산림 조림과 목재 가공 공장, 피혁과 담배 공장 등이 잘 알려져 있다.

쉬코드라는 알바니아의 주요 문화 중심지이기도 하다. 티라나 대학교의 교육학 연구소, 문화 센터, 예술가와 작가 협회 지부, 역사박물관, 교육 박물관, 프리즈렌 연맹 기념협회 그리고 여러 박물관들이 쉬코드라에 자리하고 있다.

도시는 양쪽으로 뻗어 있는 석벽을 따라 형성된 좁은 길들, 기다란 대문들이라는 특색을 지니고 있다. 커다랗고 쭉 뻗은 도로들은 주로 제2차 세계대전 이후 건설되었는데 이런 신시가지와 구시가지는 서로 나뉘어 있으며, 주요 공업지대는 북부에 위치해 있다. 쉬코드라의 관광 자원으로는 로자파 성, 터키탕, 인근에 휴식을 위한 쉬코드라 해변, 풀룸비(Plumbi) 모스크와 여러 독특한 양식풍의 집들이 관광객들의 시선을 끌고 있다.

### 4) 알바니아 아드리아 해안 지대

(1) 두르레스(Durres/ Durrës)

알바니아의 가장 오래된 도시들 중 하나로 인구 약 116,000명(광역 도시 개념으로는 약 266,000명)을 지닌 두르레스는 알바니아에서 수도인 티라나 다음으로 큰 산업 도시이자 중요한 국제 무역항이다.

두르레스는 BC 627년 일리리안 부족민들에 의해 건설되었는데, 당시엔 일리리안 왕국과 이웃 도시 국가들과의 교역을 위한 주요 무역 도시로서 발전하였다. 이러한 예로는 두르레스에서 발견되고 있는 여러 고대 동전들과 유물들을 통해서도 확인할 수 있다. BC 5세기 이래로 두르레스는 메탈, 세라믹, 직물, 방목 그리고 해양 도시답게 선박 건조 등의 산업을 발전시켜왔다. 로마로 그 지배권이 넘어간 이후에도 두르레스는 어느 정도의 자치권을 지니며 상업적 발전을 지속하게 된다. 특히 아우구스투스 황제 등장 이후 AD 3세기 때까지 두르레스는 아드리아해의 교역로 상에 위치한 주요 도시로서 높은 경제 발전 속에 정치적 중심도시로서의 면모도 갖추어 갔다. 당시 선박 제조를 위한 제련소와 로마식 도로들, 대규모 도서관, 수도관, 음악당들이 건설되었던 두르레스는, 비잔틴 제국하 에서도 여러 유목 민족들의 침략에도 불구하고 제국의 중요 도시로 비약적인 발전을 이루게 된다.

하지만 중세시대에 들어와 두르레스는 불가리아의 지배(989~1005), 그리고 뒤이어 제4차 십자군의 콘스탄티노플 점령에 따라 1205년 이후론 한동안 베네치아

비잔틴 제국의 황제인 아나스타시우스 1세에 의해 지어진 '두르레스 성'

공국의 지배를 받기도 했다. 하지만 무엇보다도 두르레스의 운명에 가장 많은 영향을 미쳤던 것은 바로 1447년 이후부터 지속된 오스만 터키의 지배이다. 당시 두르레스는 터키의 침략에 강력히 저항하였고, 그 대가로 도시 전체가 폐허로 변하는 아픔을 겪어야 했다. 하지만 17세기에 들어와 두르레스는 중부 알바니아의 중요 무역항이자 교역의 중심지로 재건되어 예전의 활기를 되찾게 된다.

독립 국가를 향한 1912년 대규모 봉기에도 불구하고, 세르비아에 의해 어려움을 겪어야 했던 알바니아는 1913년 제2차 발칸전쟁 이후 맺어진 부쿠레쉬티 조약에 따라 강대국들로부터 독립 국가로 인정받게 되었고, 1914년부터 1920년까지 두르레스는 알바니아의 수도로 인정받게 된다. 하지만 두르레스는 제1차 세계대전 기간 동안엔 오스트리아-헝가리 제국 그리고 뒤 이어 이탈리아의 지배하에 들어가야만 했다. 이후 1920년 알바니아 독립 국가 선포에 따라 두르레스는 알바니아 신생국가로 편입되게 된다. 제2차 세계대전 동안 두르레스는 반(反)파시즘, 반(反)나치 저항의 본거지로서 그 역할을 수행하기도 했다.

제2차 세계대전 이후 두르레스는 알바니아의 중요한 경제 도시로 발전을 거듭하게 된다. 오늘날 두르레스에는 여러 기계, 화학, 플라스틱, 가죽 그리고 식품 공장들이 자리하고 있으며, 다양한 선박과 철도, 자동차 부품 공장들이 두르레스 경제에 활력을 불어넣고 있다.

두르레스는 또한 알바니아 문화와 교육의 도시로도 불리고 있다. 두르레스에는 오페라, 현대식 극장, 오케스트라 공연을 위한 다양한 문화 센터가 건립되어 있으며, 역사박물관을 비롯해 많은 기록 박물관 그리고 알바니아 예술가와 작가 협회 지부가 이곳에 자리하고 있다. 주요 볼거리 중 하나로는 이 지역 출신이자 비잔틴 제국의 황제인 아나스타시우스 1세(Anastasius I, 430~518, 재위 491~518)에 의해 지어진 '두르레스 성(Durrës Castle/ Kalaja e Durrësit)'을 들 수 있는데, 비잔틴 제국 당시 아드리아해에서 가장 중요한 방어 요새 중 하나로써 주목받았던 곳이기도 하다. 1273년 대지진으로 상당 부분이 파괴되었다가 이후 베네치아 공국 지배시기에 여러 개의 탑이 보강되었고, 오스만 터키 지배시기에는 수차례 보수 공사를 거치며 오늘날까지 이어지게 되었다. 이 외에 두르레스 시민들과 관광객들을 위한 대표적 휴식 공간으로는 아드리아해를 따라 펼쳐진 해안(Currilave) 등을 들 수 있다.

(2) 블로라(Vlora/ Vlorë)

인구 약 8만 명이 거주하는 블로라는 알바니아의 남서부, 아드리아해에 접해 있으며, 알바니아에서 두르레스 다음으로 큰 항구를 지닌 해양 도시이다.

고대부터 건설된 블로라는 고대시절 아울론(Aulon)으로 불렸으며, 이러한 증

블로나에서 알바니아 독립 선포 100주년 기념식 장면

거물로 BC 6세기경으로 추산되는 여러 유물들이 출토되고 있다. 고대 일리리안 왕국 시절 블로라는 와인, 올리브, 소금의 주요 생산기지로 발전하였고, BC 4세기에 들어와선 도시 주변의 주요 성곽들이 새로이 건축되었다. 중세에 들어와선 1081년 한때 바이킹인 노르만족에 의해 점령당하였고, 1205년엔 이웃한 두르레스와 함께 베네치아 공국의 지배를 받기도 했다. 중세 시절 블로라는 메탈, 무기 제작, 실크, 소금 생산기지로 경제적 부를 축적할 수 있었지만, 1417년 아드리아 해안 도시 중 가장 먼저 오스만 터키의 지배 하로 넘어가게 된다. 1531년 오스만 터키는 이곳의 전략적 중요성을 인식해 과거의 성채를 보완한 새로운 성채를 증축하였고, 도시를 요새화하였다. 17~18세기에 들어와 블로라는 오스만 터키의 비호 아래 다시 한 번 다양한 수출입을 위한 무역항으로 발전을 이루게 된다.

1912년 알바니아 독립 운동이 전개되던 시점, 블로라는 가장 먼저 알바니아 독립 국가의 수도가 되었다. 알바니아 독립 운동의 아버지로 불리는 이스마일 퀘말리는 1912년 11월 28일 블로라에서 알바니아 독립을 선포하고, 독립운동을 확대시켜 갔다. 퀘말리는 비록 1914년 이탈리아군에 의해 체포되었지만 1920년 블로라를 중심으로 결성된 알바니아 민족운동은, 이탈리아군을 몰아낸 뒤, 티라나를 수도로 한 알바니아 독립 국가 수립에 결정적인 기여를 하게 된다. 이때 이후 블로라는 알바니아인들 사이에 외세 지배에 대한 저항의 도시로 각인되었으며, 이러한 활동은 제2차 세계대전 동안 이탈리아 지배를 받으면서 일어난 여러 항전을 통해 다시 한 번 증명되게 된다.

제2차 세계대전 이후 블로라는 석유 생산, 전력 기지 건설, 화학, 기계 공장 등을 통해 알바니아의 주요 산업기지로 발전하였다. 블로라는 이러한 경제 중심 도시라는 특징 외에도 알바니아 교육 도시라는 칭호도 얻고 있는데, 블로라에는 현재 알바니아 해군 사관학교, 항공 학교, 전문 극작가 학교, 문화 센터, 도서관 그리고 민족 박물관과 역사 독립 박물관 등이 자리하고 있다.

도시는 '깃발 광장(Flag's Square/ Sheshi i Flamurit)'을 중심으로 여러 현대식 건물들이 들어서 있다. 거리를 따라 북쪽으로는 다양한 볼거리를 지닌 시장 거리가 형성되어 있으며, 관광객들은 이 도시에서 독립기념비 등을 비롯한 여러 유적물들 그리고 아름다운 블로라 해변을 만끽할 수 있다.

# 부록

# 부록1_20세기말 발칸유럽의 분쟁 들여다보기

## 1. 들어가며

1989년 11월 사회주의 체제의 견고성으로 상징되던 베를린 장벽이 붕괴된 이후, 1991년 6월 유고슬라비아(이후 '유고'로 약칭) 구성 공화국이었던 슬로베니아와 크로아티아는 연방으로부터의 탈퇴와 독립을 선언하였다. 독립선언에 대한 세르비아의 저항으로 대두된 유고분쟁은 이어 여러 민족과 혼재된 보스니아-헤르체고비나(이후 '보스니아'로 약칭)에 까지 영향을 주어, 1992년 3월 보스니아의 독립선언과 함께 보스니아 분쟁으로 이어지게 된다. 또한 1998년말부터 국제사회에 본격적으로 제기되어 온 코소보에서의 세르비아인과 알바니아인들과의 충돌은 마침내 1999년 3월 미국을 중심으로 한 NATO군과 세르비아간의 전쟁을 낳았다.

이후 발칸유럽과 서구의 여러 학자들은 20세기 말 발칸유럽에서 연이어 계속 일어나는 분쟁들에 대해 많은 관심을 지니게 되었고, 분쟁의 요인들을 설명하기 위한 기초 작업인 지역 내 각 민족들의 사회와 문화적 특징에 대한 연구와 더불어 분쟁 전개상황 그리고 분쟁의 배경과 그 의미에 대한 연구를 활발히 진행해 나갔다. 따라서 여기서는 20세기 말 발칸유럽에서 일어난 대표적 분쟁들인 보스니아 분쟁(1992~1995)과 1999년 코소보 전쟁의 사례를 들어 이들 분쟁들의 배경 그리고 발칸유럽과 국제사회에 미친 의미를 분석하게 될 것이다.

## 2. 보스니아 분쟁의 배경과 의미

### 1) 보스니아 분쟁 배경에 대한 이해를 위해…

1980년 5월 티토의 사망 이후 약 10여 년간은 유고의 제 민족들에 있어 종교와 언어 등 문화적 요소에 기초한 '문화적 민족주의(Cultural Nationalism)' 대두를 위한 준비시기였다. 유고의 정국은 티토의 사망 이후 계속된 경제적 어려움과 더불어 제 민족들의 민족주의와 관련된 계속된 발언과 시위들로 대내외적인 어려움에 직면해 있었다. 특히 티토이즘(Titoism)[1]의 한 축인 비동맹 외교정책이 티토의 죽음과 대외적 정세변화로 별다른 실효를 거두지 못하고, 사회, 경제적인 면에 있어 '자주관리제도'의 여러 문제점들이 노출되면서 오히려 이러한 제도가 유고의 사회, 경제 효율성에 걸림돌로 나타나게 되었다. 또한 민족정책에 있어 정치적 민족주의의 일환인 '유고슬라비즘'의 창출과 지속노력이 파르티잔 세대들의 퇴각과 함께 제 민족들의 이익에 기초한 문화적 민족주의 도출로 어려움을 겪고 있었다. 특히 티토가 생전에 다양한 민족과 종교가 서로 복잡하게 어우러진 보스니아를 역시 다양한 민족과 종교로 이루어진 유고슬라비아 연방 유지의 시험장으로써 여겼던 만큼, '유고슬라비즘'의 퇴각과 각 공화국들의 문화적 민족주의 도출은 이 지역내 불안과 긴장을 가져 오게 하였다. 즉 보스니아 분쟁은 사회주의 이념의 퇴조 속에 사회주의 유고를 지탱하였던 티토이즘 중 특히 민족 정책인 '유고슬라비즘'의 쇠퇴와 이러한 공백을 틈타 등장한 문화적 민족주의의 확대로 인해 발생했다고 볼 수 있다.

### 2) 보스니아 분쟁의 전개 과정은?

티토의 사망 후 10여년이 경과된 1990년 1월 제 14차 유고임시전당대회가 중단되고 이어 공산당의 기능이 정지되었다. 이후 연방을 구성하는 6개의 공화국 모두

1) 티토 생전 사회주의 유고슬라비아를 지탱하고 발전시켰던 주요 정책들의 이념을 제공한 것은 티토이즘이라 볼 수 있다. 티토이즘이란 외교정책에 있어 비동맹주의, 사회, 경제 정책에 있어선 자주관리제도 그리고 민족정책에 있어선 유고슬라비아에 대한 충성과 정치적 민족주의를 지향하였던 유고슬라비즘 등으로 나누어 볼 수 있다.

에서 전후 최초의 다당제선거가 실시되어, 각 공화국마다 공산당이 패하고 민족주의 정당들이 주요 정당으로 등장하게 된다. 이들 공화국 중 동유럽 개혁 이후 정치적 민주화와 시장경제체제를 가장 먼저 받아들인 슬로베니아는 1990년 12월 국민투표시 연방 탈퇴와 국가주권 달성을 공약으로 내건 슬로베니아 민주야당(DEMOS)의 밀란 쿠찬을 대통령으로 선출하였다. 또한 이웃한 크로아티아에서도 1990년 4월 선거에서 승리한 민족주의 정당인 크로아티아 민주연합(HDZ)과 프란요 투쥬만 정부를 중심으로 연방으로부터의 분리권을 명기한 신헌법이 채택되었다. 또한 보스니아 의회도 1990년 2월 공산당의 독점방지법안에 합의하였고, 1990년 11월 다당제 선거에서 종교를 기반으로 한 세 민족정당이 보스니아 공화국의 전체의석(240석)중 86%를 차지하게 되었다. 우선 알리야 이제트베고비치(Alija Izetbegović)가 이끄는 무슬림 민주 실천당(SDA)이 86석을, 라도반 카라쥐치(Radovan Karadžić)가 이끄는 세르비아 민주당(SDS)이 72석을, 그리고 스트예판 클류이치(Stjepan Kljuić)가 이끄는 크로아티아 민주연합(HDZ)이 44석을 차지하였다. 이에 따라 보스니아 정부는 다수석을 차지한 무슬림계가 이끌게 되었다.

하지만 과거 제 2차 세계대전 당시 독일의 지원을 받은 크로아티아 극우 민족주의 단체인 우스타샤(Ustaša) 정권에 의해 약 70여만 명이 인종 학살된 경험을 지니고 있던 보스니아와 크로아티아 내 세르비아인들로선 보스니아와 크로아티아의 독립 움직임에 대해 매우 큰 불안감을 지니고 있었다. 따라서 크로아티아의 연방 탈퇴가 가시화되기 시작하자 지역 내 세르비아인들은 세르비아 민주당(SDS)을 중심으로 1990년 9월 크닌(Knin)을 수도로 한 '크라이나 세르비아 자치구'를 창설하게 된다. 이 자치구는 이후 유고내전과 보스니아 내전이 확대되어 가면서 '크닌 공화국'으로 명칭을 변경하였으며, 보스니아 내 세르비아인들과의 공조 확대와 함께 보스니아 내전을 이끌게 되었다. 보스니아의 경우에 있어서도 보스니아 내 세르비아계는 무슬림이 다수 민족이 되는 보스니아 독립 국가설립을 강력히 반대하면서, 세르비아니즘에 기초한 민족주의 움직임을 증대시키고 있었다. 한편 보스니아 내 크로아티아계 사이에서도 스트예판 클류이치 등을 중심으로 한 다민족 보스니아 독립공화국 선호 세력과 마테 보반(Mate Boban)을 중심으로 한 보스니아의 크로아티아로의 합병을 지지하는 세력들 간의 갈등이 확대되면서 보스니아는 커다란 혼란의 시기를 맞이하게 된다.

이런 상황 속에서 유고연방의 탈퇴와 독립을 추진하고 있던 슬로베니아와 크로아티아 그리고 보스니아 공화국은 그 이전 단계로 유고 연방을 당시 EC와 같은 느슨한 주권국가의 연합체로 바꿀 것을 요구하게 된다. 하지만 이러한 주장은 당시 유고연방 하에서 정치, 군사적 주도권을 장악하고 있던 세르비아 공화국의 강력한 반발을 낳았다. 이러한 양측간의 '지방 분권'과 '중앙 집중'이라는 해묵은 논쟁은 티토 시기 동안에 걸쳐 계속되어온 것으로, 티토 사후 이러한 논쟁에 대한 합의점을 '집단대통령 기구'가 해결해야 했으나 별다른 실효를 거두지 못하고 있었다.

유고지역의 긴장해결을 위한 세르비아와 다른 공화국들 간의 여러 차례 회담이 실패로 돌아가고, 윤번제로 돌아오는 집단대통령 의장에 선출 예정이었던 크로아티아 공화국 대표인 스트예판 메시치가 과거 크로아티아 분리주의 움직임을 주도하였다는 이유로 의장직을 거부당하게 되면서 사태는 더욱 더 혼미하게 돌아가게 된다. 이후 유고연방을 행정적으로 유지하는데 주요 역할을 하였던 집단대통령 기구가 유명무실해지고, 유고연방의 최후의 보루이자 다민족 결합체인 유고연방군(JNA)이 와해됨으로써 유고사태의 해결은 더욱 더 어려워지게 되었다.

슬로베니아와 크로아티아 양 공화국은 마침내 1991년 6월 25일 전격 독립을 선언하였다. 세르비아가 주도하고 있던 유고 연방군은 슬로베니아와 크로아티아의 일방적인 독립선언이 무효임을 선언한 뒤, 슬로베니아에 진격해 들어갔고, 이어 1991년 6월 28일 슬로베니아 공화국과 연방군간의 최초 내전이 발생하게 된다. 비록 EC의 개입으로 3개월간의 휴전협정이 맺어졌지만, 다시 8월에 들어 크로아티아 내에 연방군이 진입함으로써 내전은 유고전체로 확대되게 되었다. 이러한 문제를 해결하고자 유엔평화유지군(UNPROFOR: UN Protection Force)이 1991년 여름 유고 현지에 파견되었지만 유고 분쟁에 대한 통제권을 완전히 장악하는 데는 실패하였다. 그러한 배경에는 우선 평화유지군의 초기 투입목적이 유고분쟁 지역에 구호품 공급과 이를 위한 지원에 국한된 전략적 착오에서 기인했다고 볼 수 있다. 또한 그 관할권이 분쟁지역을 따라 초기 크로아티아에서 보스니아와 마케도니아 등으로 확대됨으로써 인원과 통제력의 부족을 낳았고 이러한 분쟁지역과 관할지역의 확대는 서구 각국들의 외교적 이익다툼과 맞물려 오히려 UN의 권위를 실추시키는 결과를 초래하였다.

1992년 1월 22일 전열을 정비한 크로아티아 정부군이 영토주권을 내세우면서 60여만 명 가까운 세르비아인들이 거주하는 북부 크라이나 지역에 쳐들어옴으로써 세르비아 공화국과 몬테네그로 공화국에 비상령이 선포되었다. 이러한 크로아티아군의 공격은 크로아티아에서 세르비아인들의 대량 탈출을 낳았고, 남아있던 세르비아 주민들에 대한 광범위한 인권침해를 뒤따르게 했다. 공식적으로 미국은 크라이나에서의 군사적 행동에 대해 크로아티아에 경고를 보냈으나, 실제에 있어 이러한 경고는 별 다른 영향을 미치지 못하였다. 분쟁이 확대되고 연방의 분리가 확실시되자 1992년 4월 27일에는 세르비아 공화국과 몬테네그로 공화국 그리고 두개의 자치주를 근간으로 한 새로운 '유고슬라비아 연방'이 형성되게 된다.

새로운 정부수립 이후 보스니아 정부는 그 여파를 우려해 슬로베니아와 크로아티아에서 일어난 유고분쟁에 대해 중립을 선언하였으나, 크로아티아에서의 내전 격화는 보스니아 분쟁의 주요 동기를 제공하게 된다. 크로아티아에서의 분쟁을 지켜본 보스니아 내 크로아티아인들과 무슬림인들은 연방 미탈퇴 시 세르비아의 자민족지배에 대한 두려움이 더욱 더 크게 확산되었고, 한편 보스니아 내 세르비아인들은 보스니아가 연방 탈퇴 시 자민족의 소수민족 전락에 따른 불이익과 이웃인 크로아티아로의 편입 가능성 그리고 무엇보다도 과거 제 2차 세계대전 당시 겪었던 민족학살의 경험이 재연될 수 있을 것이라는 두려움이 확산되게 되었다.

크로아티아에서의 유고분쟁이 계속된 휴전협정과 파기로 혼란을 거듭하고 있을 즈음, 마침내 1992년 3월에는 민족구성이 가장 복잡한 보스니아 공화국에서도 내전이 발생하였다. 보스니아 분쟁의 시발은 크로아티아, 슬로베니아의 경우처럼 보스니아 독립 선언이 그 계기가 되었다. 1992년 3월 보스니아 무슬림계와 보스니아인 그리고 크로아티아계를 포함한 보스니아 독립을 바라는 세력들이 국민투표를 단행하여 독립을 지지하였고, 보스니아가 계속 연방에 존속하기를 원했던 보스니아 내 세르비아인들은 이에 불참하였다. 유고 연방군은 EC와 미국이 보스니아 공화국의 독립을 승인한 다음날 보스니아 공화국 남서부에 미사일 공격을 가했고, 이어 사라예보(Sarajevo)에서 무슬림계와 세르비아 민병대들간에 격렬한 충돌이 발생하였다. 당시 보스니아 정부는 독립을 승인해준 서구의 보호와 지원을 믿고 있었으나, 세르비아계의 측면에서 보았을 때 크로아티아에서 일어난 유고분쟁 해결에 별다른 실효를 거두지 못하고 있던 당시 서구의 외교적 조치들은 단순한 '제스쳐 외교'로서 받아들여졌다.

이후 보스니아 분쟁이 확대되고 인도적인 문제가 제기되자 유엔 안보리가 유고 배치 유엔군 파견을 결의하였다. 또한 유엔은 보스니아 내전을 해결하기 위해 보스니아 공화국을 10개의 자치주로 분할하는 내용을 담은 사이러스 벤스(Cyrus Vance) 전 미 국무장관과 유럽공동체 특사인 데이비드 오웬(David Owen) 전 영국외무장관의 주도로 마련된 보스니아 국제 평화안('벤스-오웬안')을 제시하게 된다. 그러나 보스니아 세르비아계 지도자인 라도반 카라쥐치는 세르비아계 주민투표 이후 이 안의 수락을 거부하였다. 이어 1995년 10월에 서방측의 세르비아 공화국과 보스니아 내 세르비아계에 대한 경제적 봉쇄와 군사적 공격이라는 압력을 통해 보스니아 내 제 세력들간의 평화회담 개최합의가 이루어져, 이후 미국이 주도하는 '데이턴 합의안'이 그 결실을 보게 됨으로써 보스니아 내전이 종결되게 된다.

### 3) 데이턴 합의안의 내용 그리고 그 의미는 무엇일까요?

'벤스-오웬안'을 비롯한 보스니아 내전에 대한 유럽의 평화노력이 실패로 돌아간 후, 이 문제는 UN에 그 책임이 넘어갔으나, 여기서도 별다른 성과를 이루어 내지는 못하였다. 이후 보스니아 문제는 1995년 5월 세계 경찰 국가를 자위하던 미국의 손으로 넘어가게 된다. 미국은 보스니아 분쟁의 원인을 세르비아 공화국과 보스니아 내 세르비아계의 대세르비아주의에 입각한 영토적 분쟁이라는데 초점을 맞추고 기존의 벤스-오웬안을 일부 수정, 영토적 분할에 따른 평화 합의안을 도출해 내려는 작업을 서두르게 된다. 미국은 보스니아 분쟁해결에 있어 복잡하게 얽혀진 민족간의 이주가 필요함을 언급하였고, 뒤 이어 보스니아 내 민족 이주는 보스니아 평화정착의 필수조건으로 등장하게 되었다.

미국이 주도하였던 데이턴 평화안은 벤스-오웬안과 비교해 여러 차이점이 발견되어 진다. 우선 벤스-오웬안이 보스니아 내 세 민족(무슬림계, 세르비아계, 크로아티아계)에 기초한 영토 분할을 전제로 느슨한 연방제 수립을 기초로 하고 있다면, 미국이 추진하였던 평화안에는 보스니아 내 무슬림계와 크로아티아계가 연합한 하나의 공화국과 세르비아계가 주도하는 한 공화국의 분할을 계획하고 있었다. 이에 따라 1995년 초 보스니아 분쟁을 해결하고자 모인 서구 선진국들은 데이턴 합의안을 이끌어내기 위해 영토분배에 있어 당시 세르비아계가 장악하고 있던 70%의 영토를 49%로 줄일 것과, 크로아티아-무슬림 연합계는 이전 30%의 영토에서 51%의 영토를 차지할 것을 원칙으로 정하였다. 하지만 이에 대한 보스니아 내 세르비아계의 반발이 거세었고, 따라서 미국은 이후 6개월에 걸쳐 세르비아계의 전력 약화를 위한 압력과 군사작전에 돌입하게 되었다

두 번째 상이한 점은 기존 유럽의 벤스-오웬안이 다분히 설득과 협상에 기초한 이상주의적 전략이었다면, 미국이 선택한 데이턴 합의안은 철저히 무력과 '힘(power)'의 우의에 기초한 현실주의적 전략의 양태를 분명히 띠고 있었다는 점이다. 미국은 보스니아 내전의 종결을 위해 우선 보스니아 내 세르비아계를 지원하고 있던 세르비아 공화국의 밀로쉐비치를 위협, 강력한 금수조치와 경제 제재를 선언해 보스니아 내 세르비아계에 대한 지원을 막는 한편, 보스니아 내 세르비아계에 대한 NATO군의 무차별 폭격과 군사적 대응을 확대하는데 주력하게 된다.

결과적으로 미국의 주도 아래 이루어진 보스니아 평화안인 데이턴 합의안은 1995년 9월 26일 뉴욕 UN본부에서 이루어진 '뉴욕회담'을 통해 확정되었고, 여기에서는 당시 보스니아, 크로아티아와 신유고 연방의 3국 외무 장관이 참석한 가운데 보스니아를 국제적으로 인정받는 하나의 유일 국가로 존속시킨다는 원칙이 수립되게 되었다. 이에 따라 보스니아 내 무슬림-크로아티아계 연합과 세르비아계 등 2개의 정치적 실체 인정 그리고 보스니아 민주선거 실시에 관한 합의가 이루어지게 된다. 이어 동년 10월 12일 보스니아 내 제 세력들은 이 내용에 전격적으로 합의하게 되었다. 이로써 3년 6개월 동안 내전에 시달리던 보스니아는 잠

정적이나마 일단 평화상태에 돌입하게 되었다.

이러한 합의안을 근거로 1955년 11월 1일부터 보스니아 평화협상이 보스니아, 세르비아, 크로아티아 등 유고내전 당사국 정상들과 미국, 영국, 프랑스, 독일, 그리고 러시아 대표 등 소위 관계그룹(the Contact Group)이 참석한 가운데, 미국 오하이오주 데이턴 소재 라이트 피터(Light Peter) 공군기지에서 개막되었다. 여기서 합의된 내용 중에는 필연적으로 보스니아 세르비아계가 장악하고 있었던 '東슬라보니아 지역에 관한 소수 민족 지위 협정'이 주요 안건으로 대두되었다. 이 지역은 역사적으로 중세 14세기 이후 오스만 투르크의 침입을 피해 피신한 세르비아인들의 후예들이 터를 잡은 지역으로 크로아티아와 보스니아 북부 지역에 걸쳐 형성되어져 있으며 유고 내전 전에는 약 60여만 명 세르비아인들이 거주하고 있었다. 1995년 11월 12일에 보스니아 내 세르비아계는 크로아티아가 東슬라보니아의 다민족지위를 보호한다는 조건 아래 그들이 1991년부터 장악하고 있던 東슬라보니아지역을 크로아티아에 귀속시킨다는 협정에 서명해야만 했다. 이어 11월 2일부터 계속되어온 보스니아 평화협정안이 데이턴 합의안이라는 명칭으로 11월 21일 가조인 되었다. 이 평화협정에 따라 보스니아 공화국의 51% 영토는 무슬림-크로아티아계(보스니아-헤르체고비나 연방)로, 나머지 49%는 세르비아계(스르프스카 공화국)등 2개의 정치체제를 지닌 하나의 국가가 탄생하게 되었다.

1995년 11월 21일 가조인 된 보스니아 평화협정인 데이턴 합의안은 포괄문서 1개와 11개 부록, 102개의 도표로 구성돼 있다. 그 내용은 첫째, '군사-안보분야'에서 NATO가 이끄는 보스니아 평화 이행군(IFOR: Immplementation Force)이 양측 군의 분리를 위한 비무장화 지역을 설치하며, 평화 이행군 지도자는 협정을 이행하기 위한 공권력을 사용할 수 있다. 두 번째, '영토 문제'에 있어 단일 보스니아 국가 안에는 두개의 구성체 즉 보스니아-헤르체고비나 연방(무슬림-크로아티아계 연합)과 스르프스카 공화국(세르비아계)으로 구성되어 진다. 또한 통합 수도로서 사라예보를 유지하고 고라쥐데(Goražde) 무슬림 도시는 회랑지대(a land corridor)로 사라예보와 연결된다. 그리고 세르비아계에 의해 유지되어온 회랑지대인 브르츠코 도시에 관한 조정문제는 1년 후 배심원의 중재에 의해 결정된다.

세 번째, '헌법 구조'에 있어 중앙정부는 해외정책, 시민권, 이민 등에 책임을 지며, 무슬림, 크로아티아인, 세르비아인으로 구성된 세 명의 대통령을 두고 대통령 의장직은 세 명의 구성원이 교대로 한다.(첫 번째 임기는 무슬림측에서 우선적으로 한다.) 그리고 국회는 양원제로 구성되며, 헌법재판소와 중앙은행을 설치한다. 네 번째, '시민 양성'에 있어선 국제 감독하의 선거를 1996년에 실시하고, UN 원조 하에 경찰임무를 수행할 요원들을 훈련시킨다. 그리고 비군사적인 활동과 재구성은 EU와 제 민족 정부들을 통해 조정된다. 다섯번째로 '인권, 피난처, 전쟁 범죄에 관한 문제'로 이동의 자유로움이 보장되고 난민들은 고향으로 돌려보낸다. 전범에 관련된 인사는 어느 누구도 정치활동에 참여할 수 없으며, 연방과 각 공화국 정부는 모든 면에 있어 전범기소와 처벌에 협조해야 한다.

일부 보스니아 내 세르비아계와 세르비아 민족주의자들의 강력한 반발이 있었으나, 신유고 연방에 대한 경제금수조치 해제를 조건으로 내건 미국의 제안에 대해 밀로쉐비치는 데이턴 합의안을 최종 승인하게 된다. 보스니아 내전을 종식시킨 데이턴 합의안에 따라 현재 보스니아는 평화 정착을 위한 4단계 계획 즉, 제 1단계인 정전 준수, 제 2단계인 내전 무장 세력의 격리, 제 3단계인 보스니아 총선거를 통한 1국가 2체제 수립, 그리고 마지막으로 제 4단계인 다민족으로 이루어진 하나의 단일 보스니아 국가 수립중 제 3단계에 위치해 있다.

다민족, 다문화, 다종교의 모자이크와 조화로움으로 상징되던 보스니아가 치열했던 내전의 아픔을 딛고 다시 한 번 단일 국가로 가기 위해선 여러 난관과 어려움이 자리하고 있는 게 사실이다. 보스니아는 보스니아 내 각 민족 계파들 간의 갈등과 불신을 해소하기 위한 여러 정책들과 논의들이 현재 진행 중이며, 종교, 문화간 화해와 조화에 바탕으로 둔 미래 국가로 나아가기 위해 노력 중에 있다. 이러한 보스니아인들이 과거 분쟁의 아픔을 극복하고 평화 정착, 그리고 미래 발전을 이루기 위해선 무엇보다도 세계 각국들의 관심과 지원이 절실하게 요구된다 하겠다.

## 3. 코소보 분쟁의 배경과 의미

### 1) 코소보 분쟁 배경에 대한 이해를 돕기 위해…

1991년 6월 사회주의 유고연방의 구성국이었던 슬로베니아와 크로아티아가 독립을 선언한 이후 촉발된 유고내전은 곧 이어 1992년 3월 보스니아 독립선언을 계기로 보스니아 내전으로 확대되게 된다. 이후 이 지역 내 내전은 미국과 서구의 힘(Power)을 내세운 현실주의 전략으로 형성된 '데이턴 협정'이라는 진전을 본 이후 현재에 이르고 있다.

하지만 역사·문화적 갈등으로 발칸유럽의 또 다른 대표적 분쟁지역인 세르비아의 코소보(Kosovo)에선 특히 1989년 세르비아로부터 강제적으로 자치권을 상실한 이후 코소보 내 알바니아인들의 시위와 저항 그리고 세르비아 경찰들의 탄압과 진압이 20세기 말까지도 계속해서 이어져 왔다. 코소보 내에서의 세르비아인과 알바니아인 사이의 갈등과 분쟁은 그동안 집중적으로 국제적 관심을 받아왔는데, 그러한 배경은 이 지역이 역사·문화적으로 주변 여러 민족들의 이해와 밀접한 연관관계에 있으며, 무엇보다도 국제 열강들의 이해관계가 첨예하게 대립되어 왔던 지역이기 때문이다. 또한 코소보는 보스니아와 함께 다민족·다문화로 규정된 사회주의 유고연방을 지탱해 온 대표적 상징 지역으로 인정되어 왔었다. 보스니아 공화국이 티토가 사회주의 유고연방의 유지를 위해 적용하려 했던 정치적 민족주의(political nationalism) 즉 '유고슬라비즘'의 시험 무대 였다면, 코소보는 사회주의 유고연방 내 유고슬라비즘과 한 축을 이루었던 문화적 민족주의(cultural nationalism)인 '세르비아니즘'을 억제 시키는 상징지역으로서의 역할을 수행하여 왔던 것이다.

코소보에서의 정교도 세르비아인과 이슬람 알바니아인의 민족 간 갈등은 15세기이후 이 지역이 오스만 터키 지배 하로 들어가면서 시작되었다고 볼 수 있다. 세르비아 중세 왕국의 성지이자 세르비아 정교의 발원지였던 코소보는 1389년 세르비아군을 중심으로 한 10만 크리스트교 연합군이 오스만 터키군에게 패배한 후, 민족의 위기 때마다 민족정신을 고취시키는 세르비아 민족주의자들의 주요 성지로 자리 잡게 된다. 15세기말 이후에 들어와 코소보 지역이 오스만 터키의 완전 지배 하로 넘어가게 되면서 세르비아인들은 현재의 보이보디나와 크로아티아 그리고 헝가리 등으로 대규모 이주를 해야만 했고, 이후 이 지역엔 알바니아인들을 중심으로 무슬림화가 가속화 되게 된다. 제 1차 세계대전 이후 코소보 지역은 최초의 남슬라브족 국가인 '세르비아-크로아티아-슬로베니아 왕국'에 의해 강제 합병된 후 세르비아의 직접적인 지배를 받게 된다. 이후 이를 벗어나고자 코소보 내 알바니아인들이 치룬 두 차례의 독립운동은 세르비아 군대에 의해 무자비하게 진압되었다. 제 2차 세계대전 중 독일과 이탈리아는 유고왕국을 해체하여 구축 군들의 보상물로 전락시켰으며, 이런 과정 속에 코소보 지역은 대전 초기 신생 알바니아 국가에 편입되었다가 이후 이탈리아의 지배 하에 들어가게 된다. 하지만 제 2차 세계대전 종전 무렵에는 티토의 파르티잔군이 코소보 지역을 점령함으로써 이 지역은 이후 세르비아의 영향력 하에 다시 놓이게 되었다.

이때 이후 세르비아는 코소보에서의 역사성과 민족 정체성 보존을 이유로 이 지역에 대한 지배권을 확대시켜 갔다. 이런 과정 속에 코소보를 둘러싸고 세르비아인들과 알바니아인들 사이에는 끝임 없는 갈등과 분쟁이 일어나게 되는데, 이러한 갈등과 분쟁은 단순히 세르비아인과 알바니아인들만의 문제를 넘어서, 유고 연방의 구성 공화국들과 주변 국가들에게 '세르비아의 코소보 지배권 확립과 세르비아니즘의 확대가 불러올 파장은?' 또는 '코소보의 자치권 확대가 진정 세르비아니즘의 억제에 기여할 것인가?' 그리고 '발칸유럽 내에 대알바니아주의 확산이 가져 올 영향은?' 등 여러 의문을 던져 주게 된다.

세르비아인들은 티토의 사회주의 유고연방 하에서 세르비아니즘의 부활과 확대를 계속해서 추진하여 왔다. 하지만 이러한 세르비아니즘의 확대 노력은 연방을 유지하려는 티토와 세르비아니즘을 억제하려는 크로아티아, 슬로베니아 공화국 등의 적극적인 저항으로 그 실효를 보지 못하게 된다. 이렇게 잠재되어 오던 세르비아니즘은 1980년 5월 티토의 사망 이후 다시 시작된 코소보 내 알바니아인들의 폭동과 더불어 확대되게 된다. 코소보 내 세르비아인들과 알바니아인들 간의 유혈충돌로 확대된 코소보 내 민족갈등은 1987년 이후 세르비아 민족주의의 대변으로서 '슬로보단 밀로쉐비치'의 등장을 낳았고, 그는 그동안 억눌려왔던 세르비아니즘의 재건과 확대를 공식적으로 선언하였다. 밀로쉐비치의 등장과 더불어 1989년 코소보의 자치권이 폐지되었고, 연방성립의 기초로 여겨져 왔던 유고슬라비즘의 소멸과 더불어 유고연방이 붕괴되게 된다. 코소보 내 양 민족 간 유혈 충돌이 더욱 확대되었고, 뒤 이어 세르비아 특수 경찰부대와 알바니아 민병대 간의 치열한 교전이 일어나게 된다. 그리고 마침내 1999년 3월 코소보 내 알바니아인들의 인권수호를 전제로 내세운 NATO군이 코소보와 세르비아 본토를 공습함으로써, 이후 발칸지역은 보스니아 분쟁 이후 다시 한 번 국제적인 관심을 받는 분쟁지역으로 떠오르게 된다.

### 2) 코소보 전쟁(1999)의 전개 과정은?

1980년 티토의 사망은 그동안 그의 카리스마에 억눌려 잠재되어 왔던 민족주의 욕구의 분출을 불러 왔다. 1980년 이후 코소보에선 알바니아인들의 자치권 권리 증대를 요구하는 시위가 연일 일어났고, 보스니아에선 무슬림 집단을 중심으로 무슬림 국가 건설이라는 요구가 확대되고 있었다. 이런 민족 간 문제들의 해결을 둘러싸고 유고 연방의 구성 공화국들 사이에 계속된 반목과 갈등이 확대되는 가운데 1989년 11월 베를린 장벽이 붕괴되면서 유고연방도 또한 공산당 일당 독재 폐지와 다당제 선거가 실시되게 된다.

연방 내 각 민족들 간의 갈등이 첨예하게 대두되고 연방이 분리로 치닫고 있을 즈음, 코소보 알바니아인들은 1991년 코소보의 독립을 묻는 투표를 실시하였다. 이후 알바니아 자치의회는 코소보의 독립을 선언하고 1992년 의회와 대통령 선거를 실시, 이브라힘 루고바(Ibrahim Rugoba)를 코소보의 새 대통령에 임명하지만 세르비아에 의해 이 모든 행위는 불법으로 간주되어 세르비아계가 주도하는 새로운 선거가 실시되게 된다. 이후 알바니아계는 코소보에서 행해지는 세르비아계 주도의 모든 선거를 거부하였고, 선출된 코소보 내 어떤 세르비아계 권력도 인정하지 않았다.

1995년 보스니아 분쟁을 종결짓는 '데이턴 합의안'이 이루어질 당시 코소보 내 알바니아인 문제는 당시 합의안의 주요 당사자였던 밀로쉐비치의 강력한 반발로 인해 의제에 오르지도 못하였다. 보스니아 평화안이 실시된 이후 미국과 서구의 발칸유럽에 대한 관심이 감소할 즈음, 코소보 내 알바니아 무장 단체인 '코소보 독립을 위한 민족운동(LKCK: Levizja Kombetare per Clirimin e Kosoves)'이 준군사조직인 '코소보 해방군(UCK: Ushtria Clirimtare e Kosoves)'으로 확대되면서 코소보에서의 긴장감이 다시 한 번 조성되게 되었다. 당시 코소보 해방군은 1997년 이웃 알바니아에서의 무장 폭동으로 인해 유출된 각종 무기를 대거 유입하였고, 이를 기초로 세르비아 경찰부대에 대한 군사저항의 기틀을 마련하게 된다.

이후 코소보 민병대에 의한 세르비아계 학살 그리고 이를 보복하는 세르비아 경찰 부대 간의 유혈충돌이 계속해서 야기됨에 따라 민간인 피해가 속출하게 되었고, 이런 상황 속에 코소보 알바니아계는 UN에 코소보 민족갈등을 중재해 줄 것을 요청하게 된다. 1989년 자치권 폐지 이후 확대된 코소보에서의 민족갈등과 유혈충돌 사태는 1998년 2월 28일 이 지역을 순찰 중이던 세르비아 경찰 4명이 코소보 알바니아 민병대에 의해 살해됨으로써 좀 더 복잡한 양상으로 확대되게 된다. 이 사건 이후 바로 코소보 내 알바니아인들에 대한 세르비아 경찰의 보복과 진압 그리고 코소보 알바니아 반군의 저항이 확대되어, 이내 코소보 내 민족갈등은 국제적 관심사로 부각되게 된다. 이에 따라 1998년 6월 보스니아 평화안 발표 이후 해제되었던 세르비아에 대한 경제금수조치가 다시 취해졌고, 코소보로부터 세르비아 경찰부대 퇴각을 조건으로 한 군사대응이 논해지기 시작했다. 이후 밀로쉐비치는 국제적 압력에 굴복, 공습 예고 하루 전날인 1998년 10월 13일 경찰부대를 세르비아 본토로 철수시키게 된다.

하지만 1999년 초에 들어와 코소보에서의 유혈충돌이 다시 재현되자, 서구는 코소보 문제 해결을 위한 6개국 관계 그룹(미국, 영국, 독일, 프랑스, 이탈리아, 러시아)을 결성하였고, 이어 코소보 평화를 위한 회담이 프랑스 파리 인근의 랑부예에서 여러 차례 이루어졌다. 1999년 2월 6일부터 23일까지 지속된 랑부에 협상에서 세르비아와 알바니아 대표단은 이 안의 주 내용이 많은 문제점을 지니고 있다며 협상을 거부하였다. 협상안의 여러 내용 중 합의에 가장 걸림돌이 되었던 것은 크게 두 가지로, 첫 번째는 '코소보 독립 문제를 3년 뒤에 논의하자'는 안이고 두 번째는 '코소보에 NATO군을 중심으로 한 국제 평화 유지군을 주둔하자'는 문제였다. 알바니아계는 코소보의 독립을 더 이상 미룰 수 없다며 첫 번째 안에 반대하였고, 세르비아는 코소보 문제는 주권의 문제로 자국 영토에 외국 군대를 주둔할 수 없다는 이유를 들어 두 번째 안에 반대하였다.

미국과 서구의 계속된 압력과 군사적 위협 속에 미국을 방문하고 돌아 온 코소보 알바니아계 대표단은 1999년 3월 18일 랑부예에서 결정된 평화안에 대해 무조건적 서명을 하게 된다. 반면, 세르비아 대표단은 NATO군의 코소보 주둔은 유고의 주권을 침해할 수 있다는 의견과 함께, 타협안으로 미국이 중심이 된 NATO군 대신에 UN이 주도하는 평화 유지군의 코소보 주둔을 제안하게 된다. 하지만 미국과 NATO는 세르비아의 이러한 제안이 미국의 평화안을 거부한 것으로 인정하였고 세르비아에 대한 군사적 대응을 선언하게 된다. 미국은 마지막 평화 제스처로 홀부르크 특사를 세르비아에 파견하였으나, 밀로쉐비치와의 협상이 별 다른 성과를 얻지 못했다는 것을 확인한 후, 미국은 UN안보리의 결의 없이 1999년 3월 23일 NATO군에게 세르비아와 코소보에 대한 공습을 지시하게 된다.

'방위적 전략 개념'을 지니고 있던 NATO군의 전략 개념이 미국의 주도에 의해 '공격적 전략 개념'으로 바뀐 후 최초의 시험 무대로 선택된 코소보와 세르비아 본토는 미국을 위시한 NATO군의 대규모 공습을 받아야만 했다. 하지만 공습 기간이 길어짐에 따른 비용 부담과 미국 내 클린턴 성추문 사건을 무마하기 위한 전략적 선택이었다는 비난이 확대되게 되자 미국과 NATO는 전쟁 수행에 여러 어려움을 지니게 된다. 세르비아도 또한 공습으로 인한 경제적, 물적 그리고 인명 피해가 계속 확대되게 되자 타협의 실마리를 찾고자 노력하게 된다. 결국 러시아의 중재로 양측은 1999년 6월 10일, 코소보에서의 세르비아군 즉각 철수, UN 평화유지군의 코소보 주둔을 원칙으로 하는 코소보 평화안에 서로 합의함으로써 79일간의 코소보 전쟁은 종결되게 된다.

### 3) 코소보 전쟁의 의미와 그 영향은?

코소보 분쟁의 당사자인 세르비아인들과 알바니아인들은 코소보 전쟁이 끝난 이후에도 여전히 향후 코소보의 진로를 바라보는 큰 시각차로 인해 문제 해결을 위한 양측 간의 합의에 여러 어려움을 겪어야 했다. 무엇보다도 코소보 문제가 양 민족만의 합의로서 끝날 수 있는 사안이 아니라는 데 문제의 심각성이 존재하고 있다. 코소보 분쟁이 확대되면서 발칸의 주변 국가들 특히 1990년대 이후 극단적 알바니아 민족주의로 치닫고 있는 이웃 알바니아와 인구 200여만 중 알바니아 민족이 적게는 22~30%를 차지하고 있는 이웃 마케도니아에선 연일 코소보 알바니아인들의 세르비아로부터의 독립을 요구하는 시위가 발생하고 있다. 이러한 이유를 들어 세르비아 정부와 국방부는 오랫동안 알바니아인들의 코소보 자치권 확대와 공화국으로의 승격요구가 코소보 분쟁의 원초를 제공한 주된 요인이었다고 주장하면서, 코소보 분쟁 이후 격화된 대알바니아주의가 세르비아뿐만 아니라 발칸유럽의 주변 국가들의 분쟁 확대로 이어지게 될 거라 경고하여 왔었다. 실제 이러한 발칸유럽 내 알바니아인들의 민족주의 연대움직임은 주변 국가들, 즉 세르비아와 그리스, 마케도니아 그리고 불가리아, 터키 등과의 외교적 연결 고리를 따라 거대한 국제문제로써 확대될 가능성을 다분히 내포하고 있다. 즉 코소보에서의 알바니아 독립요구는 이후 마케도니아 특히 이들이 다수 거주하고 있는 서부 마케도니아에서의 알바니아인들 독립요구로 이어질 것이고 또한 그리스 서·북부와 세르비아 남부 그리고 몬테네그로 동부에 거주하는 알바니아인들을 자극하게 될 것이라는 점이다. 실제 발칸유럽에 대(大)알바니아 국가를 수립하려는 알바니아 민족주의자들의 의도에 대해 발칸의 여러 국가와 민족들은 세르비아의 이러한 주장에 공감하고 있으며, 이러한 점이 코소보 분쟁에 적극적인 참여를 바랬던 서구의 요구에도 불구하고 그리스와 마케도니아 등이 소극적인 자세로 나왔던 한 이유이기도 했다.

코소보에서의 전쟁이 진행되어 가면서 미국과 서구는 미국이 주도했던 NATO군의 코소보 공습이, 미국이 공습이유로 내세웠던 '소수 민족의 인권 문제'가 아닌 '스캔들로 인한 클린턴 행정부의 위기 탈출용'이라는 비난을 받아야 했다. 더불어 NATO창설 50주년을 맞이하는 시점에 유럽 내에서 제기되고 있던 NATO군 해체설에 대응하기 위해 미국이 주도하는 NATO의 역할과 위상 즉 '세계 분쟁 지역에 대한 즉각적인 개입'이라는 전략적 전환 측면이 더 큰 비중을 차지하였다고 볼 수 있다. 따라서 코소보 공습 이후에도 미국은 러시아와 중국을 대표하는 공습 반대 국가들로부터 코소보 공습이 '인권을 가장한 주권침해 행위'였다는 비난을 계속해서 받아야 했다.

이러한 공습의도 때문이었는지 모르나 전쟁이 끝난 현재까지도 코소보는 별다른 민족 간 해결 실마리를 보이지 못하고 있다. 여전히 코소보를 여전히 자신의 종교적 성지이자 중세국가 발원지로 중요시 여기는 세르비아인들 그리고 미국의 전략적 지지를 바탕으로 독립국가 건설, 이후 이웃 알바니아와 함께 대알바니아 주의를 실현하려는 코소보 알바니아인들 간의 긴장과 분쟁이 계속해서 이어지고 있다. 비록 2008년 2월 코소보 알바니아 정부의 일방적인 독립 선언 이후 국제 사회의 관심 속에 코소보의 평화와 안정이 실현되고 있다는 미국의 주장에도 불구하고, 아직까지도 코소보 북부 세르비아 공화국과 인접하고 있는 미트로비차를 중심으로 양 민족들 간의 간헐적인 유혈 충돌 및 긴장 상태가 지속되고 있다.

코소보 전쟁이 끝난 직후 세르비아인들은 알바니아인들의 보복을 피해 대거 세르비아 본토로 이주하게 된다. 이에 따라 대부분의 코소보 지역은 알바니아 민족들 관할로 넘어갔으나, 코소보의 제 3의 도시이자 세르비아의 군사, 경제적 전략도시인 미트로비차 만큼은 이바르 강을 경계로 북부의 세르비아인들과 남부의 알바니아인들 사이에 여전히 긴장상태에 놓여 있다. 코소보 전쟁 종결 이후 현재까지 양 민족 간 충돌로 이 지역에서만 약 600여 명의 사상자가 발생하였다. 하지만 무엇보다도 보다 더 큰 문제는 이러한 양 민족 간의 충돌을 막고 치안을 유지해야 할 코소보 평화유지군(KFOR)이 제대로 그 역할을 수행하지 못했다는 데 그 심각성이 있다 하겠다. 실제 코소보 평화유지군은 2000년 3월 세르비아인들에 대한 알바니아 폭탄 테러 발생 그리고 2004년 3월 수백 명의 사상자 발생 등 현재까지 수차례 발생한 양측 간 보복과 충돌에 이바르 강을 경계로 양 민족을 분리하는 것 외에 별 다른 조치를 취하는데 어려움을 겪고 있는 게 사실이다. 오히려 한때 양 민족 간의 테러와 보복소식이 코소보 전역에 알려지면서 이바르 강을 경계로 양 민족주의자들이 집결하면서 평화유지군이 중간에서 양측의 공격을 받아야만 했다.

이처럼 코소보를 둘러싼 갈등은 1999년 미국이 주축이 된 NATO군의 공습 종결과 2008년 2월 코소보의 독립 선언, 그리고 2012년 9월 코소보를 관리 감독해왔던 국제조정기구(ISG: The International Steering Group)의 주권 인정 선언에도 불구하고 현재까지 끊이지 않고 있으며, 향후에도 이러한 문제 해결이 매우 어려울 것으로 보인다. 이러한 배경으로는 크게 다음과 같은 4가지 문제를 들 수가 있다.

첫째는 서구 강대국들의 이해관계 충돌로 인해 이 지역의 문제해결이 쉽지 않으리라는 전망이다. 실제 공습 이후에도 이전처럼 이 지역을 둘러싸고 미국, EU와 러시아 등 강대국들 간의 영향력 다툼이 전개되고 있다. 러시아는 발칸유럽에서의 영향력을 계속 유지하기 위해 코소보 독립을 저지하려는 세르비아를 지지하고 있으며, 중국도 또한 초강대국으로서의 미국을 견제하기 위해 세르비아의 주장에 동조하고 있다. 반면 미국은 NATO의 신(新)전략개념 즉 기존의 방위개념에서 공격개념으로 전환을 위한 시험무대로서의 코소보의 중요성과 향후 여타 지역에서 다시 등장할지도 모를 소(小)패권주의에 대한 견제, 그리고 발칸유럽에서 러시아를 대신해 미국의 영향력을 증대시키기 위해 코소보에 대한 세르비아 영향력 확대를 억제시키려 하고 있다. 따라서 코소보의 향후 문제를 둘러싼 이러한 양 세력 간의 대결 양상과 그 결과에 따라 코소보의 향후 진로가 결정되어질 것으로 보인다.

두 번째로는 세르비아에 대한 주권침해와 세르비아니즘에 대한 피해의식을 어떻게 극복하느냐는 문제이다. 세르비아인들은 현재까지도 계속해서 미국의 코소보 공습이 인권을 가장하여 주권을 가진 한 국가에 대한 주권침해 행위였음을 강조하고 있다. 또한 코소보 공습 이후 세르비아니즘 확대의 대표 지역이었던 코소보에 대한 피해의식은 세르비아인들에게 큰 상처를 남겨주었다. 특히 공습 이후 알바니아인들의 세르비아계에 대한 역보복 문제와 세르비아 정교 문화재 파괴, 그리고 세르비아인들의 이등 민족 전락에 따른 피해 의식 확대 등 여러 문제들은 세르비아 내에 세르비아 민족주의를 더욱 자극하여 왔으며, 또한 이러한 결과는 처음 미국과 NATO가 공습이유로 내세웠던 소수 민족의 인권 문제가 그 형평성을 잃었다는 지적을 낳게 하였다.

세 번째는 모순적이지만 스페인, 슬로바키아 등 자국 내에서 소수 민족 문제와 분리주의 문제를 안고 있는 일부 유럽 국가들과 세르비아가 공동의 목표를 지니고 있다는 점이다. 세르비아는 계속해서 알바니아인이 중심이 된 코소보 독립은 곧 이어 주변 마케도니아 내 알바니아인과 알바니아 국가의 통합을 불러올 것이고, 이것은 발칸유럽의 불안정을 가져올 것이라 주장하여 왔다. 이러한 주장에 대해 비록 NATO의 일원으로 참전하였으나, 자국 내에서 분리주의 움직임과 함께 소수 민족 문제를 안고 있는 유럽의 국가들은 코소보 독립 문제에 대해 부정적인 시각을 지니고 있다.

네 번째 문제로는 코소보 공습이 UN을 배제한 미국과 NATO의 독자적인 결정이었다는 측면에서 현재도 그러한 상황이 나타나고 있지만, 향후에도 이 지역의 문제를 해결할 주체의 혼선이 나타날 거라는 점이다. 즉 보스니아 분쟁 당시 보스니아 정부가 한 국가의 주권 수호 차원에서 스스로 국제사회의 지원을 요청했던 때와는 달리, 1999년 코소보 전쟁은 UN과 안보리 등 여러 국제기구들의 반대를 무릅쓴 미국과 NATO의 일방적인 공습이었다는 측면에서 국제법상의 문제를 낳기도 했다. 따라서 코소보 공습 이후 확대된 UN의 위상 추락과 더불어 이후 발생할 수 있는 코소보 내 여러 민족갈등에 대한 처리문제 또한 여러 어려움이 있을 것으로 예상되어 왔던 게 사실이다.

### 4) 코소보의 미래는?

2012년 9월 10일, 코소보 독립에 찬성 입장을 보여 왔던 EU 회원국들과 미국, 터키 등 서방 국가들이 지켜보는 가운데, 그동안 코소보를 관리 감독해왔던 국제조정기구의 대표인 피터 페이스(Pieter Feith)는"코소보에 대한 국제 사회의 관리 감독 기간이 종료되었으며, 이것은 코소보의 완전한 주권을 가져다 줄 것이다"라고 선언하였다.

하지만 현재까지도 이에 대한 국제 사회의 반응은 크게 엇갈리고 있다. 우선 1999년 세르비아에 대한 코소보 전쟁이후, 코소보의 독립을 적극적으로 찬성하여 왔던 미국은 "이것은 코소보의 의미 있는 미래를 위한 역사적인 시금석(historic milestone)이 될 것이며, 다인종 민주주의 국가 수립에 중요한 근간이 될 것이다"라고 축하하며, 곧 바로 농업 분야 지원을 위한 2천만 유로 가량의 차관

제공을 코소보에 약속하였다. 하지만, 이에 대해 러시아와 중국 등은 그 의미를 크게 두지 않는 다는 성명서를 발표하였다. 이런 극단적인 반응은 이 지역 문제의 당사자인 코소보 알바니아인들과 세르비아의 시각에서도 분명히 드러나고 있다. 국제조정기구의 선언에 대해 코소보의 하심 타치(Hashim Thaci) 총리는 "이 결정은 이 지역 평화 정착의 역사적 전환점(historic turnaround)을 제공해 줄 것이며, 국제 사회가 본격적으로 코소보를 하나의 일원으로 인정해주었다는 것을 의미한다"라고 그 의미를 크게 부각한데 반해, 세르비아는 "이러한 결정이 코소보의 미래에 아무런 영향을 끼치지 못하며, 세르비아의 동의 없는 코소보의 독립은 이루어지지 못할 것이다"는 점을 강조하였다.

여러 이해관계의 충돌 속에서도, 국제 사회는 국제조정기구의 선언 등 여러 경로를 통해 코소보의 독립을 기정사실화하고 있는 듯하다. 하지만, 앞서 언급한 국제 사회 내에서의 갈등과 함께, 여러 다양한 요인들이 코소보 독립과 이 지역 평화에 대한 향후 전망을 어둡게 하고 있는 것 또한 사실이다. 그 첫 번째는 무엇보다도 코소보 독립 문제의 당사자인 세르비아의 선택이라 할 수 있다. 세르비아는 현재 국가적 지상 목표로 EU 가입을 최우선시 하고 있지만, EU는 가입 전제 조건으로 전범 처리 문제의 적극적 협조와 함께 코소보 문제 해결을 내걸고 있다. 하지만, 코소보 독립 인정은 곧 바로 민심의 심각한 저항과 함께 정권 붕괴를 가져다 줄 것이라는 점에서 세르비아가 쉽게 선택하기 어려운 실정이다.

두 번째는 코소보의 경우, 현재 평화적 공존을 이어가고 있는 보스니아와 달리 구성 민족 간의 평화적 공존이 거의 불가능하다는 점이다. 실제, 코소보와 국제 사회로부터 역차별을 받게 된 세르비아인들은 자신이 다수 거주하고 있는 코소보 북부 미트로비차시의 이바르 강을 경계로 알바니아인 및 국제 사회의 출입을 봉쇄하여 왔으며, 이로 인한 양 민족 간 충돌도 계속 확대되고 있는 실정이다. 하지만 자체 방어나 치안 능력이 거의 부재한 코소보로선 현재 주둔중인 6,000여명의 PKO와 1,300여명의 EU 경찰에 이러한 문제들을 전적으로 의존하고 있는 상황이다. 세 번째로는 코소보의 열악한 경제 문제를 들 수 있다. 현재 코소보 국내총생산(GDP)의 약 30%는 해외 원조를 통해 겨우 보충하고 있으며, 실업률은 50%, 1인당 GDP는 300만원이 약간 넘는 그리고 인구의 37%가 하루 1~2달러 미만의 극빈층을 형성하고 있는 상황이다. 이러한 현실 속에서 코소보가 향후 국가를 유지하고 경제를 이끌어 나갈 수 있을지에 대한 여러 의문이 제기되고 있는 게 사실이다.

2013년 현재 코소보 독립에 대해 98개 UN 회원국들이 독립을 승인하고 있으며, NATO, EU, OECD 등 수 많은 국제기구들이 코소보의 독립을 기정사실화 하고 있다. 또한 IMF와 세계은행 등에서 코소보는 중요 구성원 중 하나로 활동하고 있다. 하지만, 그럼에도 불구하고, 코소보가 계속해서 독립 국가를 유지할 수 있을 지, 그리고 이 지역의 평화가 지속될 수 있을 지에 대해선 국제 사회 구성원들 간의 회의감이 증폭되고 있는 게 사실이다.

과거 국제사적 내용들을 반추해볼 때 동유럽 내 소수 민족 문제는 강대국들 간의 국제 질서 역학 구도 변화에 따라 그 양상이 수시로 바뀌어 왔고, 그 결과 유럽 내 평화 구축을 어렵게 하는 요소가 되어 왔다. 오늘날 코소보는 단순히 지역문제를 벗어나 강대국들 간의 힘겨루기를 가름해 볼 수 있는 주요 테스트 장이자, 유럽 내 소수 민족 문제 해결의 어려움을 보여주는 대표적 사례가 되고 있다. 따라서 코소보가 하나의 독립된 주권 국가로 발전하는 데 있어, 자신들 앞에 산적해 있는 여러 어려움들을 어떻게 이겨낼 수 있을지, 더불어 향후 코소보가 국제 사회에서 독립 국가로서의 역할과 활동을 강화하려할 경우 예상되는 세르비아 및 러시아 등 독립 반대 국가들의 저항을 어떻게 극복해 나갈 수 있을지, 그리고 이러한 반응에 대해 코소보가 어떠한 방향으로 슬기롭게 대처해 나갈지가, 독립 국가로서 향후 코소보의 국가 존립을 결정지을 것으로 보인다.

# 부록2_발칸유럽 국가들의 역사 연대표

* 참조(국가별 영문 약어): 슬로베니아=Slov., 크로아티아=Cr., 보스니아-헤르체고비나=B.-H., 세르비아=Sr., 몬테네그로=Mo., 마케도니아=Ma., 알바니아=Al., 루마니아=Ro., 불가리아=Bul.

## 1) 고대(BC~7세기): 로마의 지배와 동·서로마의 분리

| 년도 | 내용 |
|---|---|
| BC 480무렵 | (Bul.) 트라키아인에 의한 도시 국가 건설 |
| BC 431<br>~BC 404 | 펠로폰네소스 전쟁과 함께 그리스 도시 국가들의 분열 |
| BC 4세기 | (Al.) 알바니아 민족에게 있어 조상으로 주장되는 일리리아 왕국이 아드리아 해를 중심으로 오늘날 유고슬라비아 지역 및 알바니아 지역을 장악 |
| BC 359<br>~BC 336 | (Ma.) 필립 2세를 통해 그리스로부터 독립 |
| BC 358 | (Al.) 마케도니아 왕국과의 전투에서 패배한 이후 일리리아 왕국의 세력약화 |
| BC 336<br>~BC 323 | (Ma.) 알렉산더 대왕의 마케도니아 제국 수립 시기 |
| BC 168 | (Al., Cr., Sr., B.-H., Slov., Ma., Mo.) 로마 제국에 의해 일리리아 왕국의 마지막 수도인 쉬코드라 복속 |
| | (Ma.) 로마제국에 의해 마케도니아 왕국 복속 |
| BC 82 | (Ro.) 부레비스타(재위 BC 82~BC 44)에 의해 다치아 왕국 수립 |

| 년도 | 내용 |
|---|---|
| BC 75 | (Sr.) 베오그라드가 로마 제국에 의해 점령 |
| BC 46 | (Bul.) 트라키아인들이 로마 제국 지배 하로 편입 |
| BC 44 | 로마 제국의 율리어스 카이사르 암살, 이후 옥타비아누스가 최초의 황제가 됨 (재위 BC 27~AD 14) |
| 14 | 발칸반도는 로마 제국의 직접 통치 하로 넘어감 |
| 30 | 4월 예수 사망 |
| 68 | (Cr.) 아드리아 해안의 풀라에 로마 원형극장인 '풀라 아레나'가 완공 |
| 106 | (Ro.) 로마 제국 트라이아누스 황제(재위 98~117)의 두 차례 공격(101~102, 105~106)에 의해 데체발(재위 87~106)이 이끌던 다치아 왕국은 멸망. 이후 로마화가 확대됨 |
| 212 | (Ro.) 다치아 지역의 루마니아인들은 라틴어를 쓰는 로마누스로서 로마 시민권을 획득함 |
| 271 | (Ro.) 고트족의 공격에 따라 로마 제국은 다치아 지역을 포기하고, 다뉴브강 남쪽으로 후퇴함 |
| 305 | (Cr.) 로마 황제 디오클레티아누스(244~311, 재위 285~305)의 명에 의해 아드리아 해안의 스플리트에 궁전이 완성됨 |
| 313 | 콘스탄티누스 로마 황제(재위 306~337)는 밀라노 칙령을 통해 크리스트교를 공인 |
| 330 | 콘스탄티누스에 의해 크리스트교 도시로써 콘스탄티노플이 건설되고, 이후 로마 제국의 수도를 이곳으로 천도 |
| 350 | 게르만족의 일파인 동고트족이 동유럽의 상당 지역을 장악 |
| 375 | 훈족의 유럽 침공과 동고트족에 대한 공격으로 게르만족의 대이동 시작. 훈왕국 수립(375~469). 동고트족에 밀린 서고트족의 로마 제국 영내 진입 |
| 392 | 테오도시우스 황제(재위 379~395)에 의해 크리스트교는 로마 제국의 국교가 됨 |
| 395 | 테오도시우스 황제 사후 동·서 로마 제국 분리 |
| 447 | 훈(Hun) 왕국의 아틸라(재위 434~453)가 동로마 제국 공격 |
| 451 | 칼케돈 공의회에 의해 5개의 대주교 관구(로마, 콘스탄티노플, 알렉산드리아, 안디옥 그리고 예루살렘)를 설립하고, 그 순서에 따라 권위를 부여 |
| | 6월 게르만족과 연합한 서로마 제국은 '살롱 대전투'에서 훈족을 겨우 막아냄 |
| 469 | 동로마 제국에 의해 훈 왕국 멸망 |
| 476 | 게르만족 용병인 오도아케르에 의해 서로마 제국 멸망 |

| 년도 | 내용 |
|---|---|
| 535 | (Ma.) 스코프예 출신인 동로마 제국의 유스티니아누스 1세에 의해 스코프예가 제국의 제 1도시 중 하나로 선정 |
| 6~8세기 | 아바르족의 유럽 약탈 시기. 러시아 서부 지역에 넓게 분포하고 있던 원시 슬라브족은 아바르족에 쫓기거나 혹은 동맹을 맺으며 중부와 발칸유럽으로 진출 시작 |
| 6세기 | 동로마 제국의 유스티니아누스 1세(재위 527~565)에 의해 서로마 제국의 일부 영토가 회복되고, 콘스탄티노플 교회(훗날 정교)의 영향력이 발칸유럽에 확대됨 |
| 582 | 아바르족의 동로마 제국 침략 |
| 6세기 말~7세기 | 다뉴브 강을 따라 발칸유럽으로 이주한 남슬라브족들이 자신들의 정착촌을 형성해 감 |
| 610 | 동로마 제국의 명칭이 비잔틴 제국(610~1453)으로 개칭 |
| | 마호메트(570~632)가 메카에서 가브리엘 천사의 계시를 받음. 613년부터 이슬람교 전파 시작 |
| 620 | (Cr.) 오늘날 지역에 정착하였다는 기록 |
| 622 | 7월 16일 마호메트의 헤지라(메디나로 이주) 단행. 이슬람력의 시발점. 이후 마호메트는 메디나에서 정치 지배자이자 군사령관을 겸하며 이슬람교 전파에 주력. 630년 메카 점령 |
| 623 | (Slov.) 프랑크인 상인으로 아바르족을 물리친 사모(재위 623~658)가 사모 제국 수립. 슬로베니아는 아바르족과의 전투(623~626)에서 승리하여 지배에서 벗어남 |
| 626 | 아바르족의 콘스탄티노플 공격과 패퇴 |
| 638 | 이슬람교도들의 예루살렘 점령, 안디옥(637), 알렉산드리아(641) 또한 이슬람교도에게 점령당함에 따라, 크리스트교 5대 관구 중 로마교회와 콘스탄티노플 교회만이 남게 됨 |
| 670 | (Bul.) 아스파르후(재위 681~701)를 중심으로 한 약 3만~5만여 명의 원시 불가르족이 동로마 제국의 국경선인 다뉴브 강을 건너, 이 지역에 들어옴 |
| 674~678 | (Bul.) 아랍 민족의 콘스탄티노플 포위. 불가리아의 비잔틴 제국 지원 |
| 679 | (Bul.) 아시아 계통의 원시 불가르족이 불가리아 지역에 정착한 후, 비잔틴 제국을 공격 |
| 681 | (Bul.) 동로마 황제 콘스탄틴 4세(재위 668~685)와 원시 불가르족의 칸(Khan)인 아스파르후 사이 협약에 따라 제 1불가리아 제국(681~1018) 수립 |

## 2) 중세 I (8세기~14세기): 슬라브족의 정착과 중세 왕국의 발전

| 년도 | 내용 |
|---|---|
| 717~718 | (Bul.) 아랍 민족의 제 2차 콘스탄티노플 포위. 불가리아 테르벨(재위 700~721)의 비잔틴 제국 지원 |
| 732 | (Al.) 비잔틴 제국의 콘스탄티노플 교회 영향력 하로 편입 |
| 745 | (Slov.) 슬로베니아는 게르만족 일파인 프랑크 왕국 통치 하로 편입 |
| 790~796 | 프랑크 왕국의 카를 1세(카를 대제, 샤를마뉴 대제, 왕 재위 768~800, 황제 재위 800~814)에 의해 아바르족 멸망 |
| 800 | 12월 25일 프랑크 왕국의 카를 1세는 로마교회의 지원을 통해 신성로마제국을 건설. 서유럽지역에 있어 로마 교회의 영향력 확대 |
| 803 | (Cr.) 신성로마 제국에 의해 로마 교회(가톨릭)을 받아들임 |
| 812 | 비잔틴 제국의 신성로마제국 승인 |
| 833 | 모이미르 1세(재위 833~846) 시기 모라비아 왕국 수립 |
| 864 | (Bul.) 보리스 1세(재위 852~889) 시기 비잔틴 제국으로부터 정교를 받아들임 |
| | 모라비아의 요청을 받아들여 비잔틴 제국은 치릴(826~869)과 메토디예(815~885)형제를 모라비아 왕국에 파견 |
| 886 | (Bul.) 클리멘트와 나움 등 치릴의 제자들은 비잔틴 제국으로 돌아가던 중 보리스 1세(재위 852~889)의 요청으로 불가리아에 남게 됨. 이후 오흐리드를 중심으로 발칸유럽에 문자(키릴 문자)와 정교 보급에 주력 |
| 896 | 마자르족의 유럽 영토 진입과 헝가리 정착 |
| 904 | (Ma., Bul.) 마케도니아 전 지역이 제 1 불가리아 제국에 복속 |
| 907 | 헝가리 침략에 의해 모라비아 왕국 멸망 |
| 917 | (Bul.) 시메온 대제(재위 893~927) 시기 비잔틴 제국의 상당 부분을 차지하며, 최대 전성기 구가. 4대 복음서를 슬라브 문자의 기초인 글라골 문자로 번역 |
| 924 | (Sr.) 세르비아 중세 왕국의 전신인 라쉬카 공국이 불가리아 제국에 의해 무너짐. 비잔틴 제국 또한 불가리아 제국의 침략으로 어려움에 처함 |
| 925 | (Cr.) 토미슬라브(영주 재위 910~925, 왕 재위 925~928) 시기 로마 교황의 도움을 받아 최초 왕국 수립. 이후 불가리아 제국과의 전투에 참전하여 927년 승리 |
| 988 | 키예프 공국의 크리스트교(정교) 수용. 러시아 정교회로 발전 |
| 990 | (Bul.) 오흐리드에 제 1 불가리아 제국의 수도(990~1015)가 세워졌고, 불가리아 총대주교가 수립됨(990~1018) |
| 1003 | (Ro.) 헝가리에 의해 트란실바니아 지역이 복속됨 |

| 년도 | 내용 |
| --- | --- |
| 1014 | (Bul.) 클레이돈 전투에서 비잔틴 제국에게 불가리아 대패 |
| 1018 | (Bul.) 제 1불가리아 제국이 비잔틴 제국에 의해 멸망 |
| 1042 | (Mo.) 보이슬라브(영주 재위 1018~1043, 왕자 재위 1040~1043)는 비잔틴 제국과의 바르 전투에서 승리. 이후 독립 왕국의 기틀을 마련 |
| 1054 | 로마 교회와 콘스탄티노플 교회 간의 갈등으로 크리스트교 대분열. 이후 로마교회는 가톨릭(서방정교)으로, 콘스탄티노플은 정교(동방정교)로 분화 발전 |
| 1056 | (Ro.) 오스만 터키의 트란실바니아 점령 |
| 1077 | (Mo.) 로마교황 그레고리 7세(재위 1073~1085)로부터 독립 왕국을 인정 |
| 1096 | 제 1차 십자군 원정 이후로 13세기 말까지 8차례 이상 다양한 형태의 십자군 원정이 이루어짐 |
| 1099 | 제 1차 십자군이 예루살렘 점령 후 예루살렘 왕국 수립 |
| 1102 | (Cr.) 즈보니미르(영주 재위 1064~1075, 왕 재위 1075~1089) 사후 크로아티아 왕권이 헝가리 왕국에게 넘어감 |
| 1166 | (Mo., Sr.) 몬테네그로는 세르비아 중세 왕국의 시조인 스테판 네마냐(대족장 재위 1166~1196) 통치하의 라쉬카 공국 지배 하로 들어감 |
| 1168 | (B.-H.) 헤르체고비나 지역인 훔(Hum) 지역이 정교 국가인 세르비아의 네마니치 왕조 하로 편입(1168~1326) |
| 1185 | (Bul.) 제 2 불가리아 제국(1185~1396/1422) 수립 |
| 1187 | 이집트 왕조의 이슬람교도인 살라딘이 예루살렘 탈환 |
| 1189 | 예루살렘 재탈환을 위해 영국의 사자 왕 리처드를 비롯한 제 3차 십자군 원정(1189~1192) 시작 |
| 1204 | 제 4차 십자군 원정대(1202~1204)는 이슬람 지역이나 예루살렘이 아닌, 비잔틴 제국의 수도였던 콘스탄티노플을 공격하여 여러 약탈과 대량 살상을 감행. 이후 로마 교황의 허가에 따라 라틴제국(1204~1261)을 수립. 비잔틴 제국의 황족들은 여러 지역에서 망명 정권을 수립 |
| 1205 | (Cr.) 베네치아 공국이 지원하는 제 4차 십자군 원정에 의해 두브로브니크(1205~1358 베네치아 공국 지배를 받음)를 비롯한 아드리아 해안 지역의 도시들이 베네치아 공국 하로 넘어감 |
| 1207 | (Bul.) 카로얀(재위 1197~1207)이 비잔틴 제국을 차지하기 위해 라틴 제국과의 싸움에 참전 후 전사 |
| 1217 | (Sr.) 네마니치(대족장 재위 1196~1217, 왕 재위 1217~1228)시기 세르비아 중세 왕국 수립 |
| 1219 | (Sr.) 성 사바(1175~1235)에 의해 세르비아 독립 정교 교구 수립 |

| 년도 | 내용 |
|---|---|
| 1235 | (Bul.) 제 2 불가리아 제국 하에서 불가리아 독립 정교회 수립 |
| | (B.-H.) 헝가리의 보스니아 침공(1235~1241). 보스니아와 보스니아내 가톨릭 교구들이 헝가리 영향권 하로 편입 |
| 1241 | (Cr.) 몽고군의 폴란드, 헝가리 침공이후 헝가리와 크로아티아는 보헤미아 왕국 영향력 하로 편입 |
| | (Ro.) 몽고군의 침략으로 왈라키아 완전 폐허. 이후 100년 동안 몽고족의 지배 |
| 1273 | (Cr.) 합스부르크 가문이 신성로마 제국 황제로 선출. 헝가리 하의 크로아티아는 합스부르크 제국에게 충성 맹세 |
| 1275 | (Cr.) 마르코 폴로(1254~1324) 일행은 원제국의 쿠빌라이 칸을 방문. 이후 1271년부터 1291년까지 이어진 그의 여행담은 책으로 저술되었고, 이것은 훗날 유럽인들의 신대륙 발견에 자극을 줌 |
| 1278 | (Cr., Slov.) 보헤미아 왕국이 합스부르크 가문이 이끄는 신성로마제국에 의해 패배. 보헤미아 왕국의 몰락 시작과 합스부르크 제국 수립. 헝가리는 보헤미아로부터 독립 후 왕국 재수립. 크로아티아와 슬로베니아는 합스부르크 제국의 영향력 하로 편입 |
| 1299 | 소아시아 지역에서 오스만 터키 부족의 세력 구축 |
| 1324~1384 | 성경 지상주의를 주장한 영국 옥스퍼드 대학의 존 위클리프 교수 활동 시기 |
| 1330 | (Sr., Bul.) 세르비아에 의해 불가리아 대패. 이후 발칸유럽에서 세르비아 세력 확대 |
| 1340년대 | 흑사병 발발로 당시 유럽 인구의 약 30%에 해당하는 2천 5백만 명이 사망. 이후 1700년대까지 총 100여 차례 창궐하여 유럽을 공포에 떨게 함 |
| 1344 | (Sr., Al.) 세르비아 왕국에 의해 알바니아 점령 |
| 1345~1349 | (Sr.) 비잔틴 제국은 세르비아 왕국의 위협을 벗어나기 위해 소아시아의 오스만 터키족을 용병으로 요청하였고, 오스만 터키의 유럽 원정이 시작됨 |
| 1346 | (Sr.) 세르비아의 최대 전성기를 이룬 두샨(왕 1331~1355, 황제 1346~1355)이 오늘날 마케도니아의 스코프예에서 '세르비아와 그리스의 황제'로 추대 |
| 1354 | (Sr.) 세르비아 두샨 황제는 '두샨 법전'을 완성시킴 |
| 1362 | (Mo.) 1355년 세르비아 왕국의 두샨 황제 사망 이후 왕국의 권력 다툼을 틈타, 제2대 몬테네그로 중세 왕국(1362~1421)이 성립 |
| 1363 | (Sr., Bul.) 제 1차 마리짜 강 전투에서 오스만 터키 군에게 대패 |
| 1371 | (Sr.) 오스만 터키와의 제 2차 마리짜(불가리아에 위치) 강 전투에서 세르비아 대패. 이후 세르비아 네마니치 왕조 단절 |
| | (B.-H.) 1374년 이후 보스니아는 세르비아 일부 영토 획득 |
| 1382 | (Bul.) 소피아가 오스만 터키에 의해 점령 |

| 년도 | 내용 |
|---|---|
| 1389 | (Sr., Bul., Ro., Al.) 코소보 전투에서 오스만 터키 군에 의해 세르비아 중심의 기독교 연합군 패배. 세르비아 중세 왕국의 실질적 몰락으로 이어졌고, 발칸유럽의 크리스트교 왕국들 와해 가속화 |
| 1393 | (Bul.) 수도인 벨리코 투르노보가 오스만 터키에 점령당한 후 속주가 됨 |

### 3) 중세 II (15세기~17세기): 종교전쟁과 고난의 역사

| 년도 | 내용 |
|---|---|
| 1402 | 중앙아시아에 티무르 몽고 제국(1370~1526) 수립. 이후 오스만 터키를 침공하여 '앙카라 전투'에서 승리 후 한동안 점령(1402~1413). 이때 화포 등 아시아의 선진 무기들이 오스만 터키에게 전달됨 |
| 1415 | (Cr.) 오스만 터키의 간접 통치 시작 |
| 1419 | (Mo.) 아드리아해 상권 획득을 둘러싼 베네치아와의 전쟁에서 대패 후 왕조 위기 |
| 1420 | (Ro.) 도부르쟈 지역이 오스만 터키 하로 넘어감. 이후 19세기말까지 전략적 요충지로 발전 |
| 1427 | (Mo.) 몬테네그로 제 3대 왕조인 쯔르노예비치 왕조(1427~1516) 수립 |
| 1444 | (Bul) 헝가리 등 서유럽 연합군이 중심이 된 '바르나(불가리아에 소재) 십자군'이 오스만 터키 군에게 패배 |
| 1453 | 비잔틴 제국의 수도인 콘스탄티노플이 화포 등 선진 무기를 내세운 메흐메드 2세(재위 1451~1481)의 오스만 터키에 의해 점령 |
| 1459 | (Sr.) 세르비아 중세 왕국의 마지막 수도였던 스메데레보가 오스만 터키에 의해 점령당한 후 왕국 사라짐 |
| 1461 | (B.-H.) 오스만 터키는 사라예보 점령 후 이슬람 도시를 건설 |
| 1463 | (B.-H.) 보스니아 중세 왕국이 오스만 터키에 의해 점령당함 |
| 1468 | (Al.) 오스만 터키의 공격을 잘 막아내던 알바니아 민족 영웅인 스칸데르베그(재위 1443~1468)가 사망 |
| 1476 | (Ro.) 오스만 터키의 유럽 침공에 저항하던 왈라키아 공국의 블라드 드라큘라(재위 1448, 1456~1462, 1476)가 패전후 사망. 이후 드라큘라는 루마니아 민족의 수호 영웅으로 자리매김 |
| 1478 | (Al.) 오스만 터키의 4차례 포위 공격 끝에 험준했던 크루야 산악 요새가 함락. 오스만 터키 지배 하로 완전 편입. 1479년 쉬코드라 또한 오스만 터키에 의해 점령 |
| 1482 | (Mo.) 터키의 공격을 피해 쟈블략에서 로브첸으로 수도를 천도 |

| 년도 | 내용 |
| --- | --- |
| 1483 | (B.-H.) 헤르체고비나 공국이 오스만 터키 하로 넘어감 |
| 1492 | 콜럼부스(1451~1506)의 새로운 항로 개척과 아메리카 등 신대륙 발견 |
| 1493 | (Cr.) '피의 평원' 전투에서 오스만 터키 군에게 패배 |
| 1517 | 유럽에서 종교 개혁 운동의 확대를 알리는 루터(1483~1546)의 95개조 반박문 부착 |
| 1521 | (Sr.) 1456년 오스만 터키에 의해 포위. 터키의 지배 하로 들어 감 |
| 1522 | 필리핀 군도에서 사망한 마젤란(?~1521)의 뒤를 이어, 그의 부하들은 남아메리카와 태평양을 가로지르며 최초로 세계 일주 성공 |
| 1526 | 프랑스와 동맹을 맺은 오스만 터키의 헝가리 침공과 '모하츠 전투'에서의 헝가리, 크로아티아 연합군 대패. 이후 헝가리는 오스만 터키의 조공 국가로 전락 |
| 1527 | (Cr.) 크로아티아 귀족들은 합스부르크 제국에게 보호를 요청. 합스부르크 제국 지배 하로 편입 |
|  | (B.-H.) 오스만 터키 침략에 끝까지 저항하던 보스니아의 야이쩨가 점령당함 |
| 1528 | (B.-H.) 오늘날 보스니아내 스르프스카 공화국의 수도인 반야 루카가 오스만 터키 지배 하로 들어감 |
| 1529 | 오스만 터키는 합스부르크 제국의 헝가리 영향력 확대를 저지코자 헝가리 재침공. 1541년 오스만 터키는 다시 헝가리를 재침공했고, 이후 오스만 터키의 제 1차 비엔나 침공이 있었으나, 실패했음 |
| 1534 | 영국의 헨리 8세(재위 1509~1547)는 로마 교황청과 결별한 후 영국 성공회를 창설. 가톨릭의 권위 약화가 가속화 됨 |
| 1547 | (Cr., Ro.) 합스부르크 제국과 오스만 터키간의 협정에 따라 헝가리의 영토 분할 단행. 크로아티아, 보헤미아, 서부 헝가리는 합스부르크 제국 하로, 그리고 트란실바니아를 비롯한 중부 헝가리는 오스만 터키 지배를 받게 됨 |
| 1565 | (B.-H.) 비쉐그라드에 '드리나 강의 다리'를 건설한 메흐메드 파샤 소콜로비치(재위 1565~1579)가 오스만 터키의 벨리키 베지르 자리에 오름 |
| 1566 | (B.-H.) 당대 최고 건축가중 하나인 미마르 하이레딘에 의해 모스타르 다리 건설 |
| 1619 | 프라하 성의 투척사건으로 신교와 구교간의 30년 종교 전쟁(1619~1648) 시작 |
| 1648 | 베스트팔렌 조약으로 30년 종교 전쟁이 막을 내렸고, 이후 군주에 의한 신앙의 자유로운 선택이 가능해짐 |
| 1663 | (Cr.) 반합스부르크 저항 운동인 '즈린스키 봉기' 발발. 1671년 실패 후 자치권 약화 |
| 1683 | 오스만 터키의 제 2차 비엔나 침공과 실패 |
| 1686 | 오스만 터키로부터 수도인 부다가 해방 |

| 년도 | 내용 |
| --- | --- |
| 1699 | (Cr., Slov., Sr., B.-H.) 오스만 터키와 합스부르크간 스렘스키 카를로브찌 조약 체결. 조약에 따라 제국 간 새로운 국경선이 책정되었고, 헝가리, 슬로베니아, 크로아티아, 세르비아 북부의 보이보디나 지방은 합스부르크 제국 하로, 세르비아 본토와 보스니아-헤르체고비나는 오스만 터키 하로 넘어감 |

## 4) 근대(18세기~19세기): 농민 반란과 민족주의 시대

| 년도 | 내용 |
| --- | --- |
| 1775 | 미국 독립 전쟁(1775~1781) 발발 |
| 1780 | (Sr.) 합스부르크 제국에 의해 세르비아 의 페트로바라딘 요새 재건 |
| 1789 | 프랑스 대혁명 발발 |
| 1799 | (Mo.) 오스만 터키로부터 몬테네그로 독립 |
| 1803 | 유럽 제국들과의 나폴레옹 전쟁(1803~1815) 시작. 유럽의 여러 민족들에게 프랑스 혁명 사상과 민족주의 의식 확대에 기여 |
| 1804 | (Sr.) 터키 지배에 저항하는 제 1차 세르비아 봉기 발발 |
| 1806~1812 | (Ro.) 러-터 전쟁에서 오스만 터키의 패전 결과 베사라비아로 불리는 몰다비아의 절반 정도가 러시아로 편입. 1991년 몰도바 공화국이 수립 |
| 1808 | (Cr.) 두브로브니크 공국 해체 |
| 1809~1816 | (Slov., Cr.) 프랑스 통치 하에서 슬로베니아 상당 지역과 크로아티아의 아드리아 해안 지역이 일리리아 속주로 편입 |
| 1814 | 나폴레옹의 몰락. 이후 열린 빈회의(1814~1815)에서 나폴레옹 이전 시기로 모든 것을 되돌리는 데 열강들 합의 |
| 1815 | (Sr.) 터키 지배에 저항하는 제 2차 세르비아 봉기 발발 |
| 1829 | (Sr.) 러시아의 지원으로 세르비아는 오스만 터키로부터 자치권 획득 |
| | (Ro.) 왈라키아와 몰도바도 오스만 터키로부터 자치권 획득 |
| 1830 | 7월 파리 혁명 |
| 1838 | (Ro.) 라틴어를 쓰는 로마인을 상징하는 '로무니아'란 용어의 등장. 민족주의 시대에 스스로를 라틴 민족의 후예로 규정하기 시작 |
| 1844 | (Sr.) 가라샤닌(1812~1874)에 의해 영토적 확대에 기초한 '세르비아니즘' 이론이 구축 |

| 년도 | 내용 |
|---|---|
| 1848 | 2월 파리 혁명. 발칸유럽 내 민족들을 비롯해 제국 지배하의 피지배 민족들에게 독립 의지 고취시킴 |
| 1850 | (Sr., Cr.) 세르비아어와 크로아티아어 학자들 간의 어문협약 체결. 세르보크로아티아어 기초 수립 |
| 1853~1856 | 크림반도를 중심으로 러시아 대 영국, 프랑스, 오스만 터키 연합군 간의 크림 전쟁이 발발. 전쟁에서 패한 러시아는 발칸반도와 흑해에서의 영향력을 한동안 상실 |
| 1859 | 다윈의 <종의 기원> 발표. 크리스트교적 종교관에 큰 타격 |
|  | (Ro.) 왈라키아 공국과 몰도바 공국을 서로 합친 연합 국가 추진. 1862년 연합국가 탄생. '로무니아(루마니아)' 국호 사용 |
| 1863 | (Sr.) 베오그라드 대학교 설립 |
| 1866 | (Ro.) 부쿠레쉬티가 루마니아의 수도가 됨 |
| 1867 | 1866년 비스마르크가 이끄는 프로이센과의 싸움에서 패한 이후, 합스부르크 제국은 독립하려던 헝가리를 설득하여 '오스트리아-헝가리 이중 제국'을 수립. |
| 1874 | (Cr.) 자그레브 대학교 설립 |
| 1875 | (B.-H.) 터키 지주들에 대한 기독교 농노들의 저항 확대. |
| 1876 | (Bul.) 오스만 터키의 폭정에 저항하는 대규모 저항 운동 전개와 실패. 당시 터키의 잔인한 진압과 보복은 1877년 러·터 전쟁의 빌미 제공 |
| 1878 | (Al.) 1월 터키 저항 단체인 프리즈렌 연맹 결성 |
|  | (Sr., Mo., Bul., Ro.) 1877년부터 시작된 러-터 전쟁의 결과, 3월 산스테파노 조약과 6월 베를린 조약을 거치며 터키 하에 있던 발칸유럽 국가들의 독립이 확정됨 |
|  | (B.-H., Ma.) 터키 하에 있던 보스니아-헤르체고비나는 이후 오스트리아 지배 하로 편입. 베를린 조약에 따라 마케도니아는 그대로 터키 지배 하로 재편입 |
|  | (Ro.) 공용어로 기존의 치릴문자에서 라틴문자로 대체. 프랑스와의 교류 및 관계 확대 |
| 1881 | (Ro.) 루마니아 왕국 선언 |
|  | (Al.) 알바니아의 프리즈렌 연맹이 터키군 공격으로 괴멸 |
| 1882 | (Sr.) 세르비아 왕국 선포 |
| 1886 | (Cr., Sr.) 테슬라(1856~1943)는 에디슨과 치른 '전류 전쟁'에서 승리. 1891년 개발된 테슬라 변압기(테슬라 코일)외에도 다양한 발명품들을 개발 |
| 1897 | (Ro.) 아일랜드 극작가 브람 스토커(1847~1912)가 역사적 실존 인물인 드라큘라를 소재로 소설 <드라큘라>를 출간 |
|  | (Al.) 터키에 의해 알바니아어 사용 금지 |

## 5) 현대 I (20세기 초~1944): 양차 세계대전과 동유럽

| 년도 | 내용 |
|---|---|
| 1902~1903 | (Ma.) 1878년 베를린 조약에 따라 마케도니아 지역이 여전히 터키 하에 놓이게 된 것에 대한 대대적 저항 운동 발발 |
| 1907 | (Bul.) 러시아 생물학자인 메치니코프가 <생명의 연장>이란 책에서 불가리아를 요구르트 섭취에 따른 장수국가로 거명. 1908년 노벨 생리학상, 의학상 수여 |
| 1908 | (B.-H.) 오스트리아는 보스니아-헤르체고비나를 합병시킴. 세르비아의 강력한 반발 |
| | (Bul.) 오스만 터키로부터 독립선언 |
| 1910 | (Mo.) 니콜라 1세(영주재위 1860~1910, 왕 재위 1910~1918)를 중심으로 군주 국가 선포 |
| 1911 | (Bul. Sr. Mo.) 불가리아, 세르비아, 몬테네그로, 그리스는 '발칸동맹'을 결성 |
| 1912 | (Bul. Sr. Mo.) 10월 러시아의 지원을 받는 발칸동맹국 대 오스만 터키간의 제 1차 발칸전쟁 발발. 1913년 5월 런던 조약 체결로 알바니아가 독립되었으며, 발칸반도의 대부분 지역이 발칸동맹국 소유로 넘어감 |
| | (Al.) 11월 이스마일 퀘말리(1844~1919)를 중심으로 블로라에서 알바니아 독립 선포. 임시정부 수립 |
| 1913 | (Bul., Sr., Ro., Mo.) 런던 조약의 영토 분배에 불만을 품은 불가리아가 6월 세르비아, 그리스를 공격하여 제 2차 발칸전쟁 발발. 세르비아, 루마니아, 몬테네그로, 그리스, 터키 등 연합군이 불가리아와 싸움하여 승리. 8월에 부쿠레쉬티 조약으로 불가리아는 제 1차 발칸전쟁에서 획득한 영토를 거의 상실. 루마니아는 남부 도부루자의 상당 지역을 차지 |
| | (Al.) 11월 부쿠레쉬티 조약으로 독립 획득 |
| 1914 | (B.-H.) 6월 세르비아 청년(가블리로 프린찌프)의 오스트리아 황태자 부처를 향한 사라예보 총격 사건으로 동년 7월 제 1차 세계대전 발발 |
| | (Mo.) 제 1차 세계대전에서 세르비아와 연합 |
| 1916 | (Ro.) 8월 루마니아는 중립 선언을 포기하고 연합국에 가담 |
| 1917 | 3월과 11월 러시아 사회주의 혁명 발발. 로마노프 왕조 몰락과 레닌 중심의 소비에트 정부 탄생 |
| | 4월 미국의 독일 선전포고와 제 1차 세계대전 참전 |

| 년도 | 내용 |
|---|---|
| 1918 | 미국의 윌슨 대통령(재직 1913~1921)은 '민족 자결주의'를 통해 동유럽 국가들의 독립 국가 수립 필요성 역설 |
| | 11월 제1차 세계대전 종결 |
| | (Bul.) 패전국이 됨에 따라, 도브로제아(도부르자) 지역은 루마니아에, 마케도니아 지역에 그리스에 넘어감 |
| | 헝가리는 1차 세계 대전 패전에 따라 트란실바니아를 비롯한 대전 이전 영토의 71%, 인구의 66%를 상실 |
| | (Sr., Cr. B.-H., Slov., Ma., Mo.) 12월 최초의 남슬라브족 왕국으로 '세르비아-크로아티아-슬로베니아 왕국' 수립 |
| 1919 | 제1차 세계대전을 종결짓는 베르사이유 강화조약에 따라 동유럽 민족들을 비롯해 패전국 하 피지배 민족들의 독립이 이루어짐 |
| | (Bul.) 넬리 조약에 따라 대전 기간 동안 점령한 영토를 빼앗기게 되어 동유럽국가 중 인구와 면적 면에서 알바니아 다음으로 최약소국의 위치로 전락하게 됨 |
| | (Al.) 파리회담에서 알바니아는 그리스, 이탈리아, 세르비아-크로아티아-슬로베니아 왕국 하로 분할되도록 결정. 미국 윌슨 대통령의 반대 |
| | (Mo., Sr.) 1월 7일 정교 크리스마스에 세르비아 지배에 저항하는 몬테네그로 혁명 시작. 1926년까지 지속되었으나 실패 |
| 1920 | (Al.) 독자적으로 알바니아 독립 정부 수립 선언 |
| | (Ro.) 트리아농 조약에 따라 헝가리의 트란실바니아 지역과 불가리아의 베사라비아 지역을 새롭게 편입하는 데 성공 |
| 1921 | (Sr., Cr. B.-H., Slov., Ma., Mo.) 세르비아의 주도로 비도브단 헌법 통과 |
| 1924 | (Al.) 6월 혁명으로 조그 1세(수상 1922~1924, 대통령 1925~1928, 왕 1928~1939)가 축출. 이후 1925년 세르비아 군대의 지원 하에 다시 정권을 장악 |
| 1927 | (Ro.) 루마니아의 파시스트 친위부대인 철위부대 설립 |
| 1928 | (Cr., Sr.) 크로아티아 농민당 당수 라디치 암살. 왕국 내에서 세르비아인과 크로아티아인 간의 갈등 심화 |
| 1929 | 10월 미국발 경제 대공황 시작 |
| | (Sr., Cr. B.-H., Slov., Ma., Mo.) '세르비아-크로아티아-슬로베니아 왕국'이 세르비아 왕실 중심의 '유고슬라비아 왕국'으로 국명 개칭. 비세르비아인들의 반발 확대 |
| 1934 | 독일 나치당의 권력 장악과 히틀러 총통의 등장 |
| 1938 | 3월 독일은 오스트리아 합병 |
| | 9월 뮌헨협정을 통해 체코의 슈데텐 지역 병합 |

| 년도 | 내용 |
|---|---|
| 1939 | (Al.) 이탈리아 보호령(1939~1943)이 됨. 9월 이후 독일군 지배 하로 편입 |
| | 8월 독-소 불가침 조약 체결 |
| | (Sr., Cr.) 8월 유고슬라비아 왕국은 크로아티아의 독립 저지를 위해 왕국내 크로아티아 국가 수립 인정 |
| | 9월 독일군의 폴란드 침공과 제 2차 세계대전 발발 |
| 1940 | (Ro.) 8월 독일의 지원에 따라 헝가리에게 트란실바니아 지역이 넘어감 |
| 1941 | (Bul.) 3월 독일과 동맹 조약후 연합국에 선전포고 |
| | (Cr., B.-H.) 4월 안테 파벨리치에 의해 크로아티아 본토와 보스니아-헤르체고비나 지역이 포함된 '크로아티아 독립 국가'가 히틀러의 지원으로 건설됨 |
| | (Sr.) 4월 독일군 대공습으로 베오그라드 완전 파괴 |
| | 6월 독일군의 소련 공격으로 양국 간 불가침 조약 해체 |
| | (Al.) 11월 엔베르 호자가 당서기장(재직 1944~1985)으로 피선 |
| 1944 | (Ro.) 쿠데타로 친 독일 세력 제거 후 연합국 지지 선언 |

## 6) 현대 II (1945~1989): 사회주의 체제 시기

| 년도 | 내용 |
|---|---|
| 1945 | 2월 연합국 간의 얄타회담 |
| | 7월과 8월 포츠담 회담 |
| | (Cr., Sr., B.-H., Slov., Ma., Mo) 티토 중심의 유고슬라비아 사회주의 연방 수립 |
| | (Cr., Sr., B.-H., Slov., Ma., Mo, Al.) 알바니아 임시 정부와 유고슬라비아 정부 간 협상으로 코소보 지역에 대한 자치권 부여가 약속 됨 |
| 1946 | (Bul., Al., Hu.) 인민공화국 선포 |
| | (Al.) 유고슬라비아의 지원 하에 정권 수립이후 1948년까지 밀월 관계 |
| 1947 | (Ro.) 군주제 폐지 및 공산정권 수립 |
| 1948 | (Cr., Sr., B.-H., Slov., Ma., Mo.) 6월 티토와 스탈린간의 갈등으로 코민포름 분쟁 발생. 유고슬라비아는 코민포름에서 축출되었고, 이후 소련과 이웃 사회주의 국가들로부터 군사, 경제, 외교적인 위협을 받게 됨 |
| 1949 | 서방 12개국으로 NATO 출범 |
| 1950 | 6월 한국전쟁 발발 |

| 년도 | 내용 |
|---|---|
| 1953 | 스탈린 사망과 권력 투쟁 가속화 |
| 1955 | 스탈린 격화 운동과 함께 후르시쵸프의 '평화공존론' |
| | 사회주의 군사 공동체인 바르샤바 조약 기구 창설 |
| 1956 | 헝가리는 나지의 자유화 정책에 힘입어 6월 헝가리 혁명 발발. 11월 바르샤바 조약군의 헝가리 투입과 혁명의 실패 |
| 1957 | 3월 서유럽 6개국(프랑스, 독일, 벨기에, 룩셈부르크, 이탈리아, 네덜란드)은 경제 통합 공동체로 EEC(European Economic Community, 오늘날 EU의 모태)를 출범. 소련은 기존 코메콘 방식에서 벗어난 새로운 경제 통합 방식인 '사회주의 국제 분업'을 구상하게 됨. 루마니아 반발 |
| 1958 | (Ro.) 소련군 철수 |
| 1960 | (Al.) 중-소 분쟁으로 등거리 외교 |
| 1961 | (B.-H., Sr., Cr.) 이보 안드리치(1892~1975)가 <드리나강의 다리>로 노벨 문학상을 받음 |
| | (B.-H., Sr.) 베오그라드 비동맹 회의 개최. 보스니아 무슬림들의 민족 지위 상승. |
| | (Al.) 후르시쵸프의 전진 기지 설치 요구를 거절 한 후, 친 중공 우선 외교정책으로 전환 |
| 1965 | (Ro.) 차우체스쿠(당서기장 1965~1989, 대통령 1974~1989) 당서기장 임명 |
| | (Al.) 1966년까지 중국 문화 혁명에 동참 |
| 1967 | (Ro.) 공산 국가 최초로 서독과 외교 관계 수립. 외교적 자주 노선 시동 |
| | (Al.) 세계 최초로 무신교 국가 선포 (1990년 11월 해제) |
| 1968 | 6월 체코슬로바키아의 투쟁의 역사를 강조하는 '2,000어 선언' 발표로 프라하 봄 시작. 8월 소련군을 비롯한 20만 명의 바르샤바 조약군의 프라하 침공과 프라하 혁명 실패 |
| | (Ro.) '프라하의 봄' 진압에 참여하지 않고 이를 비난함 |
| | (Al.) 소련의 체코 침공을 비난하고 바르샤바 조약기구 탈퇴 |
| 1971 | (Ro.) GATT에 가입하며 서방과의 관계 개선 노력 및 자주적 외교 노선 구축 |
| 1980 | (Sr., Cr. B.-H., Slov., Ma., Mo.) 5월 티토(1892~1980) 사망 |
| 1981 | (Sr.) 코소보 자치 공화국 수립을 위한 폭동 확대 |
| 1983 | (B.-H.) 8월 알리야 이제트베고비치(대통령 재위 1990~1996)를 중심으로 한 보스니아 이슬람 국가 건설 시도 실패 |
| 1985 | (Al.) 엔베르 호자 사망. 라미즈 알리아(서기장 1985~1991, 대통령 1991~1992)에게로 승계 |
| 1987 | (Sr.) 밀로쉐비치(세르비아 대통령 1989~1997, 유고 연방 대통령 1997~2000) 코소보 언덕에서의 강력한 세르비아 민족주의 발언. 이후 권력 획득 |

| 년도 | 내용 |
|---|---|
| 1988 | (Slov.) 시장 경제 체제 도입을 위한 헌법 개정 |
| 1989 | 베를린 장벽 붕괴를 전후로 동유럽 국가들의 자유화, 민주화 등 체제 전환 움직임 확대 |
| | (Slov.) 유고슬라비아 연방으로부터의 탈퇴 권한을 의회가 부여 |
| | (Ro.) 12월 동유럽의 마지막 독재자인 차우체스쿠의 몰락과 총살형 |
| | (Sr.) 밀로쉐비치는 코소보 자치권을 박탈. 코소보내 알바니아계의 반발과 갈등 확대 |

## 7) 현대 III (1990~오늘날): 민주 국가로의 체제 전환과 EU 편입

| 년도 | 내용 |
|---|---|
| 1990 | (Bul.) 1월 선거에서 공산당 후신인 '불가리아 사회당'이 권력 장악. 다당제와 시장 경제체제 도입, 민주화와 자유화 추진 |
| | (Al.) 1월부터 시작된 대규모 민주화 시위 속에 12월 다당제 선거 수용 |
| | (Slov.) 3월 국명에서 '사회주의' 용어 삭제. 4월엔 연방 탈퇴를 주장하던 자유민주당 승리. 7월 슬로베니아 헌법이 연방 헌법보다 우선권이 있음을 선포. 12월 국민 총선에서 독립 확정(총 투표자중 87% 찬성) |
| 1991 | (Al.) 3월에서 4월에 걸쳐 다당제 선거 실시. 공산당의 후신인 노동당이 다시 정권 장악. 알리아는 다시 한 번 대통령에 재선. 8월 18,000여명의 알바니아인들이 보트 피플이 되어 아드리아 해를 건너 이탈리아로 망명 |
| | (Cr., Slov., Sr.,) 6월 크로아티아, 슬로베니아가 유고슬라비아 연방으로부터 독립을 선언. 세르비아의 반대 속에 슬로베니아에서의 10일 내전이 확대됨. 7월 3개월간 독립 유예를 원칙으로 한 '브리오니 선언'에 합의 |
| | (Slov.) 10월 3개월 유예 기간 종료 직후, 자국 화폐로 톨라르화 선정. 유고 연방군 철수 |
| | (Ma.) 11월 마케도니아가 유고슬라비아 연방으로부터 독립 선언 |
| 1992 | (Slov.) 1월 EC로부터 독립 국가로 인정. 4월 미국의 독립 인정. 5월 UN 가입 |
| | (B.-H., Sr.) 3월 보스니아-헤르체고비나의 독립 선언과 함께 이를 반대하는 이 지역내 세르비아 소수 민족과의 내전이 격화 |
| | (Sr., Mo.) 4월 세르비아와 몬테네그로가 연합하여 신유고슬라비아 연방 구성 |
| | (Sr.) 코소보 알바니아인들의 비밀 총선이후 이브라힘 루고바 대통령 선출. 세르비아의 강력 반발 |
| | (Al.) 3월과 4월에 치러진 총선에서 민주당 압승. 당수인 샬리 베리샤(대통령 1992~1997, 수상 2005~)가 대통령으로 취임. 9월 알리아 전 대통령을 비롯한 상당수 공산주의자들이 부패혐의로 체포 |
| | (Cr.) 5월 UN 가입. 8월 프란요 투주만 대통령(재임 1990~1999) 선출 |

| 년도 | 내용 |
|---|---|
| 1993 | 1월 '벨벳 혁명'에 따라 체코와 슬로바키아로 각각 합의 분리 |
| | (Ma.) 4월 UN 가입. 8월 국기 상징으로 고대 마케도니아 왕국의 상징이었던 버지니아의 16각형별을 채택. 9월 '대(大)마케도니아'와 그리스 문화유산에 대한 권리 주장이 담긴 새로운 국정 교과서를 발행. 그리스의 강력 반발 |
| | (B.-H.) 11월 모스타르 다리가 보스니아내 크로아티아계 공격으로 파괴됨 |
| 1994 | (Ma.) 2월 그리스는 마케도니아와의 모든 외교관계 단절, 인도주의적 원조를 제외한 마케도니아로 향하는 모든 물품의 데살로니카 항구 수출입 봉쇄를 단행 |
| 1995 | (Cr.) 8월 크라이나 지역 수복 |
| | (Ma.) 9월 이후 국명 등 독립과 관련한 그리스와의 합의로 '구유고슬라비아의 마케도니아 공화국'이란 국명으로 개칭. 12월 EU와의 외교관계 수립 |
| | (B.-H., Cr.) 11월 미국이 주도한 데이턴 합의안에 의해 보스니아 및 유고 내전 종결 |
| 1996 | 냉전 이후 세계 질서를 규정한 헌팅턴의 <문명의 충돌> 발표 |
| | (Sr.) 코소보 독립을 목적으로 한 코소보 해방군 창설 |
| | (Ro.) 루마니아와 헝가리 간 트란실바니아 문제 해결 및 각자 소수 민족에 대한 정치, 사회, 문화, 경제적 권리 상호 보장, 다양한 분야에서 상호 간 협력 합의 |
| 1997 | (Al.) 피라미드 사기 금융 사건에 따른 유혈 폭동과 내전 발생. 6월 조기 총선에서 야당 연합 승리 |
| 1998 | (Al.) 9월 야당 지도자 사망으로 반정부 시위 격화, 유혈 폭동 확대. 대량무기들이 인근의 코소보 해방군에게 유출 |
| | (Sr.) 코소보 해방군과 세르비아 진압군 간의 충돌로 코소보 유혈 사태 확대. 미국과 서유럽 국가들의 평화 회담(랑부예 회담) 추진 |
| 1999 | (Sr.) 3월 NATO 군의 공습으로 코소보 전쟁 발발. 6월 러시아의 중재로 종결 |
| | (Mo., Sr.) 몬테네그로의 밀로 쥬카노비치(대통령 재직 1998~2002)는 신유고 연방 탈퇴안 추진 |
| | (Ma.) NATO와 '멤버쉽 액션플랜(Membership Action Plan)'을 수립 |
| | (Cr.) 12월 독재자 투주만 대통령 사망 |
| 2000 | (Mo.) 7월 향후 국가 목표를 세르비아를 벗어나 EU와 NATO 가입에 둔다는 성명서를 발표 |
| | (Sr., Mo.) 10월 세르비아의 민주화 혁명으로 밀로쉐비치 권좌에서 축출. 이후 헤이그 전범 재판소로 이송 |
| | (Mo.) 11월 세르비아의 디나르화 대신 독일 마르크화 도입. 2002년 1월부터는 유로화 도입 |
| 2001 | (Ma.) 2월 알바니아 소수 민족에 의한 마케도니아 내전 발발. 8월 미국과 EU 중재에 따른 '오흐리드 평화 협정' 체결 |

| 년도 | 내용 |
|---|---|
| 2003 | (Ma.) 3월 오흐리드 협정에 따라, NATO 군을 대신해 EU주도의 EUFOR이 마케도니아 파견(12월 임무 종료) |
| | (Sr.) 3월 민주 인사인 조란 쥔지치가 피살 됨 |
| | (Sr., Mo.) 4월 '유고슬라비아 연방 공화국'에서 '세르비아-몬테네그로 연방'으로 국명 변경 |
| 2004 | (Slov., Bul., Ro.) 3월 슬로바키아와 함께 NATO 가입 |
| | (Sr.) 3월 코소보내 알바니아인과 세르비아인 대규모 민족 간 충돌 발생 |
| | (Slov.) 5월 슬로베니아는 폴란드, 체코, 슬로바키아, 헝가리, 발틱 3국(에스토니아, 리투아니아, 라트비아), 몰타, 키프러스 등과 함께 EU 가입 |
| | (Cr.) 6월 EU 가입 후보국 지위 획득 |
| | (B.-H.) 7월 UNESCO에 의해 모스타르 다리 재건축 |
| 2005 | (Ma.) EU 후보국 지위 획득 |
| 2006 | (Sr.) 3월 밀로쉐비치가 헤이그 재판소 수감 도중 심장마비로 사망 |
| | (Mo.) 5월 독립을 묻는 국민 투표에서 55.5% 찬성. 6월 세르비아와의 연방 관계를 청산하고 독립 국가 선포 |
| 2007 | (Slov.) 1월 유로존 가입 |
| | (Bul., Ro.) 1월 EU 가입 |
| | (Sr.) 12월 UN의 코소보 중재 실패 선언 |
| 2008 | (Sr.) 2월 세르비아로부터 코소보의 일방적인 독립 선포. 현재 독립을 둘러싼 국제 사회의 갈등이 지속되고 있음 |
| 2009 | (Cr., Al.) 4월 NATO 가입 |
| | (Al.) EU 가입을 위한 EU 멤버십 자격을 획득 |
| 2012 | (Sr.) 9월 국제조정기구의 관리 감독 종결 선언으로 코소보 주권 선언. 러시아와 세르비아 등은 반발 |
| 2013 | (Cr.) 7월 크로아티아 EU 가입 |
| 2014 | (B.-H.) 6월 사라예보 총성 100주년, 제 1차 세계대전 발발 100주년 기념행사. 발칸반도의 평화 기원 |
| 2015 | (Sr.) 12월 세르비아 EU가입 협상 시작 (2020년 가입 목표) |
| 2016 | (B.-H.) 2월 EU 가입후보국 획득 |

# 참고문헌

## 국내자료

강태용, 『동방정교회』, 도서출판 정교, 1996.

권혁재 외, 『동유럽 신화』, 한국외국어대학교 지식출판원, 2008.

김규진,『러시아, 동유럽 문학·예술기행』, 한국외국어대학교 지식출판원, 2005.

김랑, 『크로아티아 블루』, 백도씨, 2011.

김성기, 『루마니아학 입문』, 한국외국어대 지식출판원, 2005.

김성진, 『발칸분쟁사: 유고슬라비아 내전의 역사』, 우리문학사, 1997.

김성환, "구유고지역의 언어상황과 민족주의", 『동유럽 발칸학』, Vol. 1, 한국동유럽 발칸학회, 1999.

김철민, 『보스니아 역사: 무슬림을 중심으로』, 한국외국어대학교 지식출판원, 2005.

_____, "내전 종결 10년, 보스니아 민족문제의 현황과 평화협정 이행연구", 『유럽연구』, Vol. 25, No. 1, 한국유럽학회, 2003.

_____, 『동유럽의 민족분쟁: 보스니아, 코소보, 마케도니아』, 살림출판사, 2007

_____, 『한국전쟁과 동유럽』, 아카넷 출판사, 2008.

_____, "양극 균형체제(냉전)하에서 중소국의 외교적 선택", 『세계 정치』, Vol. 30, No. 1, 서울대학교 국제문제연구소, 2009.

_____, 『발칸유럽 사회와 문화』, 한국외국어대학교 지식출판원, 2010.

_____, 『발칸유럽 민족문제의 이해: 민족 기원과 민족주의』, 한국외국어대학교 지식출판원, 2010.

_____, 『역사와 인물로 동유럽 들여다보기』, HUFS Books, 2011.

_____, 『국제 난민 이야기』, 살림 출판사, 2012.

______, 『종교와 문화의 모자이크, 발칸: 역사적 함의와 진실』 HUFS Books, 2014.
김철민, 김원회, 『또 하나의 유럽, 발칸유럽을 읽는 키워드』, 한국외국어대학교 지식출판원, 2009.
나이, 조지프 저, 양준희 역, 『국제분쟁의 이해: 이론과 역사』, 한울 아카데미, 2000.
두샨 바타코비치 저, 정근재 역, 『세르비아의 역사』, 도서출판 선인, 2001.
들루슈, 프레데리크 편, 윤승준 역, 『새유럽의 역사』, 까치, 1995.
박정오, 『신화의 나라, 드라큘라의 나라』, 한국외국어대학교 지식출판원, 2007.
서울대학교 국제문제 연구소 편,『동유럽의 정치와 경제를 아는 사전』, 한길사, 1994.
새무엘 헌팅턴 저, 이희재 역, 『문명의 충돌』, 김영사, 2007.
스톡, 윌리엄, 『한국전쟁의 국제사』, 서울: 푸른역사, 1995.
신우태, 『성 끼릴과 함께 떠나는 중세 여행』, 명지출판사, 2001.
안성호 편저, 『동유럽 민족문제연구』, 도서출판 개신, 2002.
안토니 파그덴 저, 한은경 역, 『민족과 제국』, 을유 문화사, 2003.
이보 안드리치 저, 김지향 역, 『드리나 강의 다리』, 문학과 지성사, 2005.
________________ , 정근재 역, 『보스니아 종교 문화사』, 문화과학사, 1998.
이정희, 『동유럽사』, 대한교과서 주식회사, 2005.
임영상, 황영삼, 『소련과 동유럽의 종교와 민족주의』, 한국외국어대학교 지식출판원, 1996.
임영상, 최영수, 노명환, 『음식으로 본 서양문화』, 대한교과서 주식회사, 1997.
정병권외, 『동유럽 사람들은 삶을 어떻게 노래했을까』, 도서출판 월인, 2003.
________ , 『동유럽·발칸, 민주화와 문화 갈등』, 한국외국어대학교 지식출판원, 2005.
정은숙, 『21세기 유엔 평화유지활동: 코소보 사례를 중심으로』, 세종연구소, 2003.
정흥모, 『체제 전환기의 동유럽 국가 연구: 1989년 혁명에서 체제 전환으로』, 도서출판 오름, 2001.
진원숙, 『비잔틴 제국: 천년의 명암』, 살림출판사, 2007.
카렌 암스트롱 저, 장병옥 역, 『이슬람』, 을유문화사, 2003.
한국외국어대학교 외국학종합연구센터 편, 『세계인의 의식구조 I. II.』, 한국외국어대학교 지식출판원, 1997.
한스 큉 저, 배국원 역, 『가톨릭교회』, 을유문화사, 2003.

## 국외자료 1. (1차문헌)


Baron, Petre, *Romania: reiseland*, Bucuresti: Casa Editoriala Pentru turism si cultura, 1994.

Blagojević, Obren, *Ekonomska misao u Bosni i Hercegovini*. Beograd: Srpska akademija nauka i umetnosti, 1993.

Bodson, Žerar, *Evropa ludaka ili razbijanje Jugoslavije*. Beograd: BMG, 1993.

Bogetić, Dragan, *Jugoslavija i Zapad, 1952-1955*, Beograd: Službeni List SRJ, 2000.

Bosić, M., *Godišniji običaji Srba u Vojvodini*, Novi Sad: Mužej Vojvodine, 1996.

Božić, Ivan, Sima Cirković, Milorad Ekmečić & Vladimir Dedijer, *Istorija Jugoslavije*, Beograd: Prosveta, 1973.

Bugarski, Ranko, *Jezici*, Novi Sad: Matica Srpske, 1996.

Cajkanović, Veselin, *Mit i Religija u Srba*, Beograd: SKZ, 1973.

__________, *Studije iz religije i folklora: Sabrana dela iz srpske religije i mitologije* vol. 5, Beograd: Prosveta/ Partenon, 1994.

Dedijer, Vladimir, *Interesne* sfere, Beograd: Prosveta, 1980.

Dimić, Ljubodrag, *Srbi i Jugoslavija: prostor, društvo, politika*, Beograd: Stubovi kulture, 1998.

_______, *Istorija srpske državnosti knj. III: Srbija u Jugoslaviji*, Novi Sad: Srpska akademija nauka i umetnosti, 2001.

Drbnjaković, B., *Etnologija naroda Jugoslavije I*, Beograd: prosveta, 1960.

Dvorniković, *Karakterologija Jugoslovena*, Niš: Prosveta, 1990.

Đorđe O. Piljević ur, *Jugoslovenska država 1918-1998: Zbornik radova sa naučnog skupa*, Beograd: Institut za savremenu istoriju, 1999.

*Enciklopedija Jugoslavije*, Zagreb: Jugoslovenski leksikografski zavod "Miroslav krleža", 1990.

Gavranov, Velibor i Momir Stojković, *Međunarodni odnosi i spoljna politika Jugoslavije*. Beograd: Savremena administracija, 1972.

Gleni, Miša, *Balkan 1804-1999(nacionalizam, rat i Velike sile), I, II*, Beograd: SIR, 2001.

Isić, Močilo, "Seljaštvo u Kraljevini Jugoslaviji", Đorđe O. Piljević ur, *Jugoslovenska država 1918-1998: Zbornik radova sa naučnog skupa*, Beograd: Institut za savremenu istoriju, 1999.

Ivić, Pavle, *Istorija srpske kulture*, Beograd: NBS, 1996.

Jugoslovenski leksikografski zavod, *Enciklopedija Jugoslavije*, Zagreb: Jugoslovenski leksikografski zavod Miroslav krleža, 1990.

Kačavenda, Petar, *Balkan posle Drugog svetskog rata*, Beograd: Institut za savremenu istoriju, 1996.

Karadžić, Vuk St., *Etnografski spisi*, Beograd: Prosveta, 1969.

Laker, Volter, *Istorija Evrope, 1945-1992*, Beograd: SLIO, 1999.

Miloslavlevski, Slavko, *Dialektika razboja Makedonske nacionlane sveti*, Beogrda: Novinsko-izdavačka ustanova službeni list SRJ, 1997.

Marijan, Vlado, *Srpska istorija čitanka*, Beograd: NNK, 1999.

Marković, Predrag, *Beograd između Istoka i Zapada 1948-1965*, Beograd: Službeni list SRJ, 1996.

Nušić, Branislav., *Kosovo*, Beograd, Priština: Prosveta, Jedinstvo, 1986.

Pavlović, L., *Kultovi lica kod Srba i Makedonaca*, Smederevo, 1965.

Petković, Ranko, *Jedan Vek odnosa Jugoslavije & SAD*, Beograd: Vojnoizdavački i novinski centar, 1992.

________, *XX vek na Balkanu: Versaj, Jalta, Dejton*, Beograd: Novinsko-izdavačka ustanova, Službeni list SRJ, 1996.

Petranović, Branko and Momčilo Zečević, *Jugoslavija 1918-1988: tematska zbirka dokumenata*, Beograd: RAD, 1988.

Petranović, Branko, *Istorija Jugoslavije 1918-1988, knj. I-III*, Beograd: Nolit, 1988.

Radojević, Mira & Ljubodrag Dimić, *Priče iz XX veka*, Beograd: SIR, 2002.

________, *Istoriografske kontroverze*, Beograd: Službeni list SRJ, 1998.

Stojković, Momir, *Balkanski ugovorni odnosi, 1876-1996 I, II, III*, Beograd: JR Službeni list SRJ, 1999.

Stojković, Momir, & Ana Damian, *Savremeni procesi i odnosi na Balkanu*, Beograd: SIR, 1997.

Vasiljev, S., *Mitologija drevnih Slovena*, Beograd, 1990.

Vašić, Velimir, *Ekonomska politika Jugoslavije*, Beograd: Savremena administracija, 1985.

Zavod za istraživanje folklora, *Folklor i povijesni proces*, Zagreb: Zavod za istraživanje folklora, 1989.

Zorić, Snježana, *Obred i Običaj*, Zagreb: Zavod za istraživanje folklora, 1991.

## 국외자료 2. (2차문헌)

Ali, Rabia & Lawerence Lifschultz eds., *Why Bosnia?*, New York: The Pamphleteer's Press, Inc, 1993.

American University, *Area Handbook for Romania*, Washington: Supt. of Docs, 1972.

Andrić, Ivo, Kenneth Johnstone (tr.), *Bosnian story*, London: Lincolns- Prager, 1961.

______, Joseph Hitrec (tr.), *Bosnian Chronicle*, New York: Arcade Pub., 1993.

Arbor, Ann, *Studies in Macedonian Language*, Literature and Culture: Proceeding of the First North American-Macedonian Studies, Univ. of Michigan Press, 1991.

Babuna, Aydin, "The Emergence of the First Muslim Party in Bosnia-Hercegovina", *East European Quarterly*, Vol. 30, No. 2, June, 1996.

Benderly, Jill & Evan Kraft (ed.), *Independent Slovenia: Oringins, Movements, Prospects*, New York: St. Martin's Press, 1996.

Banac, Ivo, *The National Question in Yugoslavia: Origins, History, Politics*. Ithaca and London: Cornell Univ. Press, 1984.

Birnbaum, Henrik and Speros Vryonis, *Aspects of the Balkans*, Paris: Mouton, 1972.

Bohem, Christopher, *Montenegrin Social Organization and Values*, AMS Press, 1982.

*Bosnia Herzegovina: A Country Study guide*, Washington D.C.: International Business Publications, 1999.

Bozhkov, Atanas, *Bulgarian Contributions to Europe civilization*, Sofia: Bulvest, 2000.

Breuilly, John, *Nationalism and the State*, Chicago: The Chicago Univ. Press, 1982.

Bringa, Tone, *Being Muslim the Bosnian Way: Identity and Community in a Central Bosnian Village*, Princeton Univ. Press, 1996.

Brunner, Georg, *Nationality Problems and Minority Conflicts in Eastern Europe*, Gutersolh: Bertelsmann Foundation Publishers, 1996.

Bugajski, Janusz, *Ethnic Politics in Eastern Europe: A Guide to Nationality Politics Organization, and Parties*, New York and London: M. E. Sharpe, 1995.

Cartianu, Ana, *Romania folk tales*, Bucharest: Minerva Pub. House, 1979.

Chirot, Daniel, *The Origins of Backwardnesee in Eastern Europe*, Berkeley and London: Univ. of California Press, 1989.

Ciculescu, Serban, *Romania: Ghid turistic*, Bucharest: Editura Meridiane, 1967.

Cohen, Lenard J., *Broken Bonds: The Disintegration of Yugoslavia*, San Francisco: Westview Press, 1993.

Crampton, R. J., *Eastern European in the Twentieth Century*, London and New York: Routledge, 1994.

_________, *A Concise History of Bulgaria*, Cambridge: Cambridge Univ. Press, 1997.

Curtis, Glenn E., *Yugoslavia: a country study*. Washington, D. C.: Federal Research Division, Library of Congress, 1992.

Denitch, Bogdan, *Limits and Possibilities: The Crisis of Yugoslav socialism and State Socialist Systems*, Minneapolis: Minnesota Univ. Press, 1990.

______, *Ethnic Nationalism: The Tragic Death of Yugoslavia*, London: Univ. of Minesota Press, 1994.

Doder, Dusko, *The Yugoslavs*, New York: Random House, 1978.

Donia, Robert J. & John V.A. Fine, JR., *Bosnia and Hercegovina: A Tradition Betrayed*,

New York: Columbia UP, 1994.

Dragnich, Alex N, *Serbia's historical Heritage*, New York: Columbia Univ. Press, 1993.

Dvornik, Francis, *The Slavs their Early History and Civilization*, Boston: American Academy of Arts and Sciences, 1956.

Fine, John V.A., *The Bosnian Church: A New Interpretation*, New York and London: Columbia Univ. Press, 1975.

Fink-Hafner, Danica & John R. Robbins (ed.), *Making a New Nation: The Formation of Slovenia*, Sydney: Dartmouth, 1994.

Friedman, Francine, *The Bosnian Muslims: Denial of a Nation*, Boulder, Colo.: Westview Press, 1996.

Gellner, Ernest, *Muslim society*, Cambridge: Cambridge Univ. Press, 1981.

Goldman, Minton F., *Revolution and Change in Central and Eastern Europe: Political, Economics, and Social Challenges*, New York: M. E. Sharpe, 1997.

Goldstein, Ivo, *Croatia: A History*, London: Hurst & Company, 1999.

Gordy, Eric D., *The Culture of Power in Serbia: Nationalism and the Destruction of Alternatives (Post-Communist Cultural Studies)*, Pennsylvania State Univ. Press, 1999.

Gow, James and Cathie Carmichael, *Slovenia and the Slovenes: A Small State and the New Europe*, London: Hurst & Company, 2000.

Hadži-Jovančic ´ , Dušanka, *The Serbian Question in Balkans*, Beograd: Faculty of Geography, Univ. of Belgrade, 1995.

Kolar, Walter W., *The Folk Arts of Yugoslavia*, Pittsburg: Institute of Folk arts at Duquesne Univ. Press, 1976.

Leurdijk, Dick A., "Before and after Dayton: the UN and NATO in the former Yugoslavia", *Third World Quarterly*, Vol. 18, No. 3, 1997.

Lewis, Bernard, *Muslims in Europe*, London, New York: St. Martin Press, 1994.

Lockwood, William G., *European Moslems: Economy and Ethnicity in Western Bosnia*, New York: Academy Press, 1975.

Malcom, Noel, *Bosnia, A Short History*, London: Macmillan, 1994.

_______, *Kosovo: A Short History*, New York: New York Univ. Press, 1998.

Mertus, Julie A., *Kosovo: How Myths and Truths Started a War*, Univ., California Press, 1999.

Miclea, Ion, *Romania eternal land*, Sibiu: Transil Vania, 1980

Pascu, Ioana, *Romania: From the thesaures of the traditional popular costume*, Bucuresti: Editura sport-turism, 1979.

Pettifer, James, *The New Macedonian Question*, St. Martins Press, 1999.

Pinson, Mark ed., *The Muslims of Bosnia-Hercegovina*, Cambridge: Harvard Univ. Press, 1994.

Pribichevich, Stoyan, *Macedonia: It's People and History*, The Pennsylvania State Univ. Press, 1982.

Rajković, Zorica, *Contribution to the Study of Contemporary Folklore in Croatia*, Zagreb: Zavod za istra vanje folkora, 1988.

Ramet, Pedro, *Eastern Christianity and Politics in the 20C*, Durham and London, Duke Univ. Press, 1988.

______, *Religion and Nationalism in Soviet and East European Politics*, Durham: Duke Univ. Press, 1989.

Ramet, Sabrina Petra and Ivo Banac, *Balkan Babel: The Disintegration of Yugoslavia from the Death of Tito to Ethnic War*, Westview Press, 1999.

Rippin, Andrew, *Muslims: their religions beliefs and practices*, London, New York: Routledge, 1990-1993.

Schevill, Ferdinand, *The History of the Balkan Peninsula*, New York: Arno Press and The New York Times, 1971.

Schopflin, George, *Politics in Eastern Europe 1945 –1992*, Oxford and Cambridge: Blackwell, 1993.

Singleton, Fred, *A Short History of the Yugoslav Peoples*, Cambridge: Cambridge Univ. Press, 1985.

Sivric, Ivo, *Peasant Culture of Bosnia and Herzegovina*, Franciscan Press, 1982.

Sugar, Peter F. & Ivo John Lederer ed., *Nationalism in Eastern Europe*, Seattle & London: Washington Univ. Press, 1969.

Tanner, Marcus, *Croatia: A Nation Forged in War*, Yale Univ. Press, 1998.

Thompson, Mark, *A Paper House: The End of Yugoslavia*, New York: Pantheon Books, 1992.

Treptow, Kurt W., *A History of Romania*, Lasi: The Center for Romanian Studies, 1995.

USA International Business, *Publications Croatia Country Study Guide (World Country Study Guide)*, International Business Publication, 1999.

USA International Business Publications, *Macedonia Country Study Guide (World Country Study Guide)*, International Business Publication, 1999.

Whitting, Philp, *Byzantium*, Oxford: Basil Blackwell, 1981.

# 색인

4 C 179

[C]

COMECON 39

[E]

ECSC 39

EEC 39

EULEX 213

[S]

SCR 1244 213

[U]

UNMIK 213

[ㄱ]

가브릴로 프린찌프 35, 151, 186

가블릴로 프린찌프 163

가지 후스레브-베이 모스크 166

게그(Gheg)족 362

게오르게 에네스쿠 336

경제 대공황 36

고르스키 코타르 110

공의회 17

교회 대분열 19

구(舊)유고슬라비아의 마케도니아 공화국 259

그라데쯔 102

그레고리 7세 224

[ㄴ]

나움 21, 279

남동부 유럽 3

네레트바 강 171

네로 16

넥타이 96

넬리(Neuilly) 조약 295

노비 사드 207

니쉬 203
니에고쉬 225, 232
니케아 공의회 17
니콜라 219
니콜라 1세 226
니콜라 발쉬치 118
니콜라이 2세 308
니콜라 테슬라 191

[ㄷ]

다뉴브 삼각주 326, 355
다닐로 225
다닐로 뻬트로비치 237
다우트 파샤 목욕탕 271
다치아 왕국 327
달마시안 121
데브쉬르메 150
데이턴 합의안 40, 79, 88, 154
데체발 327
뎀샤르 64
도부르쟈 352
도시 방어탑 115
독-소 불가침 조약 331
두르레스 389
두르미토르 238
두브로브니크 130
두샨 368
두샨 황제 33, 182, 183, 270
두클랴 223
둔구 379
드라큘라 344
드리나 강의 다리(Na Drini ćuprija) 158
디미타르 조그래프 302
디오클레티아누스 16, 122
디오클레티아누스 궁전 122

[ㄹ]

라구사 132
라도반 129
라드슬라우스 1세 103
라미즈 알리아 374
라브(Rab) 섬 109
라쉬카(Raška) 공국 193
라키야 191
라틴교 163
라틴 제국 20
라파일 313
라팔로 조약 114
레오 3세 18
레피두스 15
로댕 337
로마누스 322
로브첸 218, 232
로비니 107
로자파 성 386
로트르쉬차크(Lotrščak) 탑 103
롬바르드 50
루냐닌 78

루마니아 322
루멜리아 294
루세 314
루스티겔로 120
루이스 1세 118
루자 광장 134
루터 23
류블랴나 62
류블랴나 시청사 65
류블랴니차(Ljubljanica)강 63
리츠니도스 277
리카 110
릴라 수도원 310

[ㅁ]

마글리치(Maglić) 산 144
마다라 기사상 314
마더 테레사 267, 381
마라 브란코비치 312
마르코 왕 273
마르코 폴로 119
마리보르 66
마마이아 355
마체크 87
마케도니아 252
마케도니아 해방 최고 위원회 257
마케도니아 혁명위원회 257
마티짜 스르프스카 209
마할라 171
메드베드니짜 105
메스트니 광장 65
메시아니즘 16
메치니코프 303
메토디우스 21, 279
면죄부 판매 24
명 제국 25
모라비아 공국 21
모스크바 교회 23
모스타르 171
모토분 107
모하츠(Mohács)전투 86
몬테네그로 218
몰다비아 356
몰도바 공화국 329, 356
무라드 2세 312
무살라 288
문테니아 345
믈예트 호수 82
미로고이(Mirogoj) 공동묘지 104
미마라 104
미마라(Mimara) 박물관 104
미마르 하이레딘 171
미하노비치 78
미하이 1세 331
미하이 에미네스쿠 336
미하일로 224
밀라노 칙령 17
밀란 쿠찬 52

밀랴쯔카(Miljacka) 강 160
밀레트 293
밀로 쥬카노비치 227
밀루틴 308
밀코 만체브스키 282

[ㅂ]

바다 오르간 118
바르 220
바르나 316, 317
바르다르 강 253
바쉬차르쉬야 중앙시장 167
바실 2세 291
바예지드 2세 166
바이런 233
반야 루카 169
발레 루고바 379
발레틴 보드니크 64
발쉬치(Balšić) 왕조 224
발칸 3
발칸 전쟁 164
발칸전쟁 5, 183
버나드 쇼 132
베기치 64
베를린 장벽 붕괴 40
베를린 조약 35, 162, 165, 183, 293, 294, 329, 354, 370
베스트팔렌 조약 24
베오그라드 196
벨레비트 산 110
벨리코 투르노보 314
보고밀 22
보그단 1세 356
보드니크 광장 64
보딘 224
보라 4
보로네츠 사원 357
보리스 1세 21, 290, 327
보리스 3세 296
보스니아 교회 22, 147
보스니아 내전 40, 153
보스니아-헤르체고비나 142
보스니아-헤르체고비나 연방 144
보이나 그라니짜 206
보이단 쩨르노드린스키 267
보이보디나 204
보이슬라브 223
보이슬라브 코슈투니차 188
보이슬라블예비치 왕조 223
보힌 호수 69
볼가 삼각주 326
부드바 241
부레비스타 326
부레크 157
부르가스 316
부쿠레쉬티 340
부크 카라쥐치 194
불가리아 286

브디슬라비치 96
브라나쯔 233
브라쇼브 346, 349
브라츠 121
브란 성 351
브란스키 호수 82, 83
브람 스토커 344
브르츠코 154, 155
브리유니 제도 106
블라디슬라프 2세 170
블레드 섬 70
블레드 성 70
블레드 호수 69
블로라 372, 391
비도브단 165, 186
비동맹주의 37
비세보(Biševo)섬 122
비쉐그라드 151, 159
비스(Vis)섬 127
비오그라드 112
비토샤 304
비톨라 274
비포 더 레인 282
빌라도 16
빌헬름 2세 165
뻬리니쩌 336

[ㅅ]

사라예보 160
사모 50
사회주의 국제 분업 37, 39
산 스테파노 조약 34, 183, 293, 294, 329, 354, 370
산스테파노 조약 165
살로나 122
샤를마뉴 대제 18
샬리 베리샤 375
서부 발칸 3
서픈짜 340
성 게오르그 교회 307
성 네델리야 교회 307
성 네마냐 180
성 니콜라스 310
성 니콜라예 대성당 63
성 니콜라 요새 127
성 니콜라이 교회 308
성 도나타(St. Donatus/ Sv. Donata, ?-811) 교회 115
성 디미트리야 교회 277
성 로브레 115
성 로브레(St. Lawrence/ Sv. Lovre) 대성당 128
성 마르크(St. Mark)성당 103
성 마우루스 107
성모승천교회 70
성 보야나 교회 309, 310
성 블라이셰 134
성 블라이셰 교회 134

성 사바 179, 180
성 세이비어 교회 135
성 소피아 교회 280, 305, 308
성 시메온(St. Simeon/ Sv. Šimun) 교회 117
성 아나스타시아(스토쉬아) 대성당 116
성 야고보(St. James/ Sv. Jakovo) 대성당 126
성 유페미아(St. Euphemia) 성당 108
성 이반 오르시니 128
성 트리푼 245
성 판텔레이몬 교회 279
성 페트카 지하 교회 309
세르디카 304
세르비아 178
세르비아니즘 180
세르비아-몬테네그로 연합 178
세르비아-크로아티아-슬로베니아 왕국 36, 51, 87
세초블례 71
셀림 1세 166
소콜로비치 150
소포차니(Sopočani) 수도원 193
쉬베니크 125
쉬쉬만 305
쉬코드라 386
쉬코드라 호수 365
쉬쿰빈(Shkumbin) 강 364
스르프스카 공화국 144, 167
스메데레보 요새 183
스베티 스테판 241
스카다르(Skadar) 호수 222
스카다르 호수 247
스칸데르베그 369
스칸데르베그 광장 386
스코츠얀스키 동굴 73
스코프예 269
스타리 라스 193
스탈린그라드 331
스테판 2세 117
스테판 3세 356
스테피나츠 103
스투데니짜(Studenica) 수도원 193
스투르얀(Strunjan) 절벽 71
스트로스마예르(Strossmayer) 화랑 104
스트예판 메시치 91
스폰자 궁전 134
스플리트 122
슬라베이코프 301
슬로베니아 46
슬로보단 밀로쉐비치 187
시기소아라 352
시나이아 346
시메온 2세 296
시메온 대제 314
시티 로지아 115
신기두눔 197

[ㅇ]

아나스타시우스 1세 390
아다 보야나 247
아담클리시 353
아바르 50
아스파르후 289, 290
아우구스투스 15
아젠다 2000 90
아테네 음악당 342
악티움 해전 15
안다우토니아 100
안드레이 무레샤누 324
안테 파벨리치 87
안토니우스 15
알렉산다르 1세 185
알렉산다르 네프스키 성당 306
알렉산다르 카라조르제비치 65
알렉산더 대왕 255
알리야 이제트베고비치 40
알바니아 362
야니차르 150
야이쩨 149
에뎀 베이 모스크 386
에모나 62
에미르 쿠스투리차 195
엔베르 호자 36, 373
옐라취치 102
오크토이흐 232
오흐리드 277
오흐리드 협정 260
오흐리드 호수 281
옥타비아누스 15
올테니아 345
왈라키아 345
요비아누스 197
요제 플레츠니크 63, 65
우스타샤 87
우츠카 산 106
울치니 246
원 제국 25
유고내전 40
유고슬라비아 왕국 36, 87
유라이 달마티나쯔 126
유라이 출리노비취 126
유스티니아누스 1세 32, 308
유스티니아누스 1세 황제 18
유일신 사상 16
유프라시아 바실리카 107
율리어스 카이사르 14
의회 궁전 342
이반 릴스키 311
이반 메쉬트로비치 97, 98
이반 바조프 301
이반 아센 1세 291
이반 아센 2세 292
이반 쯔르노예비치 236
이보 안드리치 158
이사-베그 이사코비치 167

이스마일 카다레 381
이스마일 퀘말리 372
이스카르(Iskar) 강 288
이야쉬 356
일리리아 31
일리리아 속주 51
일리리아 운동 87
일리리안 366

[ㅈ]

자그레브 100
자다르 113
자브라뜨니짜 109
자하리 조그래프 302
자블략 238
젊은 보스니아 165
제1, 2차 세계대전 35
제1 불가리아 제국 290
제2 불가리아 제국 291
제2차 비엔나 전투 33
제4차 십자군 20
조그 280
조그 1세 373
존 8세 197
종교개혁 20, 23
주피터 신전 124
죽음의 무도 60
즈마이스키 모스트 64
즈미녜 예제로 240
즈보니미르 85, 101
즐라트니 라트 106, 121
지브코프 296
지젝 60
찌티녜 236
찔례 47
쯔레스-로쉬뉘 109
쯔르노예비치 왕조 236
쯔르노 예제로 240
쯔베트코비치 87

[ㅊ]

차르쉬야 171
차우체스쿠 332
철위 부대 331
체밥취치 191

[ㅋ]

카로얀 292
카롤 1세 341
카롤 2세 347
카롤링거 50
카메를렌고 요새 129
카잔락 287
카페탄 150
카프톨 101, 102
칼레메그단 요새 201
칼레 요새 270
칼만 128

칼케돈 공의회 17
케말 276
코네스키 267
코라비트 366
코르나티 112
코민포름 37
코민포름 분쟁 37
코바츠키 리트 136
코소보 210
코소보 전투 182, 184
코토르 243
코트로마니치 2세 148
코퍼 57
콘스탄차 355
콘스탄티노플 17
콘스탄티누스 16, 31
콘스탄틴 4세 290
콘스탄틴 브랑쿠시 337
콜로 98, 194
쿠르슈밀 안 271
쿠자 329
쿨린 146
크네즈 미하일 199
크라스키 프르수트 59
크레쉬미르 4세 125
크레시미르 2세 146
크레시미르 4세 85
크로아티아 78
크로아티아 바노비나 87
크루야 368
크리쥐나 동굴 73
크림 전쟁 329
크바르네르 109
클리멘트 21, 279
키릴 21, 279
키릴과 메토디우스 광장 63
키예프 공국 22
키오세이바노프 295

[ㅌ]

타라 강 240
타쉬마이단 200
테르벨 290, 314
테스코토 266
테오도시우스 17
토미슬라브 85
토스크(Tosk)족 362
톨라르 47
투르노보 291
트라브니크 158
트라이아누스 327
트라키아인 289
트란실바니아 347
트로기르 127
트로모스토브예 63
트르피미르 1세 85
트리글라브 47, 48, 68
트리아농(Trianon) 조약 330

트리아농 조약 348
트브르트코 1세 146
티라나 383
티무르 제국 25
티미소아라 332
티바트 220
티볼리(Tivoli) 공원 62
티토 36, 186, 258
티토그라드 236
티토브 브르흐 253
티토이즘 187

[ㅍ]

파그(Pag)만 109
파클레니짜 112
판 놀리 380
페르디난드 35, 152
페르디난드 1세 86
페타르 4세 291
페타르 카라조르제비치 65
페트로바라딘 요새 209
펠레쉬 347
펠리쇼르 347
포드고리짜 235
포레취 107
포름(Forum) 115
포메란체프 306
포스토이나 동굴 72
포티차 59
표토르 1세 164
풀라 107
풀라 아레나 108
프뚜이 꾸렌트 60
프란요 투주만 88
프란체스코 로바 65
프란체스코 수도원 135
프란체 프레쉐렌 59
프레쉐렌 광장 63
프레스파 호수 281
프레슬라프 314
프리레프 273
프리즈렌 370
프리즈렌 연맹 370, 371, 387
플레스카비차 191
플로브디프 315
플리스카 314
플리트비츠 호수 110
피린 산맥 313
피스메이커 277
필로프 295
필립 2세 255, 316, 366

[ㅎ]

한국전쟁 37
헤롯 15
헤르체그 노비 222
헤르체그-보스니아 공화국 172
헨리 8세 23

호라 336
후르시쵸프 37
휴먼 피쉬 73
흐라스토블례 60
흐렐리야 오흐무체비치 311
흐바르 121
흑색 교회 350

문화와 사회로
# 발칸유럽
들여다보기

**초　판 1쇄 발행** 2013년 3월 20일
**개정판 1쇄 발행** 2016년 5월 31일

**지은이** 김철민
**발행인** 김인철
**총괄 · 기획** 장지호 Director, University Press
**편집장** 신선호 Executive Knowledge Contents Creator
**도서편집** 김민정 Contents Creator
진수연 Contents Creator
**전자책편집** 최인우 Chief e-Contents Creator
**마케팅** 곽용창 Chief Marketing Creator
**재무관리** 권미경 Chief Managing Creator
김은혜 Managing Creator
**발행처** 한국외국어대학교 지식출판원
02450 서울특별시 동대문구 이문로 107
전화 02)2173-2493~7
팩스 02)2173-3363
홈페이지 http://press.hufs.ac.kr
전자우편 press@hufs.ac.kr
출판등록 제6-6호(1969. 4. 30)
**디자인 · 편집** (주)이환디앤비 02)2254-4301
**인쇄 · 제본** 네오프린텍 02)718-3111

ISBN 979-11-5901-072-9　93920　　　정가 24,000원

*잘못된 책은 교환하여 드립니다.



HUEBOOKS는 한국외국어대학교 지식출판원의 인문학도서 Sub Brand이다. 한국외대의 영문명인 HUFS, 사람을 위하는 Humanism, 교육의 Education, 색조의 Hue의 다의적인 뜻으로 해석할 수 있으며, 인문학도서 출판에 대한 의지가 담겨있다.